Dieses Buch wurde auf chlor- und säurefreiem Papier gedruckt.

Vollständige Taschenbuchausgabe Februar 1992
Droemersche Verlagsanstalt Th. Knaur Nachf., München
© 1986 Droemersche Verlagsanstalt Th. Knaur Nachf., München
© 1986 Michael Bloch
Für die Briefe des Herzogs und der Herzogin von Windsor
© Nachlaßverwaltung der Herzogin von Windsor
Der Abdruck der Zitate aus den Memoiren des Herzogs (A King's Story)
und der Herzogin (The Heart has its Reasons) sowie die Wiedergabe der
Abbildungen erfolgt mit freundlicher Genehmigung der Nachlaßverwaltung
der Herzogin von Windsor.
Das Werk einschließlich aller seiner Teile ist urheberrechtlich geschützt.
Jede Verwertung außerhalb der engen Grenzen des Urheberrechtsgesetzes ist ohne Zustimmung des Verlages unzulässig und strafbar.
Das gilt insbesondere für Vervielfältigungen, Übersetzungen,
Mikroverfilmungen und die Einspeicherung und Verarbeitung
in elektronischen Systemen.
Umschlaggestaltung Adolf Bachmann
Umschlagfoto Südd. Verlag/Studio Elmar Kohn
Druck und Bindung Elsnerdruck, Berlin
Printed in Germany 5 4 3 2 1
ISBN 3-426-02447-0

Michael Bloch (Hrsg.):
Die Windsors –
Briefe einer großen Liebe

Die private Korrespondenz
aus dem Nachlaß der Herzogin von Windsor

Aus dem Englischen
von Ingeborg Ebel und Gertrud Theiss

Inhalt

Vorwort 7

Einleitung: 1896–1930 11

I Wallis und der Prinz: Januar 1931–Januar 1936 31
   Erstes Kapitel · 1931: Die Bekanntschaft 33
   Zweites Kapitel · 1932: Die Gastfreundschaft 71
   Drittes Kapitel · 1933: Die Freundschaft 91
   Viertes Kapitel · 1934 Die Favoritin 115
   Fünftes Kapitel · 1935: Die Geliebte 149

II Wallis und der König: Januar–Dezember 1936 195
   Sechstes Kapitel · Die neue Regentschaft (Januar–Februar) 197
   Siebtes Kapitel · Ein Irrgarten (März–Mai) 211
   Achtes Kapitel · Nachsommer (Mai–September) 231
   Neuntes Kapitel · Die Scheidung (September–Oktober) 243
   Zehntes Kapitel · Die Krise (Oktober–Dezember) 259

III Wallis und der Herzog: Dezember 1936–Juni 1937 283
   Elftes Kapitel · Dezember 285
   Zwölftes Kapitel · Januar 301
   Dreizehntes Kapitel · Februar 319
   Vierzehntes Kapitel · März 337
   Fünfzehntes Kapitel · April–Juni 359

Inhalt

Anhang

Wallis' Kollektaneenbuch — 369

Das Gästebuch des Forts — 373

Briefe einer großen Liebe — 385

Register — 396

Vorwort

Dieses Buch erzählt die wohl berühmteste Liebesgeschichte der neueren Zeit – die Geschichte von Wallis Simpson, geborene Warfield aus Baltimore, die Herzogin von Windsor wurde, und Edward, Prinz von Wales, der als König Edward VIII. den Thron bestieg, abdankte, damit er sie heiraten konnte, und Herzog von Windsor wurde. Diese Geschichte wurde schon oft und auf verschiedene Weise erzählt. Wallis und Edward haben ihre Memoiren geschrieben, und auch einige der anderen Beteiligten haben ihre Erinnerungen niedergeschrieben. Es gab mehrere Filme, Hunderte von Büchern und Tausende von Zeitungsartikeln über dieses Thema. Doch dieses Mal wird die Geschichte von einer ganz neuen, persönlichen Warte aus erzählt, und sie enthüllt ein bislang völlig unbekanntes Bild. Hier sprechen die intimen Briefe der Liebenden, von ihrer ersten Begegnung im Januar 1931 bis zu dem Augenblick, als sie im Juni 1937 Mann und Frau wurden.
Diese Korrespondenz – inzwischen im Besitz der Nachlaßverwaltung der Herzogin – stammt aus zwei Quellen. Zum einen gibt es die vielen Briefe, die Wallis während der gesamten Zeit an ihre geliebte Tante Bessie, Mrs. D. Buchanan Merryman, schrieb. Diese Briefe, die nach dem Tod von Mrs. Merryman 1965 an die Herzogin von Windsor zurückgegeben wurden, lesen sich wie ein faszinierender allmonatlicher Bericht über Wallis' sich allmählich entwickelnde Beziehung zu jenem Mann, der zum König bestimmt war. (Bedauerlicherweise scheinen Tante Bessies Antwortbriefe an ihre Nichte bis auf wenige Ausnahmen verlorengegangen zu sein.) Und dann gibt es den Briefwechsel – liebevoll von beiden aufbewahrt –, den Wallis und Edward vor, während und nach seiner Regentschaft führten, und der es uns heute ermöglicht, in die tiefsten Geheimnisse ihrer Beziehung einzudringen. Diese Briefe sind nicht nur Dokumente eines außergewöhnlichen menschlichen Schicksals, sondern

ebenso Zeugnisse von großer historischer Bedeutung; vor allem enthüllen sie das Ausmaß der Bemühungen, die Wallis 1936 unternahm, sich vom König fernzuhalten, damit er seinen Thron nicht verlieren sollte.

Es war der Wunsch der Herzogin von Windsor, daß diese Briefe erst nach ihrem Tode veröffentlicht werden sollten. Sie war über einige Biographien unglücklich, die 1972 nach dem Tod des Herzogs erschienen und ein Bild von ihnen und ihrer Beziehung zueinander zeichneten, das sie als bis zur Unkenntlichkeit verzerrt empfand. Sie wollte, daß die Welt die Wahrheit in Form von authentischen, zeitgenössischen Dokumenten erfahren sollte. Im Herbst 1975 erkrankte die Herzogin schwer, und es blieb Suzanne Blum, ihrer Rechtsanwältin und Freundin, überlassen, diesen Wunsch in die Tat umzusetzen.

Ich habe mich bemüht, den Absichten der Herzogin gerecht zu werden. Es war nicht mein Bestreben, eine neue Biographie über sie zu schreiben, sondern die Korrespondenz als ein einheitliches Ganzes im historischen und persönlichen Zusammenhang darzustellen. Von daher waren natürlich Eingriffe nötig, und sei es aus Platzgründen; aber ich habe nur solche Stellen nicht aufgenommen, die mir unbedeutend, unklar oder rechtlich nicht einwandfrei erschienen. Ich glaube nicht, daß ich etwas wirklich Bedeutendes weggelassen habe. Auch habe ich versucht, die Geschichte für sich sprechen zu lassen und den Kommentar auf das Minimum zu beschränken, das der Leser zum besseren Verständnis braucht. Wo es möglich war, habe ich die Ereignisse eher aus der Sicht und mit den Worten des Herzogs und der Herzogin als mit meinen eigenen beschrieben. Wo es mir angebracht schien, habe ich aus ihren Memoiren zitiert und dabei darauf hingewiesen, daß die Briefe immer wieder zeigen, daß diese Memoiren – die um 1950 geschrieben wurden, als vieles noch nicht gesagt werden durfte und vieles auch vergessen worden war – unvollständig und ungenau sind. Ich habe mein möglichstes getan, um die in den Briefen erwähnten Personen zu identifizieren; aber es war unvermeidlich, daß in manchen Fällen meine Nachforschungen ergebnislos verliefen.

Ich habe versucht, die Briefe in ihrer ursprünglichen Fassung zu

belassen, es sei denn, die Lektüre wäre schwierig geworden. In ihren spontanen persönlichen Briefen achtete die Herzogin wenig auf Satzzeichen. Eine Art Strich diente ihr als Punkt, Komma, Gedankenstrich oder Fragezeichen. Ich habe versucht, diese allgegenwärtigen Striche dem Kontext nach zu interpretieren. An die Tatsache, daß fast alle ihre Briefe, die wirken, als seien sie in einem Atemzug geschrieben worden, aus einem einzigen Absatz bestehen, habe ich mich allerdings gehalten. Der Herzog war besonders schwach in der Anwendung des Apostrophs, den er entweder falsch anwandte (wie bei »did'nt«) oder ganz wegließ. Ich habe diese Fehler kommentarlos übernommen und seine gelegentlichen Schreibfehler und falschen grammatischen Ausdrücke mit einem ›sic‹ gekennzeichnet. Beim Lesen der hier veröffentlichten Briefe sollte man kein zu hartes Urteil über die literarischen Qualitäten des Herzogs und der Herzogin fällen. Diese Botschaften wurden unbekümmert niedergeschrieben und waren nur für die Augen der Liebenden bestimmt; in ihrer offiziellen Korrespondenz zeigten beide wesentlich mehr Sorgfalt.
Wallis und Edward verwenden in ihren Briefen eine Reihe von seltsamen privaten Ausdrücken – in den meisten Fällen muß deren Deutung der Phantasie des Lesers überlassen bleiben.
Bedanken möchte ich mich bei Georges Sanègre, dem Haushofmeister der Herzogin von Windsor, sowie bei Peter Bloxham, Posy Guinness, Betty Hanley, Jim Lees-Milne, Anita Leslie, Brain Masters, Stuart Preston, Terry Sheppard und Andrew Best, meinem Berater, literarischem Agenten und Freund. Vor allem aber danke ich Suzanne Blum, die durch ihre unermüdlichen Anstrengungen die Wünsche der Herzogin in die Tat umgesetzt und damit dieses Buch in seiner gegenwärtigen Form erst ermöglicht hat.

Michael Bloch
Paris, 24. April 1986

Einleitung: 1896–1930

Im Januar 1931 wurde für Wallis Simpson, die amerikanische Frau eines Londoner Geschäftsmannes, der Wunschtraum jeder Bürgersfrau in England wahr. Während einer Wochenendparty in einem Landhaus in den Midlands wurde sie dem großen Idol jener Tage vorgestellt, Edward, dem Prinzen von Wales. Diese Begegnung (die eher zufällig als absichtlich zustande gekommen war) war für sie natürlich faszinierend. Es gibt allerdings keinerlei Hinweis darauf, daß Wallis Simpson bei dieser Gelegenheit einen besonderen Eindruck auf den Thronerben gemacht hätte.
Das wäre auch erstaunlich gewesen, denn sie war eine sehr durchschnittliche Frau. Sie war vierunddreißig, also nicht mehr jung. Sie war nicht unbedingt eine Schönheit, und sie strotzte auch nicht vor Gesundheit. Sie war nicht reich und auch nicht sehr gebildet, und sie brillierte weder in ihrem Auftreten noch in ihrer Konversation. Sie hatte keine sportlichen, keine künstlerischen und keine intellektuellen Leistungen vorzuweisen, und von Politik, Geschichte oder dem großen Weltgeschehen wußte sie so gut wie nichts. Erstaunlich wenig wußte sie auch über die Traditionen und die Denkgewohnheiten der Bewohner ihrer Wahlheimat, in der sie nun seit zweieinhalb Jahren lebte. Ihre tägliche Hauptbeschäftigung bestand darin – wie bei zahllosen anderen Frauen ihrer Zeit und ihres Standes – den Haushalt zu führen in einer Zeit der wirtschaftlichen Depression. Ihre Freundinnen (meist Amerikanerinnen) waren die Ehefrauen von Diplomaten und Geschäftsleuten. Ihr liebster Zeitvertreib war das Kartenspiel.
Wallis Simpson hatte aber auch ihre Qualitäten. Sie war eine witzige, lebhafte Frau, natürlich und sehr offen. Sie hatte eine etwas abenteuerliche Vergangenheit und eine gesunde Neugier Menschen und allen möglichen Dingen gegenüber. Ihr Geschmack in modischen Dingen und erlesenen Speisen war perfekt, und sie hatte sich

Einleitung: 1896–1930

einen gewissen Ruf als Gastgeberin erworben. Mit ihrem Mann lebte sie in einer modernen Wohnung im Londoner West End in einem gutbürgerlichen, wenn auch nicht sonderlich vornehmen Viertel. Es gab jedenfalls keinen Grund, warum der Prinz dieser in keiner Weise außergewöhnlichen und obendrein verheirateten Frau, in deren Gesellschaft er rein zufällig an jenem Wochenende Anfang 1931 geraten war, auch nur die geringste Beachtung schenken sollte. Und ebensowenig gab es für sie einen Grund anzunehmen, sie würde ihn je wiedersehen.

Aber sie sahen sich wieder – und im Verlauf der Zeit wurde sie der Mensch, dem er seine ganze Aufmerksamkeit schenkte. Zu Beginn des Jahres 1932 war seine Freundschaft für sie so weit gediehen, daß er sie und ihren Mann über das Wochenende nach Fort Belvedere, seinen Zufluchtsort, einlud. Mitte 1933 waren die Simpsons dort regelmäßig zu Gast und durften sich zum Freundeskreis des Prinzen zählen. Mitte 1934 stellte der Prinz fest, daß sie ihm mehr bedeutete als irgend jemand je zuvor. Als er Anfang 1936 als König Edward VIII. den Thron bestieg, war er schon seit langem rasend in sie verliebt und auf sie angewiesen, und außerdem besessen von der Idee, sie eines Tages zu heiraten. Und am Ende dieses selben Jahres verzichtete er – es war wohl die dramatischste romantische Geste der Neuzeit – auf den Thron, damit sie Mann und Frau werden konnten.

Der erste Teil dieses Buches geht der langsamen Entwicklung dieser historischen Beziehung nach – anhand von Wallis Simpsons Aufzeichnungen in Form ihrer regelmäßigen Briefe an ihre Tante und schließlich anhand ihrer privaten Korrespondenz mit dem Prinzen. Diese lebendigen zeitgenössischen Dokumente lassen die Person und ihren Charakter sehr klar erkennbar werden. Zunächst aber ist es notwendig aufzuzeigen, wie sie zu der Frau wurde, die sie war.

Bessiewallis Warfield (von Kind an Wallis genannt) wurde am 19. Juni 1896 in Blue Ridge Summit in Pennsylvania geboren, als einziges Kind von Teackle Wallis Warfield und dessen Frau, Alice Montague. Trotz des »Mißgeschicks« ihrer nördlichen Geburt war

Einleitung: 1896–1930

ihre Vorgeschichte tief im amerikanischen Süden verwurzelt. Die Heimat ihrer Familie war Baltimore, eine Bastion südlicher Gesinnung und südlicher Lebensart. Beide Eltern entstammten bekannten Südstaaten-Familien. Die herben Warfields gehörten seit langem zum öffentlichen Leben von Maryland, wo sie im 19. Jahrhundert geschäftlich sehr erfolgreich waren. Die Montagues waren eine alteingesessene Familie aus Virginia, die zwar seit dem Bürgerkrieg in beschränkten Verhältnissen lebte, aber für ihren Witz, ihren Charme und ihr gutes Aussehen bekannt war. Doch die beiden Familien kamen nicht gut miteinander aus. Für die Montagues waren die Warfields Neureiche. Die Warfields hielten die Montagues für oberflächliche Aristokraten. Als Teackle 1895 Alice aus Liebe heiratete, empfand man diese Verbindung als eine Mesalliance, und das Paar konnte von der Verwandtschaft nicht viel erwarten. Das war verhängnisvoll, denn Alice Montague besaß außer ihrem vornehmen Namen kein Vermögen, und Teackle Warfields Zukunft sah sehr hoffnungslos aus, da er an Tuberkulose im fortgeschrittenen Stadium erkrankt war. Man hoffte, die Gebirgsluft Pennsylvanias würde ihm guttun, aber er starb nur fünf Monate nach der Geburt seiner Tochter und ließ seine Frau vollkommen mittellos zurück.

Man kann das Wesen der zukünftigen Herzogin von Windsor unmöglich verstehen, wenn man nicht auch diese Vorgeschichte mit einbezieht. Sie erklärt fast alles. Ihr Leben lang glaubte sie fest daran, daß sie von ihren Eltern zwei gegensätzliche Charakterzüge geerbt habe: die berechnende Zähigkeit und praktische Veranlagung der Warfields und die Liebenswürdigkeit und Lebenslust der Montagues. Zwischen diesen »beiden Elementen« gab es in ihrem Innern einen ständigen Kampf – einmal gewann das eine die Oberhand, dann wieder das andere. Das mag zwar alles nur Einbildung gewesen sein, aber sie glaubte fest daran, und es prägte ihre ganze Denkweise. Sie war auch sehr stark durch ihre südliche Herkunft und Erziehung geprägt. Das kokette Wesen, der Witz, der Fatalismus, der Hang zur Gastlichkeit und zum guten Leben – das waren alles südliche Eigenschaften, die tief in ihr wurzelten. Und ebenso tief war in ihr das Gefühl verwurzelt, daß ihre Vorfahren vornehme

Menschen waren, daß die Umstände ihrer Geburt und die Lebensweise, die ihrer Mutter aufgezwungen war, ihrem Rang nicht entsprachen. Hier lag die Quelle ihres Ehrgeizes – der Wunsch, sich für erlittenes Unrecht in früher Jugend zu rächen, sich vor den reichen und versnobten Cousins zu beweisen, wieder einen gesellschaftlichen und materiellen Stand zu erreichen, den sie im Grund ihres Herzens als ihr rechtmäßig zustehend empfand.

Wallis' Kindheit in Baltimore war die einer armen Verwandten. Ihre Mutter und sie klammerten sich aneinander in einer Welt, die einsam und unfreundlich war. Finanziell waren sie völlig abhängig von den kleinen Summen, die ihnen Alices exzentrischer Schwager, der Eisenbahnmagnat Solomon D. Warfield (»Onkel Sol«) gelegentlich zukommen ließ. Zunächst lebten sie bei Wallis' nur schwer erträglicher Warfield-Großmutter, die Alice lediglich duldetete, und später dann bei Alices verwitweter älterer Schwester, der liebevollen Bessie Merryman. Als Alice schließlich eine eigene Wohnung bezog, mußte sie Untermieter aufnehmen, um über die Runden zu kommen. Ihrer Tochter brachte sie bei, Schwierigkeiten lachend zu ertragen und das Beste aus allem zu machen. Sie lehrte sie gute Manieren und ein gefälliges Benehmen – beides bitter nötig für alle, die von der Mildtätigkeit anderer abhängig sind. Wallis wurde auf die besten Schulen geschickt, die ihre Mutter sich leisten konnte. Die Ferien verbrachten sie auf dem Landsitz einer Cousine ihrer Mutter, Lelia Montague Barnett (»Cousine Lelia«) in Wakefield im Jagdgebiet im Norden Virginias, oder auf der Farm ihres Onkels, General Henry Warfield (»Onkel Harry«) in Timonium bei Baltimore.

Als Wallis zwölf war, heiratete Alice wieder. Der zweite Ehemann hieß John Raisin; er war ein etwas träger Herr mittleren Alters und finanziell gut situiert. Die Geldsorgen waren vorüber, und Wallis wurde nach Oldfields geschickt, in ein vornehmes Mädchenpensionat in der Nähe von Baltimore. Das Motto der Schule lautete: »Sei freundlich und höflich zu jeder Zeit.« Wie in allen vergleichbaren Instituten bestand die Erziehung einzig darin, die Mädchen für den Heiratsmarkt vorzubereiten. Wallis scheint dort glücklich und beliebt gewesen zu sein und schloß viele Freundschaften. Ihre beste

Einleitung: 1896–1930

Freundin war die hübsche und lebhafte Mary Kirk. Aber als sie sechzehn war, starb ihr Stiefvater, und damit ging das Einkommen, von dem die Familie gelebt hatte, verloren.
Alice träumte davon, ihre Tochter mit einem reichen Südstaatler aus guter Familie zu verheiraten. Sie war nun wieder völlig mittellos, brachte aber jedes Opfer, damit Wallis als Debütantin an der Ballsaison im Winter 1914–15 teilnehmen konnte. Beim exklusiven Bachelors-Tanz in Baltimore und dem Debütanten-Tanztee, den Cousine Lelia in Washington für sie gab, machte Wallis eine sehr gute Figur. Sie war keine Schönheit wie ihre Mutter, aber sie war ungewöhnlich souverän und elegant und wußte, wie sie die Aufmerksamkeit auf sich lenken konnte. Sie war zwar etwas kokett, hatte aber gute Manieren. Sie war ein lebhaftes, natürliches und offenes junges Mädchen, das von Verehrern umschwärmt war und die besten Aussichten zu haben schien, eine glänzende Partie zu machen.
Doch das Schicksal wollte es anders. Anfang 1916 machte sie Ferien bei ihrer Cousine Corrine Mustin (der jüngeren Schwester von Cousine Lelia), deren Mann Kommandant eines Flottenstützpunktes in Kalifornien war. Dort verfiel sie dem Charme eines schneidigen Marinepiloten aus Chicago, Earl Winfield Spencer. Er stammte aus den Nordstaaten, war acht Jahre älter als sie, besaß weder Vermögen noch gesellschaftlichen Status, und er war nur Leutnant. Obwohl sie zutiefst enttäuscht war, widersetzte Alice sich dieser Heirat nicht. Sie fand im November desselben Jahres statt.

Wallis' Ehe mit »Win« war von Anfang an eine Katastrophe. Es dauerte nicht lange, und der verführerische Leutnant entpuppte sich als launischer Alkoholiker, der brutal und sadistisch reagierte, wenn er betrunken war, und dazu noch unter pathologischer Eifersucht litt. Er ging gerne abends alleine aus, nachdem er Wallis ans Bett gefesselt und eingesperrt hatte. Amerikas Eintritt in den Ersten Weltkrieg im Frühjahr 1917 schien eine Wende zum Besseren zu bringen. Spencer wurde zum Korvettenkapitän befördert, befehligte ein wichtiges Luftwaffenausbildungslager und hörte für eine Weile

Einleitung: 1896–1930

auf zu trinken. Während dieser Zeit begann Wallis – eine einundzwanzigjährige Kommandeursfrau, die ihrem privaten Unglück zu entkommen suchte –, sich ganz auf ihre Rolle und ihr Talent als Hausfrau und Gastgeberin zu konzentrieren. Ab Kriegsende ging es dann allerdings mit Spencer rapide bergab. Aufgrund seiner Trunksucht wurde er bei der Beförderung übergangen und zu einer Schreibtischtätigkeit im Marineministerium in Washington degradiert, wo die Untätigkeit ihn verrückt machte. Und er ließ seine Frustrationen vor allem an seiner Frau aus. Ende 1921 – nach fünf qualvollen Jahren – hielt sie es nicht mehr aus. Nach einer Nacht, die sie eingesperrt im Badezimmer eines Hotels verbracht hatte, verließ sie ihn und war fest entschlossen, die Scheidung einzureichen.
Beide Familien, die Warfields und die Montagues, waren entsetzt. Scheidung war für sie ein unerhörter Skandal und gesellschaftlich untragbar. Onkel Sol warnte sie, daß man sie wie eine Verstoßene behandeln würde, und daß sie weder Hilfe noch eine Erbschaft von ihm erwarten könne. Ihre Mutter und Tante Bessie beschworen sie, vernünftig zu sein. Wallis ließ sich überreden, zu ihrem Mann zurückzukehren. Doch als die wohlbekannten Szenen wieder auftraten, kam man überein, sich zu trennen. Wallis lebte dann bei ihrer Mutter, die nach Washington gezogen war, und Spencer zahlte ihr von seinem Sold monatlich weiterhin 225 Dollar. »Auch wenn er Fehler hatte«, schrieb sie in ihren Memoiren, »er war im Grunde ein Gentleman.«
Sechs Jahre lang (1922–28) führte Wallis das unsichere Leben einer Frau, die von ihrem Mann getrennt lebt – »eine Art weiblicher Robinson Crusoe«, wie sie später sagte, »eine Schiffbrüchige in einem Meer der Gefühle«. Aber diese Jahre waren in mancher Hinsicht die glücklichsten ihres Lebens. Sie fühlte sich von einem Alptraum befreit und war entschlossen, die Jahre zu genießen, die ihr von ihrer Jugend blieben. Sie war gebildet, noch immer attraktiv, hatte ein sehr lebendiges, gewinnendes Wesen, und so war sie bald von Freunden und Verehrern umgeben und als »alleinstehende Frau« bei Parties in Washingtoner Diplomatenkreisen sehr gefragt. Sie wurde in den exklusiven Dinner-Club *Soixante Gourmets* aufge-

nommen, dessen Glanzlicht ihr Freund Willmott Lewis war, der geistreiche Washingtoner Korrespondent der Londoner »Times«. Im Kreise dieser fröhlichen Gesellschaft wurde aus der einsamen und unterdrückten jungen Frau eine lebenslustige und amüsante Gefährtin. Sie hatte während dieser Zeit zumindest eine ernsthafte Romanze – mit Felipe Espil, dem sinnenfrohen Ersten Sekretär der argentinischen Botschaft (später argentinischer Botschafter in den Vereinigten Staaten). Man sprach auch über Heirat, aber Espil entschied sich schließlich für eine Verbindung, die seiner Karriere förderlicher war.

1924 reiste sie zum erstenmal ins Ausland und verbrachte mehrere Wochen mit ihrer seit kurzem verwitweten Cousine Corrine in Paris. Sie zog in Erwägung, sich dort scheiden zu lassen – als sie plötzlich einen Brief von Winfield Spencer erhielt, in dem er sie inständig um eine Versöhnung bat. Er war nun Kommandeur eines amerikanischen Kanonenbootes in Hongkong. Wallis reiste mit dem Schiff zu ihm. Aber nach kurzen zweiten Flitterwochen nahm er sein altes Leben wieder auf – zwang sie sogar dazu, ihn in chinesische Bordelle zu begleiten, die er häufig aufsuchte –, und so verließ sie ihn endgültig. Jedoch blieb sie fast ein Jahr in China. Das Land faszinierte sie, und das Leben dort war für Amerikaner billig. In Peking begegnete sie einer alten Freundin aus der Marinezeit ihres Mannes, der früheren Katherine Moore Bigelow, die nun mit Herman Rogers verheiratet war, einem sehr netten New Yorker aus gutem Haus. Wallis schloß sich dem Ehepaar an, und gemeinsam genossen sie mehrere Monate lang ein aufregendes Leben – manche ihrer Erlebnisse waren haarsträubend, denn China befand sich mitten im Bürgerkrieg. Nur mit Bedauern ging sie im Sommer 1925 an Bord eines Schiffes, das sie nach Hause brachte, nach einer Phase, »die zweifelsohne die schönste, die sorgloseste und die poetischste Zeit meiner Jugend war – beinahe wie der Traum eines Opiumessers, den eine junge Frau mit ›guter‹ Erziehung zu verwirklichen hoffen konnte«. Während der Schiffsreise zog sie sich eine ernsthafte Erkrankung zu, von der sie sich monatelang nicht erholte; damit begannen ihre nervösen Magenbeschwerden, an denen sie, mit Unterbrechungen, bis an ihr Lebensende litt.

Einleitung: 1896–1930

Wallis war nun entschlossen, ihrer gescheiterten Ehe ein Ende zu setzen. Um sich die liberalen Scheidungsgesetze von Virginia zunutze zu machen, nahm sie während der Jahre 1926 und 1927 ihren ständigen Wohnsitz in einem Hotel in dem Provinzstädtchen Warrenton. Es lag in der Nähe des Landsitzes ihrer Cousine Lelia, und das verschaffte ihr Zutritt zur einheimischen Gesellschaft. Außerdem lag es nicht weit von Washington entfernt, und so konnte sie auch hier ihr gesellschaftliches Leben wieder aufnehmen. Sie fuhr auch öfter nach New York, wo ihre alte Schulfreundin Mary Kirk jetzt mit ihrem französischen Ehemann, Jacques Raffray, lebte. So lernte sie die Freunde der Raffrays kennen – und dazu gehörte Ernest Simpson.

Ernest war neunundzwanzig, als er Wallis zum erstenmal Ende 1926 begegnete, also ein Jahr jünger als sie. Sein Vater war britischer Staatsbürger (jüdischer Abstammung, wie es hieß), der fast sein ganzes Leben in Amerika verbracht und dort eine erfolgreiche Schiffsmakler-Firma mit Büros in New York und London gegründet hatte; er war mit einer Amerikanerin verheiratet, von der er allerdings seit langem getrennt lebte, da er die Gesellschaft attraktiver junger Frauen bevorzugte. Ernest war das zweite Kind aus dieser Ehe, ein Nachkömmling. Seine viel ältere Schwester, Maud Kerr-Smiley, hatte um die Jahrhundertwende einen wohlhabenden britischen Politiker geheiratet und war eine bekannte Persönlichkeit der Londoner Gesellschaft. Ernest wuchs in Amerika auf, verbrachte aber die Ferien in England und dem übrigen Europa, und er wußte, daß er sich eines Tages für eine der beiden Nationalitäten entscheiden müsse. Er wählte die britische Staatsbürgerschaft, gab 1918 sein Studium in Harvard auf, ging nach England und leistete seinen Militärdienst bei den Coldstream Guards. Er erhielt sein Offizierspatent in diesem angesehenen Regiment zu spät, um noch im Ersten Weltkrieg zu dienen – aber er war darauf sein ganzes Leben lang außerordentlich stolz. Nach dem Krieg trat er in das New Yorker Frachtgeschäft seiner Familie ein. Er heiratete eine Amerikanerin, Dorothea (»Dodie«), und hatte mit ihr eine Tochter, Audrey. Aber die beiden waren nicht glücklich miteinander, und 1926, nach nur dreijähriger Ehe, reichte seine Frau die Scheidung ein.

Ungefähr zu dieser Zeit lernte Ernest bei den Raffrays Wallis kennen – und fühlte sich sofort zu ihr hingezogen. Als Wallis ihre Memoiren schrieb, sagte sie nur Gutes über Ernest, der damals noch lebte.

> Er beeindruckte mich durch sein ungewöhnlich ausgeglichenes Wesen, er war zurückhaltend und doch auf eine ruhige Art geistreich und humorvoll. Er war stets sehr gut gekleidet, ein brillanter Tänzer, ging gern ins Theater und war offenbar belesen... Ich fühlte mich zu ihm hingezogen und er sich zu mir... Jedoch... diese Freundschaft war für lange Zeit nicht mehr als eine dieser oberflächlichen New Yorker Bekanntschaften zwischen dem alleinstehenden Mann und der nicht in der Stadt lebenden Frau, die aneinander Gefallen finden.

1927 reiste Wallis mit ihrer Tante Bessie – die die Reise aus einer Erbschaft bezahlte – nach Italien und Frankreich. Wie immer fand sie es wunderbar, neue Städte kennenzulernen, und sie fand auch viele neue Freunde. Sie war im Oktober in Paris, als sie vom plötzlichen Tod ihres Onkels Sol erfuhr. Testamentarisch vermachte dieser eingefleischte Junggeselle den Großteil seines Vermögens, das auf fünf Millionen Dollar geschätzt wurde, einer Stiftung zur Errichtung eines Heims für mittellose Damen von Stand, im Gedenken an seine Mutter. Wallis, von der man angenommen hatte, sie sei die Haupterbin, hinterließ er das Einkommen aus einem kleinen Treuhandfonds über 15 000 Dollar, allerdings nur bis zum Falle einer Wiederverheiratung.
Wenige Wochen später, am 10. Dezember 1927, erhielt Wallis in Warrenton die Scheidung. Ernest, dem eine Versetzung in das Londoner Büro seiner Firma bevorstand, machte ihr sofort einen Heiratsantrag. Um über diesen Antrag nachzudenken, nahm Wallis eine Einladung ihrer Freunde, des Ehepaars Rogers, nach Cannes in deren Villa an.
Wallis ließ sich Zeit mit Ernests Antrag. Er war ein angenehmer Begleiter in der New Yorker Gesellschaft gewesen, aber sie waren charakterlich gesehen und in ihrer Lebenseinstellung grundverschieden. Sie war lebenslustig, sorglos, extravagant und impulsiv; er war

Einleitung: 1896–1930

penibel, vorsichtig und prätentiös. Für sie war das Leben ein Abenteuer; seine Einstellung war ausgesprochen bürgerlich. Sie war flink in ihren Taten, im Denken und Sprechen; er war ein langsamer, schwerfälliger Mann und ein bißchen langweilig. Man braucht nur ihre Handschriften miteinander zu vergleichen – seine steifen, gestochenen Schriftzüge mit der präzisen Interpunktion, ihre runde, freie Schrift, die über das Blatt eilt und kaum ein Satzzeichen einfügt –, um die Kluft zwischen ihnen zu erkennen. Aber Ernest konnte Wallis etwas bieten, was sie über alles schätzen gelernt hatte – Sicherheit. Nach fünf qualvollen Jahren mit Winfield Spencer und sechs amüsanten, aber wurzellosen Jahren als alleinstehende Frau schien vieles für die schlichten Tugenden und bürgerlichen Annehmlichkeiten eines Lebens mit dem soliden und zuverlässigen Ernest zu sprechen.
Nach ihrem Aufenthalt bei den Rogers in Cannes zog Wallis nach London, das sie zum erstenmal besuchte. Von dort schrieb sie am 15. Juli 1928 an ihre Mutter in Washington, in einem Ton, den man nur als resigniert bezeichnen kann.

Liebste Mutter,
ich habe mich nun endgültig entschlossen, Ernest zu heiraten. Es ist wohl das beste und klügste, was ich tun kann. Ich habe ihn sehr gern, und er ist *liebevoll*, und das ist ein großer Vorteil. Er hat mir versprochen, daß ich Dich jedes Jahr drei Monate lang besuchen kann. Mein endgültiger Entschluß fiel am Freitag, und wir haben gestern noch einiges arrangiert, so daß wir am Samstag heiraten können, falls nichts dazwischen kommt. Die Angelegenheit ist hier sehr einfach, wir gehen nur zum Standesamt, und innerhalb von 15 Minuten ist alles vorüber. Dann werden wir mit seinem Vater und seinem Neffen[1], der jetzt 22 ist, zum Essen gehen und dann mit dem Auto nach Dover fahren. Am nächsten Tag Überfahrt nach Frankreich – Auto – Chauffeur. Wir werden ein bißchen in Nordfrankreich herumreisen und am 24. in Paris eintreffen und Tante Bessie

---

[1] Peter Kerr-Smiley, den Wallis später nicht mehr sehen wollte.

besuchen. Vielleicht fahren wir nach Barcelona, und falls wir das tun, können wir Tante Bessie bis Biarritz mitnehmen. Ich freue mich wahnsinnig auf sie. Ernests Schwester ist eine wirklich gutaussehende Frau und war furchtbar nett zu mir und hat mich mit einer Menge Leute bekannt gemacht. Leider muß sie heute ins Krankenhaus, weil sie operiert wird, und kann an dem Hochzeitsessen nicht teilnehmen. Mama, Du wirst mir schrecklich dabei fehlen, aber das zweite Mal ist irgendwie einfach nicht mehr so wichtig – und nach Weihnachten komme ich nach Hause. Vielleicht kann ich Tante B dazu überreden, bis dahin nach London zu kommen, und dann mit ihr heimfahren. London ist ziemlich düster – im Winter werde ich sicher einsam sein und Heimweh haben. Aber ich kann für den Rest meines Lebens nicht immer nur herumziehen, und ich bin es so leid, der Welt immer nur alleine entgegenzutreten, noch dazu ohne Geld. Und mit 32 ist man nicht mehr so jung, wenn man sich alle diese jugendlichen Gesichter ansieht, mit denen man konkurrieren muß. So werde ich mich also auf ein recht bequemes Alter einrichten. Ich hoffe, Du hast meine Heirat mit Ernest Simpson von New York einfach angezeigt. Glaubst Du, es ist nötig, daß wir Karten verschicken? Ich halte es nicht für nötig. Ich hoffe, das Ganze regt Dich nicht zu sehr auf, Liebste, – aber Du bist sicherlich glücklicher, wenn Du weißt, daß sich jemand um mich kümmert. Die Hitze hier ist im Augenblick entsetzlich, und ich kann kaum denken.
Mit all meiner Liebe – und wünsch mir diesmal Glück.

Wallis

P.S. Ich habe Onkel Harry ein Telegramm und einen kurzen Brief geschickt.

Ernest schickte ein Telegramm an Alice:

BIN MIR DEINER VERSTÄNDLICHEN SORGE UM WALLIS BEWUSST – VERSICHERE DIR, MEIN GRÖSSTER WUNSCH IST, ALLES FÜR IHR GLÜCK UND WOHLERGEHEN ZU TUN – BRINGE SIE BALD NACH HAUSE – BRIEF FOLGT
ERNEST

Und am 21. Juli erhielt Alice ein weiteres Telegramm:

ALLES GLATT VERLAUFEN – SICHER ZURÜCKVERSETZT IN EHESTAND –
LIEBE
WALLIS ERNEST

Die Ehe begann unter günstigen Voraussetzungen. Er liebte sie; und sie empfand »eine Sicherheit, die ich eigentlich seit meiner frühen Kindheit nicht mehr erfahren habe«. Sie entdeckten, daß es schön war, die einfachen Dinge des Lebens gemeinsam zu erleben. Und sie waren auch mit Wohlstand gesegnet. Ernests Frachtgeschäft florierte, und Wallis erhielt unerwartet 37 000 Dollar (in Form von amerikanischen Aktien) von Onkel Sols Testamentsvollstreckern, die mehreren Mitgliedern der Warfield-Familie, die gedroht hatten, das exzentrische Testament anzufechten, eine Abfindung auszahlten. So konnten sie also ihr Leben in London beginnen und mieteten für ein Jahr ein hübsches Haus im West End, komplett möbliert und mit Dienstboten. Wallis fand das Leben in England billiger als in Amerika.

London war 1928 eine geschäftige Metropole mit über vier Millionen Einwohnern; die berühmten Plätze und Parks, die eleganten Häuser und imposanten öffentlichen Gebäude paßten zur Hauptstadt eines Reiches, das ein Viertel der Welt umfaßte. Die Aristokratie – der zwar schon ein kalter Wind ins Gesicht blies – lebte noch in den prächtigen Stadtvillen, und es gab eine breite und wohlhabende Mittelschicht. Die *City*, wo Ernests Firma ihre Büros hatte, war immer noch das größte Finanz- und Handelszentrum der Welt. Aber London war vom städtebaulichen Gesichtspunkt her schlecht angelegt, schmutzig und überbevölkert. Es herrschte (wenn auch durch eine stoische Lebensfreude gemildert) ausgesprochenes Elend in einigen Vierteln, und im Winter verband sich dichter Nebel mit dem Rauch aus unzähligen Kaminen, und es kam zu dieser abscheulichen Wetterlage, für die London berüchtigt war.

Wirtschaftlich gesehen war es eine recht stabile Zeit, auch wenn Großbritannien nach dem Ersten Weltkrieg seine Vormachtstellung

Einleitung: 1896–1930

im Handel nicht wiedererlangt hatte und die Arbeitslosigkeit ziemlich hoch blieb. In der Industrie kam es zu Unruhen: 1926 gab es einen langen Streik der Kohlearbeiter und einen Generalstreik. Im Gefolge des Krieges hatten sich die Sitten gelockert, und es herrschten allgemein Hochstimmung und Lebenslust. Es war die Ära des Jazz, der Cocktails und Zigaretten, der Emanzipation der Frauen und der »aufgeweckten jungen Leute«. Gleichzeitig war es aber auch eine sehr reaktionäre Zeit: Die Nachkriegs-Regierung hatte einige repressive Kriegsgesetze beibehalten und schlug eine harte Linie ein in bezug auf Zensur, Einwanderung und »Verstöße gegen die guten Sitten«. Die damalige Zeit stand für eine Art Mischung aus Puritanismus und Hedonismus – ein Paradox, das den Lesern von Evelyn Waughs Romanen bekannt sein dürfte. Damals waren die Konservativen unter Stanley Baldwin an der Macht; im darauffolgenden Jahr wurden sie von den Sozialisten unter Ramsay MacDonald abgelöst. Man glaubte allgemein, daß der Krieg durch den Völkerbund, die Washingtoner Abrüstungskonferenz und den Vertrag von Locarno abgeschafft worden sei. Die englische Staatskirche machte große Anstrengungen, um den Einfluß auf ihre Anhänger zu verstärken. Die Monarchie, repräsentiert durch den schwerfälligen und konservativen König George V. und Königin Mary mit ihrem untadeligen Leben alltäglicher Routine, hatte einen Beliebtheitsgrad erreicht wie nie zuvor und wurde in diesen Zeiten der Unsicherheit und Veränderungen zum Symbol von Ordnung und Tradition.

Das war die Welt, in der Wallis ihr Leben nach der Heirat mit Ernest Simpson begann. Obwohl diese Welt ihr einen angenehmen Lebensstandard und ein einigermaßen glückliches häusliches Leben zu versprechen schien, kam sie ihr zunächst beängstigend und ungewohnt vor. Die Engländer fand sie kalt und wenig kontaktfreudig, ein Volk, das in strenge Traditionen eingebunden war. Die Stadt war für sie »kalt, in grauen Steinmauern und schmutzigen Ziegeln die Feuchtigkeit und Eintönigkeit von Jahrhunderten, und in den Straßen zielbewußte Eile und Gedränge«. Das Klima schaffe eine Atmosphäre von »unglaublicher Düsterkeit und Trübsinn«, die Nebel bedeckten alles mit »einem rußigen grauen Schmutz«. Mit der Zeit lernte sie diese Eigentümlichkeiten Londons und der

Engländer lieben, aber im ersten Winter ihrer Ehe deprimierten sie sie. Und obwohl sie ihren Mann zweifellos gerne hatte, kann der Anfang ihres Lebens mit ihm – seine übergroße Ernsthaftigkeit, der minutiös eingehaltene Zeitplan, das für ihn typische Beharren darauf, daß sie einen Abend pro Woche das Haushaltsbuch durchgingen – auf sie nicht sehr belebend gewirkt haben. Wie sie es in dem Brief an ihre Mutter vor der Heirat schon vorausgesagt hatte, sie fühlte sich einsam und hatte Heimweh. Ihre Schwägerin, Maud Kerr-Smiley, versuchte, sie mit Engländern und der englischen Art bekanntzumachen; doch Wallis fand Maud versnobt und gönnerhaft. Die beiden Frauen kamen nicht miteinander aus.
Wallis empfand auch nicht sehr viel für ihre Schwiegereltern, die sie weitaus häufiger zu sehen bekam, als ihr lieb war. Deren Ehe bestand seit langem nur noch auf dem Papier, und in ihrem Bestreben, einander aus dem Weg zu gehen, hielten sie sich grundsätzlich nie zur gleichen Zeit in England auf; die Ankunft des einen Ehepartners kündigte jeweils schon die Abreise des anderen an. In ihren Memoiren drückte Wallis sich darüber sehr milde aus – zweifellos mit Rücksicht auf die Gefühle ihres geschiedenen Mannes. In den Briefen jedoch, die hier zitiert werden, schildert sie Ernests Vater als einen geizigen und rechthaberischen alten Satyr, seine Mutter als eine langweilige alte Schachtel. Beide verlangten sehr viel Aufmerksamkeit, und Wallis störte sich sehr daran, wie auch an der Tatsache, daß sie trotz ihrer offensichtlich beträchtlichen Mittel Ernest finanziell kaum unterstützten.

Wallis und ihre Mutter schrieben sich jede Woche. Alice lebte mit ihrem dritten Mann, Charles Gordon Allen (»Charlie«), einem unbedeutenden Beamten, den sie 1926 geheiratet hatte, in Washington. Ihre Briefe sind erhalten geblieben: kaum lesbar, hauptsächlich Familienklatsch durchsetzt von Kochrezepten. Sie können sicher nicht als besonders interessant bezeichnet werden, enthüllen aber drei wesentliche Tatsachen: erstens, daß Alice ihre Tochter sehr vermißt hatte (»Ich habe letzte Nacht von Dir geträumt und war ganz erschrocken, weil Du so dünn und schlecht aussahst... Das

Einleitung: 1896–1930

ängstigt mich die ganze Zeit.«); zweitens, daß die nun recht wohlhabende Wallis ihrer Mutter regelmäßige Schecks schickte; und drittens, daß Alice Wallis' Ehe mit Ernest, den sie nie kennengelernt hatte, nicht billigte. Ernests Name taucht in Alices Briefen nicht auf: sogar ihre Neujahrswünsche für 1929 gelten ausdrücklich nur Wallis.

Wallis hing mit leidenschaftlicher Liebe an ihrer Mutter, und als sie im Mai 1929 erfuhr, daß ihre Mutter einen Schlaganfall erlitten hatte, überquerte sie mit dem nächsten Schiff den Atlantik, um bei ihr zu sein. Der Anblick, der sie erwartete, war schockierend: mit neunundfünfzig war Alice, die nie krank und immer ein lebenslustiger und jugendlicher Mensch gewesen war, plötzlich zu einer alten Frau, zu einer halbblinden, bettlägerigen Invalidin geworden. Wallis wollte bei ihr bleiben, aber Ernest bat sie zurückzukommen, was sie nach zwei Monaten dann auch tat, in der Überzeugung, daß der Zustand ihrer Mutter sich stabilisiert habe, und zugleich beruhigt, weil Tante Bessie sich um sie kümmern wollte. Der Sommer, der darauf folgte, war von Angst und Sorgen erfüllt. »Ich kann es nicht ändern, ich bin zutiefst traurig«, schrieb sie an Tante Bessie, »und ich weiß, daß Ernest in mir nicht die fröhliche und sorglose Gefährtin früherer Tage hat. Er ist reizend und verständnisvoll und wunderbar zu mir und versteht, wie schwer es ist, zwischen zwei Menschen und Orten hin und her gerissen zu sein...« Mittlerweile hatte sich Alices Zustand verschlechtert. »Es war so schrecklich, heute abend in Deinem Brief das Neueste über Mama zu erfahren«, schrieb Wallis im Oktober an Tante Bessie. »Ich bin verzweifelt, daß ich so weit weg von ihr bin, zu wissen, daß es ihr nicht besser gehen wird und sie mich bei sich haben möchte und mich bräuchte, und daran zu denken, daß Du alles alleine tragen mußt. Ich glaube nicht, daß ich hier sehr nützlich bin, denn die meiste Zeit bin ich viel zu traurig.« Wallis fuhr nach Washington, doch als sie ankam, lag ihre Mutter schon im Koma. Sie starb Anfang November.

Alices Krankheit und ihr früher Tod wurden zum Trauma für Wallis und verstärkten bei ihr das Gefühl innerer Einsamkeit. Die Erinnerung an ihre Mutter und die Opfer, die sie gebracht hatte, verfolgte sie und diente gleichzeitig als Ansporn für ihre gesellschaftliche

Karriere. An Tante Bessie schrieb sie im April 1934, als sie plötzlich die Favoritin des Prinzen von Wales war und von der Crème der Gesellschaft umschwärmt wurde: »Mutter hätte das sicher alles ganz wunderbar gefunden.«
Wallis übertrug ihre kindliche Zuneigung nun auf Tante Bessie. Mrs. D. Buchanan Merryman war damals sechsundsechzig. Sie war etwas rundlich, freundlich, witzig und sehr offen. Sie war der Inbegriff der altmodischen Frau aus den Südstaaten und wurde von zahlreichen Freunden verehrt. Sie lebte und arbeitete seit 1914 unter sehr guten Bedingungen in Washington als Hausdame der Zeitungserbin Mary B. Adams. Zu dieser weltklugen und liebevollen Verwandten blickte Wallis nun auf wie zu einem Schutzengel. In den nächsten zwanzig Jahren würde sie eine Flut von Briefen an sie schreiben, impulsive und geschwätzige Berichte über ihr Leben, ihre Gefühle und ihre Gedanken. Auch wenn sie oft banal sind – sie schildern schließlich ein recht banales Leben –, sind sie doch faszinierende Dokumente der gesellschaftlichen Verhältnisse jener Zeit und werden schließlich sogar zu einer Art Tagebuch über ihre sich langsam entwickelnden Beziehungen zu dem Mann, der die Krone für sie aufgeben sollte.

Ende 1929 zogen Wallis und Ernest nach Bryanston Court 5, in eine behagliche Wohnung im ersten Stock eines eleganten neuen Häuserblocks ganz in der Nähe der Geschäftsstraßen Oxford Street und Edgware Road. Die Wohnung bestand aus Salon, Eßzimmer, drei Schlafzimmern und einer modernen Küche, dazu noch vier Zimmer für die Dienstboten in einem anderen Teil des Gebäudes. Wallis stürzte sich mit Freude auf die Aufgabe, alles herzurichten, und die bekannte Innenarchitektin Syrie Maugham, die Frau des Schriftstellers, war ihr dabei behilflich. Moderne Farben und Stoffe konstrastierten auf angenehme Weise mit wenigen, ausgewählten antiken Stücken. Sie begann Silber, Porzellan und Glas zu sammeln. Sie stellte Dienstboten ein: die Probleme mit Dienstboten (die jetzt nicht mehr so leicht zu bekommen waren) sollten sie in den darauffolgenden Jahren ständig beschäftigen, wie alle Frauen aus dem englischen Mittelstand. Ihr Personal bestand schließlich aus dem Chauffeur

Hughes (bezahlt von Ernests Firma), der Zofe Mary Burke, der Hausgehilfin Agnes, dem hervorragenden schottischen Stubenmädchen Mary Cain und einer Köchin. Das war ein Haushalt, wie er zu jener Zeit in London für ein »standesgemäßes« Ehepaar mit einem Einkommen von etwa £ 1500 im Jahr üblich war. Wallis war eine Perfektionistin und eine strenge Herrin, dafür erhielten diejenigen, die es bei ihr aushielten, eine Ausbildung, die ihren zukünftigen Karrieren sehr förderlich war.

Auf diese Weise etabliert, schufen sich die Simpsons bald einen Freundeskreis. Er bestand hauptsächlich aus Angehörigen der amerikanischen Botschaft, da Wallis dort bereits eine Reihe von Leuten durch ihre erste Ehe und ihren Aufenthalt in Washington kannte. Dazu gehörten der Marineattaché William (»Billy«) Galbraith und seine Frau Katherine, der Luftwaffenattaché Martin (»Mike«) Scanlon und der Zweite Botschaftsrat, Walter Prendergast. Mitte 1930 zog ihre Cousine Corrine mit ihrem zweiten Mann, George Murray, der zum stellvertretenden Marineattaché unter Galbraith ernannt worden war, nach London.

Weitere Freunde der Simpsons gehörten der damals in London stark vertretenen amerikanischen Geschäftswelt an. Ihre einzigen guten englischen Freunde waren Bernard Rickatson-Hatt, Chefredakteur bei Reuter und Ernests Waffengefährte aus seiner kurzen Dienstzeit bei den Guards, und seine Frau Frances sowie George und Kitty Hunter, ein fröhliches Ehepaar, mit dem Maud Kerr-Smiley sie bekanntgemacht hatte, ehe Maud und Wallis sich auseinandergelebt hatten.

Schon Ende 1930 hatte sich Wallis in diesem allerdings relativ kleinen Freundeskreis einen Ruf als Gastgeberin erworben. Obwohl ihre Wohnung sich kaum von Hunderten anderen ähnlichen Zuschnitts unterschied, hatte sie es fertiggebracht, darin eine ungewöhnlich warme und angenehme Atmosphäre zu schaffen. Sie war bekannt für ihr gutes Essen und für die reibungslose und perfekte Art, in der ihr Haushalt funktionierte. Sie hatte den angenehmen Brauch eingeführt, der in England durchaus nicht verbreitet war, jeden Abend zur Cocktail-Stunde jeden Besucher zu empfangen – und viele kamen.

Einleitung: 1896–1930

Wallis war jetzt unendlich viel glücklicher als vor zweieinhalb Jahren, als sie nach London kam. Aber zwei Dinge beeinträchtigten diese angenehmen Perspektiven ihres Lebens. Ihre Gesundheit war angeschlagen; sie litt an einem periodisch auftretenden Magengeschwür. Mit dem Wohlstand, der die frühen Zeiten ihrer Ehe geprägt hatte, war es vorbei. Aufgrund des Börsenkrachs an der Wall Street im Oktober 1929 und der darauf folgenden Weltwirtschaftskrise befand sich Ernests Familienunternehmen in ernsthaften Schwierigkeiten. Die amerikanischen Aktien, die Wallis von ihrem Onkel Sol geerbt hatte, verloren rapide an Wert, und nachdem sie die Arzt- und Pflegekosten für ihre Mutter bezahlt hatte, war nicht mehr viel übrig. Das sorgenfreie Leben der Simpsons mit allabendlichen Dinnergesellschaften, mehreren Dienstboten, einem Auto mit Chauffeur und Auslandsreisen ließ sich nur noch mit Mühe aufrechterhalten.

Am 28. Dezember 1930 schrieb Wallis einen etwas niedergeschlagenen Brief an Tante Bessie, von der sie zu Weihnachten einen Scheck bekommen hatte. »Du bist viel zu gut und großzügig, und ich schäme mich, noch mehr von Dir anzunehmen. Du verwöhnst mich wirklich so wie Mutter, und dabei weißt Du doch, wie gemein ich bin!« Das Geschenk wurde dankbar angenommen, denn ihre finanzielle Lage war schlimmer als je zuvor, und Ernests Familie zeigte sich wenig geneigt, ihnen zu helfen.

Das Beste, was wir bis jetzt erhielten, um die Weihnachtsstimmung zu heben, war ein steifer Brief von Mr. Simpson mit den üblichen blödsinnigen Wünschen und der Mitteilung, daß er aufgrund der schweren Zeiten dieses Jahr überhaupt keine Geschenke macht. Also wirklich, kannst Du Dir so etwas Kleinliches vorstellen? Ich halte das Mädchen [die junge französische Geliebte von Ernests Vater] für sehr gefährlich, und er wird ihr womöglich sein ganzes Geld vererben oder geben – aber die Familie ist machtlos und kann nichts dagegen unternehmen.

Sie machte noch einige bittere Bemerkungen zu der Nachricht, daß ihr Stiefvater nur ein Jahr nach Alices Tod wieder geheiratet hatte. Weitere Klagen betrafen das Wetter in London (»...abscheuliche Nebel, und alles in der Wohnung wird so schmutzig...«) und ihre Gesundheit: ihr Magengeschwür machte ihr wieder Beschwerden, und sie befürchtete, sie müsse sich 1931 die Mandeln herausnehmen lassen.

Sie schloß mit der Neuigkeit, daß Benjamin Thaw, der neue Erste Botschaftsrat der amerikanischen Botschaft, am darauffolgenden Abend zum Dinner kommen würde. Sie kannte ihn bereits recht gut. Sein Bruder hatte in derselben Marineeinheit wie Winfield Spencer gedient, und sie war ihm während ihrer Zeit im Washingtoner Diplomatenkreis begegnet. Er würde seine Frau, Consuelo, geborene Morgan, mitbringen und auch deren Schwester, Thelma, die Vicomtesse Furness. Thelma, wie Wallis wahrscheinlich wußte, war während der vergangenen drei Jahre die Geliebte des Prinzen von Wales gewesen.

I

Wallis und der Prinz
Januar 1931 – Januar 1936

Erstes Kapitel

1931: Die Bekanntschaft

Mit Hilfe von Wallis' Briefen an ihre Tante Bessie ist es nun endlich möglich, den genauen Zeitpunkt ihrer ersten Begegnung mit dem Prinzen von Wales festzulegen. In ihren Memoiren, geschrieben um 1950, verlegte die Herzogin von Windsor dieses Ereignis in den November 1930; der Herzog dachte, es könnte im Herbst 1931 stattgefunden haben[1]. Keiner von beiden hat sich richtig erinnert. Die schicksalhafte Begegnung ereignete sich in Burrough Court, dem Landhaus von Lady Furness in Melton Mowbray in Leicestershire, am Samstag, den 10. Januar 1931.

In ihren Memoiren hat die Herzogin die Umstände dieser Begegnung beschrieben. Der Prinz sollte das zweite Wochenende des Jahres 1931 mit Thelma Furness in Melton Mowbray verbringen und Thelmas Schwester, Consuelo Thaw, sollte als Anstandsdame mit ihrem Mann Benjamin ebenfalls dorthin fahren. Aber im letzten Augenblick mußte »Connie« nach Paris zu ihrer kranken Schwiegermutter reisen. Sie bat Wallis an ihrer Stelle zusammen mit Ernest hinzufahren, »Benny« würde sie begleiten.

Wallis schreibt, daß sie zwar begeistert, aber doch auch ziemlich aufgeregt war von der Aussicht, ein Wochenende in der Gesellschaft des Thronerben zu verbringen, und daß sie zögerte, die Einladung anzunehmen. Die Ratschläge ihrer gönnerhaften Schwägerin, Maud Kerr-Smiley, wie man sich Königlichen Hoheiten gegenüber zu benehmen habe, hatten sie verängstigt. Außerdem litt sie unter einer fiebrigen Erkältung. Ernest jedoch wollte von einer Absage nichts hören. Und so fuhren sie hin.

---

[1] The Duchess of Windsor: The Heart has its Reason. London 1956; the Duke of Windsor: A King's Story. London 1951; dt.: Edward VIII.: Eines Königs Geschichte. Die Memoiren des Herzogs von Windsor. Berlin 1951.

Wallis und der Prinz

Edward, Prinz von Wales, war damals siebenunddreißig Jahre alt, sah aber viel jünger aus. Er war bekannt für sein etwas melancholisches, aber sehr gutes Aussehen, seine demokratische Gesinnung und sein unkonventionelles Benehmen. Seit 1928 kränkelte sein Vater, und die Aussicht, ihm auf dem Thron zu folgen – ein Ereignis, dem er mit seiner seltsam anmutenden Vorahnung entgegensah –, hing drohend über ihm. Er kleidete sich stets nach der neuesten Mode und war ein Mann von eleganter Lebensart, der durch seine häufigen Auslandsreisen zu einer international bekannten Persönlichkeit geworden war. Nur wenige Tage nach diesem Wochenende sollte er zu einer viermonatigen Reise durch Südamerika aufbrechen, auf der ihn sein gutaussehender und lebhafter Bruder, Prinz George, damals achtundzwanzig Jahre, begleiten sollte.

Donnerstag, 8. Januar   *Bryanston Court 5*
                                                            Bryanston Square, W.I.

Liebste Tante Bessie,
wir haben zur Zeit eine eisige Kälte und gleichzeitig Nebel – für ein solches Klima gibt es einfach keine Entschuldigung. Katherine [Galbraith] und ich sind beide erkältet. Sie schon seit vor Weihnachten. Ich erst seit kurzem. Also bin ich heute im Bett geblieben und versuche, mich auszukurieren. Verzeih mir deshalb meine Schrift. Ich weiß nicht mehr genau, wo ich bei meinem letzten Brief stehengeblieben bin. Seit Silvester, das wir sehr angenehm im Savoy verbracht haben, sind wir oft ausgegangen. An Neujahr waren wir bei den Grants und tranken Eggnog[1], und letztes Wochenende haben wir auf dem Land verbracht und kamen am Sonntag gerade rechtzeitig für die Cocktailparty zurück, die George [Murray][2] gab. Am Montag hatte ich 10 Personen zum Dinner, George war auch da. Gordon [Mustin][3] mußte mit einer schlimmen Erkältung eine

---

[1] Lester E. Grant (1884–1965), amerikanischer Bergbauingenieur, Repräsentant von Guggenheim in London. Seine Frau war Roberta Hamilton. Eggnog: ein kräftiger amerikanischer Punsch aus Brandy und Sahne, der während der Weihnachtszeit kalt getrunken wird.
[2] Commander George Murray von der US-Botschaft, verheiratet mit Wallis' Cousine Corrine, die sich zu dieser Zeit in Amerika aufhielt.
[3] Corrines halbwüchsiger Sohn aus erster Ehe.

1931: Die Bekanntschaft

Woche lang das Bett hüten, aber jetzt geht es ihm besser, und er ist wieder auf den Beinen. Dienstag haben wir bei den Galbraiths und gestern abend bei den Holts diniert, und heute abend habe ich die Einladung von den Andersens[1] ausgeschlagen, weil ich endlich diese Erkältung loswerden möchte.

Dienstag, den 13. Januar
Ich habe meinen Brief nicht zu Ende geschrieben, weil ich den ganzen Freitag mit Schönheitspflege verbracht habe, weil wir für das Wochenende nach Melton Mowbray bei Lady Furness (Mrs. Thaws Schwester) eingeladen waren, und der Prinz von Wales auch kommen sollte. Trotz meiner Erkältung nahmen wir am Samstag den 3.20 Zug, zusammen mit Ben Thaw. Connie war in Paris. Wir kamen um 6.30 an, und der Prinz & Thelma Furness trafen gegen 7.30 ein, mit Prinz George und dem Stallmeister des Prinzen, General Trotter[2]. Prinz George blieb nur kurz und fuhr dann weiter zu Lady Wodehouse. So waren wir nur noch 7 – du kannst dir vorstellen, was für ein Hochgenuß es war, den Prinzen auf diese ungezwungene Weise kennenzulernen. Am Samstagabend fand keine Dinnerparty statt, aber am Sonntag waren 10 Gäste zum Dinner geladen, auch Prinz George kam wieder dazu. Gestern mittag sind wir zurückgekommen. Es war wirklich ein Erlebnis, und da ich ja, seit ich hier bin, fest entschlossen war, ihn kennenzulernen, bin ich jetzt erleichtert. Aber ich hätte nie gedacht, daß das alles, auch mit Prinz George, so ungezwungen passieren würde.
Ist das nicht großartig für Willmot [Lewis][3]? Die Thaws und wir haben per Telegramm ein Gedicht geschickt – hoffentlich ist es unverstümmelt angekommen. Wir sagten dem Prinzen, was der König für Ethel getan hat[4]! Im häuslichen Bereich geht es drunter

---

[1] Reginald Andersen, ein Londoner Geschäftsmann, und seine amerikanische Frau Mildred.
[2] Brigadegeneral G. F. (»G«) Trotter (1871–1945), von 1921–36 Kammerherr des Prinzen von Wales.
[3] Der berühmte Washingtoner Korrespondent der »Times« wurde Neujahr 1931 geadelt. Er und seine zweite Frau Ethel Noyes waren Freunde von Wallis aus ihrer Zeit in Washington.
[4] Der Witz war, daß man George V. dazu gebraucht hatte, um aus Ethel »eine Lady zu machen«.

und drüber, und das ist alles andere als angenehm. Hughes hat sich Ernest gegenüber unverschämt benommen und wurde deshalb sofort entlassen. Morgen fängt ein neuer Mann an, ein ganz anderer Typ. Dann habe ich gestern mein Mädchen »aus Altersgründen« entlassen, und Montag kommt ein neues. Die Köchin ist *hoffnungslos*, also kündige ich ihr am 18., was bedeutet, daß sie am 18. Februar geht, und ich fürchte, die neue Köchin wird verlangen, daß ich noch ein Küchenmädchen einstelle. Ist das nicht unerhört? Kitty Hunter[1] sagt, man kriegt einfach keine vernünftige Köchin ohne ein Küchenmädchen – absurd. Du hast mir noch nicht geschrieben, ob Du den Tisch geschickt hast und wieviel ich Dir dafür schulde. Gib Corrine [Murray] einen Käsestecher für mich mit. Bei Ave gibt's Bridgeblocks mit aufgedruckten Initialen – davon hätte ich gern 4, die Buchstaben in Rot – und dazu Ersatzblocks. Du hast doch sicher ein paar Rezepte – vor allem Zwischengerichte und Eierspeisen. Gehe heute nachmittag zu Georges Cocktailparty, mit so etwas hat er sich ein bißchen wichtig, aber sonst ist er so ruhig und absolut zuverlässig. Mildred Andersen will mich noch in diesem Jahr bei Hof vorstellen[2]. Ich hätte zwar lieber, daß jemand anders das macht, aber es ist wohl im Grunde egal, Hauptsache daß. Der Haushofmeister hat mich nach meinem Scheidungspapieren gefragt, sie müssen wissen, wer der schuldige Teil war. Ich kann sie nicht finden – muß sie verlegt haben, deshalb habe ich Magde Larrabee[3] gebeten, mir sofort eine Kopie zu schicken, damit ich sie schnellstmöglich bei Hof vorlegen kann. Vielleicht rufst Du sie einmal an und fragst sie, ob sie sie abgeschickt hat. Du fehlst uns – es ist so dumm, daß der Atlantik zwischen uns liegt – aber der Winter

---

[1] George und Kitty Hunter waren Wallis' beste englische Freunde in London. Sie hat sie in ihren Memoiren beschrieben als »sehr englisch, sehr charmant und wundervolle Gastgeber. George war die Verkörperung eines englischen Landedelmannes: stattlich, blühend aussehend und herzlich, ein vermögender Mann, der meines Wissens nie zu arbeiten brauchte... George und Kitty waren weit gereist und verstanden unglaublich viel vom Essen.«
[2] Die Vorstellung bei Hof – der Knicks vor dem Monarchen in großer Robe – war eine Zeremonie, die bis zum Zweiten Weltkrieg als die offizielle Einführung einer Debütantin in die Londoner Gesellschaft galt. Dazu brauchte man als Bürger eine Dame, die selbst bei Hof eingeführt war. Geschiedene Frauen wurden früher nicht akzeptiert, konnten inzwischen aber vorgestellt werden, wenn bewiesen war, daß sie schuldlos geschieden waren.
[3] Mrs. Sterling Larrabee, eine Freundin, die in der Nähe von Warrenton lebte, wo Wallis geschieden worden war.

hier ist eine Qual. Es wird mein letzter sein, falls ich nächstes Jahr das Geld zum Verreisen habe. Alles Liebe
Wallis

So beschrieb Wallis ihrer Tante ihre erste Begegnung mit dem Mann, der sechs Jahre später auf den Thron verzichten sollte, um sie zu heiraten – ein paar banale Zeilen, versteckt zwischen den Berichten über ihre Erkältung und ihre Dienstbotenprobleme.
In ihren Memoiren schildert die Herzogin von Windsor diese Episode sehr viel detaillierter. Sie beschreibt die Zugfahrt nach Leicester mit Ernest und »Benny« Thaw, während der sie den Hofknicks übte, ihre Ankunft in Melton Mowbray, die von eisigen Nebeln verschleierte Landschaft, das lange und nervenzermürbende Warten auf Thelma und die beiden Prinzen und ihre sich verschlimmernde Erkältung. Sie erzählt, wie klein der Prinz ihr vorkam, aber sonst ganz so wie auf den berühmten Fotografien, und wie bezaubernd sie seine »große Natürlichkeit« und seine »Fröhlichkeit und Lebenslust« fand. Sie schreibt, daß sie und Ernest sich ziemlich fehl am Platz vorkamen, als Fremde inmitten dieser aristokratischen Gesellschaft, die hauptsächlich an Pferden interessiert war, aber daß der Prinz ihr die Befangenheit nahm, indem er mit ihr ganz zwanglos, aber liebenswürdig über die amerikanische Lebensart plauderte. Sie fragte sich, ob er wohl glücklich sei und warum er nicht geheiratet habe. Sie beschließt diesen Bericht mit einer Schilderung des Prinzen:

> Ein sehr charmanter aber distanzierter Mensch – nicht gerade aus der Welt des Alltags – ein Mensch, dessen Möglichkeiten und Verhaltensweisen von Gesetzen bestimmt werden, die sehr viel anders waren als jene, die für alle anderen gelten. Ich hatte den Gedanken an ein Wiedersehen schon aufgegeben. Eine Frau mit einer Erkältung und krächzender Stimme konnte man wohl kaum für eine Bereicherung der illustren Gesellschaft halten, die den Prinzen von Wales umgab.

Wallis und der Prinz

Wallis' Briefe an ihre Tante in diesem Winter machen deutlich, daß sie ihre Begegnung mit dem Prinzen nur als ein aufregendes, eher zufälliges Zusammentreffen betrachtete. Eine Wiederholung hielt sie für unwahrscheinlich. Sein Name wird nur beiläufig erwähnt. Die Briefe handeln vor allem von den alltäglichen Sorgen ihres Lebens: Probleme mit den Dienstboten, Anschaffungen, Einladungen geben und annehmen, Ernests Familiengeschichte, Enttäuschung über London und Heimweh nach Amerika. Wenn sie über den Prinzen schreibt, so geschieht dies in einem scherzhaften und schulmädchenhaften Ton. Sie weiß nicht recht, ob sie ihren Freunden in Amerika mitteilen soll, daß sie ihm begegnet ist – aber sie bemerkt mit Freuden, daß ihre Schwägerin eifersüchtig darauf ist. Sie sinnt darüber nach, ob sie »je wieder einen von ihnen hören oder sehen« wird – könnte aber vielleicht dem Prinzen nach seiner Rückkehr aus Südamerika bei Thelma begegnen oder anläßlich ihrer bevorstehenden Einführung bei Hof...

Der Prinz von Wales, reizend aber unwirklich, gehört für sie zu einer Traumwelt, einer Welt, die ganz anders ist als ihre »wirkliche« Welt, in der sie als die Frau von Ernest Simpson lebt, die eintönige, mittelmäßige Welt von Bryanston Court. Es fasziniert, wie man anhand ihres Briefwechsels mit Tante Bessie während der nächsten fünf Jahre die kontrapunktischen Elemente zwischen diesen beiden Welten verfolgen kann. Zuerst tritt der Prinz nur gelegentlich auf, als eine Art Märchenfigur inmitten eines sehr gewöhnlichen Lebens. Aber allmählich – sehr langsam und ziemlich unerwartet – gewinnt das Märchen die Oberhand.

Donnerstag, 22. Januar *Bryanston Court*
Liebste Tante B,
die Schinken sind gerade angekommen und werden im Moment ausgepackt. Bitte sag mir, was ich Dir schulde, inklusive Schiffsfracht. Da ich gerade davon spreche, hast Du von Win erfahren, ob seine Fracht angekommen ist? Seine Frau tut mir leid, wenn er wieder trinkt. Und er tut mir auch leid.[1] Habe Dir ein Telegramm

---
[1] Über ihre Tante hatte Wallis ihrem früheren Mann, Winfield Spencer, einige Möbel zurückgeschickt. Er hatte sich wieder verheiratet.

geschickt, da ich nicht möchte, daß es publik wird, daß ich auf einer Gesellschaft mit HRH[1] eingeladen war. Von Kitty [Hunter] weiß ich, daß Maud außer sich ist, weil wir derart reüssiert haben. Geschieht ihr recht. Ich habe einfach das Gefühl, daß wir ohne sie besser zurechtkommen. Meine Erkältung ist vorbei, aber Katherine und Billy werden ihre einfach nicht los und wollen im Februar irgendwohin in den Süden reisen. Wirklich Neues gibt es nicht – außer den Dinner- und Bridgeparties, und Ernest und ich haben ständig verloren – die letzte Woche sage und schreibe zusammen £ 14 – *schrecklich*. Ich sehne mich furchtbar nach dem Meer und dem Anblick von etwas Grünem – das war vielleicht ein Winter – elektrisches Licht den ganzen Tag – das untergräbt die Moral. Bitte sag mir, was ich Dir schulde, sonst kann ich Dich um nichts mehr bitten. Alles Liebe

Wallis

Mittwoch, 28. [Januar]   *Bryanston Court*
Liebste Tante B,
ich weiß nicht, was ich Dir schreiben soll. Der häusliche Kram bringt mich noch zum Wahnsinn – du weißt, wie mich das fertigmacht. Seit Hughes entlassen wurde, habe ich schon meinen zweiten Chauffeur, und ich glaube, der jetzt ist großartig. Was die Köchinnen betrifft, es ist schrecklich – diese simple Arbeit, und dabei steigen die Löhne täglich. Uns bleibt nichts anderes übrig, als ein Küchenmädchen einzustellen, und wie wir diese Extraausgabe bestreiten sollen, wissen wir noch nicht. Ich bin ja bereit, für eine wirklich gute Köchin auch auf etwas zu verzichten, aber E behauptet, daß ich nie auf etwas verzichte! Küchenmädchen kosten £ 35 – 40 im Jahr und Köchinnen £ 85 – dazu das Essen, die Wäsche & Versicherung gerechnet, läßt die 2 so teuer wie in Amerika werden. Ich müßte das Küchenmädchen in Agnes' Zimmer unterbringen und Möbel für sie kaufen. Tut mir leid, daß ich Dich langweile, aber ich kann an nichts anderes mehr denken…

---

[1] HRH = His Royal Highness = Seine Königliche Hoheit

Wallis und der Prinz

Donnerstag, 5. Februar   *Bryanston Court*
Liebste Tante Bessie,
ich bin sicher, daß jetzt die Katze über HRH aus dem Sack ist, da ich Mary Raffray[1] die Neuigkeiten schrieb und heute von ihr einen Brief bekam, worin sie mir berichtete, daß sie in Baltimore gewesen sei, als sie meinen Brief erhielt, und nicht widerstehen konnte, es Dr. Taylor zu erzählen! Also kannst Du Dir auch das Vergnügen gönnen und es Cousine L[elia] erzählen. Du kannst ja sagen, ich wollte auf keinen Fall, daß es in den Zeitungen erscheint. Möchte auch gern, daß Ethel [Lewis] weiß, daß wir uns während unseres Londoner Lebens einmal in höchsten Kreisen bewegt haben. Meine Erkältung ist ganz vorbei. Tausend Dank für die Rezepte – werde sie bei meiner nächsten Einladung ausprobieren. Mary R sagt, sie kommt im Frühling rüber – so etwas sagt sie immer, aber es passiert nichts. Ich habe mir ein schwarzes Abendkleid aus Satin gekauft – das erste Kleidungsstück seit unserer Orgie in Paris.[2] Ich bessere mich. Ich hoffe sehr, Thelma Furness wird uns wieder zusammen mit dem Prinzen einladen, wenn sie von ihren Reisen zurückkommen. Wahrscheinlich werden wir aber kaum je wieder einen von ihnen hören oder sehen. Gib auf Dich acht. Ich wollte, wir beide wären nicht so weit voneinander entfernt und müßten nicht so fest an unseren Einkommensquellen kleben. In aller Liebe
                                                                                               Wallis

Hatte Wallis gesellschaftlichen Ehrgeiz? Sie hielt die englischen »Klassenbegriffe« für äußerst sonderbar und betrachtete auch ihre bevorstehende Einführung bei Hof eher von der ironischen Seite. Aber es besteht kein Zweifel, daß die Aussicht, interessanten und vornehmen Leuten zu begegnen und sich in höheren Kreisen zu bewegen, sie in hohem Maße begeisterte – genau wie Ernest, dem »ein Lord von Herzen teuer war«. Beide waren versessen darauf, »vorwärts zu kommen«.

---

[1] Wallis' alte Schulfreundin, die eine lockere Ehe mit dem Franzosen Jacques (»Jackie«) Raffray führt.
[2] Eine Einkaufstour im vorhergehenden Sommer, als Tante Bessie zusammen mit den Simpsons auf dem Kontinent ihre Ferien verbrachte.

1931: Die Bekanntschaft

Bei einer Bridgepartie im Haus ihres Freundes »Mike« Scanlon, einem attraktiven unverheirateten Luftwaffenattaché an der Amerikanischen Botschaft, trafen sie auf Anne, Lady Sackville, die amerikanische Schloßherrin eines der berühmtesten Herrenhäuser Englands...

Dienstag, 10. Februar   *Bryanston Court*
Liebste Tante B,
danke für das Telegramm. Es hat mir gut getan, daß Du an mich denkst. Die neue Köchin kommt morgen in einer Woche, und ich suche jetzt verzweifelt nach einem Küchenmädchen. Wir haben in letzter Zeit nicht viel unternommen – fast alle sind irgendwohin in die Sonne gefahren. Sonntag fuhren wir mit dem Auto nach Knole zum Tee mit Lord und Lady Sackville.[1] Seit Deiner Abreise habe ich sie wiedergetroffen. Ich glaube, Knole ist das berühmteste Haus in England. Es ist riesig und wirklich wunderbar. Da man uns nun beschnuppert hat, hoffen wir, daß man uns einmal zum Wochenende einlädt. Die letzten 2 Abende haben wir damit verbracht, uns zu überlegen, ob wir einen Kredit auf E's Versicherung oder eine Hypothek aufnehmen sollen – er muß dieses Jahr Geld in die Firma stecken, und wir wollen unseren Lebensstil, jetzt wo wir uns etabliert haben und immer neue Leute kennenlernen, nicht ändern – also müssen wir etwa 12 oder 14 Tausend $ aufnehmen, um so weiterzuleben, und auch damit E das Geld an die Firma zurückzahlen kann. Er will es als erstes bei Pa versuchen, aber ich glaube, das gibt eine Bauchlandung. Jeder hier glaubt, daß die Lage noch schlimmer wird, und daß sich vor 1935 nichts bessert. Ist das nicht deprimierend? Was denken die Leute in Deinem Teil der Welt darüber? Der Nebel war schrecklich, alles in der Wohnung ist so schmutzig geworden – Du solltest die Vorhänge sehen – lasse sie Zimmer für Zimmer reinigen. Habe immer noch mit dieser Scheidungsgeschichte zu tun. Habe die Kopie vom [Scheidungs-]Urteil

---

[1] Generalmajor Charles Sackville-West, 4. Baron von Sackville (1870–1962), und seine zweite Frau, die amerikanische Schauspielerin Anne Meredith. Charles Sackville hatte den Titel und den Landsitz Knole in Kent 1928 geerbt; Onkel der Schriftstellerin Vita Sackville-West.

bekommen. OK. Jetzt wollen sie [das Amt des Haushofmeisters] das Stenogramm der Verhandlung – als Beweis, daß nichts zu meinen Ungunsten gesagt wurde. Sie haben E jede Menge Scheidungsprotokolle von anderen Leuten gezeigt. Deshalb habe ich geschrieben und die Unterlagen angefordert. Sollte ich den Prinzen in der Zwischenzeit wiedersehen, werde ich ihn um Hilfe bitten – obwohl ich nicht wahnsinnig erpicht darauf bin, dort zu erscheinen. Alles Liebe

Wallis

Freitag, 6. [März]   *Bryanston Court*
Liebste Tante B,
hier gibt es nichts Neues, außer daß ich eine großartige Köchin habe. Ich hoffe nur, daß sie bleibt und wir sie uns leisten können, denn sie ist verschwenderisch.[1] Mrs. Simpson hat *gedroht*, Ende März oder im April zu kommen, um mit den Kindern über Pa zu sprechen.[2] Ist das nicht schrecklich? Am liebsten würde ich mir in Paris während der Zeit Kleider kaufen, hätte ich das nötige Geld, und diesem ganzen Streit ausweichen, der, wie E glaubt, in einem Riesenkrach enden wird. Wir werden ihr anbieten müssen, bei uns zu wohnen. E sagt, daß sie nicht zu uns kommen wird. Trotzdem ist mir allein die Möglichkeit schon zuwider. Mildred malt mein Protrāt, nicht schlecht bis jetzt. Die Grants geben am 21. eine Kostüm-Party – Motto: Reklame, und ich weiß nicht, als welche Reklame ich gehen soll. Ich weiß auch nicht, was aus meiner Frühjahrsgarderobe werden soll, weil ich doch alles in die Wohnung gesteckt habe. Wir kriegen einen Tisch für 12 Personen, weil es billiger ist, 3 Bridge-Tische aufzustellen, als zwei Dinner für 8 Personen zu geben. Ich möchte Dich unbedingt im Herbst besuchen, mit oder ohne E. In Liebe

Wallis

---

[1] Mrs. Ralph, zuvor Küchenmädchen bei Lady Curzon, erwies sich unter Wallis' Anleitung als eine hervorragende Köchin.
[2] Ernests betagter Vater hatte seine Kinder und seine von ihm getrennt lebende Frau schockiert, als er sich eine junge französische Geliebte nahm.

1931: Die Bekanntschaft

Samstag, 21. [März]   *Bryanston Court*
Liebste Tante B,
heute abend ist Berta Grants Reklame-Party. Ich gehe als eine Tube Odol-Zahnpasta in einem blauen Wachstuchkleid mit silberner Passe und Silberkappe, und auf dem Kleid steht in weißen Buchstaben Odol. Ernest geht als Guinness. Es war ganz schön mühsam, also hoffe ich, daß wir Spaß haben werden. Katherine geht als Dutch-Reiniger und Billy als Dewars Scotch. Gestern bei Tamar [Consuelo] Thaw traf ich Miss Frazer.[1] Sie wohnt in der Park Lane. Scheint nicht recht zu wissen, was sie tun soll, und kam her, um in der Nähe ihrer Freundin, Mrs. Shane Leslie[2], zu sein, und sie hat Tamar und mich nächsten Donnerstag bei Mrs. Leslie zum Bridge eingeladen, so daß ich sie alle zuerst bei mir zum Lunch haben werde. Meine Scheidungsunterlagen sind eingetroffen, und der Haushofmeister hat mich akzeptiert, also warte ich jetzt auf die Einladung vom Hof. Du bist ein Engel, daß Du mir das Kleid schenken willst. Vielleicht bitte ich Dich noch um die Schleppe und den Schleier – das Kleid kann ich das ganze Jahr über als Abendkleid tragen. Wir möchten auf jeden Fall im Juni bei Hof vorgestellt werden. Gib auf Dich acht und lade viele Leute ein. Natürlich tut Charlie[3] mit leid, aber es überrascht mich nicht. Ich bin heilfroh, daß Mutter nicht da ist und mit seiner langen Krankheit und seinen Schulden fertig werden muß, du nicht? Was diesen alten Kartoffelsack angeht, ich gebe keinen Pfifferling dafür. Alles Liebe, Tante Bessie, Liebste

                                                                             Wallis

Karfreitag, [10. April]   *Bryanston Court*
Liebste Tante Bessie,
1000 Dank für das Ostergeschenk. Ich weiß im Augenblick noch nicht, wie ich es ausgeben soll – wahrscheinlich schaffe ich etwas für

---

[1] Eine Freundin Tante Bessies, deren Bruder Generalkonsul der USA in London werden sollte. Eine sehr stattliche Frau; Geliebte des Kriegskorrespondenten Ashmead Bartlett.
[2] Die amerikanische Frau von Shane Leslie, dem berühmten und exzentrischen irischen Schriftsteller.
[3] Wallis' Stiefvater, Charles Gordon Allen.

meine Tafel an. Jedenfalls kaufe ich etwas Dauerhaftes und keine
Kleider. Wir verbringen Ostern zu Hause – das heißt bis Sonntag,
dann fahren wir zu den Crimmies nach Kent für eine Nacht. Sie
kommen dann mit uns zurück, wir gehen gemeinsam ins Theater,
und sie übernachten bei uns. Wir bekamen eine tolle Einladung von
den Osbornes (Polly Reyburns Ex-Mann) von heute bis Montag,
doch leider hatten wir die Einladung der Crimmies schon angenommen.
Heute abend essen wir mit den Thaws und Mrs. Vanderbilt[1],
die gestern aus den USA gekommen ist. Ich hoffe, ich kann mit
Tamar und Mrs. V. einen Monat in Cannes sein. Durch die beiden
könnte ich sicher ein paar interessante Leute kennenlernen. Ganz
viel Liebe und vielen Dank für das Osterei. Du weißt, wie dankbar
ich bin für alles, was Du für mich und uns tust.

Wallis

Der Prinz von Wales wurde Ende April von seiner Südamerikareise
zurückerwartet. Nachdem Wallis sich so gut mit den Morgan-Schwestern
und deren Freunden verstand, begann sie sich zu fragen, ob sich
nicht bald die Möglichkeit ergeben würde, ihn wiederzusehen.
In der Zwischenzeit spiegeln sich in ihren Briefen ihre finanziellen und
ihre gesundheitlichen Sorgen.

Donnerstag, 16. April　　　　　　　　　　　　　　*Bryanston Court*
Liebste,
wir verbrachten ein verregnetes, kaltes und klammes Osterfest bei
den Crimmies, und das Bad war Meilen von den Zimmern entfernt.
Jedenfalls war ich zum erstenmal bei einem englischen Querfeldeinrennen
und verstehe jetzt die Bilder von Frauen in Stiefeln und
Tweed etc. Wir waren über und über mit Schlamm bedeckt, doch
die Costa-Schuhe haben es gut überstanden. Hier nichts Aufregendes.
Über Nr. 5 herrscht eine gedrückte Stimmung. Das Geschäft

---

[1] Thelmas Zwillingsschwester, die verwitwete Gloria Vanderbilt, die drei Jahre später in den bekanntesten Vormundschaftsprozeß der amerikanischen Geschichte verwickelt werden sollte.

scheint vor die Hunde zu gehen. Sie haben die Gehälter hier im Büro gekürzt (E's nicht) und in der NY-Niederlassung Leute entlassen. Als nächstes kommt vermutlich unser Auto dran. Das ist eine ziemliche Belastung, bis die Dinge sich wieder einrenken. Tamars Schwester, Mrs. Vanderbilt, ist großartig. Wir waren auf einer Party, die sie gab, und haben den vergangenen Sonntag mit Lady Milford Haven[1] auf dem Land verbracht. Sie ist Lady Mountbattens Schwägerin. Es ist schön für uns, alle diese tollen Leute kennenzulernen, selbst wenn wir nicht mit ihnen mithalten können! Ich hatte letztere [Lady Milford Haven] zum Lunch etc. und sie ist auch mit dabei in Cannes; die Gruppe besteht aus Tamar, Lady M. Haven, Gloria V., und wir reisen am 1. Juli. Tamar und ich haben uns überlegt, daß wir für 5 Wochen mit $ 500 auskommen können, mit ihrem Ford und einem französischen Chauffeur. Ich habe beschlossen, einen Kredit bei der Bank aufzunehmen, da der arme alte E mir nichts geben kann. Eigentlich dürfte ich diesen Sommer nicht verreisen, aber ich bin sicher, es wäre wert, mit diesen Frauen zu fahren, weil ich so nette Leute kennenlernen würde, auch Engländer, die uns hier helfen könnten, und ich sterbe vor Sehnsucht nach Sonne. Direkt vor Ostern hatte ich Magenbeschwerden und fand tatsächlich einen guten Dr., der mich mit irgendeinem Apparat und einer einfachen Diät, die ich einhalten kann, wieder auf die Beine gebracht hat; ich habe mich seit Jahren nicht so wohl gefühlt. E sehr mißtrauisch, daß ich in die USA reisen will, er sagt, ich gebe zuviel Geld aus, wenn ich verreise. Wir werden sehen – und wenn wir pleite sind, mußt Du trotz des Nebels hierherkommen. Ich habe nichts getan – es gab wirklich keinen Grund – und Cain[2] ist nicht da, und das rosa Sofa wird gereinigt. Meine Eßzimmervorhänge kamen in Fetzen aus der Reinigung zurück, und ich glaube nicht, daß die im Salon und in meinem Zimmer noch eine Reinigung aushalten, deshalb lasse ich mir von Peter Jones neue aus Voile machen, angeblich der letzte Schrei in

---

[1] Nada, Gräfin Torby, morganatische Tochter des Großherzogs Michael von Rußland. Sie war mit George, dem 2. Marquis von Milford Haven, verheiratet, dem Bruder von Lord Louis Mountbatten.
[2] Das Hausmädchen der Simpsons.

Amerika. Für das Wochenende vom 16. Mai hat uns Lady Sackville nach Knole eingeladen. Es wird himmlisch sein, in so einem Haus zu wohnen. Gloria V. und die Thaws geben am 24. Mai eine Party, und ich hoffe, daß HRH auch da ist. Ich würde ihm doch zu gern ohne Erkältung begegnen. Mr. Simpson kommt nächsten Dienstag mit 2 Geschäftspartnern, dann wird es wohl unvermeidbar sein, Maud zu begegnen. Wie ich gehört habe, ist sie ziemlich aufgebracht, weil wir diesen Winter ganz schön herumgekommen sind, und das alles ohne ihre Hilfe. Bis jetzt hat der Hof sich noch nicht gemeldet, aber ich glaube, sie verschicken die Einladungen erst 3 Wochen vorher. Alles Liebe, und trotz der Depression werden wir uns irgendwo im Herbst treffen. Mein Kommen wird durch die Tatsache kompliziert, daß ich den Haushalt hier führen muß und drüben Ausgaben habe. Du weißt, wie groß ich im Geldausgeben in den USA bin.

Wallis

Dienstag abend [28. April] *Bryanston Court*
Liebste Tante Bessie,
ich verbringe den Abend allein, da Ernest zusammen mit Pa und den Geschäftspartnern zum Essen gegangen ist; sie alle sind seit einer Woche hier. Pa scheint es gut zu gehen, aber er hat im Moment ziemliche Probleme. Das französische Flittchen wird nicht zu uns eingeladen. E und Maud haben einmal miteinander geredet, aber wir haben uns nicht versöhnt. Ich habe sie nicht getroffen. Bis jetzt fand E noch keine Gelegenheit, mit Mr. S über unsere Finanzen zu sprechen, deshalb kann ich noch keine Pläne machen, bis wir wissen, woran wir sind. Die Geschäfte gehen nicht besser. Nur R. Andersen ist erfolgreich – endlich werden elektrische Geräte auch in England installiert. Mildred hat Auto & Chauffeur, der Champagner fließt, und viele Parties in diesem scheußlichen Hungaria[1], wo wir auch eingeladen waren. Corrine gab endlich auch eine Party – 10 Leute am Sonntag zum Abendessen. Bob Dickey[2] war

---
[1] Damals ein bekanntes Lokal mit Zigeunermusik.
[2] Mit einer Tochter von Wallis' Cousine Lelia verheiratet.

gestern hier – war mit ihm zum Tee bei Corrine. Er wurde heute morgen am Rücken operiert. Schade, daß es nicht die andere Seite war. Minerva und Johnnie fangen jetzt an zu streiten, wir durften an mehreren Ehekrächen teilnehmen. Ist das nicht unglaublich, obwohl mir klar war, daß nichts derart 100%iges so weitergehen konnte. Ein Butterteller flog durch die Luft. Ist das nicht toll. E und ich sind dagegen die reinsten Turteltäubchen. Es ist kalt hier. Ich ziehe immer meinen Pelzmantel an, und es regnet jeden Tag. Mary [Raffray] schrieb, sie würde um den 20. Mai herum abfahren und möchte 2 oder 3 Wochen bei uns bleiben, wenn das geht. Dieses Jahr ist nicht eben günstig für ihren Besuch, es sei denn, sie gabelt sich einen Beau auf, und ich habe auch niemanden für sie, bis auf [Mike] Scanlon, der noch immer in Amerika ist. Mein Tisch für 12 ist ein ziemlicher Erfolg, und der Raum ist nicht zu überfüllt. Am 6. Mai kommen Lord & Lady Sackville, Lady Milford Haven, Lady Fitzherbert[1], Tamar und Mrs. Vanderbilt mit ihren Männern zum Dinner und Bridge. Habe keine Cocktailparties mehr gegeben – das ist so ruinös. Hoffe, es geht Dir gut. Alles Liebe

Wallis

Ich hoffe, ich habe mich für das Ostertelegramm bedankt. Du hättest es gar nicht schicken sollen in dieser Zeit der Depression.

Sonntag, 11. [Mai]   *Bryanston Court*
Liebste,
es hat mir um den armen alten Charlie leidgetan. Das ist auch schon alles, was man dazu sagen kann, er hat ja wirklich kein schönes Leben auf dieser Erde gehabt. Ich hoffe, Du hast Dich während der ganzen Geschichte von diesem schrecklichen Haus ferngehalten. Schreib mir, was Du mit unseren Möbeln tun willst. Du kannst alles verkaufen, wenn Du das für richtig hältst, außer dem Stuhl, an dem ich hänge. Auch den schwarzen Lacktisch mit der Lampe könnte ich in meinem Zimmer hier gebrauchen. Ich könnte die Sachen viel-

---

[1] Die Frau eines Großgrundbesitzers aus Derbyshire.

leicht im Winter mit zurückbringen. Mary telegrafierte, daß sie am 22. Mai mit der Caronia kommt. Ist das nicht schrecklich? Was soll ich denn einen ganzen Monat lang mit ihr anfangen? Letzten Mittwoch haben wir eine nette Dinnerparty gegeben, und jetzt habe ich Ruhe, bis die Lewis nächste Woche ankommen, für die ich dann vielleicht am Freitag abend etwas machen werde. Vom Hof haben wir bis jetzt noch nichts gehört. Schreib mir, was ich Dir für Charlies Blumen schulde. Mrs. Kendall, jetzt [Betty] Lawson Johnston[1], gibt eine große Cocktailparty am 21., am selben Tag gibt Corrine eine für Ethel [Lewis]. Wir gehen auf beide. Mir geht es sehr gut, aber ich fürchte, Mary wird mich ganz schön strapazieren.
Alles Liebe

Wallis

Donnerstag, 14. [Mai]   *Bryanston Court*
Liebste Tante B,
ich kann nichts dafür, aber der Gedanke, daß Charlie in todkrankem Zustand aus dem Haus gebracht wurde, ist schrecklich. Hätten sie nicht noch ein paar Tage warten können? War das Ganze nicht furchtbar, traurig und tragisch? Liebe, Du machst Dir wegen meiner geplanten Reise nach Cannes unnötige Sorgen. Der Kredit bei der Bank ist durch Aktien abgedeckt und hat nichts mit meiner Reise nach Washington zu tun. Der Haken bei der letzteren Reise besteht darin, daß während meiner Abwesenheit die Kosten für die Wohnung hier weiterlaufen, 4 Dienstboten, die uns die Ohren vom Kopf fressen – aber wie auch immer, ich hoffe, daß ich es schaffe und genügend Geld auftreiben kann für beide »Geschichten«. Wir sind im Moment sehr umtriebig – viele Cocktailparties, morgen gibt Lady Furness eine, und auch die 2 Prinzen sind eingeladen. Ich habe heute eine für die Lewis gegeben, die vor 2 Tagen angekommen sind, und als ich [Name unleserlich] anrief, um ihn einzuladen, war

---

[1] Eine reiche Argentinierin aus dem Süden; verheiratet mit einem Anglo-Amerikaner und sehr prominente Londoner Gastgeberin. Zu ihren Parties kam auch der Prinz von Wales.

1931: Die Bekanntschaft

[Felipe] Espil[1] im Büro, also bat ich ihn zu kommen, und er kam. E[rnest] war nicht begeistert, dafür Thelma Furness umso mehr, und sie lud ihn ein, morgen HRH kennenzulernen, der natürlich im Augenblick an allem interessiert ist, was Argentinien betrifft. Mary schickte ein Telegramm, in dem sie ankündigte, daß sie nun mit der Mauretania fährt – Ankunft am 26. – unsere ereignisloseste Woche. Jetzt muß ich Männer auftreiben. Samstag fahren wir nach Knole und am 23. ist das Pfingstwochenende, da fahren wir mit den Thaws in ein Hotel in der Nähe der Milford Havens, weil die eine Reihe von Gesellschaften geben. Montag kehren wir nach London zurück, damit wir Mary Dienstag willkommen heißen können. Es ist 12 Uhr, ich muß aufhören. Ich wollte Dir nur klarmachen, daß das Problem nicht darin besteht, *welche* Reise ich mache, denn wenn ich nur das Geld für eine habe, besuche ich Dich. In Liebe

Wallis

Aus den Memoiren der Herzogin von Windsor:

Anläßlich der Rückkehr des Prinzen aus Südamerika gab Thelma einen großen Nachmittagsempfang in ihrem Haus am Grosvenor Square, bei dem er anwesend war. Ernest und ich waren eingeladen... Thelma kam mit dem Prinzen herein. Bei seinem Eintritt erhoben wir uns alle. Als sie durch den Raum gingen, begrüßte er die Leute, die er kannte. Als er dicht an uns vorüberkam, fiel sein Blick zufällig auf mich. Dann stieß er Thelma an und schien sie leise zu fragen: »Bin ich dieser Dame nicht schon einmal begegnet?« Jedenfalls kam er bald darauf herüber und sagte: »Wie schön, Sie wiederzusehen. Ich erinnere mich an unsere Begegnung in Melton [Mowbray].« Er sah abgespannt aus, so als hätte die lange Reise ihn erschöpft. Er machte ein, zwei Bemerkungen über seine Reise, ehe er weiterging. Es war eine Geste der Aufmerksamkeit, die uns beiden schmeichelte.

---

[1] **Wallis'** alte Liebe aus ihrer Washingtoner Zeit; vgl. S. 17.

[Der Brief wurde Ende Mai begonnen]
Liebste,
am 10. Juni werde ich von Mildred Andersen bei Hof vorgestellt, und ich leihe mir die ganze Ausstattung – Tamar Thaws weißes Satinkleid, das perfekt sitzt – Thelma Furness' weiße gestickte Satinschleppe & ihre Federn und ihren Fächer – also brauche ich nur noch irgendeinen Kopfschmuck. Ist das nicht wundervoll?

4. Juni. Ich hatte keine Gelegenheit, diesen Brief zu Ende zu schreiben, wegen des Hochbetriebs, den Marys Besuch ausgelöst hat. Alle waren sehr nett und haben etwas für sie arrangiert. Ich habe 2 Dinner und ein großes Mittagessen gegeben – und die Krönung von allem war eine Einladung zum Tee bei Mrs. Lawson Johnston, und Thelma Furness brachte den Prinzen mit, und Mary wurde ihm vorgestellt. Ich glaube, ich habe Dir schon geschrieben, daß wir beide, den Prinzen und Prinz George, bei Thelma zum Tee an dem Nachmittag vor Marys Ankunft trafen. Ich will mir einen Aquamarin- & Kristallschmuck und ein großes Aquamarinkreuz kaufen, das um den Hals getragen wird und bis auf die Mitte des Busens herabhängt – wirklich hübsch auf dem weißen Kleid. Ich brauche wohl nicht zu sagen, daß der Schmuck unecht ist, aber sehr wirkungsvoll. Ich werde Dir Bilder von dem Ereignis schicken, sobald sie fertig sind. Die Grants leihen uns ihren Wagen, um bei Hof vorzufahren, also alles in allem *[der Rest des Briefes fehlt]*

Mittwoch, 10. Juni
Liebste,
was für ein Scheck. Ich bin sprachlos. Du weißt, daß es viel zu viel ist. Was bist Du nur für ein Mensch, und ich fühle mich ganz komisch, weil Du mir ein solches Geschenk gemacht hast. Heute abend ist es endlich soweit! Ich bin etwas nervös, hoffe aber, daß das vergehen wird. Mein geliehenes Kleid sieht ganz gut aus. Die Photos werden morgen früh gemacht. Ich glaube, Mary amüsiert sich großartig – alle meine Freunde waren reizend und haben ihr zuliebe Parties gegeben. Ich hoffe, daß sie Ende des Monats wieder

fährt, da ich ein paar Tage Zeit brauche, um die Wohnung wieder in Ordnung zu bringen, Sachen wegzuräumen etc. Wie es aussieht, kann ich erst in der ersten Juliwoche abreisen und hoffe, bis 15. August bleiben zu können. Ethel kommt für etwa 10 Tage mit. Ich teile mir mit Tamar ein Zimmer. Wir zahlen dafür 100 Francs pro Tag.

Freitag, den 12. Ich schreibe Dir bald ausführlich über den Hof – aber ich will, daß der Brief morgen mit dem Schiff abgeht. Ich habe so wenig geschrieben, weil ich eine NERVENSÄGE im Haus habe. Ich danke Dir über alles für Deine Güte. Du weißt, daß ich es nicht wert bin. Alles Liebe

Wallis

Samstag, 13. Juni
Liebste Tante Bessie,
ein Lunch und Dinner jagte das andere, und in der Zwischenzeit habe ich versucht, meine Ausstattung für Südfrankreich zusammenzubekommen, so daß ich Dir nicht eher schreiben konnte. Jeder meiner Bekannten hat für Mary irgendeine Party gegeben, und ich bin auf diese Tatsache ziemlich stolz, weil ich es nicht erwartet hatte, obwohl ich mir die Mühe gegeben habe und schon vor ihrer Ankunft eine Menge Leute einlud. Zwar lag ihr kein Beau zu Füßen, aber zu den Dinners wurden immer Tischherren für sie eingeladen. Am Mittwoch waren etwa 15 Personen anwesend und halfen mir in meine geliehene Staatsrobe. Wir brachen früh auf, um einen guten Platz in der Mall zu erwischen. Mein Aquamarinschmuck sah auf dem Weiß wirklich himmlisch aus, und Thelmas Schleppe ist sehr hübsch und länger als die Vorschrift es verlangt. Auch waren ihre Federn höher, was sehr gut war. Als wir den Palast betraten, stieß ich am Eingang des Thronsaals auf General Trotter, und er half uns, gute Plätze zu ergattern, und wir saßen in einer der Reihen, die als erste drankamen, was die Qualen beträchtlich verkürzte. Ich war etwas nervös, während ich wartete, bis die Reihe an mir war, aber

nicht während des »Knickses« vor dem König und der Königin. Nach dem Zeremoniell fuhren wir zu einer Party, die Thelma Furness gab. Der Prinz war auch da und brachte Ernest und mich um 3 Uhr morgens nach Hause, was die Portiers hier in unsägliches Erstaunen versetzte, ganz zu schweigen von Cain, die es am nächsten Morgen auf ihrem Weg in die Wohnung erfuhr. Ich hoffe, daß HRH irgendwann einmal nachmittags zu einer Cocktailparty hierher kommt – aber so etwas muß man ganz langsam angehen und natürlich mit Thelmas Hilfe. Die Photos von uns wurden am nächsten Morgen gemacht. Den besten Photographen konnten wir uns nicht leisten – sie sind hier sehr teuer. Wir gingen zu Bertram Park, der einen sehr guten Ruf hat und 14 Guineas für das Dutzend nimmt. Ich habe für Cannes jetzt im wesentlichen Hosen und 3 seidene Kleider, 3 Badeanzüge, 3 Abendkleider – das ist alles. Habe 2 Tageskleider für die Stadt, einen Mantel, 2 Abendkleider für die [Londoner] Saison und habe eine ziemliche Summe für meine neue Ausstattung fürs Landleben ausgegeben, die ich aber etwas unglücklich ausgewählt habe, wie ich glaube. Mary war wirklich ein sehr netter Gast – aber Ernest ist natürlich völlig erschöpft von den langen Nächten. Ich habe die Thaws, Lewis, Murrays, Lady Fitzherbert, Prendergast[1] und einen Mann namens Hynes für mein Geburtstagsdinner eingeladen. Ich habe mich immer noch nicht über Deinen Scheck beruhigt – Du hast mir dieses Frühjahr $ 225 geschenkt. Du denkst immer an Deine Familie, nicht wahr? Und ich tue nie etwas für Dich. Ich habe einen $ 500 Kredit bekommen, und werde also irgendwann im Oktober drüben sein. E macht überhaupt keinen Urlaub, das ist schrecklich, denn er ist völlig erschöpft – ich wünschte, er würde im Herbst nach Amerika fahren, allein die Reise würde ihm schon guttun. Alles Liebe

Wallis

Laß meine Vorstellung bei Hof in einer Zeitung veröffentlichen – nur eine kleine Anzeige, verstehst Du. Und gönn Dir den Spaß und erzähle Cousine L[elia], daß der Chauffeur mich heimgebracht hat.

---

[1] Walter Prendergast (geboren 1898), Zweiter Botschaftsrat an der Amerikanischen Botschaft; ein gutaussehender Junggeselle, der Bridge spielte.

1931: Die Bekanntschaft

Aus den Memoiren der Herzogin von Windsor:

Die Vorstellung bei Hof war eine grandiose Inszenierung mit allem Pomp... Als der Prinz von Wales vorüberging, hörte ich ihn zu seinem Onkel, dem Herzog von Connaught, leise sagen: »Onkel Arthur, mit dieser Beleuchtung stimmt etwas nicht. Sie läßt alle Frauen gräßlich aussehen.«
Thelma hatte Ernest und mich eingeladen, nachher noch bei ihr vorbeizukommen. Es war vielleicht ein Dutzend Leute anwesend... Bald darauf traf der Prinz ein, in Begleitung von »G« Trotter. Bei einem Glas Champagner, an dem er kaum nippte, bewunderte er meine Robe.
»Aber Sir«, erwiderte ich mit unbewegter Miene, »ich hörte Sie sagen, wir alle sähen gräßlich aus.«
Er war verblüfft. Dann lächelte er. »Ich hatte keine Ahnung, daß meine Stimme so weit trägt.«
Wenn eine Königliche Hoheit anwesend ist, verlangt es der gute Ton, daß alle bleiben, bis Hoheit gegangen ist. Der Prinz und General Trotter blieben nicht lange... Nach einer, wie uns schien, angemessenen Zeitspanne verabschiedeten Ernest und ich uns. Zu unserer Überraschung standen der Prinz und »G« in eine Unterhaltung vertieft bei ihrem Wagen. Bei unserem Anblick eilte der Prinz herbei und fragte, ob er uns nicht mitnehmen könne. Ich sagte: »Danke, Sir. Vielen Dank.«
...Zwanglos plaudernd und offensichtlich in gehobener Stimmung erwähnte der Prinz, sie seien auf dem Weg zu seinem Landsitz, Fort Belvedere, in der Nähe von Windsor Great Park... »Während ich in Südamerika war«, sagte er lachend, »mußte ich dauernd daran denken, wieviel Arbeit im Fort auf mich wartet. Und morgen früh möchte ich zwei oder drei Stunden im Garten arbeiten, ehe ich zu meiner Arbeit nach London zurückkehre.« Ich war völlig fasziniert, und das Auto hielt viel zu schnell vor Bryanston Court.
Als der Prinz mir aus dem Auto half, fragte ich, ob er und General Trotter nicht für einen Augenblick mit hinaufkommen möchten, um noch etwas zu trinken, ehe sie nach Sunningdale

weiterführen. Der Prinz, so hatte ich in Melton beobachtet, nahm gelegentlich einen Schlummertrunk zu sich. Aber der Prinz lehnte ab. »Ich würde sehr gerne einmal Ihre Wohnung sehen«, sagte er. »Wie man mir sagte, ist sie bezaubernd, und vielleicht könnte ich mir hier einige Anregungen für das Fort holen. Aber ich muß sehr früh aufstehen. Wenn Sie jedoch so freundlich wären, mich wieder einzuladen, würde ich gerne kommen.« Dann fuhr er davon.

Aber es sollten sechs Monate vergehen, ehe die beiden sich wiedersahen.
In der Zwischenzeit genoß Wallis die Londoner Saison mit der äußerst geselligen Mary Raffray und bereitete sich eifrig auf ihren Urlaub mit ihren anderen Freundinnen an der Riviera vor. Am 19. Juni feierte sie ihren fünfunddreißigsten Geburtstag.

Montag abend, 22. Juni
Liebste Tante Bessie,
endlich finde ich Zeit, Dir zu schreiben, und habe einen Abend für mich, denn diesen Brief schreibe ich im Bett. Mein Geburtstag war sehr anstrengend – 12 zum Dinner hier, und dann fuhren wir zurück zu Corrine, wo wir mit Musik und viel Trara bis 3.30 morgens feierten. Ich ließ die Getränke und Sandwiches dorthin bringen. Am nächsten Abend sahen wir uns die Parade in Aldershot[1] an und picknickten dort mit den Grants, den Galbraiths, George [Murray], der am Donnerstag eintraf, und den Steens. Wir hatten wirklich viel Spaß, aber wir kamen erst um 2.30 nach Hause, und Sonntag abend besuchten wir mit den Thaws, Milford Haven etc. eine Wohltätigkeitsveranstaltung in Bray[2]. Heute hatte ich 8 Damen zum Lunch und Mittwoch werden es wieder 8. Bevor ich abreise, habe ich dann alle meine gesellschaftlichen Verpflichtungen erfüllt. Marys Besuch war wirklich ein Erfolg. Wir sind fast überall eingeladen worden.

[1] Die jährliche Parade in der Garnison von Aldershot in Hampshire.
[2] Ein Dorf an der Themse in der Nähe von London, mit einem bekannten Hotel.

1931: Die Bekanntschaft

Alles ist nach Plan verlaufen, außer daß der P von W noch nicht bei mir zu Gast war. Sie bekam einen Brief von Lady L. Mountbatten[1], und wir waren bei ihr zum Tee. Es ist schade, daß E keinen Urlaub hat, aber ich hoffe, wir können 10 Tage im August in Schottland verbringen. Die Bilder vom Empfang am Hof sind nicht sehr gut, aber scharf, und ich werde Dir 3 schicken, eins von E und mir und die beiden Aufnahmen von mir allein, damit Du sie in Deine Wallis-Sammlung einreihen kannst! Glaubst Du, ich sollte die schweren Vorhänge reinigen lassen oder bis zum nächsten Frühjahr warten, wenn der Nebel vorüber ist? Bitte, vergiß nicht, mir diese Frage zu beantworten, denn ich weiß nicht, wie oft man sie reinigen muß. Ich habe Ethel sicherlich einen sehr großen Gefallen erwiesen – kann mir aber nicht vorstellen, daß sie dasselbe für mich tun würde. Ist es nicht fantastisch, daß Espil [argentinischer] Botschafter [in den Vereinigten Staaten] geworden ist? Verzeih mir, daß ich Dir nicht so oft geschrieben habe, wie ich eigentlich wollte. Nicht, daß ich nicht täglich an Dich gedacht hätte und Dich nicht mehr lieben würde als jeden anderen auf der Welt.

Wallis

Ende Juni reiste Wallis nach Südfrankreich. Auf diesen Urlaub hatte sie sich sehr gefreut, einmal, weil er ihr eine Abwechslung vom Hausfrauendasein in London bot, und zum anderen, weil er sie in ihrer gesellschaftlichen Karriere einen Schritt weiterbrachte. Ihre Begleiterinnen waren die Schwestern »Tamar« Thaw und Gloria Vanderbilt, ihre alte Freundin Ethel, Lady Lewis, und ihre neue Freundin, Nada, die Marquise von Milford Haven. Wallis sollte mit Tamar ein Zimmer teilen, Nada mit Gloria. Mary Raffray begleitete die Gruppe bis Paris. Ihrer Tante beschrieb Wallis die Reise als harmlos und erfreulich, aber man muß zwischen den Zeilen lesen.

Es kann keinen Zweifel daran geben, daß Wallis ihr Leben lang – durch ihr ziemlich maskulines Aussehen, ihre spröde und selbstbeherrschte Art – eine große Faszination auf Lesbierinnen ausübte. Nada Milford

---

[1] Edwina, die reiche und bezaubernde Frau Lord Louis Mountbattens, die man danach nur selten an der Seite ihres Mannes sah.

Haven war eine bekannte Lesbierin der damaligen Zeit; und es hat ganz den Anschein, als ob alle drei Morgan-Schwestern bis zu einem gewissen Grad homosexuelle Neigungen hatten. Drei Jahre später sollte der internationale, Aufsehen erregende Vanderbilt-Prozeß in Amerika beginnen, in dem Gloria versuchen würde, die Vormundschaft über ihre Tochter von ihrer Schwägerin, Gertrude Whitney, zurückzuerlangen. Dabei wurde dann behauptet, daß Gloria aufgrund ihrer sexuellen Neigungen moralisch nicht geeignet sei, ihre Tochter großzuziehen; und um diese Anschuldigung zu bekräftigen, wurde der Beweis für eine lesbische Affäre zwischen Gloria und Nada Milford Haven in einem Hotel in Cannes im August 1931 erbracht – das war der Urlaub, an dem Wallis teilnahm. Wenn also Wallis ihrer Tante schreibt, daß in Südfrankreich Männer »sehr rar« waren, aber das »kümmerte keinen«, hat sie damit vielleicht mehr ausgesagt, als sie eigentlich wollte.

Jedenfalls beendete Wallis ihren französischen Ausflug sehr abrupt und kehrte früher zurück als beabsichtigt. Ihrer Tante gibt sie einen Grund dafür an, aber man darf sich fragen, ob das der wahre Grund war. Tatsache ist, daß die Namen von Nada Milford Haven und Gloria Vanderbilt so gut wie nie mehr in ihren Briefen auftauchen. Tamar blieb noch eine Weile Wallis' Freundin – aber auch sie, wie die Briefe schließlich enthüllen, wurde zuletzt von Wallis wegen ihres Rufs gemieden. Aber Wallis' Freundschaft mit Thelma Furness, die sie im Laufe der Zeit in zunehmendem Maße in die Nähe des Prinzen von Wales bringen sollte, hatte noch einige gute Jahre vor sich.

Sonntag, 12. Juli   *Miramar, Cannes*
Liebste Tante Bessie,
ich habe soviel zu erzählen, daß ich gar nicht weiß, wo ich anfangen soll. Mary & ich kamen am 30. in Paris an und übernachteten in Glorias Haus mit Tamar, Gloria war schon mit Nada Milford Haven hierher gefahren. Am zweiten Abend in Paris speisten Mary und ich mit dem alten Mr. Simpson und besuchten hinterher die Kolonial-Ausstellung. Mademoiselle war auch dabei. Wir mußten eine breite Straße überqueren, und ich nahm Mr. Simpson beim Arm und eilte hinüber – dann kam Mad – dahinter Mary. Als ich

1931: Die Bekanntschaft

zum Bürgersteig kam, blickte ich mich nach den anderen um und sah, wie Mary durch die Luft gewirbelt wurde. Es war entsetzlich. Sie war von einem Taxi angefahren worden. Wir hoben sie auf und brachten sie zu Gloria – eine furchtbare Fahrt. Ihr Rücken schmerzte entsetzlich, und sie wurde ohnmächtig. Dann bekam sie hysterische Anfälle etc. Sie hatte solche Schmerzen, daß der Arzt sie kaum untersuchen konnte, aber er meinte, Rippen seien gebrochen, und möglicherweise hätte sie eine Nierenverletzung. Wir verbrachten eine schreckliche Nacht, und als sie schließlich Wasser lassen konnte, war es voller Blut, da wußten wir, daß etwas mit den Nieren war. Um 5 Uhr morgens fuhren wir mit der Ambulanz zum American Hospital. Fünf Ärzte wurden konsultiert, und um ein Uhr entschlossen sie sich, doch nicht zu operieren, weil sie der Meinung waren, die Niere sei nur gequetscht und nicht gerissen. Du kannst Dir vorstellen, in welcher Verfassung ich war – ich schickte der Familie ein Telegramm, telefonierte mit NY. 48 Stunden schwebte sie noch in Lebensgefahr. Jetzt erholt sie sich jedoch erstaunlich gut. Ihre Tante kam aus Aix-les-Bains angereist und löste mich am Krankenbett ab, und wir fuhren am Montag, den 6. ab und kamen Mittwoch hier an. Es ist wirklich himmlisch – heiß und Sonne, überall Sonne. Ich finde es wunderbar. Wir schwimmen in Antibes oder fahren zu den Inseln. Bisher sind wir ohne männliche Begleitung – 5 Frauen wirken wohl abschreckend – aber wir amüsieren uns. Die [Herman] Rogers und Sara Elkin sind hier, und wir essen heute abend mit den Rogers, mein 3. Erscheinen in der Öffentlichkeit. Ethel wird am 27. mit dem Schiff in die USA abreisen – und ich werde so um den ersten Cannes verlassen – eine Woche in Paris bleiben, dann zurück nach London und zu dem armen, einsamen Ernest, der in der Wohnung kampiert und nicht einmal ein Auto hat. Ich hoffe, Du hast einen schönen Sommer und mußt nicht unter der schrecklichen Hitze leiden. Ganz viel Liebe

Wallis

Sonntag, 9. August Knole, Sevenoaks, Kent
Liebste,
ich bin ein Scheusal, weil ich Dir nur einmal aus Cannes geschrieben habe, aber wir führten dort ein Leben, in dem für Stift und Papier einfach keine Zeit blieb. Mit Ernest habe ich telegraphiert – sehr zu seinem Ärger, Du kennst ja seine Abneigung, Geld auf diese Weise auszugeben. Wir machten jeden Tag dasselbe, das heißt, entweder gingen wir ins Eden Roc zum Lunch und badeten, oder fuhren zu den Inseln zum Picknick und waren mit den Rogers auf ihrem Boot. Ellen Yuille, jetzt Blair, war mit ihrem Mann[1] dort – was für eine Freude, sie wiederzusehen. Auch ein paar Leute aus Peking waren da, und mit Tamars und Glorias Freunden hatten wir ebenfalls Kontakt – Männer waren sehr rar, aber das kümmerte keinen. Ich angelte mir für ein paar Tage einen Beau namens Sydney Smith, der dort mit Willy Vanderbilt[2] war, aber es war zu anstrengend, ihn gegen die Konkurrenz zu halten. Ich bin ganz braun geworden und strotze vor Gesundheit, und wenn ich Dir sage, daß ich während unserer Rückreise nach Paris an einem Tag 370 Meilen gefahren bin, ohne müde zu werden, dann weißt Du, daß ich in Form bin. Wir hatten gehofft, bis zum 8. bleiben zu können, aber ich erhielt von E ein dringendes Telegramm, in dem er mir mitteilte, daß wir hierher zum Wochenende eingeladen sind – entweder beide oder keiner – und mich bat, sofort zu kommen, dies schon die zweite Einladung sei, seit ich in Cannes war, und immer nur für ein Ehepaar und nicht den Mann allein. Ich hätte es mies gefunden, nicht zu kommen, deshalb fuhren Tamar und ich am 4. in Cannes ab und kamen am 5. in Paris an, wo wir einen Tag lang Strümpfe, Parfüm etc. einkauften, und nahmen dann Freitag den Golden Arrow. Den Wagen fuhr der Chauffeur zurück.
Im Hause war es düster. Ernest sah bleich und elend aus. Das Geldproblem ist prekär, und wir müssen das Auto aufgeben und überhaupt den Gürtel enger schnallen. Das Geschäft geht schlecht,

---

[1] Eine alte Schulfreundin von Wallis, die aus einer bekannten Familie in Nord-Carolina stammte.
[2] Wahrscheinlich William Kissam Vanderbilt II (1878–1944), ein Cousin von Glorias verstorbenem Mann.

1931: Die Bekanntschaft

keine Aussicht auf Besserung. Ernest sieht so schlecht aus, daß sogar sein Vater gesagt hat, er *könnte* etwas zu seinem 10tägigen Urlaub beisteuern. Aber wenn er ihn nicht ganz finanziert, können wir nicht fahren. Ernest möchte nach Schottland fahren und wieder mit dem Auto eine Besichtigungstour machen. Ich glaube nicht, daß er sich dabei erholt, aber er sagt, es entspannt ihn. Jeder nach seiner Fasson. Vielleicht fahren wir dann nächsten Freitag, vorausgesetzt, das Geld ist da. Ich hoffe noch immer, im Herbst mit geborgtem Reichtum zu Dir kommen zu können, wage aber im Moment nicht, darüber mit E zu sprechen, da er sich so viele Sorgen macht und nervös ist etc. Ich hoffe, die Reise bringt ihn auf andere Gedanken – von Pa ist keine Hilfe zu erwarten, oder E sagt, er kann nicht. Ich hoffe, Du hast es gut gehabt. Für mich war es wunderschön, und ich möchte so gerne, daß Du es auch schön hast. Bestrafe mich nicht dadurch, daß Du nicht schreibst. Nach einem Monat Schmoren in der Sonne ist es hier zu kalt, um auszugehen. Ich stecke wieder in Tweed und Pelzen. Alles Liebe

Wallis

Im Gegensatz zu Ernests niederträchtigem und exzentrischen Vater war Tante Bessie die gute Fee der Simpsons. Obwohl sie ihr Leben in der abhängigen Position als bezahlte Gesellschafterin führte, hatte sie kürzlich von einer Freundin Geld geerbt und ihre großzügigen Schecks und Geschenke an ihre Nichte halfen die düstere Stimmung im Bryanston Court mildern. Sie bot nun an, Wallis und Ernests Reise nach Amerika im Herbst zu finanzieren. Aber Wallis mußte bedauernd ablehnen.

Samstag, 12. [September]   *Bryanston Court*
Liebste,
wir sind von Deiner Großzügigkeit völlig überwältigt. So etwas wie Dich oder »das« gibt es nur einmal. So sieht unsere Lage aus. Ernest hat nur einen Monat [Urlaub] im Jahr. 11 Tage hat er schon genommen, also bleiben ihm noch knapp 3 Wochen. In dieser kurzen Zeit und auf Deine Kosten nach Amerika zu reisen, wäre

völlig absurd, vor allem, da wir ein paar Tage mit dieser alten Teufelin von Ma verbringen müßten, und um überhaupt etwas davon zu haben, müßten wir ein Schiff nehmen, das die Reise in 6 Tagen schafft, da 10 Tage für E sinnlos wären. Jedenfalls können wir Dir nicht zumuten, die Reise unter solchen Umständen zu finanzieren. Du weißt ja, daß ich dem Tag entgegenfiebere, wo ich zurückkommen kann, aber es ist unmöglich, den Haushalt während meiner Abwesenheit mit allen Dienstboten weiterlaufen zu lassen, und zweitens kann ich Ernest im Augenblick mit all seinen geschäftlichen Sorgen nicht allein lassen; wenn wir uns also sehen wollen, gibt es nur eine Lösung – Du mußt rechtzeitig zum Weihnachtsfest hierherkommen. Wir könnten nach Weihnachten eine kleine Reise in ein sonniges Klima arrangieren – und wenn E nicht mitkommen kann, so könnte ich Dich für eine Weile begleiten. Ich hoffe, daß die Lage nächstes Jahr besser ist und ich wirklich heimkommen kann – falls es schlimmer wird, wird es wohl für immer sein! Ich bin so enttäuscht, da mein ganzes Herz daran hängt, und ich würde auch ohne E kommen, aber ich fände es schäbig, ihn gerade jetzt allein zu lassen. Unter normalen Umständen käme mir gar nicht der Gedanke, daß ich ihn verlasse, wenn ich heimkomme, denn normalerweise kann er mich nur selten begleiten und dann auch nur für einen Monat, und ich würde ihm ja auch immer treu bleiben. Nun antworte mir aufrichtig und schreib nicht, daß Du kommen wirst, nur um mich zu beschwichtigen. Sag mir die Wahrheit und was Du von der Angelegenheit hältst, so schnell wie möglich. Alles Liebe
Wallis

PS: E sagt, er will nicht egoistisch sein und mich von der Reise abhalten, also komm doch bitte hierher.

Aber Tante Bessie konnte ihre Arbeitgeberin, Miss Adams, nicht alleine lassen.
Aus der Korrespondenz geht hervor, daß Wallis zwar sehr viel Energie hatte, physisch aber nicht sehr widerstandsfähig war. Das Jahr 1931 hatte für sie mit einer langen, fiebrigen Erkältung begonnen. Im Früh-

jahr litt sie unter Magengeschwüren – für die sie seit ihrem fünfundzwanzigsten Lebensjahr anfällig war, und die immer wieder, manchmal mit lähmender Heftigkeit, in Zeiten großer nervlicher Anspannung auftreten sollten. Im Herbst berichtete sie ihrer Tante, daß sie sich die entzündeten Mandeln herausnehmen lassen mußte.

Freitag, 13. November   *Bryanston Court*
Liebste,
ich glaube, mein Entschluß, mir die Mandeln herausnehmen zu lassen, hat Dich genauso überrascht wie mich selbst. Wie Du weißt, wurde ich vor einer Woche operiert, und ich habe kein Telegramm wegen der Blumen für Mutter geschickt, weil ich glaubte, Du fändest es seltsam, wenn ich die Operation nicht erwähne – und ich wollte doch, daß Du erst davon erfährst, wenn sie draußen sind. Die Privatklinik von Lady Carnarvon, in der ich lag, ist angeblich die beste, und ich muß sagen, alles war sehr gut – ein winziges Zimmer, 18 Guineas die Woche. Die Nachtschwester war sechs Nächte da, und während der ganzen zehn Tage, die ich da war, die Tagesschwester. Gestern bin ich nach Hause gekommen. Es ist eine unglaubliche Operation. Meine Mandeln waren derart vereitert, daß es mir ziemlich schlecht ging, weil die Wunde nur langsam verheilte; unter der einen war ein riesiger Abszeß, und sie holten fast einen Löffel voll Eiter heraus, und beide waren krankhaft verändert etc., deshalb glaube ich, daß es mir ohne sie besser gehen wird. Im Moment fühle ich mich ziemlich schwach, weil ich erst seit 3 Tagen wieder feste Nahrung zu mir nehmen kann. Die ganze Geschichte hat knapp über $ 500 gekostet, aber ich kann sie von den $ 1000 bezahlen, die ich vergangenen Sommer aufgenommen habe. Ich scheine mir bloß noch Geld zu leihen und Ernest ebenso – der große Versuch, am Ball zu bleiben, bis andere Zeiten kommen. Ich habe dieses Jahr nur ein Abendkleid und 2 Tageskleider, also bin ich in dieser Hinsicht arm dran. Ich kann Dir gar nicht sagen, wie reizend die Leute während meines Klinikaufenthaltes zu mir waren, so viele Blumen, und gestern, bei meiner Ankunft, war die Wohnung voll davon. Ich muß bis 11 Uhr morgens im Bett bleiben und lege mich um 6 Uhr wieder

hin. Das geht noch ein paar Tage so, und ich muß mich von Menschen und Staub fernhalten, bis es ganz geheilt ist. Ich bin schrecklich enttäuscht, daß Du Weihnachten nicht kommen willst. Ich hatte mich so darauf gefreut. Vielleicht überlegst Du es Dir noch und kommst doch, daß Du wenigstens meinen neuen Hals siehst. Corrine habe ich nie als Familienangehörige betrachtet. Sie hat sich so gut wie nicht gekümmert. Sie ist wirklich sehr egoistisch. Sie und George sind seltsame Vögel. Ernest hat sich über ihre Gleichgültigkeit ziemlich geärgert. Tamar hat mich jeden Tag besucht. Corrine kam zweimal in 10 Tagen und blieb ungefähr 15 Minuten. Alles Liebe

Wallis

Dienstag, 17. November *Bryanston Court*
Liebste,
langsam fühle ich mich wieder wie ein Mensch, war aber noch nicht in der Lage auszugehen, seit ich wieder zu Hause bin. Es war die ganze Zeit neblig. Während ich in der Klinik war, war das Wetter herrlich. Obwohl es heute nicht sonnig ist, hat der Dr. mir empfohlen auszugehen. Es ist deprimierend, wenn man den ganzen Tag in der Wohnung herumsitzt und zuschaut, wie alles vom Nebel schmutzig wird. Maud fährt morgen nach NY. Sie scheint die einzige in der Simpson-Familie zu sein, die Geld hat. Wahrscheinlich werden dann noch mehr häßliche Briefe von Mr. Simpson hier eintreffen, weil sie uns natürlich soviel Ärger wie möglich machen wird. Ich würde so gerne auf Besuch nach Hause fahren. Das englische Klima und diese schlampig gekleideten Briten hängen mir im Moment zum Hals heraus. Das Wochenende verbringen wir in Knole. Die Abwechslung wird mir guttun, aber das Bridge ist furchtbar. Thanksgiving werden wir nicht feiern – zuviel Aufwand, einen Vogel mit dem Lasso einzufangen. Gib auf Dich acht. Ich denke immer an Dich und wünschte, wir wären zusammen.

Wallis

1931: Die Bekanntschaft

Sonntag, 29. November *Bryanston Court*
Liebste,
ein ekelhafter Tag, dicker Nebel, den ganzen Monat war die Sonne kaum zu sehen, aber es hat nicht viel geregnet, und deshalb behaupten die Engländer, es war ein wundervoller November. Es macht mich ganz krank, wenn ich von all eurem Sonnenschein höre, aber ich muß sagen, das ist auch das einzig Gute, was ich von zu Hause höre. Überall scheint alles immer schlimmer zu werden, und das deprimiert einen doch ziemlich. Bei uns gibt es nichts als eine Reihe von unerfreulichen Geschäfts- und Familiennachrichten – das Büropersonal wurde reduziert und Zweigstellen geschlossen, Mr. Simpson ist in Panik und so eklig. Er gibt uns keinen Pfennig, wie ich Dir schon geschrieben habe. Er kürzt das Darlehen, das er E geben wollte, um $ 3000, und wie Du Dich sicher erinnerst, hat er uns letztes Jahr auch keinen Scheck zu Weihnachten gegeben, wie Du siehst, läßt er uns eher hier verkommen, als daß er uns hilft, wieder nach Hause zu fahren. Wir schätzen Deine Großzügigkeit, aber wir können nicht einfach vor unseren Schulden davonlaufen – die wollen gepflegt sein! Ich habe die Lebensmittelrechnung vergangenen Monat um £ 15 senken können – aber natürlich laden wir kaum noch Leute ein, was ich sehr vermisse, denn ich glaube wirklich, daß die Leute einen vergessen oder nicht mehr soviel einladen, wenn sie glauben, daß man sich nicht revanchieren kann. Mir geht es jetzt viel besser, aber ich gehe die Dinge auch langsam an, was mir leichtfällt, weil ohnehin nicht viel los ist. Letzten Donnerstag war ich zum ersten Mal wieder abends aus bei einer Wohltätigkeitsveranstaltung im Café de Paris. Anne Sackville hat 2 Nächte bei uns geschlafen und uns für das Weihnachts- und das Neujahrswochenende nach Knole eingeladen. Ich habe es noch offen gelassen, in der Hoffnung, daß Du Deine Meinung änderst und doch rüberkommst. Knole ist zwar nicht aufregend, aber immer noch besser, als zu Hause zu bleiben. In der Kerzenabteilung von Harrods habe ich alle rosa gefärbten amerikanischen Kerzen gekauft, die sie vorrätig hatten, aber es waren nur 12, könntest Du mir deshalb 2 Dutzend von jeder Größe schicken und das Paket unter Wert deklarieren. Es handelt sich um handgearbeitete konische rosa Kerzen in den Größen 2 und 3. Wenn sie keine

Größenangaben haben, nimm bitte die längsten. Sag mir, was sie kosten etc. Sonst fällt mir leider nichts mehr ein. Alles Liebe

Wallis

Dienstag, 8. Dezember *Bryanston Court*
Liebste,
ich werde noch zu einer richtigen May Adams, so häufig liege ich im Bett. Jetzt ist es mir doch gelungen, mir eine Kopfgrippe einzufangen. Ich möchte sie gern vor nächster Woche wieder los sein, da dies die beste Woche ist, um Weihnachtsgeschenke für die Dienstboten zu kaufen; sie sind die einzigen, außer den Sackvilles, die ich beschenke. Es gibt nichts Neues. Kaum jemand gibt Einladungen und wir schon gar nicht. Von der Mandeloperation erhole ich mich nur langsam; sie waren derart vereitert, daß ich eine gehörige Dosis Gift abbekommen habe, als sie entfernt wurden. Anscheinend absorbiert man doch etliches dabei. Mein Magen ist in Ordnung, aber der Dr. sagt, es wird noch 6 Monate dauern, ehe er wirklich gesund ist, und ich lebe Diät. Letzte Woche waren wir mit dem PW [dem Prinzen von Wales] zum Dinner eingeladen, aber er wurde in letzter Minute krank. Tamar lädt am 17. zu ihrer Geburtstagsparty ein, und er wird auch kommen. Du weißt, daß Du mir schrecklich fehlst, und ich möchte Dich so gerne sehen. Ich wünschte, ich könnte es arrangieren, wenigstens nach Weihnachten einen Monat rüberzukommen, und wir würden gemeinsam zurückfahren – aber anscheinend wird alles noch schlimmer statt besser. Niemand ist wirklich fröhlich, weil die Männer so viele Sorgen haben. Trotzdem haben die Amerikaner hier mehr Geld als je zuvor. Ich lege Dir einen winzigen Scheck bei, damit Du Dir eine Kleinigkeit kaufen kannst. Er ist so mickrig ausgefallen, weil Texas Corporation die einzige Gesellschaft ist, von der ich noch Dividende bekomme! Ernests gestärkte Hemden waren ein großer Erfolg. Er hat zwar einen wunden Hals, hat aber noch nie so gut ausgesehen. Habe den Sackvilles gesagt, daß wir Weihnachten kommen, da von Dir keine Nachricht kam. Wir fahren Heiligabend hin und kommen Montagmorgen zurück, fahren dann wieder Silvester hin und bleiben das

Als Frau des Kapitänleutnants Winfield Spencer in Kalifornien, 1919

Mit Ernest Simpson auf
Hochzeitsreise in Spanien, 1928

Das Fort und sein Herr

Beim Derby, Mai 1933: Prinz George, der Prinz von Wales, der Herzog
von Gloucester (von links nach rechts)

So erschien Wallis im Juni 1931 zur Vorstellung bei Hofe.

Beim Skilaufen in Kitzbühel, Februar 1935

Wochenende über. Das Wochenende zu Neujahr hätte ich lieber mit Thelma verbracht, die uns zu einer Party eingeladen hat, aber die Weihnachtseinladung schließt beide Wochenenden ein, also konnte ich nicht mehr zurück. Ich kann Dir gar nicht sagen, wie gerne ich nach Hause käme. Ich glaube nicht, daß Ernest je wieder amerikanischen Boden betreten kann, ohne auf der Stelle verhaftet zu werden. Seit Januar schickt er Dodie[1] kein Geld mehr und hat ihr geschrieben, daß seine Mutter das Kind nehmen und kleiden und zur Schule schicken wird, so daß für es gesorgt ist. Solange er sich hier aufhält, kann sie ihm nichts anhaben, aber in NY könnte er Schwierigkeiten bekommen, und er hat einfach das Geld für ihren Unterhalt nicht. Für Lebensmittel habe ich letzten Monat nur $ 150 ausgegeben – nicht schlecht, aber wir gaben kaum Parties. Katherines Abschiedsparty war das letzte Dinner für 12, das ich gemacht habe. Ich hoffe, ich habe diesen Brief nicht mit Bazillen verseucht. Ich bin so dumpf im Kopf, aber habe es weder auf der Brust, noch habe ich Halsweh. Wir lassen keine Weihnachtskarten drucken, da es billiger ist, ein paar zu kaufen. Es ist schrecklich, daß wir nicht zusammen sein können. Du verstehst doch, daß ich nicht zu Dir fahren konnte. Aber Du hättest wirklich hierher kommen können. Ich halte es nicht mehr lange aus, ohne Dich zu sehen, und es kommt mir einfach lächerlich vor, daß immer so viel Zeit vergeht, bis wir uns wiedersehen, und Du bist doch wirklich viel freier als ich es bin. Männer sind ja wohl notwendig, aber man ist ganz schön angehängt. Wir sollten wirklich nicht mehr so viel Zeit zwischen den einzelnen Besuchen verstreichen lassen. Ich vergaß zu schreiben, daß ich die Pop-over-Backformen[2] nach York House bringen ließ. Thelma möchte den PW die Pop-over kosten lassen, also leihe ich ihr meine Backformen. Bitte sprich nicht darüber, denn mehrere Geschichten über ähnlich absurde Dinge sind über sie in amerikanischen Zeitungen verbreitet worden und sie denkt daran, eine zu verklagen. Gib auf Dich acht, und ich hoffe, daß Weihnachten schön wird und Du nicht eine Minute allein bist. Ich werde die

---

[1] Ernests erste Frau Dorothea, die mit der gemeinsamen Tochter Audrey in Amerika lebte.
[2] Ein amerikanisches Gebäck.

ganze Zeit über an Dich denken und mir wünschen, ich wäre bei Dir. Mit all meiner Liebe und einem dicken Kuß

Wallis

Und damit endete das Jahr 1931 für Wallis so, wie es begonnen hatte: mit einer fiebrigen Erkältung und der Aussicht, an einer Party mit dem Prinzen von Wales teilzunehmen. Es würde ihre fünfte Begegnung mit ihm sein.

Zweites Kapitel

1932: Die Gastfreundschaft

Auf eine erstaunlich knappe und ganz beiläufige Weise enthüllen Wallis' erste Briefe an ihre Tante im Jahr 1932 zwei bedeutsame Entwicklungen. Nachdem der Prinz den Simpsons bei Tamar Thaws Geburtstagsparty vor Weihnachten begegnet war, hatte er ihre Einladung zum Dinner in Bryanston Court angenommen.[1] Und er revanchierte sich für ihre Gastfreundschaft, indem er sie für das letzte Wochenende im Januar auf seinen Landsitz Fort Belvedere einlud.

Sonntag, 24. Januar   *Bryanston Court*
Liebste,
die Kerzen sind angekommen und wunderschön. Ich lege einen Scheck bei. Ich kann nicht alles von Dir annehmen. Wir (damit sind Cain und ich gemeint) waren ganz verliebt in die Butterkügelchen, vor allem jene mit HRHs Emblem darauf. Es ist ein Jammer, daß sie nicht rechtzeitig für den Abend eingetroffen sind, als er hier zum Dinner war, und der, nebenbei bemerkt, erfreulich verlief; die Party dauerte bis 4 Uhr früh, also nehme ich an, es hat ihm gefallen. Cain wäre vor Aufregung fast gestorben. In letzter Zeit sind wir viel zu kleineren Parties gegangen und haben eine weitere ereignisreiche Woche vor uns, obwohl mir für den Rest des Monats die Hände gebunden sind, da ich bereits zwei Dinner für 12, eines für 8 gegeben habe und wir uns mehr wirklich nicht leisten können. Agnes verläßt mich am 11. Februar, sie heiratet, also muß ich mir ein neues Hausmädchen suchen, was gar nicht so einfach zu sein

---

[1] In ihren Memoiren schrieb die Herzogin dagegen, daß der Prinz zum erstenmal im Juli 1933 bei ihr zu Gast war – was zeigt, daß ihr Gedächtnis, zu dessen Unterstützung sie nur ihre alten Terminkalender zu Rate ziehen konnte, in Detailfragen nicht immer zuverlässig war.

scheint. Die Lebensmittel hier sind wegen der neuen Zolltarife teurer geworden. Jeder ist trübsinnig, und fast alle meine Freunde sind vom »Champagner-Niveau« abgekommen, Bier ist jetzt das übliche Getränk. Las voller Neid von den günstigen Angeboten in NY, auch von der Mode, die ich mir in dieser schlampig gekleideten Stadt nicht einmal hätte vorstellen können. Die kleinste Extravaganz kostet Pfunde, falls man so etwas überhaupt auftreiben kann. Komm doch bald rüber. In letzter Zeit habe ich fürchterliches Pech beim Bridge. Wir beide wären ein tolles Team. Ich bekomme beim Geben nie mehr als einen Buben. Ich schreibe Mary, damit sie mir Strümpfe schickt, weil sie die Farbe kennt, und ich glaube, in NY sind sie besser als in Washington. Alles Liebe

Wallis

Aus den Memoiren der Herzogin von Windsor:

Diese Neuigkeit [daß der Prinz eine Einladung zum Dinner in Bryanston Court angenommen hatte] stürzte mein Personal in absolute Panik. Meine Köchin, Mrs. Ralph, und Cain, das Hausmädchen, waren vor Aufregung völlig außer sich... Ich beschloß, ihm ein typisches amerikanisches Dinner vorzusetzen: schwarze Bohnensuppe, gegrillter Hummer, Brathähnchen Maryland, zum Dessert ein kaltes Himbeersoufflé, und, als Zugeständnis an meine englischen Gäste, Markklößchen. In meiner Aufregung brannte ich darauf, es dem Fischhändler und dem Gemüsehändler zu erzählen... [aber] ich hatte bereits zu viel britische Zurückhaltung angenommen...

Wir waren zehn Leute beim Dinner – der Prinz am Kopfende der Tafel und Ernest am anderen Ende. Ich war überzeugt davon, daß entweder das Licht ausgehen oder Cain ganz bestimmt mit einem Suppenteller stolpern und entweder Tamar oder Connie damit verbrühen würde. Aber alles verlief glücklicherweise ohne Zwischenfall. Der Prinz schien sein amerikanisches Dinner zu genießen und machte mir ein Kompliment, als er nach meinem Rezept für das Himbeersoufflé fragte.

Donnerstag, 4. Februar *Bryanston Court*
Liebste,
während der vergangenen Wochen sind wir herumgeschwirrt wie die Bienen, auf vielen kleinen Abendgesellschaften, denen verlorene Bridgepartien folgten. Seit zwei Wochen waren wir abends nicht mehr aus. Ernest ist restlos fertig, ich bin müde, scheine aber meinen alten Schwung wiedergefunden zu haben, und die 4 Pfund Gewicht bekommen meiner Gesundheit gut, wenn auch nicht meinem »Allerwertesten«. Letzte Woche hat uns HRH für das Wochenende nach Sunningdale eingeladen, und ich lege eine Kopie des Gedichts bei, das wir anstelle eines Dankesbriefes für erwiesene Gastfreundschaft geschickt haben. Natürlich muß man mit Sir beginnen und als untertäniger Diener unterzeichnen. Ich finde, E hat das ganz gut gemacht, und ich glaube, PW hat sich darüber gefreut. Matilda Pell Kohler kam eben aus Amerika zurück und erzählt, daß die Leute drüben deprimierter sind als hier. Ich glaube, das kommt daher, daß man hier eher an schwere Zeiten gewöhnt ist als bei uns und daß man nichts dabei findet, auf Dinge zu verzichten und ohne auszukommen. Die Theater sind voll und die Nachtklubs ebenfalls, wie ich gehört habe. Wir gehen eigentlich nie, außer wir sind eingeladen, und das kommt selten vor. Es glaubt eigentlich keiner daran, daß bessere Zeiten kommen, und wenn ich es fertig brächte, Gowan zu kündigen, würde ich auf das Auto verzichten und das Geld lieber für eine Reise ausgeben, falls sich eine vergnügliche Gelegenheit böte.[1] Von Ernest kann ich nichts erwarten, weder für das Auto, noch für eine Reise. Die Frachtgeschäfte gehen immer schlechter. Angeblich verzichtet sogar Maud auf gewisse Dinge, obwohl niemand ganz genau weiß, worauf! Mr. S lobt ihre Sparsamkeit in höchsten Tönen. Habe Schwierigkeiten, ein Hausmädchen zu bekommen, obwohl es viele geben soll. Ich merke nichts davon – für einen englischen Dienstboten ist eine Wohnung noch immer ein furchtbarer Arbeitsplatz, und man muß sie regelrecht ködern. Agnes wollte am 11. gehen, aber der junge Mann, den sie heiraten will, ist gestürzt und hat sich am Knie verletzt, so wurde

---

[1] Wallis hatte den Chauffeur und das Auto behalten und aus ihrem eigenen kleinen Einkommen finanziert.

die Hochzeit auf August verschoben, und sie will bis dahin bleiben, aber sie macht ihre Arbeit so schlecht, daß ich nicht weiß, ob ich sie behalten soll. E sagt, der Teufel, den man kennt, sei besser als der Teufel, den man nicht kennt, aber ich weiß nicht recht. Corrine kam ganz sonnenverbrannt zurück, es war schön, aber sie sagt, daß in der Schweiz wenig los ist, und wie ich höre, ist Paris billiger. Aber das ist wohl ein Gerücht – hier jedenfals wird alles nur teuerer wegen der Zolltarife. Wann kommst Du rüber, um dem Britischen Löwen ins Gesicht zu sehen? Sehne mich so danach, Dich zu sehen. Alles Liebe

Wallis

P. S. Ich habe gehört, es gibt ein gutes Kochbuch, »The Blue Book«. Wenn möglich, hätte ich's gern.

Es ist merkwürdig, daß Wallis ihren ersten Besuch im »Fort« ihrer Tante nur ganz flüchtig schildert. Sie konnte natürlich noch nicht wissen, welche Rolle dieser Ort in ihrem Leben einmal spielen würde. Aber in ihren Memoiren schreibt sie ausführlich und mit viel Liebe über dieses erste von zahlreichen Wochenenden, die sie dort verbringen sollte.

Aus den Memoiren der Herzogin von Windsor:

Dann, aus heiterem Himmel, kam unerwartet die Einladung – ein Brief, in dem der Prinz von Wales uns bat, das Wochenende des 30. Januar mit ihm im Fort Belvedere zu verbringen. Ernest war ebenso entzückt darüber wie ich, und die Freude meiner Zofe, als ich ihr sagte, daß sie mich begleiten solle, hätte kaum größer sein können, wäre sie von Seiner Königlichen Hoheit persönlich eingeladen worden. Ich bin sicher, daß der Vorschlag, uns einzuladen, von Thelma kam, denn gleich danach erfuhr ich von Connie Thaw, daß sie und Benny ebenfalls dort sein würden. Nur mit einem Kloß im Hals kann ich über diesen Ort schreiben, das romantischste Haus auf der Welt – dieses halb verzauberte Schloß, das David immer nur »das Fort« genannt hat, nie Fort

Belvedere, nur das Fort... Das Fort gehörte einzig und allein David. Und es bedeutete ihm wohl mehr als irgend etwas auf dieser Welt, abgesehen von der Ehre...
Das Fort gehörte zu den sogenannten »*Grace and Favour*«-Häusern im Kronbesitz, die den Windsor Great Park säumen... es diente dem Monarchen als Gästeunterkunft für Verwandte und ranghohe Mitglieder des Hofs. Das ursprüngliche Bauwerk geht bis ins frühe 18. Jahrhundert zurück, auf William, Herzog von Cumberland, den dritten Sohn von George II. ... Später beauftragte George IV. den berühmten Sir Jeffrey Wyatville, der zu Beginn des 19. Jahrhunderts Windsor Castle restauriert hatte, das Gebäude zu vollenden und zu vergrößern... Während Königin Victorias Regentschaft war das Fort nicht bewohnt und verfiel teilweise, bis George V. dann zu Beginn seiner Regentschaft kostspielige Instandsetzungsarbeiten und Veränderungen ausführen ließ...

Aus den Memoiren des Herzogs von Windsor:

[Im Jahre 1929 stand das Fort leer.] Als ich meinen Vater fragte, ob ich dort leben könne, war er erstaunt. »Was willst du bloß mit diesem wunderlichen alten Haus anfangen? Für deine verflixten Wochenenden, nehme ich an... Nun, wenn du es willst, kannst du es haben.« Ich bedankte mich. Der wirkliche Beweggrund, warum ich dieses Anwesen haben wollte, lag tiefer als nur der Wunsch, dort meine Wochenenden zu verbringen. Ich war fünfunddreißig Jahre alt. Der Zugvogel sehnte sich nach einem Ruheplatz...
Als ich das Gebäude übernahm, war es ein architektonischer Mischmasch, ein pseudogotisches Monstrum. Eine Reihe von Eiben überschattete eine Seite des Hauses und hatte die Wände mit grünen Flechten überzogen. Der Garten war vernachlässigt, das Unterholz verwildert. Aber die halbverborgene Schönheit des Ortes sprang mir ins Auge.
Nach Norden hin senkt sich das Land in einer sanften Linie zum

Virginia Water hinab, wo ich als Kind im Ruderboot mit Mary [seiner Schwester] und meinen Brüdern herumpaddelte. Hier führte die grasüberwucherte Zufahrt unter einem breiten mit Zinnen versehenen Turm hindurch, auf dem stattliche Bronzekanonen aus dem achtzehnten Jahrhundert in Schießscharten standen. Windsor Castle lag auf der gegenüberliegenden Seite des Great Park in einer Entfernung von sechs Meilen. Von der Spitze des Turms aus konnte man an einem klaren Nachmittag London sehen und mit einem Fernrohr die fünfundzwanzig Meilen entfernte St. Pauls-Kathedrale erkennen.

Ich fand es wunderbar, das Fort herrichten zu lassen, innen und außen... Innen ließ ich, soweit es die Räumlichkeiten und die alten Mauern zuließen, viele der Annehmlichkeiten einbauen, die ich in der Neuen Welt kennengelernt und genossen hatte – ein Bad für beinahe jedes Zimmer, Duschen, ein Dampfbad, Einbauschränke, Zentralheizung... auch die äußeren Veränderungen gingen rasch vonstatten. Die düsteren, einengenden Eiben wurden gefällt, so daß Licht und Luft herein konnten. Ein schlammiger Lilienteich unterhalb der Wehrmauern wurde in einen Swimmingpool umgestaltet. Ich ließ die vielen dunklen Lorbeerbäume entfernen und durch üppig blühenden Rhododendron ersetzen. Ich schlug gewundene Pfade durch Tannen- und Birkenhaine und legte so den wahren Zauber der Waldlandschaft frei... So eilig hatte ich es damit, das Anwesen zu vervollkommnen, daß es mir um jede Stunde Tageslicht leid tat, in der die Arbeit nicht voran kam... Ich nötigte meine Wochenendgäste zu anstrengender körperlicher Arbeit, die viele in keiner Weise gewohnt waren...

Das Fort ergriff von mir auf vielfältige Weise Besitz. Bald liebte ich es, wie nichts anderes auf der Welt – vielleicht weil es so sehr mein eigenes Werk war. Mehr und mehr wurde es für mich zu einem friedlichen, fast verzauberten Hafen, wo ich Zuflucht vor den Sorgen und Unruhen meines Lebens fand.

Aus diesen Schilderungen ist nicht ohne weiteres zu ersehen, daß das

Fort eigentlich ein recht kleines Haus war – weniger ein Fort als vielmehr eine Miniaturausgabe davon, »eine kindliche Vorstellung von einem Fort«, wie Diana Cooper sagte. Nur eine beschränkte Anzahl von Gästen konnte untergebracht werden, und die Schlafzimmer waren sehr klein. Wenn jemand seine Stimme erhob, war er im gesamten Gebäude zu hören – wie die Beamten und Berater, die sich dort während der Abdankungs-Krise versammelten, herausfinden sollten.

Aus den Memoiren der Herzogin von Windsor:

Sunningdale liegt etwa fünfundzwanzig Meilen südwestlich von London. Ernest und ich fuhren am späten Nachmittag dorthin und richteten es so ein, daß wir um sechs Uhr ankommen würden. Es war dunkel, als wir uns dem Fort näherten. Unsere Scheinwerfer beleuchteten eine Kiesauffahrt, die sich in anmutigen Kurven durch einen Wald wand. Plötzlich ragte vor uns eine faszinierende, dunkle Form auf, mit unregelmäßigem Umriß und unterschiedlichen Höhen, die von einem Turm überragt wurde, der von versteckten Flutlichtern in sanftes Licht getaucht war. Noch ehe das Auto zum Halten kam, öffnete sich die Tür, und ein Diener erschien. Einen Augenblick später war der Prinz selbst an der Tür, um seine Gäste zu begrüßen und das Ausladen des Gepäcks zu überwachen – eine Aufmerksamkeit, die, wie ich später feststellen sollte, bei ihm üblich war. Der Prinz führte uns durch ein schmales Vestibül in eine achteckige, stuckverzierte Halle. In jeder Ecke stand ein leuchtend gelber Ledersessel. Der Boden war aus schwarzem und weißem Marmor. Wir gingen dann weiter in den Salon. Thelma, die Thaw, und »G« Trotter waren vor uns angekommen. Ich war sofort von der warmen Atmosphäre dieses Raumes angetan, der wie die Halle achteckig war. Vorhänge aus gelbem Samt verhüllten die hohen Fenster. An den Wänden, die mit naturbelassenem Kiefernholz getäfelt waren, hingen schöne Gemälde, alles Canalettos, wie ich später erfuhr. Die Möbel waren überwiegend Chippendale, bis auf einen Stutzflügel und ein Grammophon. Und an der Wand

gegenüber dem Kamin standen Regale voller Bücher in wunderschönen Einbänden.
Der Prinz bestand darauf, uns selbst in unser Zimmer im ersten Stock zu bringen, und es entging meiner Aufmerksamkeit nicht, daß er, ehe er uns verließ, den Zustand des Zimmers mit dem flüchtigen Blick eines umsichtigen Gastgebers überprüfte – eine Charaktereigenschaft, die ich nicht an ihm vermutet hätte. Nachdem er sich vergewissert hatte, daß alles in Ordnung war, verließ er uns mit den Worten, daß er uns unten zum Cocktail erwarte.
Eine weitere kleine Überraschung erwartete uns, als wir in den Salon zurückkehrten. Der Prinz saß auf einem Sofa, den Kopf über eine große, flache Leinwand gebeugt, und seine rechte Hand führte mit raschen Bewegungen eine Nadel mit einem langen farbigen Garn. Ich traute meine Augen kaum – der Prinz von Wales übte sich in Petit-point-Stickerei [seine Mutter hatte es ihm beigebracht]... Zwei Cairn-Terrier, Cora und Jaggs, balgten sich zu Füßen des Prinzen...
Im Vergleich zur streng geregelten Routine von Knole war die Etikette im Fort erstaunlich ungezwungen. Aber wir hatten natürlich für das Dinner Toilette gemacht – Thelma, Connie und ich in unseren schlichtesten Abendkleidern. Der Prinz trug einen Kilt... und eine silberbeschlagene Felltasche, der er, wie ich mit Belustigung sah, plötzlich ein kleines Zigarettenetui entnahm.
Nach den Cocktails gingen wir zum Dinner in das Eßzimmer. Es war bei weitem nicht so groß wie der Salon. Die Wände waren ebenfalls mit Kiefernholz getäfelt; in dem Raum standen ein Walnußtisch und zwei Mahagoni-Sideboards im georgianischen Stil. Die zehn Stühle waren ebenfalls aus Mahagoni – mehr hatten an dem Tisch nicht Platz. An den Wänden hingen Pferdebilder von George Stubbs, dem berühmten britischen Pferdemaler. Das Essen war einfach, aber wohlschmeckend – es gab Austern, die, wie der Prinz erklärte, direkt von seinen eigenen Austernbänken im Herzogtum Cornwall kamen, einen ausgezeichneten Rinderbraten, Salat, eine Süß- und eine pikante Nachspeise.
Thelma und »G« Trotter bestritten die Unterhaltung, an der sich aber auch alle anderen beteiligten. Ich wußte aus den Zeitungen,

1932: Die Gastfreundschaft

daß der Prinz während der vorhergehenden Monate ausgedehnte Reisen in die notleidenden Gebiete Englands unternommen hatte, aber er sprach mit keinem Wort über sich oder seine Arbeit. Er schien erschöpft, und ich hatte den Eindruck, daß an diesem Ort und in dieser Gesellschaft die stillschweigende Übereinkunft herrschte, daß seine offiziellen Angelegenheiten hier bewußt nicht zur Sprache kamen...

Nach dem Dinner wurde im Salon der Kaffee serviert. Karten lagen bereit, falls jemand spielen wollte. Man könnte aber auch, so meinte der Prinz, die geistigen Fähigkeiten einem härteren Test unterziehen und den Versuch machen, ein äußerst kompliziertes Puzzle, dessen Einzelteile über einen langen Tisch vor dem Hauptfenster verstreut lagen, zusammensetzen. Die anderen lud der Prinz ein, mit ihm »*Red Dog*« zu spielen, ein Spiel, das ich seit Jahren nicht mehr gespielt hatte. Er erklärte sich bereit, mir Nachhilfeunterricht zu erteilen... Thelma stand neben dem Grammophon und schaute einige Platten durch. »Ich hätte Lust zu tanzen«, sagte sie.

Ein Ausdruck der Freude erhellte das Gesicht des Prinzen. »Vielleicht haben wir alle Lust dazu«, meinte er. Das Grammophon begann zu spielen, und als Thelma sich umdrehte, ging der Prinz mit ausgestreckten Armen auf sie zu und tanzte mit ihr in die achteckige Halle, die sich an das Eßzimmer anschloß. Ich erinnere mich ganz deutlich an die Melodie. Es war *Tea for Two*...

Der Prinz tanzte auch kurz mit Connie und mir. Ich fand, er war ein guter Tänzer, gewandt, leichtfüßig und mit einem wirklich guten Gefühl für Rhythmus. Dann, ganz plötzlich, wirkte er müde. »Da dies Ihr erster Besuch im Fort ist,« sagte er, »sollte ich Sie vielleicht über die Regeln aufklären. Es gibt keine. Bleiben Sie auf, solange Sie wollen. Stehen Sie auf, wann Sie wollen. Für mich ist dies ein Ort der Ruhe und Abwechslung. Ich gehe früh zu Bett und stehe früh auf, damit ich im Garten arbeiten kann.«

Lange vor Mitternacht wünschte er Gute Nacht. Wir und die anderen Gäste verweilten noch ein wenig und gingen dann auf unsere Zimmer. Das war meine Einführung in das Privatleben des Prinzen von Wales – ein Muster an Gelassenheit...

Der nächste Tag war wie der Abend zuvor. Das Mädchen, das uns das Frühstück brachte, sagte uns, daß Seine Königliche Hoheit bereits vor einer Stunde gefrühstückt habe und im Garten sei. Kurz nachdem Ernest und ich in den Salon geschlendert waren, sah ich den Hang zur Terrasse eine ungewöhnliche Gestalt in ausgebeulten Knickerbockern, einem dicken Pullover und mit zerzaustem Haar heraufkommen. In einer Hand trug sie eine Hippe, ein Gartenmesser mit sichelförmiger Klinge zum Beschneiden der Büsche. Es war der Prinz, und Cora und Jaggs sprangen glücklich kläffend hinter ihm her.
...»Ah«, sagte Thelma mit gespielter Bestürzung, »ich nehme an, deine Gäste werden zum Schneiden der Lorbeerbäume abkommandiert.«
»Ja«, erwiderte der Prinz fröhlich, »ich freue mich über jeden freiwilligen Helfer.«
»Sie werden feststellen«, murmelte »G« Trotter, »daß Sie sich umso beliebter machen, je härter Sie arbeiten.« ...Ernest warf Benny Thaw einen schnellen Blick zu, der, da er bereits zuvor mit dem Prinzen ein Scharmützel in dem dichten Dornengestrüpp an den Hängen unterhalb des Forts ausgefochten hatte, eine Grimasse schnitt. »Das ist keineswegs ein Befehl«, warf »G« Trotter ein, »aber ich kenne niemanden, der sich je geweigert hätte.« Körperliche Betätigung war eine Beschäftigung, an der Ernest nur in der Rolle des Zuschauers Gefallen fand...
Ernest ging nach oben, um sich einen Pullover zu holen. Inzwischen ging der Prinz mit mir auf die Terrasse, um mir das Gelände zu zeigen... Er versuchte, mir in einem möglichst beiläufigen und sachlichen Ton zu schildern, was er alles gemacht hatte; aber seine innere Freude... siegte über die Maske der Gleichgültigkeit...

Nach der Gartenarbeit und einem kalten Büfett führte der Prinz die Simpsons durchs Haus.

Er war vor allem stolz auf die kleine Bibliothek, die einige schöne Queen-Anne-Möbel enthielt. Sein eigenes Schlafzimmer, das an die Halle im Erdgeschoß angrenzte, war ein bezaubernder Raum, die hohen Fenster von roten Chintz-Vorhängen eingerahmt, mit Blick auf den Garten. Das Bett und die anderen Möbel waren Chippendale wie im Salon und in der Bibliothek. Die Wände waren weiß, und überall gab es Fotografien seiner Familie. Die oberen Schlafzimmer, sechs insgesamt, hatten alle Namen. Eines hieß »Prinz-George-Zimmer« und wurde von seinem jüngeren Bruder bewohnt, der seine Wochenenden häufig hier verbrachte. Ein weiteres hieß »Das Blaue Zimmer«, weil es hauptsächlich in blauen Farbtönen gehalten war. Es gab ein »Gelbes Zimmer« und ein »Rosa Zimmer«, ein »Grünes Zimmer« und sogar ein »Königin-Zimmer«, so benannt aus irgendeinem Grund, der in Vergessenheit geraten war. Wenn man bedenkt, daß in den englischen Häusern damals verhältnismäßig wenige Badezimmer vorzufinden waren, konnte der Prinz mit Recht stolz darauf sein, daß es ihm gelungen war, trotz der hinderlichen alten Mauern für fast jedes Zimmer ein Bad einbauen zu lassen. Aber was mich am meisten faszinierte, war das architektonische Kunststück, im Inneren dieses weitläufigen Forts eine Atmosphäre von Wärme und Ungezwungenheit zu schaffen. Für das Landhaus eines Junggesellen war der Gesamteindruck erstaunlich warm und einnehmend.

Wallis erwähnt in ihrem Brief vom 4. Februar an ihre Tante Bessie diese Einzelheiten nicht, legt ihr aber das Gedicht bei, das Wallis und Ernest als Danksagung an den Prinzen geschickt hatten:

Sir

Übt mit mir Nachsicht und verzeiht
Mir den armseligen Versuch
Zu danken Euch für den Besuch

Im Fort Belvedere.
Es fällt uns schwer
Zu fassen unsere Dankbarkeit
In angemessene Worte.
Ach, viel zu schnell verstrich die Zeit
Jedoch, Sir, ich bedanke mich
Für jene unvergess'nen Stunden
Und Eure königliche Hochherzigkeit.
Ich hab' die Ehre
Und stets bin
Eure gehorsame Dienerin

Wallis Simpson

Das war also Wallis' erster Besuch im Fort. Es hatte ihr über alle Maßen gefallen, aber sie konnte sich gewiß nicht vorstellen, daß es nur der erste von vielen sein sollte, ja, daß dies einmal der wichtigste Ort in ihrem Leben werden und sie eines Tages Thelma als Herrin des Hauses ablösen würde. Alles das lag noch in ferner Zukunft. Tatsächlich scheinen die Simpsons nach diesem Wochenende in Sunningdale im Januar 1932 dem Prinzen erst wieder im Oktober desselben Jahres begegnet zu sein.

Nach diesem Ausflug ins Märchenland kehrte Wallis in die Wirklichkeit zurück. Die Briefe, die sie in diesem Winter an Tante Bessie schrieb, spiegeln ihre übliche Sorgen – zunehmende Geldprobleme, Schwierigkeiten mit der Simpson-Familie, ihre Sehnsucht nach einem Urlaub.

Sonntag, 14. Februar   *Bryanston Court*
Liebste,
ich hab es doch geahnt, daß Du krank warst, und hab mir Sorgen um Dich gemacht. Ich hoffe, Dir geht es jetzt wirklich wieder gut. Wir hatten Schnee und Sonne zwei Tage lang – was für eine Wonne, wenn es klar und trocken ist. Es gibt nichts Interessantes zu berichten, außer daß Mrs. Simpson um den 25. dieses Monats in

London eintreffen wird. Wir wissen eigentlich nicht, warum sie kommt. Die Dauer des Besuchs wurde nicht angekündigt. Ich hoffe, daß Mellons Ankunft keine Wechsel des Botschaftspersonals zur Folge hat.[1] Ohne Tamar wäre ich verloren. Wir haben so herrliche Zeiten zusammen erlebt. Ich habe einen alten Bewunderer, Lord Decies, der mich ständig zum Lunch einlädt.[2] Da Ernest meint, daß er mich nur »begrapschen« will, lehne ich beharrlich ab. Leute von zu Hause finden, daß in England eine viel fröhlichere Stimmung herrscht als in den US, aber ich bemerke beträchtliche Unterschiede in den Häusern der Leute, in Restaurants etc. Wir hoffen, innerhalb der nächsten 3 Monate die letzten $ 1 000 für die Inneneinrichtung bezahlen zu können, womit die Wohnung endlich abbezahlt wäre! Maud telefonierte mit Ernest über die Ankunft von Mrs. S und erzählte, daß Mr. S ihr den Zuschuß gestrichen hat. Ich hoffe nur, uns steht nicht das gleiche Schicksal bevor. Ich rechne fest damit, daß Du den ganzen Sommer hier bleibst, und ich hoffe, mit Dir gemeinsam nach Hause fahren zu können, und will etwa 6 Wochen bleiben, möchte aber nicht vor Oktober ankommen, also richte Deine Pläne entsprechend ein. London wird ab Anfang April nicht so schlimm sein, also kannst Du direkt hierher kommen. Ich gehe heute nachmittag zum Bridgespiel zu Bristol[3], der krank ist, und dann besuchen wir mit Tamar einen Theater-Club. Bitte gib auf Dich acht und komm bald. Alles Liebe

Wallis

Sonntag, 21. Februar *Knole, Sevenoaks, Kent*
Liebste,
ich habe mir Sorgen um Dich gemacht, weil mit dem letzten Schiff kein Brief von Dir kam. Hoffe sehr, Du bist deine Erkältung

---

[1] Der republikanische Aluminium-Magnat und frühere Finanzminister Andrew W. Mellon wurde Anfang 1932 zum Botschafter in London ernannt als Nachfolger von General Dawes; ein Jahr später, nach Präsident Roosevelts Wahl, wurde er abberufen.
[2] Colonel John Beresford, 5. Baron von Decies (1866–1944), ein lebenslustiger irischer Peer.
[3] Kapitän Arthur L. Bristol, Nachfolger von Galbraith als Erster Marineattaché der Amerikanischen Botschaft.

losgeworden und wieder in Ordnung, obwohl mir mein Gefühl sagt, daß Du nicht ganz auf dem Damm bist, denn sonst hättest Du geschrieben. Es ist höchste Zeit, daß Du einmal wegkommst und uns besuchst. Verschieb es nicht länger. Eben erhielten wir eine himmlische Einladung von Ernests rumänischem Freund Georges Sebastian[1], der ein Haus in der Nähe von Tunis besitzt. Er kam für eine Woche nach London, und seine Frau ist in Amerika. Ende März wird er sich dort mit ihr treffen, aber in der Zwischenzeit muß er nach Tunis zurück, um irgendwelche Elektrikerarbeiten in seinem Haus zu überwachen. Er möchte, daß wir ihn begleiten. Es ist eine 2-Tage-Reise von London und kostet uns nur die Bahnfahrt, also $ 120 je Rückfahrkarte, aber E sagt, die Reise würde uns $ 500 kosten, und die haben wir nicht. Ich hätte die Sonne und die Wärme so genossen, und er hätte uns an den Rand der Sahara gefahren. Jedenfalls, da ist nichts zu machen. Und Mike Scanlon fährt am Dienstag nach Paris, und ich hätte ihn begleiten können und nur die Schiffsüberfahrt auf dem Frachtschiff mit ihm & Auto bezahlen müssen. Tamar und ich wären ums Leben gern gefahren, aber wieder – kein Geld! Benny ist zurück und sagt, Washington ist die fröhlichste Stadt in den US, Parties wie gewohnt und Whisky für $ 1 die Flasche.[2] Irgendeine Frachtfirma in den US hat bankrott gemacht und schuldet SS&Y[3] viel Geld, und Ernest muß 13tausend Dollar auftreiben, um sie an die Firma zurückzuzahlen – das ist sein Anteil am Verlust im letzten Jahr. Behalte das bitte für Dich, aber ist das alles nicht deprimierend, und wir fragen uns, wie lange wir die Wohnung wohl noch behalten können. Ich habe es ziemlich satt, derart daran gebunden zu sein und keine Bewegungsfreiheit mehr zu haben. Vielleicht wären ein Zimmer und mehr Abwechslung besser. Es ist sehr kalt hier, und Cranmers Zimmer, unser Schlafzimmer, wie ein Kühlschrank.[4] Anne ist in einer Privatklinik und

---

[1] Ein vornehmer internationaler Schöngeist, dessen Haus bei Tunis inzwischen ein Museum ist; erstaunlich, daß er ein Freund von Ernest war.
[2] Das war noch zur Zeit der Prohibition.
[3] Ernests Firma, die Schiffsmakler Simpson, Spence & Young.
[4] Knole stammt aus dem 14. Jahrhundert und war einmal die Residenz des Erzbischofs von Canterbury. Cranmer war der letzte Erzbischof, der dort lebte, ehe der Besitz von den Tudors konfisziert und den Sackvilles übereignet wurde.

ließ sich den Kropf operieren. Sie hat es gut überstanden. Wir sind hier mit einem Mr. Ramsay, um Charlie [Lord Sackville] Gesellschaft zu leisten. Es ist zwar nicht besonders aufregend, aber eine Abwechslung zum rußigen London. Schreib mir bald und berichte, wie es Dir wirklich geht.

Wallis

26. *Februar* *Bryanston Court*
Liebste,
ich habe mich sehr über Dein Telegramm gefreut, weil ich sehr besorgt um Dich war und Du mir doch gewöhnlich regelmäßig schreibst. Wir sind im Moment in Hochstimmung, trotz der Tatsache, daß E.s Ma heute morgen ankam. In meinem letzten Brief schrieb ich Dir, daß E.s Freund, Georges Sebastian, uns nach Tunis eingeladen hatte und wir nicht fahren konnten, weil die Reise zu viel Geld gekostet hätte. Wir lehnten ab, und siehe da, er hat uns Fahrkarten für die Hin- und Rückreise geschickt! Dieser großzügigen Geste konnten wir einfach nicht widerstehen, und so fahren wir am Dienstag, dem 8. März, mit dem Golden Arrow ab – dann nehmen wir am selben Abend den 8-Uhr-Zug nach Marseilles – weiter geht's mit dem Schiff um 10 Uhr am nächsten Morgen, und wir treffen in Tunis am darauffolgenden Tag, dem 10., ein. Wir bleiben einige Tage in Tunis und fahren dann mit dem Auto zum Rand der Sahara. Es klingt großartig. Alles in allem werden wir 2 Wochen unterwegs sein. Für die Reise kaufe ich mir nur ein leichtes helles Kostüm, das ich später hier auf dem Land anziehen kann. Man sagte mir, daß ich auch Wollsachen brauchen würde – es ist dort nur wenig wärmer als in Cannes im Winter. Maud hat mich mit der ganzen Familie zum Sonntags-Lunch eingeladen, aber Ernest ist der Meinung, daß das Leben ohne sie so friedlich verlaufen ist, also nimmt nur er die Einladung an und hält es für besser, wenn ich nicht mitkomme, um unser gespanntes Verhältnis nicht weiter zu belasten, denn wenn ich mitgehen würde, müßte ich sie anschließend zu uns einladen, und dann finge der ganze Schlamassel bestimmt wieder von vorne an. Ich glaube, selbst das alte Mädchen findet

Maud unmöglich. Dein Weihnachtsgeschenk habe ich in eine Glasuhr für das Speisezimmer investiert und einen Tisch für Photos für mein Zimmer. Die Zeiten sind günstig für Einkäufe. Sogar Yamanaka hat mein Angebot für den Tisch akzeptiert und mir £ 8 für die Uhr nachgelassen, so daß ich sie für £ 19 bekam. Die Zeiten sind nach wie vor schlecht fürs Geschäft, obwohl die Leute sagen, es ginge aufwärts, man würde es nur noch nicht merken. Möchte wissen, mit welchem Schiff Du losfährst. Erwarte mit Ungeduld Deine Ankunft. Komm, ehe sie die Möbel pfänden, bitte! Alles Liebe

Wallis

Der Urlaub in Tunesien fand statt, und im Frühjahr 1932 kam Tante Bessie endlich zu den Simpsons nach England. Im Juli brachen die drei zu einer Rundfahrt durch Frankreich und Österreich auf, aber Wallis litt erneut unter ihren Magenbeschwerden, und die drei mußten nach London zurückkehren, wo sie sich für einige Wochen in ärztliche Behandlung begab. Als sie im Herbst ihren Briefwechsel mit Tante Bessie wieder aufnimmt, scheint sie sich aber davon erholt zu haben.

Montag [Poststempel vom 30. September]   *Bryanston Court*
Liebste,
wir kamen heute morgen wieder mal von einem Wochenende in Knole zurück. Mrs. Diercks war auch dort – Du erinnerst Dich doch daran, bei ihrem Ball wurde mir mein Abendmantel gestohlen. Wir gehen jeden Abend aus und ich bin völlig erschöpft. Es sind keineswegs großartige Einladungen, sondern wir treffen uns nur mit Leuten, die zurückgekommen sind. Zwei Abende die Woche verbringen wir mit diesen verdammten Simpsons. Wenn sie wenigstens alle beisammen wären, könnten wir einen Abend einsparen. Benny schießt weiterhin Vögel und bringt sie zur Zubereitung hierher. Sie wohnen jetzt im Grosvenor House [Hotel], während sie sich eine Wohnung einrichten, die sie in der Park Street gemietet haben. Ich habe Williamson entlassen und nun ein neues Hausmäd-

chen, das bereits meine venezianische Glasvase vom Serviertisch im Salon zerbrochen hat. Ich habe £ 3 dafür bezahlt. Das ist nicht auszuhalten! Sehe Thelma öfter als Tamar, weil sie *so* intim mit Mala Brand[1] befreundet ist, und der Klatsch ist ziemlich schlimm, so daß ich lieber nichts mit ihnen zu tun haben will. Thelma ist wütend darüber. Ich hoffe, Tamar wird allmählich einsehen, daß sie einen Fehler macht, und erkennen, daß sie ihre anständigen Freunde verliert und sich nicht mehr so oft mit Mala treffen soll.

Ich habe diesen Brief am Montag angefangen, und heute ist Donnerstag. Ich schäme mich wirklich, aber ich war wieder jede Nacht aus. Vormittags schlafe ich, und da das Wetter gut war, ging ich mit Berta [Grant] zum Golfspielen. Gestern spielten wir 36 Löcher. Die traurige Neuigkeit ist, daß die Grants am 22. Januar nach New York zurückkehren – für immer. Auf Lesters Rat hin schließen die Guggenheims ihr Londoner Büro. Sie werden mir sehr fehlen. Jedenfalls habe ich gleich Bertas 2. Hausmädchen als Ersatz für meinen letzten Mißgriff eingestellt. Lege einige Schnappschüsse bei, die Mike [Scanlon] in Hove aufgenommen hat und Dir mit lieben Grüßen und Küssen durch mich schickt. Bin sehr deprimiert heute, weil es Gowans letzter Tag ist und ich dann auch kein Auto mehr habe. Wir beide waren tapfer bis zum Ende. Ich lege einen stupiden Artikel bei, der im »Tatler« über deine Nichte stand. Noch immer kein Wort von Corrine. Alles Liebe

Wallis

In diesem Herbst wurden Ernest und Wallis noch zweimal von Thelma und dem Prinzen ins Fort eingeladen – einmal zum Tee und einmal zum Wochenende. Abgesehen von diesen Besuchen und einigen Wochenenden in Knole, war das gesellschaftliche Leben der Simpsons durch ihre finanziellen Probleme und Wallis' Gesundheit eingeschränkt. Anfang Dezember war sie durch neuerliche heftige Magenbeschwerden ans Bett gefesselt. Aber die Aussicht, im neuen Jahr nach Amerika zu reisen, stimmte sie fröhlich.

---

[1] Eine Bohemienne der damaligen Zeit, die Tochter eines südafrikanischen jüdischen Millionärs.

Sonntag, 11. [Dezember]   *Knole, Sevenoaks, Kent.*
Liebste Tante Bessie,
ich bin von der Höhe des Schecks überwältigt und fühle mich wie eine Millionärin. Du weißt genau, Du hättest ihn mir nicht schicken sollen. Deine Großzügigkeit bringt mich noch um! Ich habe mir geschworen, davon nicht eine einzige Rechnung zu bezahlen oder etwas für die Wohnung zu kaufen, wie ich es mit Deinen anderen Geldgeschenken getan habe. Dieses Geld werde ich nur für mich ausgeben. Die paar Tage im Bett haben mir unendlich gutgetan, und ich sehe zehn Jahre jünger aus. Ich brauche zweifellos ein gewisses Maß an Ruhe und muß schwere Speisen meiden. Auch hat man mir für die nächsten 6 Monate nur Whiskey und klares Wasser erlaubt, gibt es das auch in Nr. 1911?[1] Ich würde liebend gern im Februar für sechs Wochen kommen, aber ob wir das hinkriegen, bleibt abzuwarten. Vielleicht wäre Mitte März besser, das wäre vorteilhafter für den Einkauf der Frühlingsgarderobe. Die Grants und wir leisten Anne Gesellschaft, damit sie nicht so alleine ist. Charles S erholt sich fabelhaft, und ich denke, er wird unter der Obhut einer Krankenschwester nächstes Wochenende nach Hause kommen. Wir verbringen hier eine wunderbar erholsame Zeit. Wir waren beim Prinzen eingeladen, und wenn ich an den Rummel dort denke, kommt es mir schon etwas langweilig hier vor, aber ich tröste mich mit dem Gedanken, daß es hier gesünder ist! Pa Simpson ist am 3. abgereist und ist jetzt in Monte Carlo, Ma ist noch hier, aber sie reist am 28. ab, hurra. Weihnachten kommt sie zum Mittagessen, und ich habe Thelma, Mr. Morgan[2], Gladys[3], Mike, die Thaws eingeladen, damit sie die alte Dame niederbrüllen können. George [Murray] hat die gleichen Probleme mit dem Magen wie ich und nimmt dagegen auch Wismut und Belladonna[4] und darf ebenfalls nur Whiskey und klares Wasser trinken, leichte Speisen zu sich nehmen und braucht viel Ruhe. Morgen, wenn er zum Familiendinner kommt, werden wir uns ausführlich darüber unterhalten. Den Frazers bin ich bis

---

[1] 1911 R Street war Tante Bessies Adresse in Washington.
[2] Harry Hays Morgan (1860–1933), ehemaliger Angehöriger des Amerikanischen Konsulatsdienstes, Vater von Consuelo, Thelma und Gloria.
[3] »Mike« Scanlons Freundin Gladys Kemp, die er kurz darauf heiratete.
[4] Ein Extrakt der Tollkirsche, der damals als Sedativ verwendet wurde.

jetzt noch nicht begegnet.[1] Beim Empfang hätte ich sie eigentlich treffen müssen, aber ich habe überhaupt nicht an sie gedacht, doch nach Weihnachten werde ich die Thaws dazu bewegen, mich zu einer Cocktailparty bei ihnen mitzunehmen. Ich lege diesen komischen kleinen Scheck bei, und Du wirst sicher eine Lupe brauchen, um den Betrag darauf entziffern zu können. Einen Teil davon verwende bitte für die Blumen für Mutter, und dann Liebe, vergnüge Dich mit dem Rest. Vielleicht kannst Du Dir damit gerade eine Flasche Schnaps kaufen.[2] Jedenfalls schicke ich all meine Liebe mit und auch jede Menge Hoffnung, daß ich im Frühling bei Dir sein kann. Sei umarmt und geküßt von

Wallis

---

[1] Robert Frazer, dessen Schwester mit Tante Bessie befreundet war, wurde im November 1932 zum Amerikanischen Generalkonsul in London ernannt.
[2] Noch verboten.

Drittes Kapitel
1933: Die Freundschaft

1932 war kein gutes Jahr für Wallis gewesen. Gesundheitlich stand es nicht gut um sie. Die Geschäftslage der Firma ihres Mannes hatte sich verschlimmert. Die ersehnte Reise nach Amerika war nicht zustandegekommen, und ihre Stimmung war aufgrund der anhaltenden düsteren Atmosphäre in England getrübt. Nach der aufregenden Begegnung mit dem Prinzen im Jahr 1931 hatten sie und Ernest ihn 1932 kaum gesehen. In ihren Memoiren konnte Wallis sich, abgesehen von ihren Besuchen im Fort im Januar und im Oktober, an keine weitere Begegnung mit ihm erinnern. Damals verließen ihre besten amerikanischen Freunde London – die Grants, Mike Scanlon und die Thaws. In der Zwischenzeit war jedoch Wallis' Freundschaft mit Thelma noch enger geworden.

Die Korrespondenz von 1933 beginnt mit einem Brief, den sie im Fort geschrieben hat. Ernest ist auf Geschäftsreise im Ausland. (Mit seiner Frachtfirma scheint es aufwärts zu gehen, und seine häufige Abwesenheit wird bei den Ereignissen der nächsten drei Jahre eine zentrale Rolle spielen.) Zwei Wochenenden hintereinander hatte Thelma Wallis ins Fort mitgenommen. (Da des Prinzen Zuneigung für Thelma nachzulassen beginnt, versucht sie, ihn mit Hilfe von amüsanten neuen Bekannten zu zerstreuen.) Der einzige Gast außer Wallis ist »Fruity« Metcalfe[1], ein alter Freund des Prinzen. Unter diesen Bedingungen kann Wallis den Prinzen näher kennenlernen.

---

[1] Ein gutaussehender irischer Kavallerie-Offizier, den der Prinz 1922 in Indien kennengelernt hatte und für den er eine große Zuneigung hegte. Er diente ihm eine Zeitlang als Stallmeister.

Wallis und der Prinz

Sonntag, 29. Januar Das Fort, Sunningdale, Ascot
Liebste,
ich war so fröhlich seit dem 16., als die erste Party für die Grants gegeben wurde. Sie fuhren mit dem Schiff am 25. ab, und es gab keine Nacht ohne eine Party. Ernest mußte am 19. nach Italien reisen, am Tag nach dem Dinner, das wir für sie gaben, also wurde ich als lustige Witwe von George [Murray] unterstützt, der immer noch Strohwitwer ist. Letztes Wochenende kam ich mit Thelma hierher und pendelte ständig zwischen hier und London hin und her, um dort Parties zu besuchen, aber dieses Wochenende bleibe ich bis Dienstag; Freitag abend kam ich hier an. E ist noch verreist. Vom Bad in der Wohnung über uns drang Wasser durch und ruinierte unsere Decke, sie müssen den Schaden natürlich beheben lassen, aber es ist trotzdem ärgerlich. Ich habe mir mein Horoskop [Schreibweise unklar] stellen lassen, und wie es scheint, steht mir kein gutes Jahr bevor; es wird zwar nichts Schreckliches passieren, aber eine Reihe kleinerer Ärgernisse geben, und anscheinend geht es schon los damit. Es ist außergewöhnlich kalt in England, und seit unserer Ankunft hier sind wir mehrmals mit dem Herzog und der Herzogin von York[1] Schlittschuh gelaufen. Ist das nicht zum Schreien komisch! Stell Dir nur vor, ich auf dem Eis, aber ich habe mich gar nicht so ungeschickt angestellt, weil ich doch früher Rollschuh gelaufen bin. Der Prinz hat Thelma und mir Schlittschuhe geschenkt etc. Ich bin ziemlich fest entschlossen doch zu kommen, obwohl kein Geld vorhanden ist. Schlimmer als jetzt kann es kaum werden, und ich möchte in die USA kommen, ehe mir ein langer grauer Bart wächst. Sei bitte ganz ehrlich und schreibe mir, ob Du wirklich etwas dazu beisteuern willst, denn Du mußt schließlich auch etwas für Dich behalten. Du hast sicher Deine ganze Erbschaft schon weggegeben, also laß mich wissen, wie Du darüber denkst, damit ich entsprechend planen kann. Ich glaube, ich kann alles in allem nur 6 Wochen fortbleiben. Ich gebe am 1. ein Abschiedsdinner für die Thaws, aber bis dahin wird Ernest noch nicht wieder da sein. Ich schreibe unter etwas schwierigen Bedingungen –

---

[1] Der Bruder des Prinzen von Wales, »Bertie« (der zukünftige König George VI.) und seine Frau Elizabeth (die gegenwärtige Königinmutter).

im Salon. Thelma & Prinz manchen *Handarbeiten* und »Pops«
[Thelma] liest laut vor; mein Kavalier (der, der für mich eingeladen
wurde) »Fruity« Metcalfe hat seit heute morgen die Grippe. Ich
kann die Morgan-Stimme nicht ausstehen, also bat ich um Erlaubnis, Dir während des Vorlesens schreiben zu dürfen. Ich verliere
eine Menge guter Freunde und muß mich nach neuen umsehen, in
der Hoffnung sie ersetzen zu können. Meine Fuchsstola ist wirklich
wunderschön – ich schenke sie Dir, wenn ich Dich besuchen
komme. Alles Liebe

Wallis

Weitere Wochenenden im Fort folgten. Aus Wallis' Notizbuch geht
hervor, daß sie mit Ernest zweimal im Februar und einmal im
März 1933 dort war. »Falls der Prinz sich auf irgendeine Weise zu mir
hingezogen fühlte«, schrieb sie, »war ich mir seines Interesses nicht
bewußt.« Thelma war immer dabei, und oft auch Prinz George, der
jüngere Bruder des Prinzen. Etwa zu dieser Zeit nahm der Prinz weitere
Einladungen nach Bryanston Court an.

Samstag, 18. Februar
Liebste Tante B,
ich bin ernstlich besorgt, weil Du nun schon so lange Schmerzen
hast. Gibt es denn nicht irgend etwas oder irgendeinen Ort, wo Du
hingehen könntest, um Dein Leiden auszukurieren? Wir haben eine
recht vergnügliche Zeit verbracht. Der Prinz war am Dienstag
wieder bei uns, und ich hatte Gladys und Mike [Scanlon] dazu
eingeladen, weil er Mike mag. Die Sackvilles sind für 6 Wochen auf
einer Kreuzfahrt unterwegs. Ich nahm mit Mrs. Mullins an einem
Wohltätigkeits-Bridgespiel teil und gewann ein Paar Fasane! Ich
warte nur noch darauf, daß Du mir mitteilst, ob Du rüberkommst,
damit ich Dich vorstellen kann, und wir alle hoffen, daß Du Dich
dazu entschießt, denn es ist eine günstige Gelegenheit, und $ 500
würden genügen. Wenn Du Dich allerdings nicht dazu durchringen
kannst, so komme ich nach Washington, vorausgesetzt, Du willst

dafür immer noch $ 500 ausgeben. Ich habe heute endlich mit Ernest darüber gesprochen, und wir haben uns überlegt, daß die beste Zeit für einen Besuch vom 14. März bis vor dem 5. Mai (sein Geburtstag) wäre, dann müßte ich wieder zurück sein, und wenn Du mir Deinen Scheck in Dollar ausstellen und schicken würdest, könnte ich die günstige Umtauschrate nutzen und die Schiffskarte kaufen und Dir den Rest zurückgeben. Ich würde eine Rückfahrkarte kaufen, da man dabei sehr viel ($ 100 oder mehr) bei jeder Schiffslinie einspart. Ernest wird sich um das günstigste und geeignetste Schiff kümmern etc. Es wäre sicher schön, Amerika unter erfreulichen Bedingungen zu erleben. Meine beiden Reisen nach Hause, seit ich in England lebe, waren so furchtbar.[1] Ich würde mit dem Einkauf von Kleidung warten, bis ich in den USA bin. Auch wenn es sich ganz dumm anhört, aber ich kann mich nicht mehr daran erinnern, ob es im März kalt ist, daß man einen pelzbesetzten Mantel tragen kann oder nicht, und wann man Strohhüte aufsetzt? Arme Katherine – obwohl mir die Hanrahans mehr leid tun als alle anderen. Stell Dir vor, so etwas passiert in Deinem eigenen Haus! Alles Liebe

Wallis

Gerade als Tante Bessie den Scheck über 500 Dollar abschicken wollte, der es Wallis ermöglichen würde, nach Amerika zu fahren, führt die zunehmende Finanzkrise dort – ausgelöst durch die Nervosität der Geschäftsleute und das Programm Präsident F. D. Roosevelts, der vor der Amtsübernahme stand – zur Schließung der Banken in ganz Amerika. Wallis' nächster Brief wurde am Tag von Roosevelts Amtseinführung geschrieben, nachdem sie soeben seine berühmte Rundfunkansprache gehört hatte.

---

[1] Im Jahr 1929, in Verbindung mit der Krankheit und dem Tod ihrer Mutter.

1933: Die Freundschaft

Samstag, 4. März
Liebste Tante B,
nachdem ich ganz aus dem Häuschen war, weil ich E dazu gebracht hatte, mich nach Hause zu schicken, sieht es heute nicht sehr rosig aus für meine Reise. Wir müssen nun die weitere Entwicklung dieser Bankenmisere abwarten, und Du kannst telegraphieren, ob Du mir die Reise noch immer schenken willst. Wenn die Situation sich geklärt hat, schicke ich Dir ein Telegramm, wie Du mir das Geld am besten zukommen läßt. Vielleicht ist es am besten, wenn Du mir eine Anweisung in Pfund Sterling in Höhe der Rückfahrkarte schickst. Aufgrund des Wechselkurses könnte ich eine Rückfahrkarte, Hinfahrt auf der White Star-Olympic am 22. März und Rückfahrt auf der Majestic am 5. Mai für $ 300 bekommen. Ernest ist dafür, daß ich den Aufpreis für die schnelleren Schiffe bezahle, damit ich mehr Zeit bei Dir verbringen kann. Ich könnte auch zusammen mit Thelma und Gloria am 24. März mit der Bremen fahren und am 3. Mai nach Europa zurückkehren. Das würde $ 50 mehr kosten, einschließlich der Trinkgelder, die ich auf diesen Schiffen in Dollar verteilen muß. Wir haben alles genauestens nach dem günstigsten Wechselkurs ausgerechnet, und natürlich kann man zur Zeit auf der White Star die Trinkgelder in Pfund bezahlen. Aber ich finde, die $ 50 kann man sinnvoller ausgeben, als sich damit eineinhalb Tage Zeitersparnis und die Gesellschaft der Morgan-Zwillinge einzuhandeln. Ich habe vor, direkt bis Washington durchzureisen und vielleicht Mary zum Lunch treffen, und dann den nächsten Zug nehmen. Natürlich hängt alles davon ab, wann wir anlegen. Ich möchte die letzte Woche in NY verbringen, um Kleider etc. einzukaufen, und wenn ich ein oder zwei Tage vor Dir hinfahre und das meiste schon erledige, könntest Du für die letzten 4 oder 5 Tage nachkommen. Aber wenn Du es lieber anders hättest, mir ist alles recht. Bin mit E noch einmal den Zeitplan durchgegangen und habe festgestellt, daß ich mit der White Star eineinhalb Tage länger in Amerika sein kann als mit dem deutschen Schiff, also wird das das beste sein. Die Eltern von Frances Rickatson-Hatt werden mir Gesellschaft leisten – sie sind nicht besonders aufregend, aber besser als gar nichts. Ich war eben bei Mike und habe mir Roosevelts

Ansprache im Radio angehört. Ich halte sie nicht für sehr ermutigend und fürchte, es sieht nach einer Inflation aus und daß Amerika vom Goldstandard abgehen wird.[1] Nichts als schlechte Nachrichten überall. Wir leben in aufregenden Zeiten und werden uns wohl bald alle nach Arbeit umsehen müssen. Ich gebe jedenfalls die Hoffnung nicht auf, daß ich – vorausgesetzt die Banken machen mir keinen Strich durch die Rechnung – in genau 4 Wochen bei Dir sein werde. Alles Liebe

Wallis

Nachdem Wallis ihre Heimat seit dem Tod ihrer Mutter im Herbst 1929 nicht mehr besucht hatte, fuhr sie Ende März 1933 endlich nach New York. In ihren Memoiren schreibt sie, daß Ernest sie begleitet hat, aber das war nicht der Fall. Ihr Gedächtnis spielte ihr einen Streich. Es gibt jedoch keinen Grund, eine andere Geschichte in ihren Memoiren anzuzweifeln. Dort erzählt sie, daß, als England eben am Horizont verschwand, ein atemloser Bote ihr ein »Gute Reise«-Telegramm vom Prinzen brachte, in dem er schreibt, daß er sich auf ihre baldige Rückkehr freut. Daraufhin wurde sie von der Schiffsbesatzung mit außerordentlichem Respekt behandelt. »Ehrlich gesagt«, schreibt sie, »die Aufmerksamkeit war schmeichelhaft. Ich genoß jede Minute.«

Wallis' Aufenthalt in Washington fiel in die berühmten »hundert ersten Tage« von F. D. Roosevelts Amtszeit, eine bedeutsame Zeit, in der Amerika vom Goldstandard abging, das Civilian Conservation Corps gegründet wurde, neue Steuern eingeführt und massive Unterstützungsmaßnahmen und Arbeitsbeschaffungsprogramme verkündet wurden. Aber das alles schien auf Wallis keinen Eindruck zu machen: Sie war ein unpolitischer Mensch. Jedenfalls verbrachte sie eine herrliche Zeit in Amerika, wo sie viele alte Freunde wiedersah.

---

[1] Zwei exakte Voraussagen.

1933: Die Freundschaft

Mittwoch [17. Mai]   *An Bord der RMS OLYMPIC*
Liebste,
mir fehlen die Worte, um Dir zu sagen, wie dankbar ich Dir bin, daß Du mir diese wundervolle Reise geschenkt hast und obendrein noch ein Kleid und einen Mantel. Vielleicht ist Dir klar, daß ich, ähnlich wie meine Mutter, genau dann meine Gefühle am wenigsten ausdrücken kann, wenn ich am meisten empfinde. Meistens rette ich mich dann in den Witz. Ich habe wirklich noch nie einen so selbstlosen und wunderbaren Menschen wie Dich kennengelernt und habe Deine Großzügigkeit in keinster Weise verdient, bis auf die Tatsache, daß ich Dich – das weißt Du – mehr liebe als jeden anderen auf der Welt und immer für Dich da bin, wenn Du mich brauchst. Seit Sonntag bin ich kaum zum Schlafen gekommen, da ich 4 Männer im Schlepptau habe, die mir keine ruhige Minute gönnen. Diese Reise wird mir immer in Erinnerung bleiben. In der Nacht, als das Schiff ablegte, ging ich an Deck, um einen letzten Blick auf die heimatliche Küste zu werfen und traf dort den Zahlmeister, so ein netter Mann, und er lud mich in seine Kabine auf einen Drink ein, wo dann noch A. E. Matthews, der englische Schauspieler, und ein Künstler namens Walter Tittle[1], den Frances Hill einmal zum Dinner in mein Haus in London mitbrachte, dazukamen. Später quartierte mich der Zahlmeister in eine andere *riesige* Kabine auf dem Achterdeck um (das darf niemand erfahren). Der Preis dafür ist, daß ich an seinem Tisch sitzen muß, was ich, wie Du weißt, hasse, obwohl ich die einzige Frau bin. Habe jeden Abend Bridge gespielt und bisher nur 4 Shilling verloren. Wir hatten schrecklich hohen Seegang die ganze Zeit, aber es geht mir gut. Es wird etwas Selbstdisziplin erfordern, wieder in die Rolle der Hausfrau zurückzufinden, vor allem, weil es im Grunde ja mein letzter großer Auftritt war, es sei denn, ich erhalte mir meine Figur und kann noch einmal reisen, bevor ich 40 bin – und bis dahin sind's nur noch 3 Jahre. Hoffentlich habe ich Dich nicht zu sehr angestrengt, weil ich so herumgehetzt bin. Du sahst etwas angeschlagen aus, aber vielleicht hat es Deiner Nervenentzündung gutgetan. Bitte schreib

---

[1] Walter E. Tittle (1883–1966), der bekannte Porträt-Maler aus Springfield in Ohio.

mir ganz ehrlich, wie es Dir geht und vernachlässige Dich nicht wieder. Jacks[1] Kakteen sind einfach wunderbar und dazu noch die Schallplatten und die Pekannüsse. Ist das nicht alles fantastisch? Gib Wiley[2] einen Kuß von mir, falls Du diesen Dummkopf mal wieder siehst. Ethel hat mir ein nettes Telegramm geschickt. Alles Liebe, und es war wirklich alles viel zu schön für Worte, und auch wenn ich nie wieder eine Reise machen kann, bin ich mit dieser völlig zufrieden. Ich umarme Dich

Wallis

Der Kapitän war sehr nett. Ich war auf einer Cocktailparty, die er gab, aber er kann seine Hände nicht bei sich behalten, also nie wieder.

Nach ihrer Rückkehr aus Amerika deuten Wallis' Briefe an ihre Tante den Beginn einer neuen Phase in ihrer Beziehung zum Prinzen an. Zwar gibt es noch keinen Hinweis auf Vertrautheiten, doch werden sie und Ernest offensichtlich im engeren Freundeskreis des Prinzen akzeptiert. Sie sind regelmäßige Wochenendgäste im Fort. Sie begleiten ihn in Nachtklubs in London. Er kommt häufig nach Bryanston Court zum Dinner. Wallis ist viel mit Thelma zusammen, mit und ohne den Prinzen. Die finanziellen Schwierigkeiten, die den Haushalt der Simpsons belasten, dauern an, eine internationale Wirtschaftskonferenz bringt viele von Wallis' Freunden aus den Vereinigten Staaten nach London[3] – darunter auch John Wiley, ihren Begleiter aus Washington.

Dienstag, 30. Mai *Bryanston Court*
Liebste,
dies ist mein erster Brief an Dich seit meiner Ankunft. Alles ging

---

[1] Vermutlich ihr alter Freund Jack Warner, der Filmmagnat.
[2] John Cooper Wiley (1893–1967) vom Auswärtigen Amt, später US-Botschafter in Portugal, im Iran, etc.
[3] Die Londoner Konferenz – angeregt von Präsident Hoover – dauerte von Anfang Juni bis Mitte Juli; sie hattte die Stabilisierung der Wechselkurse zum Thema. Die amerikanische Delegation war sehr groß und wurde von zahlreichen Lobbyisten und Journalisten begleitet.

hier drunter und drüber und durcheinander, und ich bin noch ganz benommen von Washington. Ich fühle mich ein bißchen im Stich gelassen und muß gestehen, daß es mir schwerfällt, das häusliche Leben wieder aufzunehmen. Ich vermisse die Aufmerksamkeit der Jungs! Wir sind abends oft ausgegangen und verbrachten das Wochenende beim Prinzen und waren dann mit ihm Montag und Dienstag im Embassy Club. Thelma ist noch immer die Prinzessin von Wales, und ich glaube, die Reise hat gutgetan. Ernest holte mich in Cherbourg ab. Ich war spät zu Bett gegangen und wachte nicht vor 12 Uhr mittags auf, als die Stewardeß an die Tür klopfte und mir sagte, da wäre ein Herr, der mich sehen wolle und mir Ernests Karte übergab. Es war eine riesige Überraschung.

Ich hab Dir ja gesagt, daß mich hier nur schlechte Nachrichten erwarten würden. Weil der Wechselkurs wieder normal ist und die Versicherungsgesellschaften nur begrenzte Summen verleihen, haben wir praktisch kein Geld, und wir können nur sehr wenig Einladungen geben – ein Dinner pro Monat – und können natürlich auch nicht an den großen Shows, wie Ascot, Aldershot etc, die im Moment stattfinden, teilnehmen. Und obwohl mein blaues Kleid für Ascot tadellos wäre und Posy Guinness[1] mir anbot, mich mitzunehmen, mußte ich ablehnen, weil die Eintrittskarten 4 Guineas und Lunch eine pro Tag kosten. Beim Derby war ich mit den Scanlons. Keiner hatte eine Busfahrt arrangiert – Ernest wollte nicht mitkommen –, also fuhren wir 3. Wir aßen zu Mittag, parkten das Auto und schlenderten umher – sehr ermüdend. Gestern kamen die Warren Robbins[2], ich traf sie beim Cocktail bei Rolland[3] nach dem Derby, und ich versuche, den Prinzen für nächste Woche zum Dinner einzuladen, um Mike [Scanlon] zu verabschieden, und will die Robbins dazubitten. Mike fährt am 8., Gladys bleibt bis Juli und geht dann nach Amerika.

Ich schreibe an diesem Brief seit Dienstag, und heute ist Freitag. Die

---

[1] Frau des Erfinders Kenelm Guinness, Mitglied der berühmten Brauereifamilie. In ihren Memoiren beschreibt Wallis sie als eine »alte Freundin, jung, blond, lebhaft und hübsch«.
[2] Warren Delano Robbins (1885–1935), ein amerikanischer Diplomat aus guter Familie. Gesandter in El Salvador 1928–30, Protokollchef im Auswärtigen Amt 1931–33, Gesandter in Kanada von 1933 bis zu seinem frühen Tod.
[3] Bernardo Rolland, Botschaftsrat an der spanischen Botschaft.

Robbins sagten mir, daß [John] Wiley vielleicht zur Konferenz herüberkommt und daß ich sie alle nach Paris begleiten muß. Aber das kann ich mir nicht leisten, außer ich verkaufe die Allegeheny[-Aktien], was vielleicht ganz gut wäre, damit ich wenigstens etwas davon habe. Ich habe das Küchenmädchen entlassen. Mrs. Ralph ist so freundlich und hilft überall aus, wo es notwendig ist. Cain war ganz hingerissen von Deinen Strümpfen und dem Kleid. Die Butterformen sind ein Riesenerfolg, jeder will sie stehlen. Ich habe mir den Prinzen für Dienstagabend gesichert. Dazu die Robbins und Scanlons. Ich sehe die lustigen Formen schon verschwinden – ich bin sicher, er wird sie für Thelma erbitten, denn sie ist ganz verrückt danach, und ich habe sie ihr nicht gegeben. Du fehlst mir so sehr und hoffe, Du gibst gut auf Dich acht. Ich wünschte, Du könntest den Sommer hier verbringen. Du weißt ja, das würde einen Aufenthalt in London – und ohne Auto – bedeuten, aber so heiß wäre es gar nicht. Das Wetter ist zur Zeit himmlisch, dauernd scheint die Sonne, und es ist so warm, daß man ohne Mantel gehen kann. Meine Kleider sind wirklich ein Riesenerfolg. PW nennt das Pikee-Kleid mein Smoking-Kleid. E geht es gut, aber er macht sich Sorgen. Ich glaube, er ist nahe daran, Ma um Geld zu bitten, was nach meinen ständigen Klagen einmal erfreulich wäre. Die Grants kamen Mittwoch an. Gestern abend waren wir mit ihnen zusammen. Sie bleiben 5 Jahre, und sie erzählte Ernest, sie hätten ungefähr 20tausend Dollar pro Jahr zur Verfügung, nicht gerade ärmlich, würde ich sagen, und sie wären auf der Suche nach einem großen Haus. Wie ich von Lester hörte, sehen die Dinge in den USA rosiger aus, aber wir sind erledigt, bis die Wechselkurse sich stabilisieren. Alles Liebe

Wallis

Sonntag [11. Juni]
Liebe, ist das nicht toll, Wiley ist in London! Am Donnerstag abend kam er an, und am Freitag trafen wir uns zum Mittagessen. Und heute abend kommt er zum Dinner zu uns – die erste Begeg-

1933: Die Freundschaft

nung zwischen den Jungs. Es gibt jeden Abend Dinnerparties, und ich glaube, die Saison wird recht vergnüglich. Julie Shipman[1] stellte uns die Atwater Kents[2] vor, Vater und Sohn, und sie luden Thelma und mich zu mehreren Parties ein, hauptsächlich wohl, weil sie mit dem Prinzen aufwarten konnte. Der eine ist so groß und der andere so klein, daß ich sie Lang- und Kurzwelle nannte. Gladys und ich gaben eine gemeinsame Cocktailparty, es kamen ungefähr 50 Leute. Mike hat den Gin durch die Botschaft besorgt. Meine Party für Mike und die Robbins war sehr schön und dauerte bis 4 Uhr früh. Die Dunns habe ich noch nicht getroffen. Tamar kommt morgen an und wohnt hier, bis Thelma Ende der Woche aus Ascot zurückkommt. Morgen sind die Grants zum Dinner bei mir, es ist das erste Mal seit ihrer Ankunft, daß ich sie zu einem Essen bei mir einladen konnte. Wir waren dauernd aus. Letztes Wochenende war Pfingsten, und wir verbrachten es wieder beim Prinzen. Prinz George, Großherzog Dmitri [von Rußland] mit Frau waren mit von der Partie. Es war amüsant, aber eine Spur zu königlich. Wir hatten sehr heißes Wetter, aber das ist nichts im Vergleich zu der Hitze bei euch. Ich frage mich, was Du tun willst und ob Du nicht schnellstens der Hitze enfliehen solltest. Denk daran, wir hätten Dich zu gern hier bei uns. Am Dienstag nimmt uns Mr. S mit zur [Aldershot] Parade. Ich sorge für das Abendessen, und er stellt den Wein und das Auto. Mrs. Ralph geht am 20. Juli. Ich habe mich noch nicht darum bemüht, Ersatz für sie zu finden. Ich fürchte, sie ist für unseren Haushalt unersetzlich, weil sie sparsam und sehr gut ist. Nachdem die Coxes[3] uns die ganze Zeit nie in ihr Haus eingeladen hatten, haben sie uns schließlich für nächsten Samstag auf einige Drinks gebeten. Alles Liebe und einen dicken Kuß

Wallis

Am 19. Juni feierte Wallis ihren siebenunddreißigsten Geburtstag. Vier Tage später feierte der Prinz seinen neununddreißigsten – ein Anlaß, zu

---

[1] Eine reiche Erbin aus Chicago.
[2] A. Atwater Kent (1873–1949), Erfinder und Fabrikant, und sein Sohn gleichen Namens.
[3] Raymond E. Cox (geboren 1893), Erster Botschaftsrat der Amerikanischen Botschaft.

dem er den ersten Brief von Wallis erhielt, und aufbewahrte. Als Begleitschreiben zu ihren Geschenken für ihn ist er kurz und korrekt.

Freitag, 23. Juni *Bryanston Court,*
5 Bryanston Square, WI

Sir,
herzliche Glückwünsche zum Geburtstag. In diesem kleinen Geschenk lassen sich die Bryant & Mays Streichholzbriefchen auf Ihrem Eßtisch im Fort verstecken. Ich lege auch Ihren eigenen Löffel bei, den ich mir von Osborne[1] für die Gravur ausgeliehen habe.
Ihre ergebene Dienerin

Wallis

[25. Juni]
Liebste,
vielen Dank für das Telegramm. Ich hatte einen wunderbaren Geburtstag. Wir aßen zu Mittag mit Wiley, und um 7.30 kamen alle hierher auf ein paar Drinks, und dann fuhren wir ins Restaurant am Fluß, wo der Prinz nach einem sehr fröhlichen Dinner zu uns stieß. Anschließend fuhren wir in sein Haus und feierten bis 4.30 früh, woran Du erkennen kannst, daß die Party gut verlief. Und ich bin sicher, die Dunns und Wileys sind dankbar, daß sie dabei sein konnten. Am Abend des Wohltätigkeitsballs gab ich vorher ein Dinner, und hinterher gingen wir mit Willmott [Lewis] zu Thelma, und Willmott unterhielt sich lange mit HRH, also habe ich Washington einen großen Dienst erwiesen. Ich erhielt einen Brief von Corrine, in dem sie mir im Vertrauen mitteilte, daß Henry wegen Ungehorsams von der Schule verwiesen wurde. Sprich nicht darüber, obwohl ich sicher bin, daß sie es Dir bereits erzählt hat. Mit Wiley ist es hier nur halb so lustig wie in Washington, weil ich ihn nie allein treffen kann. Gloria V[anderbilt] ist angekommen und

---

[1] Butler im Fort.

1933: Die Freundschaft

wohnt bei Thelma. Tamar ist noch immer hier, aber nie zu Hause. Sie fährt am 1. Juli. Ich nehme an, Du hättest telegraphiert, wenn Du für den Sommer etwas entschieden hättest. Ich habe noch immer Heimweh nach Washington, denn hier behandeln mich die Männer wie eine ältere Frau. Diese Reise war wirklich mein letzter großer Auftritt. Alles Liebe und einen dicken Kuß

Wallis

P. S. Sogar Wiley behandelt mich wie eine glücklich verheiratete Frau.

In diesem Sommer begegnete Wallis dem Prinzen viel häufiger. Am 4. Juli gab sie ihm zu Ehren ein »amerikanisches Dinner« in Bryanston Court. (In ihren Memoiren schreibt sie, daß dies das erste Mal gewesen sei, daß er dort zu Gast war. Aber wir wissen aus den Briefen, daß es nicht stimmt. Er war bereits im Januar 1932 bei den Simpsons zum Dinner und später noch öfter bei ihnen gewesen.)
Da Ernest Ende August geschäftlich nach Norwegen reisen mußte, beschlossen die Simpsons, die Reise dorthin zu einem Urlaub auszudehnen. Sie wohnten bei ihren Freunden, den Thaws; Benjamin Thaw war Berater der Amerikanischen Delegation in Oslo geworden.

Mittwoch, 30. August   *1 Halvdan Stratesgatan, Oslo*
Liebste,
wir kamen hier am Donnerstag an. Tamar hat ein sehr hübsches Haus mit Garten am Stadtrand und 3 ausgezeichnete Dienstboten. Wir gehen jeden Nachmittag auf den Golfplatz. Es ist eine herrliche Anlage, von Bergen umgeben, und erstreckt sich am Ufer eines Sees. Der Platz selbst ist nicht besonders gut, weil er noch neu ist. Nicht viele Leute benützen ihn, und wir können in Ruhe unsere 18 Löcher spielen. Sehr angenehm für E, der vielleicht auf der Heimreise nach Hamburg fahren muß. Wir haben vor, am 15. oder 16. abzureisen, und möchten gern eine andere Route nehmen, falls es nicht zu teuer kommt. Bei meiner Ankunft habe ich keine Köchin

und frage mich, ob Du eine haben wirst. Auch ich würde mich freuen, wenn wir eine Autotour auf dem Kontinent unternehmen könnten, aber die Aussichten sind nicht sehr rosig, und hier in der Heimat der Schiffahrt sind alle arm und deprimiert. Danke hat einen sehr attraktiven Neffen. Wir spielen heute mit ihm Golf. Oslo selbst ist nur ein Dorf, und ich brauche keine großartige Garderobe. Wie geht's Deiner Nervenentzündung? Alles Liebe

Wallis

9. September Oslo
Liebste,
wir genießen noch immer die Gastfreundschaft der Thaws, die aus 18 Löchern Golf jeden Tag und ruhigen Abenden besteht. Wir hatten zwei Cocktailparties hier. Wir (E und ich) nahmen an 2 norwegischen Dinnerparties teil und waren die einzigen Ausländer. Sehr interessant – und wie die Einheimischen trinken! E ist jeden Morgen geschäftlich sehr eingespannt und versucht, Aufträge zu bekommen. Deswegen mußte er gestern abend für norwegische Spediteure auf Firmenkosten ein Dinner geben. Die Thaws nahmen auch daran teil, und es verlief sehr gut in Höhe von sage und schreibe £ 12 und endete um 3 Uhr früh mit der Hoffnung auf Geschäfte! Benny verhält sich äußerst gut, wenn man den Tod seines Vaters und seinen Charakter in Betracht zieht, und setzte sich gestern abend sehr für E ein. Er ist heute wieder für 10 Tage auf die Jagd gegangen und bestand darauf, daß wir bis zu seiner Rückkehr bleiben. Unsere Pläne sind noch immer unbestimmt, weil von NY noch keine Nachricht kam, ob E nach Hamburg muß, aber wir haben vorsichtshalber für den 20. über Bergen mit Ankunft in London am 22. gebucht. Falls wir jedoch nach Deutschland fahren, reisen wir hier am 23. ab, kommen in Hamburg in der Nacht zum 24. an und kehren etwa 4 Tage später mit der lieben alten Linie Hoek van Holland – Harwich nach England zurück. Ich bin ja ganz begeistert, daß Du nicht das *gesamte* Coleman-Erbe[1] an *Verwandte*

---

[1] Rose Coleman, eine Freundin Tante Bessies, war im März 1929 gestorben und hatte ihr 10 000 Dollar hinterlassen.

verschenkt hast und daß Deine Reise nach London im kommenden Frühjahr gesichert ist. Alles Liebe und sei umarmt & geküßt
Wallis

Nach ihrer Rückkehr nach England von Ernests kurzer Geschäftsreise ins Nazi-Deutschland wurden die Simpsons sofort ins Fort eingeladen – das erste von vielen Wochenenden, das sie in diesem Herbst dort verbringen sollten. Mittlerweile waren ihre finanziellen Probleme so dringlich geworden, daß sie den Verkauf der Wohnung in Bryanston Court in Auge fassen mußten.

Samstag, 14. Oktober
Liebste,
ein sehr raffiniertes neues Schreibpapier hast Du Dir da angeschafft. Wegen des Korsetts tut es mir so leid, aber ich schrieb Dir, daß ich die Taillenmaße haben müßte. Seit unserer Rückkehr aus Hamburg waren wir bis auf 2 Abende täglich aus. E hatte einige Tage die Grippe, aber ich machte weiter. Am Montag kommen die neue Köchin und ein neues Küchenmädchen. Sah mich gezwungen, wieder ein Küchenmädchen einzustellen, weil ohne eines einfach keine akzeptable Köchin aufzutreiben ist. Heute haben wir das erste trübe englische Wetter seit langem, und ich verbringe den Tag im Bett, weil mich die Hetze hier und die ständigen Kleidersorgen völlig erschöpft und nervös gemacht haben. Also habe ich 2 Abendkleider bestellt, weil die aus den US auseinanderfallen. Anstelle des weißen Pikee habe ich jetzt ein blaues Moiré. Bitte, fühle Dich nicht verpflichtet, mir auszuhelfen. Ich möchte, daß Du alles tust, um Deinen Arm auszukurieren. Ich kann mich noch immer nicht über die unmögliche Situation beruhigen, in die Newbold und die Schwestern verstrickt sind. Ich kann mir nicht vorstellen, daß der Winter in W für sie angenehm sein wird. E sagt, daß sich im Januar entscheiden wird, ob wir die Wohnung vermieten müssen, denn wenn die Firma ihm kein Einkommen garantiert, können wir sie uns nicht länger leisten. Die Nahrungsmittel sind so teuer, 4/6 [4

Wallis und der Prinz

Shilling 6 Pence] für 6 Maiskolben, das macht $ 1 für ein Gemüse. Die Zeitungen hier schreiben nicht viel Ermutigendes über die Aussichten, daß Amerika aus der Depression herauskommt. Die Börsenmakler scheinen die einzigen zu sein, die sich über Wasser halten können. Die Hotels, Restaurants und Theater hier sind voll. Ganz viel Liebe

Wallis

Wallis' Anspielung auf »die unmögliche Situation, in die Newbold und die Schwestern verstrickt sind«, bezieht sich auf einen Skandal in der Montague-Familie. Ihre Kommentare dazu sind interessant und verraten etwas über ihre moralische Haltung.
Tante Bessies reiche und schöne Cousine in Virginia, Lelia Montague Barnett – »Cousine Lelia« – hatte zwei Töchter, Lelia[1] und Anne. Anne liebte den Journalisten Newbold Noyes, den Sohn des Leiters der Associated Press und Bruder von Wallis' enger Freundin Ethel, die mit Sir Willmott Lewis[2] verheiratet war. Noyes jedoch hatte sich in Annes Schwester Lelia verliebt. Alle drei waren bereits verheiratet; alle drei Ehen gingen in die Brüche mit sehr tragischen Folgen. Anne begann zu trinken. Lelia tauchte jetzt in London auf, zusammen mit ihrer Freundin Madge Larrabee, und berichtet Wallis aus erster Hand über die Affäre.

Sonntag, 29. Oktober
Liebste Tante Bessie,
ich habe Dich in diesen letzten zwei Wochen wirklich vernachlässigt, aber wir waren jede Nacht unterwegs, und meine Tage waren mit Anproben und den – erfolglosen – Versuchen ausgefüllt, zu essen und gleichzeitig Bridge zu spielen. Aber ich hatte Glück und habe gewonnen. Dann war ich beim Makler wegen der Vermietung

---

[1] »Cousine Lelia« bezieht sich immer auf die Mutter, »Lelia« auf die Tochter.
[2] Eine weitere Verbindung bestand insofern, als Newbold Noyes (1892–1942) Herausgeber des »Washington Evening Star« war, dessen Hauptaktionärin Tante Bessies Arbeitgeberin, Miss M. B. Adams, war.

der Wohnung. Mir wurde gesagt, daß wir nicht mehr als 12 Guineas bekommen würden, und da wir 15 unmöbliert bezahlen, wissen wir nicht, was wir tun sollen. Wenn wir sie für 15 hergeben, hätten wir nur den Vorteil, daß wir die Unterhaltskosten los wären. Bei Beginn der Saison könnte man vielleicht mehr bekommen. E sind darüber graue Haare gewachsen, und er versucht allen Mut aufzubringen, seinen Vater zu bitten, uns wieder einen Zuschuß zu geben. Er ist wirklich ein egoistischer alter Geizkragen und gibt uns keinen Cent oder tut das geringste für uns, außer, er kann einen Nutzen daraus ziehen. Stell Dir nur vor, er hat E £ 10 zu Weihnachten und £ 10 zum Geburtstag geschenkt. Ich verabscheue den alten Knaben und muß soviel Getue um ihn machen und die Abende mit ihm verbringen, an denen wir uns zwischen den Parties ausruhen könnten. Außerdem sind wir auf Taxis angewiesen, und er bietet mir tagsüber nie das Auto an – statt dessen läßt er die »Flittchen« damit rumkutschieren. E hat jede Hoffnung aufgegeben, und ich nehme an, er kann bei seinem Vater wirklich nichts bewirken. Ich habe die Korsetts gekauft und schicke sie Dir durch Lelia. Sie und Madge kamen heute vor einer Woche an, aber ich habe sie erst am Montag getroffen, als sie hier zum Dinner waren, nur mit E und mir. Nach dem Dinner war dann die Noyes-Affäre dran. Ich glaube genau wie Du, daß die Noyes-Scheidung in weiter Ferne liegt. Wie es scheint, hätte Lelia sich vor 2 Wochen in Paris scheiden lassen können, aber Newbold telegraphierte ihr und riet ihr ab, weil es besser aussehen würde, wenn Alix[1] zuerst geschieden würde, und sie scheint nicht vor Januar nach Reno gehen zu wollen. Natürlich will sie damit nur Zeit gewinnen und hofft, daß Newbold einen Rückzieher macht. Er hat sie schon so oft in eine ähnliche Lage gebracht, und sie spielt wie immer auf Zeit. Anscheinend haben sie und Lelia die ganze Situation des öfteren ausführlich besprochen. Es ist wirklich ziemlich scheußlich, und Newbold wäre ein ausgesprochenes Charakterschwein, wenn er Lelia nicht heiratet. Sie hat ihr Heim aufgegeben, ihre Sachen gepackt und hierher transportieren lassen, was sie eine Menge Geld gekostet hat. Madge erzählte, daß Bob[2] sich wirklich

---

[1] Newbolds Frau Alexandra Ewing, die er 1915 geheiratet und mit der er drei Kinder hatte.
[2] Lelias Mann Bob Dickey.

wunderbar verhalten hat, und Newbold muß sich darüber klar werden, daß sie Bob nur seinetwegen verlassen hat – und sie jetzt mit 4 Kindern sitzenzulassen, wäre zu niederträchtig. Ich würde es ihm allerdings ohne weiteres zutrauen. Die Situation zwischen den 2 Schwestern ist doch unmöglich. Schreib mir alles darüber. Irgendeinen Skandal gibt es in der Familie anscheinend immer. Ich habe Lelia nicht gesagt, woher ich es wußte, denn wie es der Zufall will, hat Anne mir alles erzählt, und sie hat mich gefragt, ob Anne mit mir darüber gesprochen hätte, und ich sagte ihr, daß wir keine Gelegenheit gehabt hätten miteinander zu reden, weil wir ständig auf irgendwelchen Parties waren. Dienstag kamen der Prinz und Thelma zum Dinner, und anschließend gingen wir ins Kino, und da Lelia und Madge ins Theater gingen, hab ich sie für hinterher noch auf Sandwiches und Bier eingeladen. Sie kamen dann auch, und fanden es wahnsinnig aufregend, ihm zu begegnen. Er blieb bis 3 Uhr früh, spielte Dudelsack für sie, war reizend zu ihnen und schenkte Madge ein Buch mit Kriegsbildern, das er eigentlich E geben wollte, dann aber fand, daß es gut wäre, wenn man diese in Amerika sähe. Madge und Lelia sahen aus wie 2 furchtsame Hasen, als sie hereinkamen. Es hat sich herausgestellt, daß meine neue Köchin nicht nur unfähig, sondern auch unverschämt ist, und sie kündigte mir am Samstag für Montag in einer Woche. Das darf man in England nicht. Man muß einen Monat vorher kündigen. Gestern ging ich sofort zur Agentur und erfuhr, daß ich nicht verpflichtet bin, sie für die Zeit, die sie bei mir war, zu bezahlen – 2 Wochen. Tatsächlich wollte ich ihr morgen selber kündigen, rechnete aber damit, einen Monat Zeit zu haben, um einen Ersatz zu finden. In diesem Herbst hatte ich wirklich nichts als Probleme damit und wenn ich dann die richtige finde, wird wahrscheinlich jemand die Wohnung mieten. Ich glaube, Du solltest Deine Wohnung aufgeben und zu uns als »zahlender Gast« kommen. Was hältst Du davon? Cousine Lelia hat geschrieben, daß sie vielleicht nach London kommt. Ich kann ihr einfach nicht anbieten, bei uns zu wohnen. Glaubst Du, sie erwartet das von uns? E will keine Gäste, bis auf *Dich*. Vielleicht kannst Du es ihr schonend beibringen, oder Du kommst mit ihr hierher und beziehst Dein Zimmer. Ich glaube allerdings, daß wir in ein paar Monaten

gesellschaftlich nicht mehr so gefragt sind, weil wir die Einladungen nicht erwidern können, und Leute, die man nicht sehr gut kennt, geben es bald auf, einen immer wieder einzuladen. Früher hatten wir einen guten Ruf wegen des guten Essens etc, und ich glaube, die Leute sind gern hierher gekommen, aber nicht ausgehen und keine Einladungen geben vereinfacht das Kleiderproblem, und Thelma nimmt uns in so viele Nachtklubs mit, wofür ich doch wieder neue Abendkleider brauche. Jetzt, wo die Familie die Noyes-Affäre durchkauen kann, muß es doch sehr amüsant sein, wenn die Clans zusammenkommen. Schreib mir alles darüber. Und wenn Anne beide erschießt, mußt Du mir ein Telegramm schicken.
Bald jährt sich Mutters Todestag. Kümmerst Du Dich bitte um die Blumen und sagst mir, was sie kosten? Sie hätte in diesen schweren Zeiten und unter dem Verlust ihres 3. Ehemannes schrecklich gelitten. Armer Liebling, vielleicht ist es für sie jetzt besser, wenn auch nicht für uns und sie uns immer fehlen wird. Alles Liebe
Wallis

Dienstag, 7. November
Liebste Tante B,
wir waren am Freitag bei den Osbornes, und die lassen einem nicht viel Zeit zum Schreiben. Ich habe Dir liebe Grüße & Küsse durch Lelia schicken lassen, aber ich nehme an, sie sind im Noyes-Skandal untergegangen. Ich hoffe die Korsetts sind OK. Ist das mit dem Dollar nicht zu schrecklich. R muß doch verrückt werden. In den Zeitungen hier steht nur Alarmierendes über die US. Man kann es gar nicht glauben. Verlieren denn immer mehr Leute ihr Geld? Oder geht es immer noch so lustig zu wie damals, als ich drüben war, und sind die Lebenshaltungskosten und die Preise für Kleider weiter gestiegen? Ich habe eine taube Köchin engagiert, und jetzt beklagen sich Florence und Cain. Sie versteht am Telephon kein Wort, also muß ich wieder suchen. Allmählich wünsche ich mir, daß jemand käme und die Wohnung mieten würde. Bisher hat keiner angebissen. Jemand hat mir erzählt, daß in einem Haus wie meinem Wohnungen für 450 £ zu haben sind, und wir zahlen 750 £, und die

weigern sich, unsere Miete herabzusetzen. In London werden immer mehr Apartmenthäuser gebaut, und die Mieten werden unweigerlich fallen. Wir nahmen unsere Wohnung natürlich, als moderne Wohnungen noch selten waren. Parties stehen keine an diese Woche, wir haben diesen Herbst auch keine Dinnerparty gegeben. Ich glaube, die Leute warten jetzt auf Gegeneinladungen. Die Ruhepause kommt mir gelegen, und wir können Pa besuchen, der sehr ärgerlich wird, wenn man ihm nicht jede Menge Aufmerksamkeit schenkt, und der E wirklich zu Tode schikaniert. Thelma wird mir schrecklich fehlen, wenn sie nach Weihnachten nach NY fährt. Tamar reist von Oslo nach Frankreich und nimmt von dort ein Schiff, also werde ich sie nicht sehen. Tut mir leid, daß dieser Brief so langweilig ist, aber mir fällt nichts Interessantes ein. Alles Aufregende passiert auf Deiner Seite des Atlantiks. In Liebe

Wallis

Samstag, 18. November
Liebste,
solch eine Flut von Schecks. Du bist zu gut zu mir, das weißt Du. Ich werde sie jedoch nicht einlösen, sondern einen Monat abwarten, um zu sehen, wie sich die Dinge entwickeln. Roosevelt wird doch nicht einfach so weitermachen können. Die Zeitungen hier schreiben, daß er zu weit gegangen ist, aber das ist vielleicht die englische Meinung. Jedenfalls ist es alarmierend. Das mit Lelia ist wirklich ein unglaubliches Schlamassel. Die Nervenzusammenbrüche der Noyes kommen doch immer höchst gelegen, und ich kann mir vorstellen, daß sie Newbold bestrafen und ihm kein Geld geben. Aileen Winslow[1] ist hier. Berta [Grant] gibt am Montag ein Dinner für sie. Zusammen mit den Grants war sie gestern zum Tee bei mir, und PW kam auch. Aileen kennt ihn aus Chile und Washington. Tamar fährt nicht nach NY – finanzielle Probleme –, sondern verbringt Weihnachten hier bei den Milford Havens. Sie wohnt dort und nicht bei uns, dann kann sie mit ihrer Freundin zusammen sein,

---

[1] Eine Freundin von Wallis, die kurz vor der Abdankung unter einem Pseudonym ein Buch über sie schrieb mit dem Titel »Her Name was Wallis Warfield«

1933: Die Freundschaft

die wir letztes Frühjahr nicht im Haus haben wollten. Mr. S ist noch immer hier und wird jeden Tag griesgrämiger, schwieriger und schwerhöriger. Meiner tauben Köchin habe ich gekündigt, aber wir sind übereingekommen, daß sie bis nach Weihnachten bleibt. Dann besteht die Möglichkeit, daß Mrs. Ralph für 2 Monate zurückkommt, weil das Schiff ihres Mannes unterwegs ist. Dann hätte ich Zeit, mich gründlich umzusehen, oder vielleicht ist die Wohnung bis dahin vermietet – eine Französin hat sie sich angesehen, aber nichts mehr von sich hören lassen. Wir sind noch ziemlich oft eingeladen, was sehr erstaunlich ist, weil wir unser Dinner noch nicht gegeben haben. Ich gebe die Schuld daran den miserablen Köchinnen. Ich lud allerdings öfter zum Cocktail ein. Nächsten Freitag gibt Thelma ein Dinner für Noel Coward. Das wird sicher unterhaltsam. Miss Frazer kommt am Dienstag zum Lunch, und nächste Woche gehe ich mit ihr zum Essen und dann zu einer Matinee. Sie fährt am 29. Dez. Der Dollar treibt viele von uns nach Hause zurück. Julia Diercks fährt wegen des Wechselkurses am 7., Betty Lawson Johnston fährt am 29. diesen Monats, aber nur zu Besuch. Sie kommt nach Washington. Laß mich wissen, was sie so treibt. Bitte, komm mich zu Beginn des Frühlings besuchen. Selbst wenn die Wohnung weg ist und wir in einem billigen Hotel logieren, wäre es OK. Ich kann es Dir nicht verübeln, daß Du nicht im Winter kommen willst. Die Autos fahren heute morgen seit 10 mit Licht. Es ist so dunkel wie in der Nacht. Bitte gib auf Dich acht und schreib mir, was Du Weihnachten vorhast. Alles Liebe und tausend Dank
Wallis

Im großen und ganzen war 1933 ein gutes Jahr für Wallis gewesen – wenn auch durch die chronischen finanziellen Probleme im Haushalt der Simpsons beeinträchtigt. Diese hatten einen kritischen Punkt erreicht, und man konnte nur hoffen, daß die Lage sich im kommenden Jahr bessern würde.

Wallis und der Prinz

Sonntag, 10. Dezember   *Sludge Hall, Billesdon*
Liebste,
ich werde die $ 30 nicht nehmen, weil ich sie von den $ 300 abzweigen müßte, aber da ich den Scheck wegen des Wechselkurses nicht einlösen will, löse ich den für $ 30 ein, um einen Teil der F & M-Rechnung zu bezahlen, die recht hoch ist, und ich werde Dir für die Differenz einen Scheck schicken. Mr. S fuhr am Montag mit demselben Schiff wie Betty L. J. und Mrs. Mullins. Der hat uns ganz schön angestrengt. Am Freitag war ich bei Maud zum Essen, und dann lud sie sich und diesen Rüpel Peterkins[1] für Sonntag zum Abendessen bei uns ein. Ich hatte den Alten [Simpson] und die Hunters eingeladen, und um 7 Uhr am Sonntag rief ich sie an und fragte, ob sie kommen könnten. Das ist nicht weiter überraschend, denn ich schrieb Dir ja, daß sie wieder Unruhe stiften würde. Wie auch immer, jedenfalls werde ich dem taktvoll, und falls nötig, taktlos Einhalt gebieten. Sogar Pa S ärgerte sich darüber, wie sie sich aufdrängte. Wir sind hier in einer sehr hübschen sogenannten Jagdhütte, jedoch mit jedem erdenklichen Komfort, und es ist, als wäre ich wieder in Warrenton, denn es wird nur über Pferde geredet. Morgen fahren wir zurück. Mittwoch ist die lustige 90iger Party. Mein Kostüm ist nicht übel. Und die rote Perücke steht mir recht gut. Leihgebühr für alles zusammen 4 Pfund und 4 Shilling. Das Weihnachtswochenende scheint sich zu einer größeren Festlichkeit zu entwickeln. Samstag Dinner bei uns, Sonntag bei den Grants, Montag bei den Cartwrights, und am Dienstag sind wir immer deprimiert. Du könntest wirklich Weihnachten einmal mit mir verbringen. Seit ich verheiratet bin, war ich nicht mehr mit der Familie zusammen. Ich kenne die Hunters sehr gut. Sie sind ein großartiges Paar. Morgen, wenn ich nach Hause komme, lege ich einen meiner üblichen riesigen Schecks bei, wovon Du Süße Dir eine »Kleinigkeit« für Deinen Strumpf kaufen sollst. Der Prinz hat mir ein hübsches Foto in einem Lederrahmen geschenkt. Nächstes Wochenende sind wir bei ihm. Cain läßt sich fast alle Zähne ziehen. Meine taube Köchin ist ein äußerst störendes Element in diesem

---

[1] Mauds mißratener Sohn, Peter Kerr-Smiley.

1933: Die Freundschaft

Haus. Wir alle warten ungeduldig auf Mrs. Ralphs Rückkehr. Mr. S hat sich dazu herabgelassen, mir sechs Pfund und einen Virginia-Schinken und E £ 15zu schenken. E hat ihm (Pa) gesagt, daß er mit dem abgewerteten Dollar nicht länger hier leben kann, außer, er bekommt wieder einen Zuschuß. Ich habe E dazu gebracht, diesen Kurs einzuschlagen und hoffe, es funktioniert. Wir werden Dir Dein Geld zurückgeben. Ich weiß, Du hast auf vieles verzichtet, um es mir zu schicken, und ich fühle mich deswegen wie ein Schweinigel, was ich ja auch bin. Zu Weihnachten schicke ich Dir eine herzliche Umarmung und einen dicken Kuß, hoffentlich wird es ein fröhliches Fest, und bitte, komm bald nach Neujahr zu uns. In letzter Zeit schweigst Du Dich über Dein Ankunftsdatum ja sehr aus. Bitte fang an, Pläne zu machen. Alles Liebe

Wallis

Viertes Kapitel

1934: Die Favoritin

Nach »einem wunderschönen und fröhlichen Weihnachtsfest« beklagte Wallis den wie gewöhnlich im Winter stattfindenden Exodus ihrer amerikanischen Freunde aus England. Dieses Jahr war unter den Abreisenden auch Thelma Furness. »Thelma wird mir schrecklich fehlen«, schreibt Wallis ihrer Tante im November, »wenn sie nach Weihnachten nach NY fährt«.

Erster Januar
Liebste,
ein glückliches neues Jahr und die Erfüllung aller Deiner Wünsche für 1934. Du hättest mir nichts schicken sollen, denn wie es um das Simpson-Vermögen bestellt ist, wird Dir ein langer grauer Bart wachsen, ehe Du die $ 300 zurückbekommst. Bis jetzt kein Zuschuß von Pa. Für $ 20 von Deinem lasse ich die Küche streichen. Wir hatten ein wunderschönes und fröhliches Weihnachtsfest. Den Heiligen Abend verbrachten wir bei Berta, dann hatten wir hier sieben zum Lunch und aßen von Pa's Virginia-Schinken, dann kamen noch mehr zum Cocktail, und später gab Beatrice ein Dinner mit Tanz, und das dauerte bis 4. Am 2. Weihnachtsfeiertag Mittagessen mit einem Mann namens Wheeler, spielten dann den ganzen Nachmittag Bridge und gingen anschließend zu Thelma zum Dinner und dann ins Kino. Dann hatten wir 3 Tage frei, bis auf ein Essen mit Maurice Chevalier, und gestern abend gingen wir zum Dinner für 16 bei Thelma. Mit PW besuchten wir anschließend ein Restaurant, und das alles endete um 5.30 heute morgen in der Wohnung des Spaniers.[1] Heute abend habe ich 8 zum Dinner, einschließlich

---

[1] Wahrscheinlich die Wohnung ihres Freundes Javier »Tiger« Bermejillo, Zweiter Botschaftsrat an der spanischen Botschaft.

PW, und dann nimmt er uns als seine Gäste mit auf den Chelsea Arts Club Ball, Du siehst, es war eine recht festliche Weihnachtszeit. Wir erhielten eine Menge Karten, verschickten aber selbst nur wenige. Thelma schenkte mir 3 Ringe, einen mit einem Saphir, einen mit einem Rubin und einen mit Diamanten. Sehr nett. Sie hat sie in einem Trödelladen gekauft. Der Prinz schenkte mir einen Tisch für den Salon. Sehr hübsch. (Ich habe ihn vorher ausgewählt!) Julia Diercks hatte mit Rolly [Bernardo Rolland] einen Autounfall, wobei die Scheibe in der Tür zerbarst und zwei Finger ihrer rechten Hand abschnitt. Ist das nicht ganz schrecklich? Sie fährt am 11. mit dem Schiff und ist in demselben Schlamassel wie Du einmal mit Geoffrey Dodge warst. Minerva brachte die Korsetts. Thelma fährt ungefähr am 25., sie kann sie mitnehmen und an Dich weiterschicken. Tamar ist hier. Sie und Thelma sind zerstritten, und das bringt mich in eine peinliche Lage. Tamar wohnt bei Mrs. George.[1] Hab lange nicht geschrieben, weil hier so viel los war – bitte verzeih. Jack Warner ist hier, es ist nicht einfach mit ihm, er ist so langweilig aber doch so nett. Weihnachten und Silvester war er in Knole, und so mußte ich mich nicht um ihn kümmern. Ich lud das Mädchen namens Russell ein, Miss Frazer hat sie mir gestern abend bei Thelma vorgestellt, und sie kommt heute abend hierher. Sie kam sehr gut an, ich glaube, sie ist sehr witzig. Heute haben wir den schlimmsten Nebel, den ich in 3 Jahren erlebt habe, man kann die Hand nicht vor den Augen sehen, und der Verkehr wäre ohne Scheinwerfer unmöglich. Komm bitte bald. Im März gibt es keinen Nebel mehr. Alles Liebe

Wallis

Aus den Memoiren der Herzogin von Windsor:

Ich habe Thelma natürlich sehr häufig gesehen. Wir gingen oft zum Essen ins Ritz oder Claridge's, manchmal nur wir beide, aber meistens zusammen mit anderen Frauen. Unsere Beziehung

---

[1] Eine Freundin Tamars, die sie in Südamerika kennengelernt hatte.

war freundschaftlich und unbefangen, aber nicht sehr intim, denn beide neigten wir nicht dazu, Vertraulichkeiten auszutauschen. Gegen Ende des Jahres kündigte sie an, daß sie eine Reise in die Vereinigten Staaten machen wolle. Am Vortag ihrer Abreise lud sie mich zum Cocktail ein. Wir schwatzten in unserer gewohnten Weise, und als wir uns verabschiedeten, sagte sie lachend: »Der Prinz wird einsam sein. Wallis, könntest du dich nicht um ihn kümmern?« Das versprach ich ihr, aber insgeheim bezweifelte ich, daß er Trost brauchen würde.

Aus den Memoiren von Thelma, Vicomtesse Furness:[1]

Drei oder vier Tage vor meiner Abreise war ich mit Wallis zum Essen im Ritz. Ich erzählte ihr von meinen Plänen, und in meinem Überschwang bot ich mich für alle möglichen Dienste an. Ob ich in Amerika irgend etwas für sie erledigen könnte? Ob ich irgendwelche Botschaften überbringen sollte? Ob ich ihr irgend etwas mitbringen sollte? Sie bedankte sich und sagte plötzlich: »Oh, Thelma, der kleine Mann wird sehr einsam sein.« Und ich antwortete: »Du kannst Dich ja um ihn kümmern, während ich weg bin.«

Thelma reiste am Donnerstag, den 25. Januar, nach Amerika ab.

Freitag, 26. Januar
Liebste,
ich fühle mich sehr allein, weil Thelma, Diana, Julia in Amerika sind und Tamar nach Oslo zurückgefahren ist. Wir haben wieder einmal unser Budget durchgesprochen und nun unsere Dinner-Einladung auf ein Dinner für 8 alle 6 Wochen und einen Damen-Lunch für 4

---

[1] Double Exposure, a Twin-Autobiography by Gloria Vanderbilt and Thelma Lady Furness. London 1959.

höchstens einmal im Monat reduziert. Die vergangene Woche verbrachten wir im Fort. Insgesamt waren wir 6 Leute und PW. Ich tat mein Bestes, um ihn aufzuheitern. Thelma wird ihm schrecklich fehlen, er selbst verreist aber in ein paar Wochen auch.[1] Am Mittwoch war er zum Dinner hier. Ich hatte die Pat Andersons dazu eingeladen, und er lud uns anschließend ins Quaglino's ein. Heute abend hat Ernest (auf Firmenkosten) 2 Spediteure mit Frauen zum Dinner, und anschließend besuchen wir ein Boulevard-Theater. Ich freue mich nicht besonders darauf. Jack Warner ist immer noch in der Gegend, und man hat das Gefühl, er wird immer langweiliger. Bertas Schwester ist hier, und Helens Mutter wohnt bei Helen und ab Februar bei Berta. Helen geht es viel besser, aber ich finde, sie sieht nicht sehr gut aus. Minerva könnte nicht besser aussehen, und sie haben ein Haus am Hyde Park Square gefunden und hoffen, in etwa 6 Wochen dort einziehen zu können. Die nächsten 2 Monate werden sehr ruhig verlaufen, fast alle sind verreist. Dein neues Briefpapier finde ich wunderschön, es ist so dünn. Habe herausgefunden, daß Miss Frazers Freundin, Mrs. Russell, eine gebürtige Miss Hoover ist und ihr Vater der amerikanische Konsul in Amsterdam. Wir sind Samstagabend bei Mrs. R zum Essen. Bitte gib auf Dich acht, und ich hoffe sehr, Du hast ein Mittel gegen die Schmerzen gefunden. Alles Liebe

Wallis

Aus den Memoiren der Herzogin von Windsor:

Ich war glücklich, daß trotz Thelmas Abwesenheit unsere Beziehung zum Prinzen unverändert blieb. Das Wochenende nach ihrer Abreise waren wir wieder im Fort, und Mitte der Woche kam der Prinz zum Dinner nach Bryanston Court. Wenige Tage später stürzte Cain in mein Zimmer. »Madam, der Prinz von Wales möchte Sie am Telefon sprechen.« Es war das erste Mal,

---

[1] Das bezieht sich vermutlich auf die bevorstehenden Reisen des Prinzen in die Notstandsgebiete.

daß er selbst anrief. Er wollte uns zu einer Dinnerparty einladen, die er für zwei alte amerikanische Freunde, Fred und »Gebe« Bate im Dorchester gab. Fred war Repräsentant der National Broadcasting Company für Westeuropa, und ich hatte ihn im Fort kennengelernt.

Dieses Dinner [das am 30. Januar stattfand] war aus einem ganz besonderen Grund unvergeßlich. Bis dahin hatte der Prinz nie näher über seine Pflichten und Aufgaben als Mitglied des Königshauses gesprochen. Auch ich hatte dieses Thema stets ganz bewußt aus unseren Unterhaltungen ausgeklammert, so als wäre seine Arbeit etwas, worüber man in den Stunden der Entspannung nicht sprechen sollte. Aber an diesem denkwürdigen Abend durchbrach eine zufällige Bemerkung von mir diese Barriere, und plötzlich, während die anderen, wie ich mich entsinne, nicht am Tisch waren, sondern tanzten, begann er über seine Arbeit zu sprechen, die Vorhaben, die er zu verwirklichen hoffte, und die positive Rolle, die seiner Meinung nach die Monarchie in dieser neuen Zeit spielen könnte; er deutete aber auch an, welche Enttäuschungen er dabei erlebte.

Ich war fasziniert. Es war, als hätte sich eine Tür zu seinem innersten Wesen geöffnet. Ich entdeckte in ihm nun diese Begeisterung für seine Arbeit, den Ehrgeiz, seine Sache gut zu machen, eine Einstellung, wie ich sie von vielen amerikanischen Geschäftsleuten her kannte. Ich kann nicht behaupten, daß ich ihn sofort verstanden hätte, aber ich spürte etwas in ihm, wovon nur wenige aus seiner Umgebung etwas wußten – eine tiefe Einsamkeit, einen Unterton von seelischer Isolation.

Aus den Memoiren des Herzogs von Windsor:

Eines Abends lud ich ein paar Freunde, darunter Wallis, zum Dinner ins Dorchester Hotel ein. Die Unterhaltung wandte sich meinem Interesse an den neuen Sozialplänen für Arbeitslose zu. Ich war erst diesen Nachmittag aus Yorkshire zurückgekommen, wo ich Arbeiterclubs in Städten und Dörfern besucht hatte. In

der Gesellschaft, an die ich gewöhnt war, hätte ein Gespräch über diese schwierige Aufgabe wie üblich nur zu mitfühlenden Bemerkungen geführt wie etwa: »Oh, Sir, wie langweilig für Sie. Sind Sie nicht schrecklich erschöpft?«
Wallis hatte in den Zeitungen über das Komitee für Sozialfürsorge gelesen. Sie wollte mehr darüber wissen. Ich erklärte ihr, was es war und was es bezweckte. Und als Amerikanerin war sie neugierig darauf, wie der Arbeitstag eines Prinzen aussah. Obwohl das Orchester allerhand Lärm machte, tat ich mein Bestes, ihr auch das zu erklären.

Aus den Memoiren der Herzogin von Windsor:
»Aber damit langweile ich Sie doch«, sagte er, als wäre er beschämt, so viel über sich zu enthüllen.
»Im Gegenteil«, antwortete ich. »Mein Interesse könnte gar nicht größer sein. Bitte, bitte, sprechen Sie weiter.«
Während er mich noch fragend ansah, so als wolle er meine Aufrichtigkeit abschätzen, hörte die Musik auf, und die anderen näherten sich dem Tisch. Dann sagte er etwas Erstaunliches: »Wallis, Sie sind die einzige Frau, die sich je für meine Arbeit interessiert hat.« Ein wenig später, während wir tanzten, fragte er, ob ich etwas dagegen hätte, wenn er gelegentlich auf einen Cocktail nach Bryanston Court käme, wenn seine anderweitigen Verpflichtungen ihm die Zeit dazu ließen.
Die bunte Gesellschaft an meinem kleinen Cocktail-Tisch schien ihn anzuregen. Zuerst blieb er immer nur kurz. Eines Abends blieb er sehr lange. Die anderen Gäste hatten, einer nach dem anderen, schon um die Erlaubnis gebeten, gehen zu dürfen. Schließlich waren nur noch wir drei übrig – Ernest, der Prinz und ich. Die Zeit fürs Dinner war längst verstrichen, und in meiner Verzweiflung schlug ich schließlich vor: »Sir, würden Sie gern mit uns essen? Aber Sie müßten mit dem vorlieb nehmen, was es gerade gibt.«
Und wenige Minuten später saß der Prinz zwischen Ernest und mir am Tisch. Und dies war der Anfang von vielen solchen

Zufalls-Dinnern. Wir wußten nie, wann er kommen oder wie lange er bleiben würde. Manchmal erschien er innerhalb von vierzehn Tagen nur einmal und blieb nur ein paar Minuten; dann wieder kam er zweimal die Woche und blieb den ganzen Abend. Und immer schien er sich einen Abend auszusuchen, an dem Ernest sich Arbeit aus dem Büro mit nach Hause genommen hatte, oder es war gerade ein Abend, den wir uns für die Durchsicht der Haushaltsbücher reserviert hatten. Nachdem auf diese Weise Ernests Routine mehrmals gestört worden war, ging er dazu über, sich höflich zu entschuldigen und sich mit seinen Akten in sein Zimmer zurückzuziehen. Bei jedem Besuch schien der Prinz sich für irgend etwas Neues zu begeistern: entweder ein neues Wohnungsbauprojekt, das er förderte, oder Pläne für eine Neubepflanzung im Fort, oder ein Programm zur Förderung des britischen Handels irgendwo in der Welt; es konnte aber auch die neueste amerikanische Jazzplatte sein. Während der Wochenenden bevorzugte er mich in zunehmenden Maße als seine Tanzpartnerin.

Thelma war schon wochenlang abwesend. Schließlich fragte er mich, ob Ernest und ich einige unserer Freunde ins Fort mitbringen möchten...

Montag, 12. Februar   *Das Fort, Sunningdale, Ascot*
Liebste,
während dieser vergangenen 2 Wochen bin ich nicht zum Schreiben gekommen. Wir haben den »jungen Mann« von Thelma geerbt. Sie fehlt ihm, also sucht er ständig unsere Gesellschaft, und das Ergebnis ist eine lange Nacht nach der anderen – und mit lange meine ich bis 4 Uhr früh. Ernest hat ein paarmal gekniffen, aber ich mußte weitermachen. Sicher klatscht man darüber, daß ich jetzt die Neue bin. Jedenfalls ist er reizend, und wir konnten einige unserer Freunde hierher einladen – letztes Wochenende die Pat Andersons und dieses Mal die Hunters. Von Corrine erhielt ich einen Brief so dick wie ein Buch, in dem sie mir alle betrüblichen Neuigkeiten erzählte. Sie regt sich sehr auf über die Noyes-Affäre, wie auch die

Wallis und der Prinz

Howards hier. Anscheinend sind wir immer in irgendwelche Skandale verwickelt. Mary schreibt mir, daß ihre Mutter im Krankenhaus liegt und nie mehr gesund werden wird, weil nun eindeutig Krebs diagnostiziert wurde. Ist das nicht schrecklich? Wir warten auf Nachricht von Mr. Simpson. E hat ihm geschrieben, daß er ohne finanzielle Unterstützung nicht weitermachen kann. Ich glaube nicht, daß er uns helfen wird. Benny [Thaw] war letzte Woche 2 Tage hier, er ist unterwegs nach NY, hat zweimal bei uns gegessen – er ist so fröhlich wie immer! Ich denke, es ist besser, Du schickst mir das Kleid so schnell wie möglich, weil ich praktisch nackt bin. Ich kann mir vorstellen, daß in den USA die Frühjahrsmode schon auf Stapel liegt. Mrs. Jordan weiß, was mir steht. Ich trage noch immer ihr kleines Modellkleid. Ich hätte gern etwas Elegantes, entweder in Rot, Blau, Schwarz oder eine Farbkombination, aber keine Muster oder Grün, und es soll nicht mehr als $ 59,50 kosten und unter Wert deklariert werden. Hoffentlich frierst Du nicht – die Zeitungen hier verbreiten alarmierende Nachrichten über die Kältewelle in den USA. Der Tod von E.s Partner wird unser gewaltiges Einkommen um etwa $ 100 monatlich steigern, aber E schuldet der Firma derart viel, daß wir nichts davon haben werden. Gladys schreibt, daß sie und Mike sich am 7. Jan. endgültig getrennt haben, aber da der Brief um 3 Uhr früh nach einer Auseinandersetzung geschrieben wurde und etwas unzusammenhängend klingt, verstehe ich nicht, worum es eigentlich geht. Verzeih mir, daß ich nicht geschrieben habe, aber dieser Mann ist strapaziös. Alles Liebe,

Wallis

Sonntag, 18. Februar
Liebste Tante B,
ich habe mich sehr über Deinen Brief und die Zeitungsausschnitte gefreut. Ich bin mit den Briefen an Dich wegen des Prinzen im Rückstand, der die meiste Zeit hier verbringt oder zwei und dreimal am Tag anruft, weil er einfach nicht weiß, was er mit sich anfangen soll. Aber Thelma wird ja sehr bald zurück sein, und dabei ist mir eingefallen, daß Du ihr das Kleid schicken könntest, damit sie es mir

mitbringt. Ich glaube, sie nimmt ein Schiff Mitte März, also schick es bitte an Thelma, Viscountess Furness, c/o Mrs. R. Vanderbilt, 49 East 72. St., NY, mit einem kleinen Brief, daß es für mich ist. Ist Betty [Lawson Johnston] in Washington oft eingeladen worden? Hoffentlich nicht. Sie ist derart von sich eingenommen, ist hier aber nicht mehr sehr bedeutend, weil PW ihr kaum noch Beachtung schenkt und diesen Winter kein einziges Mal bei ihr war. Es freut mich, daß die Korsetts OK sind. Zur Abwechslung sind wir dieses Wochenende einmal in der Stadt und waren gestern abend bei den Steens, und heute abend sehen wir uns die Garbo an und gehen anschließend mit den Hunters zum Essen. Die Botschaft wird von neuen Räten mit ihren Frauen bevölkert. Walter P[rendergast] sagte mir, sie seien attraktiv. Nie zuvor hatten wir so schlimmen Nebel, mit dem Ergebnis, daß die Wohnung völlig verschmutzt ist – Vorhänge, Lampenschirme, Möbel, alles ist schwarz, ganz zu schweigen von den Wänden. Mrs. Ralph ist nicht mehr so tüchtig wie zuvor – weil sie weiß, daß es nur vorübergehend ist, gibt sie sich nicht mehr so viel Mühe. Ich kann nicht glauben, daß die Lelia-Newbold-Heirat je stattfinden wird, Lelia ist ja noch immer nicht geschieden. Ich fürchte, der Kuchen hat keinen Zuckerguß mehr, bis das alles über die Bühne geht. Ich wollte, Miss A hätte Dich mit nach Florida genommen, das wäre Deinem Arm gut bekommen. Sie ist ein Geizhals. Alles Liebe

Wallis

P. S. Das mit dem Prinzen ist nur Klatsch. Es ist nicht meine Art, meinen Freundinnen den Kavalier auszuspannen. Wir gehen oft zusammen aus, und natürlich klatschen die Leute darüber. Ich glaube, ich amüsiere ihn. Ich bin sein Hofnarr, und wir tanzen gern miteinander – habe aber immer Ernest im Schlepptau, also ist alles ungefährlich.

Donnerstag, 22. [Februar]
Liebste Tante B,
wie der PW mir sagte, wird Thelma zwischen dem 15. und 25. März

Wallis und der Prinz

abreisen, also könntest Du bis dahin etwas sehr Schickes für mich finden. Ich habe nichts Neues zu berichten. Es ist wirklich sehr ruhig hier, so viele Leute sind weg. Wir verbringen das Wochenende beim Prinzen. Rolly und Posy Guinness sind die anderen Gäste. Die Hungermarschierer[1] erreichen morgen London, also fahren wir aufs Land, um rechtzeitig zum Dinner da zu sein. Aber es gibt in diesem Land nicht viel Aufruhr durch den Pöbel. Uns steht auch ein Engpaß in der *Wasserversorgung* bevor. Es hat seit Wochen nicht geregnet – wenn es 3 Wochen nicht in Strömen gießt, kündigen die Zeitungen eine Rationierung an. Schrecklich, wo doch durch den Nebel alles so verschmutzt ist. Ich fühle mich sehr wohl, bin aber recht dünn geworden, nicht im Gesicht, aber meine Figur. Natürlich setzt man bei den ständigen Sorgen um die Finanzen kein Fett an. Ich wiege ohne Kleider 51 Kilo, esse und trinke aber wie gewöhnlich. Auf Deiner Seite der Welt gibt es im Moment mehr Neuigkeiten als hier. Gib auf Dich acht und alles Liebe

Wallis

Einen Monat später, am 22. März, kehrte Thelma aus Amerika zurück. In New York und auf der Seereise zurück nach England sah man sie oft in Begleitung des jungen Ali Khan[2]; der Prinz von Wales hatte von dieser Beziehung erfahren.

Aus den Memoiren von Thelma Furness:

Am selben Abend kam der Prinz in mein Haus am Regent's Park. Er schien zerstreut, so als würde ihn etwas beunruhigen. Plötz-

---

[1] Ein Protestmarsch arbeitsloser Arbeiter, die zu Fuß durchs ganze Land marschierten und großes Aufsehen erregten, da die Demonstranten für Verpflegung und Unterkunft auf die Mildtätigkeit der Bürger angewiesen waren. Der große Marsch – der erste seit 1931 – wurde im Januar 1934 organisiert und erreichte London im darauffolgenden Monat. Der Premierminister, Ramsay MacDonald, weigerte sich, die Demonstranten zu empfangen, aber sie erhielten die Erlaubnis, in der Hauptstadt zu demonstrieren.
[2] Sohn – und vorübergehend Erbe – des Aga Khan, des märchenhaft reichen Moslemführers. Er war damals dreiundzwanzig Jahre alt und als Herzensbrecher bekannt.

lich sagte er: »Wie ich höre, hat Ali Khan sich sehr um dich bemüht.«
Ich dachte, er macht einen Scherz. »Bist du eifersüchtig, Liebling?« fragte ich. Aber der Prinz gab keine Antwort.
Im Fort war der Prinz freundlich, aber abweisend zu mir. Er schien mir aus dem Weg zu gehen. Da wußte ich, daß etwas nicht stimmte...
Zurück in London erzählte ich Wallis von meinem Gespräch mit dem Prinzen und erwähnte die sonderbare Bemerkung, die er über Ali Khan gemacht hatte. Was war passiert? Wußte sie etwas?... Aber die einzige Antwort, die ich erhielt, war die zuckersüße Versicherung: »Liebling, du weißt doch, daß der kleine Mann dich sehr liebt. Der kleine Mann war ohne dich einfach verloren.«
Nach einer Weile sagte ich: »Wallis, der Prinz hat mich für nächstes Wochenende ins Fort eingeladen. Das ist das Osterwochenende. Hättet ihr, du und Ernest, Lust zu kommen? Das wäre vielleicht ganz gut.«
»Natürlich«, antwortete Wallis herzlich, »wir kommen sehr gerne.«
...Dieses Wochenende hat sich in meinem Gedächtnis eingeprägt. Ich kann mich nicht entsinnen, wer außer den Simpsons noch da war; insgesamt waren wir acht Personen. Als ich eintraf, hatte ich eine schlimme Erkältung... Der Samstag [1. April] verlief bis zum Abend ohne Zwischenfall. Beim Dinner jedoch bemerkte ich, daß der Prinz und Wallis kleine private Scherze zu machen schienen. Als er einmal ein Salatblatt mit den Fingern aufnahm, schlug Wallis ihm spielerisch auf die Hand...
Wallis sah mich an. Und da wußte ich, daß der »Grund« Wallis war... Da erkannte ich, daß sie sich außerordentlich gut um ihn gekümmert hatte. Dieser eine kalte, herausfordernde Blick hatte mir die ganze Geschichte verraten.
An diesem Abend ging ich früh zu Bett, ohne irgend jemandem gute Nacht zu sagen... Ein wenig später kam der Prinz in mein Schlafzimmer und wollte wissen, ob er mir irgend etwas gegen meine Erkältung bringen lassen könne?... »Liebling«, fragte ich

direkt, »ist es Wallis?« Das Gesicht des Prinzen erstarrte. »Sei nicht albern«, sagte er scharf. Dann ging er aus dem Zimmer und schloß die Tür leise hinter sich.
Ich wußte es. Am nächsten Morgen verließ ich das Fort.

In ihrer Autobiographie beschreibt Wallis dieselbe Episode etwas kürzer und etwas anders.

Aus den Memoiren der Herzogin von Windsor:

Thelma kam zu Beginn den Frühjahrs zurück. Zwischen ihr und dem Prinzen war etwas geschehen. Sie kam einmal noch ins Fort, aber die frühere Wärme und Unbefangenheit in ihrer Beziehung war offensichtlich nicht mehr vorhanden. Eines Nachmittags kam sie nach Bryanston Court. Es war ein unglückseliger Besuch. Sie erzählte mir, daß der Prinz sie offensichtlich mied – und sie wußte nicht, warum. Er ließ sich auch telefonisch nicht sprechen. Es kamen auch keine Einladungen mehr zum Fort. Schließlich fragte sie mich rundheraus, ob der Prinz an mir interessiert sei – »scharf« war das Wort, das sie benutzte.
Das war die Frage, die ich erwartet hatte. »Thelma«, sagte ich, »ich glaube, daß er mich mag. Es kann sein, daß er mich gern hat. Aber wenn du mit ›auf mich scharf sein‹ meinst, daß er in mich verliebt ist, dann ist die Antwort eindeutig nein.«

Sonntag, 15. April   *Das Fort, Sunningdale, Ascot*
Liebste,
ich habe das Kleid bekommen, und es ist großartig. Ich habe es gestern abend hier zum ersten Mal getragen. Es war mir etwas zu groß, also mußte ich es ändern lassen – das ging leicht. Wir sind wahrscheinlich häufig hier, aber es ist natürlich eine große Verlokkung, weil man sich wohlfühlt und sich amüsiert. Thelma ist noch in Paris. Ich fürchte, ihre Rolle als Favoritin ist vorbei, und ich bemühe mich, meine Beziehung zu ihm in einem ruhigen Fahrwas-

1934: Die Favoritin

ser zu halten, indem ich es vermeide, mit ihm allein zu sein, denn er macht mir im Moment regelrecht den Hof. Natürlich fühle ich mich geschmeichelt. Cousine Lelia schrieb mir ein langes Geschwafel aus Florida und erzählte mir, daß Du mit Katherine [Galbraith] eine Autotour machst. Ich bin hoch erfreut darüber, daß Du Dir auch einmal etwas gönnst. Das mit Anne ist wirklich beängstigend. Der ist alles zuzutrauen. Trinkt sie noch immer? Und kennt Henry[1] die Hintergründe der ganzen Geschichte? Trifft sich Anne mit Newbold, und sprechen Lelia und Anne miteinander? Wir haben schon so lange keine Parties mehr gegeben. Ich spare für die Invasion von Amerikanern. Wir haben einfach himmlisches Wetter, und ich sitze im Garten und schreibe Dir und habe nur einen Wollpullover an. Cousine L sprach davon, sie würde diesen Sommer nach England kommen. Ich hoffe, Du kommst zur selben Zeit, damit ich sie nicht aufnehmen muß. Sie ist kein einfacher Gast und recht anstrengend. Ich komme kaum zum Schreiben, denn HRH hält mich auf Trab, und gleichzeitig versuche ich, den Kontakt mit meinen Freunden aufrechtzuerhalten. Alles Liebe, und gib bitte auf Dich acht, und das Kleid ist himmlisch.

Wallis

Freitagabend [Poststempel vom 21. April]
Liebste,
es tut mir so leid, daß Du ein Telegramm schicken mußtest. Es kommt einfach daher, weil ich nie einen Abend frei habe zum Schreiben. Der Prinz ist ständig hier, wenn er nicht irgendwelche offiziellen Dinge erledigen muß, und dann sind da noch Ernest und meine Freunde, mit denen ich die anderen Abende verbringe. Du kannst Dir vorstellen, daß ich ganz schön erschöpft bin – ich habe keine ruhige Minute, denn es erfordert sehr viel Taktgefühl, mit beidem zurechtzukommen. Thelma ist noch immer in Paris, und wir fahren heute abend zum Wochenende weg. Mr. Simpson fuhr heute mit Freundin nach *Japan* ab und ließ uns mit den Schulden

---

[1] Annes Mann, Henry Suydam.

allein, und keine Hoffnung auf Hilfe. Ist er nicht ein Ekel. Gerade 80 und treibt sich noch in der Welt herum. Wir sind ohne Köchin, aber die Wohnung wird zur Zeit als Hotel benutzt. Wir essen nie hier, aber da ich natürlich bei verschiedenen Gelegenheiten mit dem PW aufwarten konnte, werden wir mit Einladungen überhäuft, auch von Leuten, die sich bisher zurückgehalten haben. Mutter hätte das alles ganz wunderbar gefunden. Wenn Du kommst, soll Mary Dir Schuhe für mich schicken und kauf mir doch irgendein billiges hellblaues Sommerkleid fürs Land, und zu ungefähr $ 20. Die Sache mit Hoheit stellt ziemliche Anforderungen an die Garderobe. Alles Liebe, und bitte komme bald. Ich werde dicker.

Wallis

Mittwoch, 25. April
Liebste,
ich bin so gespannt, ob ich das passende Kleid habe, weil ich Gloria noch nicht getroffen habe, weil sie mit Thelma nach Paris gefahren ist. Letztere ist noch immer nicht zurückgekommen – was sehr vernünftig ist, weil ich glaube, daß die königliche Affäre ihrem Ende zugeht. Man wird sicher mir die Schuld daran geben, denn er ist im Moment sehr um mich bemüht, trifft sich ebenso oft mit Mrs. Dudley Ward[1], seiner alten Flamme. Ich bin sehr gefragt und versuche, durch ihn Engländer kennenzulernen, und in letzter Zeit lädt er jedes Mal andere Gäste fürs Wochenende ein. Ich fürchte nur, ich muß bald aufgeben, denn natürlich kostet es Geld, sich mit ihm zu amüsieren. Mehr Kleider, Wochenendausflüge etc. – und dann die Trinkgelder dort, und alle seine Freunde sind so reich – ich glaube, ich bin die einzige arme Freundin, die er je hatte. Ich brenne darauf, zur Ascot-Woche eingeladen zu werden, und wenn ich dafür stehlen müßte, und hoffe noch immer, daß es mit der Reise auf den Kontinent im August klappt. Das alles natürlich unter der

---

[1] Freda Dudley Ward, die Frau eines Parlamentsmitglieds, mit der der Prinz eine Liebesaffäre hatte, die von 1918 bis 1924 dauerte. Danach fuhr er fort, ihr freundschaftliche Besuche abzustatten, die er aber im späten Frühjahr des Jahres 1934 – nur wenige Wochen, nachdem Wallis diesen Brief geschrieben hatte – plötzlich einstellte.

Voraussetzung, daß er sich nicht eine andere sucht oder zu Thelma zurückkehrt, und daß ich das Geld auftreibe und auch Ernest bei guter Laune halten kann. Im Moment fühlt er sich durch das alles sehr geschmeichelt und läßt mich mit ihm ein oder zwei Mal die Woche *alleine* essen. John Wiley hat also seine polnische Freundin geheiratet. Der neue Mann an der Botschaft, Johnson[1] aus Washington, ist nicht so toll. Es gibt hier wirklich nicht viele attraktive Männer oder Frauen. Ich habe seit über einem Monat keine Parties gegeben. Habe eine miserable Aushilfsköchin, und die Vorhänge sind immer noch nicht da. Ich kann PW nicht dazu bringen, die Grants einzuladen – sind nicht nach seinem Geschmack. Ich esse viel, nehme aber kaum zu – Sorgen und dazu noch Aufregung und keine Möglichkeit auszuspannen. Es verlangt ein gewisses Maß an Taktgefühl, noch einmal einen letzten großen Auftritt zu lancieren, ehe ich 40 werde. Sag mir, wann ich mit Dir rechnen kann. Ich hätte gern ein oder zwei Kleider fürs Land – 1 aus Leinen, 1 aus Wolle – und Mary wird Dir zwei Paar Schuhe mitgeben. Beide Kleider in Blau denke ich, bedrucktes Leinen oder weiß, mit Blau besetzt. Falls ich nach Ascot eingeladen werde, weiß ich überhaupt nicht, was ich dort tragen könnte, und für die restliche Zeit habe ich das hellblaue und braune Kleid vom letzten Jahr für einen Tag, und ein gemustertes für den anderen. Er will, daß man schick aussieht. Ich weiß, ich langweile Dich damit, aber für mich ist das alles sehr aufregend. Schreib mir bald und alles Liebe

Wallis

Ernest spart oder er hat wirklich nichts mehr; weil ich mir eine Masseuse für 15 Shilling nahm, sprachen wir eine Weile nicht mehr miteinander, derart wütend war er. Sie ist billiger als ein Dr., und es hilft, überschüssige Magensäure abzubauen. Es ist diese teure Wohnung, die wir nicht loswerden.

---

[1] H. V. Johnson, der neue Erste Botschaftsrat.

Montag, 7. Mai
Liebste,
nachdem ich Dir vom Fort schrieb [Brief nicht auffindbar], erhielt ich eine Einladung für die Party, die der Prinz in seinem Landhaus in Ascot gibt vom 19. bis zum 25. Er schenkt mir die Eintrittskarte, und die Party hört nach dem Lunch auf, und man braucht nur die 2 wichtigen Tage anwesend zu sein, also komme ich mit meinem besten Kleid vom letzten Jahr und einem anderen aus. Ich muß einfach dorthin, also wäre es besser, Du würdest lange vor Ascot kommen oder kurz danach, weil ich nicht gerne wegen deiner Ankunft vorzeitig von dort weg möchte, es sei denn, Du hättest nichts dagegen, diese Tage hier ohne mich zu verbringen. Ernest kann nicht mitkommen – 1. wegen der Eintrittskarte, 2. der Abwesenheit von der Stadt, 3. der Garderobe. Versuche, diesen Brief noch mit dem Schiff heute abend abzuschicken. Alles Liebe

Wallis

Dienstag, 22. Mai *The Fort*
Liebste,
Du hast mir ja eine ziemliche Predigt gehalten, und Du hast ja auch völlig recht mit allem, was Du bezüglich HRH sagst, und falls Ernest irgendwelche Gedanken hat, werde ich den Prinzen sofort aufgeben. Bisher verläuft alles wunderbar, und wir 3 sind ständig zusammen in dem bißchen Freizeit, das PW zur Zeit hat. Achte nicht auf den Klatsch – er braucht nur irgendeiner einen Blick zu gönnen, schon ist man eifersüchtig, und natürlich gefällt es Thelma nicht, daß wir ihn so oft treffen, auch wenn sie im Prinzen Ali Khan einen so prominenten Anbeter hat und mit ihm in Spanien war. Ich nehme ihr in keinster Weise ihren Platz weg. Ernest reist nächste Woche für 2 Wochen auf den Kontinent und wird nicht vor dem 22. zurück sein, also bin ich während der Ascot-Woche unabhängig. Ich fühle mich sehr wohl und habe endlich zugenommen. Ich habe den Scheck eingelöst und davon meine Massagen bezahlt, die ich trotz E.s Einwand fortgesetzt habe, denn sie haben mir unheimlich gut getan. Er regt sich darüber auf, daß ich von Dir so viel annehme,

und hofft auf bessere Zeiten, womit er allerdings im Frachtgeschäft erst in 2 Jahren rechnet. Wir warten auf einen Brief von Dir, in dem steht, wann Du abreist. Du weißt ja, daß Gladys [Kemp] und Mike [Scanlon] heute vor einer Woche geheiratet haben. Es heißt, sie konnte sich nicht dazu überwinden, den reichen Juden zu heiraten. Laß mich rechtzeitig Dein Abreisedatum wissen, damit Mary Dir noch Schuhe und Strümpfe mitgeben kann. Es ist noch immer kalt hier, regnet aber nicht. Wir haben draußen gegessen, wurden aber beinahe fortgeblasen. Wir waren über die Pfingstfeiertage hier und reisen heute abend ab. Bitte glaube nicht, daß ich über den Wolken schwebe. Ich bin bei klarem Verstand und weiß, was ich tue, habe aber wenig Zeit für andere Dinge. Außerdem helfe ich ihm bei 2 Häusern beim Einrichten, und das füllt meine Tage völlig aus. Komm so schnell wie möglich hierher und Du wirst sehen, daß alles OK ist. Daß Thelma so verärgert ist, kümmert mich nicht, weil sie sich in London viel verscherzt hat. Ich habe sehr nette Engländer kennengelernt, und sie waren reizend zu mir. Ich gebe mir jede erdenkliche Mühe, daß er sich wieder mit seinen alten Freunden trifft, weil er ihr vorgeworfen hatte, sie hätte ihn mit fürchterlichen Leuten umgeben. Alles Liebe und einen dicken Kuß

Wallis

Aus den Memoiren der Herzogin von Windsor:

Bald darauf erwähnte er [der Prinz] beiläufig, daß er im August wieder nach Biarritz fahren und dort ein Haus für seinen Sommerurlaub mieten wollte. »Möchten Sie und Ernest nicht mitkommen und bei mir wohnen?« fragte er. So sehr ich mich auch freute, ich mußte doch ablehnen mit der Begründung, daß Ernest geschäftlich in die Vereinigten Staaten reisen müsse und Tante Bessie bereits Vorkehrungen getroffen habe, während seiner Abwesenheit zu mir zu kommen. Er bedauerte, daß Ernest nicht mit von der Partie sein konnte, ließ aber meinen weiteren Einwand, daß eine siebzigjährige Dame für den Prinzen und seine jungen Freunde eine Belastung sein würde, nicht gelten. »Unsinn«, sagte er. »Ich hätte Ihre Tante Bessie gerne dabei. Nach allem, was Sie mir von ihr erzählt haben, wird sie noch die Seele der Gesellschaft sein.« Also wurden die Vorbereitungen getroffen. Anfang Juli kam Tante Bessie an, und eine Woche später fuhr Ernest ab.

Am 1. August brach der Prinz mit seinen Gästen auf. Zu dieser kleinen Gruppe gehörten sein Privatsekretär Hugh Lloyd Thomas[1], sein Stallmeister »G« Trotter und John Aird[2], der Korvettenkapitän Colin Buist mit Frau[3], der Prinz, Tante Bessie und ich. Der Prinz hatte eine geräumige Villa namens Meretmont mit Ausblick auf den Atlantik gemietet. Wie im Fort, verlief auch dort das Leben ruhig und beschaulich – wir verbrachten die Tage mit Schwimmen, Sonnenbaden, Golfspielen und einem gelegentlichen Bridgespiel. Bald darauf machten der Prinz und ich es uns zur Gewohnheit, einmal in der Woche ohne die anderen alleine irgendwo zu Abend zu essen, in einem der kleinen Bistros, deren Spezialitäten er von früheren Besuchen her kannte und schätzte. Im Verlauf dieses Monats kam dann noch Mrs. Kenelm Guinness. »Posy«, wie wir sie nannten, war eine alte Freundin... Sie war eine angeheiratete Cousine von Lord Moyne, einem Sohn von Lord Iveagh aus der berühmten Brauerei-Familie Guinness... [der] mit seiner Yacht *Rosaura* ganz in der Nähe unterwegs war. Posy fand, es würde doch Spaß machen, und er würde uns sicher liebend gerne mitnehmen. Da Biarritz den Prinzen bereits langweilte, war er von diesem Vorschlag begeistert, und bald darauf kam eine offizielle Einladung von Lord Moyne. Tante Bessie hatte sich vorgenommen, einen Autoausflug nach Italien zu unternehmen, und ließ sich – klugerweise, wie sich bald herausstellte – nicht davon abbringen.

---

[1] Hugh Lloyd Thomas (1888–1938), ein Berufsdiplomat, der seit 1929 Privatsekretär des Prinzen war.
[2] Major (später Sir) John Aird (1898–1973), der seit 1929 Stallmeister des Prinzen war. Wallis schrieb über ihn: »Jack, wie wir ihn nannten, war ein Offizier der Grenadiergarde. Als Junggeselle lebte er im York House. Er war ein großer, schlanker Mann und hatte einen amüsanten, aber beißenden Humor.«
[3] Korvettenkapitän Colin Buist (1896–1981) und seine Frau Gladys, alte Freunde des Prinzen.

Wallis und »Slipper«, Cannes, August 1935

Mit Tante Bessie in Biarritz, August 1934

Wallis und Edward, Cannes, August 1935

Im Fort: Lunch auf der Terrasse

Im Fort: Edward und Wallis mit Katherine Rogers

Wallis und »Mr. Loo«

In ihren Memoiren beschreibt die Herzogin, wie sie im Golf von Biscaya in einen schrecklichen Sturm gerieten, dem dann allerdings eine wunderschöne Reise entlang der spanischen und portugiesischen Küste folgte.

Am elften Tag erreichten wir Cannes... Eines Abends, nachdem wir bei Herman und Katherine Rogers beim Essen gewesen waren, nahm der Prinz ein winziges Samtkästchen aus seiner Tasche und gab es mir in die Hand. Es enthielt ein kleines Amulett aus Diamanten und Smaragden für mein Armband...
Der ursprüngliche Plan sah vor, daß unsere Gruppe sich in Cannes auflöste. Ich sollte Tante Bessie am Comer See in Norditalien treffen und mit ihr nach Paris zurückfahren. Aber im letzten Moment fand der Prinz es plötzlich schade, die schöne Zeit, die wir miteinander verbracht hätten, so abrupt zu beenden. Er lud deshalb Herman und Katherine Rogers ein, mit uns zum Comer See zu fahren. Lord Moyne hatte angeboten, uns auf der *Rosaura* bis Genua zu bringen, und so segelten wir am nächsten Tag los. Dann ging es mit dem Auto weiter zum See...
Der September war fast vorüber, und der Prinz mußte zusammen mit seinem Vater und seiner Mutter am feierlichen Stapellauf der *Queen Mary* teilnehmen. Wir blieben eine Woche am Comer See, fuhren dann nach Arona und von dort mit dem Orient-Express nach Paris. Von dort aus flogen der Prinz und Jack Aird nach London zurück. Wir anderen blieben noch ein bißchen zum Einkaufen in Paris.
Am Abend des 26. September 1934 gingen Tante Bessie und ich in Le Havre an Bord der *Manhattan*. Sie fuhr zurück in die Vereinigten Staaten, und ich begleitete sie bis nach Southampton... Als wir beim Dinner saßen und ich ihr von unserer Kreuzfahrt erzählte, fragte sie auf eine, wie sie wohl hoffte, beiläufige Weise: »Wallis, der Prinz ist sehr von dir angetan?«
»Wie kommst du denn darauf?« fragte ich.
»So alt sind meine Augen noch nicht, als daß sie nicht sehen würden, was jeder seiner Blicke ausdrückt.«

»Tante Bessie«, sagte ich schließlich. »Ich würde gern glauben, daß er mich wirklich gern hat.«
Meine Tante sah mich scharf an. »Ist das alles nicht sehr gefährlich für dich? Wenn du erst einmal Geschmack an diesem Lebensstil gefunden hast, wird dir dein bisheriges Leben öde und schal vorkommen und dich unzufrieden werden lassen.«
»Du weißt nicht, wovon du redest«, sagte ich. Und mit der echten Montague-Arroganz fügte ich hinzu: »Ich erlebe eine wunderbare Zeit. Es ist alles sehr schön. Du brauchst dir um mich keine Sorgen zu machen – ich weiß, was ich tue.«
Meine Tante seufzte. »Gut. Mach, was du für richtig hältst. Aber laß dir sagen, auch klügere Leute als du haben sich schon zu Dummheiten hinreißen lassen, und ich kann mir nicht vorstellen, wie das alles gut ausgehen soll.«
Mit dieser nichts Gutes verheißenden Bemerkung beendeten wir unser Dinner. Vieles blieb ungesagt, und mit den ungelösten Problemen mußte ich allein fertig werden...

In einer der aufrichtigsten und enthüllendsten Passagen ihrer Memoiren beschreibt die Herzogin ihre Gefühle über die Affäre mit dem Prinzen. Ihr gesunder Menschenverstand sagte ihr, daß es nicht mehr als ein Abenteuer war, aber ihr Unterbewußtsein zeigte ihr, daß er sie liebte, wenn sie auch kaum verstehen konnte, warum.

So sehr ich mir auch den Kopf zerbrach, ich konnte keinen plausiblen Grund finden, warum dieser bezauberndste aller Männer sich ernsthaft zu mir hingezogen fühlte. Ich war gewiß keine Schönheit, und er konnte unter den schönsten Frauen der Welt wählen. Ich war auch gewiß nicht mehr jung. Genaugenommen hätte man mich in meinem eigenen Land bereits zum alten Eisen gezählt.
Der einzige Grund, auf den ich sein Interesse an mir zurückführen konnte, war vielleicht mein amerikanischer unabhängiger Geist, meine Direktheit, das, was ich ganz gern für einen gewis-

sen Sinn für Humor und Spaß an mir hielt, und, nun ja, meine ungezügelte Neugier auf ihn und auf alles, was ihn betraf... Und er war einsam, und vielleicht war ich eine der ersten, die zu seiner inneren Einsamkeit vorgedrungen waren. Über diesen Punkt hinaus wagte ich keine weiteren Überlegungen anzustellen; denn dafür gab es weder realistische noch irgendwie greifbare Gründe. Es fiel mir nicht schwer, mir die Anziehung, die der Prinz auf mich ausübte, zu erklären. Abgesehen von seinem hinreißenden Charme und seiner herzlichen Art, war er das Sesam-öffne-dich zu einer neuen und glanzvollen Welt, die mich faszinierte wie nichts in meinem Leben zuvor. Trotz seiner natürlichen Einfachheit, seinem echten Abscheu vor allem Gepränge, umgab ihn dennoch – auch noch in seinem schlimmsten Robinson-Crusoe-Aufzug – eine unverkennbare Aura von Macht und Autorität. Sein kleinster Wunsch schien im Handumdrehen zur eindrucksvollen Wirklichkeit zu werden. Züge wurden aufgehalten, Yachten bereitgestellt, die Türen zu den prächtigsten Suiten in den feinsten Hotels der Welt wurden aufgerissen, Flugzeuge standen wartend bereit. Und am meisten daran beeindruckte mich, daß das alles ohne sichtbare Anstrengung geschah, mit der gelassenen Überzeugung, daß dies die natürliche Ordnung der Dinge war, daß nichts je schiefgehen konnte. An jenem Abend, als ich über diese Gegebenheiten nachdachte, schien es mir unvorstellbar, daß ich, Wallis Warfield aus Baltimore in Maryland, Teil dieser verzauberten Welt sein könnte. Es war so unglaublich, daß ich glücklich und ohne Ängste mit allem einverstanden war.

Ernest holte mich in Southampton ab. Als er mich nach meiner Reise fragte, sagte ich: »Ich kann es nicht beschreiben. Ich kann nur sagen, ich kam mir vor wie Wallis im Wunderland.«

Ernest sah mich spöttisch an. »Das klingt für mich«, sagte er nachdenklich, »wirklich wie eine Reise in das Buch ›Alice hinter den Spiegeln‹. Oder vielleicht noch besser, in das Reich von Peter Pans Niemals-Land.«

Von da an war der Prinz für Ernest nur noch »Peter Pan«. Das war keine Respektlosigkeit; denn Ernest mochte den Prinzen wirklich und ehrte in ihm den Mann, der eines Tages sein König

sein würde. Ich lachte, und doch hatte ich mich ein bißchen darüber geärgert.
Unser Leben ging weiter seinen gewohnten Gang. Der Prinz war nach Balmoral gefahren, um nach dem Stapellauf des großartigen Cunard-Passagierschiffes, das nach seiner Mutter benannt war, einige Tage mit seinen Eltern zu verbringen. Bald nach seiner Rückkehr kam er zum Dinner nach Bryanston Court und lud Ernest und mich für das Wochenende ins Fort ein…

Ende Oktober werden die Briefe an Tante Bessie wieder aufgenommen.

Freitag [27. Oktober] *Bryanston Court*
Liebste,
morgen vor einem Monat haben wir uns verabschiedet, und ich habe seitdem keine Zeile geschrieben. Dafür gibt es keine Entschuldigung, aber es lag nicht daran, daß ich nicht an Dich gedacht und Dich nicht vermißt hätte. In meinem Haushalt herrschte ein heilloses Durcheinander – bei meiner Ankunft keine Köchin – und Florence und das Küchenmädchen kündigten. Letztere habe ich mit 5 £ bestochen zu bleiben. Florence geht nächsten Donnerstag, ich habe ein neues Mädchen eingestellt, und auch Mrs. Ralph kommt zurück. Ernest sieht viel besser aus. Er war eine Woche in Paris, kommt heute abend aus Norwegen zurück, wo er eine Woche lang war, und fährt am Dienstag nach Italien. Wir hatten jede Menge Spediteure mit ihren Frauen hier, die wir einladen mußten – sehr ermüdend. Corrine wohnte eine Woche bei uns und zog dann zu den Holts. Ich nahm sie für ein Wochenende mit zum Fort. Sie fuhr am Dienstag ab auf diesem gräßlichen Schiff. Habe viele Zeitungsausschnitte über den Vanderbilt-Fall.[1] Eine schlimme Geschichte. Die Zeitungen hier sind voll davon. Ich habe auch viele Zeitungs-

---

[1] Der sensationelle »Vanderbilt-Prozeß« – in dem Gloria Vanderbilt die Vormundschaft über ihre Tochter von ihrer Schwägerin Gertrude Whitney wiedererlangen wollte – fand in New York vom 28. September bis 21. November 1934 statt. Beide Schwestern Glorias, Consuelo Thaw und Thelma Furness, waren als Zeugen benannt, und Consuelo (Zeugen-

ausschnitte über mich aus den USA bekommen. Der blauäugige Charmeur ist noch immer der eleganteste Mann und hält mich ganz schön auf Trab, aber ich habe mich nicht oft in der Öffentlichkeit gezeigt. Minervas Haus ist sehr hübsch. John Airds Vater starb, und er ist jetzt Sir John Aird. Hugh Thomas schickt Dir Grüße. Der Prinz spricht noch immer voller Begeisterung von Dir. Ich habe Abzüge von Posys Fotos für Dich bestellt. Sie genießt immer noch alle körperlichen Freuden. Die Grants verbrachten eine Nacht im Fort. Ich konnte es endlich in die Wege leiten. Ich habe mir einen Mantel und ein Kleid von den $ 200 gekauft, die der Prinz mir gab, und ein paar Leopardenhäute, die einen hübschen Sportmantel abgeben werden. Ich erhielt einen Brief von Mrs. Franklin, und sie kommt Montag zum Tee. Die Perrins kamen zu einer Cocktailparty. Die [George] Sebastians waren hier, Merritt Swift und Buzzy Hewes. Ich fühle mich großartig, die Folge eines Sommers ohne Verpflichtungen und mit viel Luxus. Ernest hat die Rogers in Paris getroffen. Ich glaube, ich könnte sie dazu überreden, als meine Gäste hierher zu kommen. Es ist eine Schande, daß Du von Miss A.s Plänen nicht früher wußtest. Dann hättest Du nicht so bald abreisen müssen. Es herrscht viel Aufregung über die Königliche Hochzeit.[2] Ich werde mir mit Bertha Baron den feierlichen Umzug ansehen. Die Sitzplätze kosten £ 1 pro Person! Der Prinz hat mir einen Platz in der [Westminster] Abbey angeboten, aber ich könnte doch nicht allein hingehen! Verzeih mir, daß ich so lange nicht geschrieben habe – das heißt nicht, daß ich Dich nicht liebe. Mich um 2 Männer gleichzeitig zu kümmern, hält mich ständig auf Trab.

Wallis

---

[1] aussage am 13. November) erwähnte Wallis' Namen in Zusammenhang mit dem Urlaub in Cannes 1931, in dessen Verlauf Gloria an homosexuellen Handlungen teilgenommen haben soll.
[2] Die bevorstehende Hochzeit von Prinz George mit Prinzessin Marina von Griechenland.

Montag, 5. November   *Das Fort*
Liebste,
ich hoffe, Du hast für mich am 2. Blumen auf Mutters Grab gelegt und sagst mir, was Du dafür bekommst. Du warst sehr nachsichtig, was meine seltenen Briefe betrifft, und ich verspreche Dir, mich zu bessern. Hör bloß nicht auf diesen lächerlichen Klatsch. E und ich denken nicht an Scheidung, und wir hatten eine lange Unterredung über PW und mich und haben auch mit dem Prinzen darüber gesprochen, und alles wird so weitergehen wie bisher, das heißt, wir 3 sind die besten Freunde, was in der Welt allerhand Verwirrung hervorrufen dürfte, denn jeder wartet nur darauf, daß meine Ehe in die Brüche geht. Ich werde versuchen so klug vorzugehen, daß ich sie beide behalten kann. E ist verreist. Er fuhr vergangenen Dienstag und reist morgen von Paris nach Rom und Triest. Ich erwarte ihn Ende der Woche zurück. Ich traf Mrs. O'Malley im Embassy Club. Ich war mit PW, Prinz George, Lady Louis Mountbatten, Foxy Gwynne[1] und Hugh Thomas dort. Sie hat sehr nett über Dich gesprochen. Lady Jean Mackintosh[2] – Du erinnerst Dich an sie, wir trafen sie in Biarritz – hat mich zu mehreren Gesellschaften eingeladen, und alles in allem gesehen wäre ich für jede Minute ausgebucht. Gladys Buist habe ich oft getroffen. Ich verbringe mit ihr ein Wochenende bei Melton [Mowbray]. Das neue Mädchen kam am Donnerstag, und ich fürchte, sie ist dumm, denn sie zündete das Feuer im Salon praktisch auf dem Teppich an und hätte fast alles in Brand gesetzt, und der Rauch hat die grünen Wände noch mehr verschmutzt. Hier ist es jetzt sehr kalt, und die nebelige Zeit beginnt. Der Teppich in meinem Schlafzimmer ist so abgetragen, aber ich will ihn erst im Frühling erneuern. Ernest hofft, dieses Jahr wenigstens eine Aufwandsentschädigung herauszuholen, und das ist doch immerhin besser, als jedes Jahr nur Geld zurückzuzahlen. Mr. S ist so gütig wie immer. E hat ihn um ein Darlehen von tausend Dollar gebeten. Vergeblich, eine glatte Absage, und dabei hat er die ganze Verantwortung auf dieser Seite des Atlantiks und bekommt

---

[1] Mrs. Erskine Gwynne, eine Freundin von Wallis aus ihren Washingtoner Tagen. Sie war einmal Mannequin und verdankte ihren Spitznamen ihrem roten Haar.
[2] Posy Guinness' beste Freundin, eine Tochter des Herzogs von Hamilton.

keine extra Vergütung. Mir fällt es genauso schwer wie Dir, mich wieder an das normale Leben zu gewöhnen. Dieser Sommer war wirklich herrlich. Der Prinz spricht davon, nach Weihnachten zum Wintersport zu verreisen. Vielleicht lädt er mich ein! Ich gehe am Dienstagabend mit Prinz George ins Theater, da der Prinz nicht da ist. Posy kommt auch und bringt einen Freund mit. Und morgen gehe ich mit ihm einkaufen. Ich kann es eben mit den Windsor-Knaben. Alles Liebe, und alles ist absolut großartig zwischen E und mir.

Wallis

Der Grund dafür, daß Wallis damals so häufig mit Prinz George verkehrte, lag darin, daß dieser im Fort lebte, während er seine Hochzeit mit Prinzessin Marina von Griechenland, die Ende November stattfinden sollte, vorbereitete. Dies war ein hochkarätiges Ereignis, und der Prinz von Wales sorgte dafür, daß beide, Wallis und Ernest, zu den Festlichkeiten eingeladen wurden.

Aus den Memoiren der Herzogin von Windsor:

Viele prächtige Dinner und Soiréen wurden zu Ehren des jungen und beliebten Paares abgehalten. Der Höhepunkt war ein Staatsempfang, der vom König und der Königin im Buckingham-Palast einen oder zwei Tage vor der Hochzeit gegeben wurde. Ernest und ich waren eingeladen. Wir nahmen unsere Plätze in der Reihe der Gäste ein, die sich, wie der Brauch es verlangt, zu beiden Seiten der Empfangshalle aufstellen, sobald der Monarch und seine Gemahlin eintreten. Sie schritten würdevoll durch den Raum, gefolgt von Mitgliedern des Königlichen Hofstaates, die von Zeit zu Zeit stehen blieben, um mit Freunden zu plaudern. Der Prinz von Wales brachte Prinz Paul, den König von Jugoslawien und Schwager der Braut, zu uns herüber, damit er einige Worte mit uns wechseln konnte. »Mrs. Simpson«, sagte Prinz Paul, »es steht ganz außer Frage – Sie tragen das bemerkenswerteste Kleid hier im Raum.« Es war ein schlichtes Kleid, von Eva Lutyens, der Schwiegertochter des berühmten Architekten, entworfen, aber der violette Lamé mit einer leuchtend grünen Schärpe brachte es phantastisch zur Geltung.

Der Empfang war für mich ein wirklich unvergeßliches Erlebnis, denn es war die einzige Gelegenheit, bei der ich Davids[1] Eltern begegnete. Nachdem Prinz Paul gegangen war, führte David mich zu ihnen und stellte mich vor. Es war eine sehr kurze Begegnung – einige nichtssagende Worte der Begrüßung, ein Austausch von bedeutungslosen Höflichkeitsfloskeln, und wir gingen weiter. Aber ich war beeindruckt von der erstaunlichen Gabe Ihrer Majestäten, jedem, der sich, wenn auch noch so flüchtig, in ihrer Nähe aufhielt, jegliche Befangenheit zu nehmen.

Die Hochzeit fand am 29. November um 11 Uhr statt, und die Kathedrale war mit Angehörigen ausländischer Königshäuser, Regierungsmitgliedern, Angehörigen des diplomatischen Corps und vielen anderen Würdenträgern überfüllt. Die Zeremonie war feierlich und bewegend. Der Prinz hatte für Ernest und mich sehr gute Plätze in einem Seitenschiff besorgt, von wo aus wir einen ungestörten Blick auf den Altar hatten...

Montag [3. Dezember]   *Das Fort*

Liebste,

ich habe einfach keine ruhige Minute, um das zu tun, was ich möchte, und es ist schrecklich, daß ich Dir so lange nicht geschrieben habe, aber ich schlafe bis 12 Uhr mittags, esse schnell etwas und gehe anschließend für den Prinzen einkaufen. Ich kaufe seine Weihnachtsgeschenke, 250 davon für die Dienstboten, die alle eingepackt werden müssen, und dabei werden meine arme Wohnung und alle anderen Dinge vernachlässigt. Die Hochzeit war ein wundervolles Erlebnis, und wir waren zum Empfang in den Buckingham-Palast eingeladen. Ich habe mir von Cartier ein Diadem

---

[1] Der letzte der sieben Vornamen des Prinzen; so wurde er in seiner Familie genannt, und auch die Herzogin von Windsor nennt ihn in ihren Memoiren ab hier bei diesem Namen.

geliehen. Ernest mußte Kniehosen anziehen. Wir sahen sehr gut aus, und der Prinz brachte die Königin und den König zu mir [*sic*]. In der Kathedrale hatten wir wunderbare Plätze und sahen die ganze Zeremonie. Ich lege Dir einige Fotos aus den Zeitungen hier bei. E sah gut aus in seiner scharlachroten Uniform, die er bei der Hochzeit trug. Ich habe dem Paar 2 Lampen geschickt – sehr elegant im Vergleich zu denen, die sie bekommen hatten und die ziemlich häßlich waren. Betty L. Johnston gab mir £ 50 für Weihnachten, gerade rechtzeitig für die beiden königlichen Herrschaften. Als Gegenleistung besorgte ich ihr eine Einladung zum Empfang, und das war die Sensation ihres Lebens. Ernest ist großartig, obwohl er Streit mit seinem Vater und den NY-Partnern hatte. Jedenfalls geben wir nichts auf den Klatsch und bleiben alle Freunde; letzte Woche waren wir jeden Abend zusammen aus. Ich kann es nicht fassen, daß Weihnachten so bald ist. Zu bald. Einmal werden wir mit Maud essen und vielleicht ein paar Leute einladen. Ich habe kein Hausmädchen. Es scheint unmöglich, eines aufzutreiben. Das letzte, das ich einen Monat lang hatte und das am Samstag ging, war ein Alptraum. E hat seine Reisen endlich abgeschlossen. Ich lege Dir einen Scheck über $ 35 als Weihnachtsgeschenk bei. Bitte, kauf Dir etwas dafür, vielleicht eine Tasche. Es ist das einzige, was mir einfällt, was Du für diesen winzigen Betrag bekommen wirst. Aber nächstes Jahr könnte es besser werden, wie E sagt, denn dieses Jahr können sie die Geschäfte ohne Verlust abschließen, und das nimmt eine ungeheure Last von seinen Schultern. Ich fühle mich wohl, und das habe ich zweifelsohne dem Sommer in der frischen Luft und Sonne zu verdanken. Das hat mir unendlich gutgetan. Ich habe jetzt einen Terrierwelpen – allerliebst und 4½ Monate alt. Du wirst Dich in ihn verlieben. Ich habe 2 weitere Armreifen und eine kleine Diamantnadel fürs Haar. Sehr elegant. Ernest sagt, die Versicherungsprämie wird enorm! Einen dicken Kuß und alles Liebe

Wallis

Der Cairn-Terrierwelpe, den der Prinz Wallis zu Weihnachten schenkte, wurde Slipper genannt; aus ziemlich offensichtlichen Gründen erhielt er den Spitznamen »Mr. Loo« (Mr. Klo). Er sollte eine wichtige Rolle in ihrer Beziehung spielen.

1934 war für Wallis ein aufregendes Jahr gewesen. Dennoch war sie froh, als der Prinz abreiste, um Weihnachten mit seiner Familie in Sandringham zu verbringen, denn das gestattete ihr eine Ruhepause in ihrer atemberaubenden Karriere als Favoritin der Königlichen Hoheit.

Sonntag, 30. Dezember   *Bryanston Court*
Liebste,
ist es nicht wunderbar, daß das trübselige Fest vorüber ist. Ich habe schon immer Weihnachten außerhalb Amerikas gehaßt. Den Heiligen Abend verbrachten wir mit den Grants, & am ersten Feiertag hatten wir 11 zum Lunch. Am zweiten Feiertag (Mittwoch) aßen wir mit den Hunters & abends nahmen Ernest und ich einen kleinen Imbiß zu Hause ein, und dann gingen wir beide ins Theater, und seitdem verbrachten wir die Abende zu Hause und *ruhten aus*, bis gestern abend, als Tiger [Bermejillo] (der sehr zu unserer Freude kurz vor Weihnachten erschien) kam und wir ins Kino gingen. Heute verbringe ich den Tag damit, Dankesbriefe zu schreiben, und weil ich gerade von Briefen spreche – Du mußt mehr als einen von mir seit September bekommen haben, denn ich habe 3 Osborne im Fort gegeben, damit er sie zur Post bringt. Hast Du denn meinen Brief nicht bekommen, in dem ich Dir schrieb, wie lächerlich die Scheidungsgerüchte etc. seien? Die US-Presse hat sicherlich den Dreh raus, einzelne Punkte falsch darzustellen. Nada [Milford Haven] hatte nichts mit P[rinz] G[eorge]s Romanze zu tun. Schick mir unbedingt alle Zeitungsausschnitte, die Du auftreiben kannst, und ich hätte auch gern welche über den V[anderbilt]-Fall, falls er wieder aufgerollt wird – die Zeitungen hier schreiben nicht viel darüber. Ich habe Dir alles über die Hochzeit und die Aufregung geschrieben, als der Prinz vor all diesen kalten, eifersüchtigen englischen Augen die Königin zu Ernest und mir [*sic*] geleitete. Ich habe ihm gesagt, daß Du ihm gern etwas schenken würdest, aber er möchte damit warten, bis die Weihnachtsgeschenke aussortiert sind. Die meisten sind für das Fort, und dann wird er feststellen,

was er noch braucht. Posy hat mir auch einen Scheck dagelassen, aber er will den auch zurückhalten. Ich laß es Dich wissen, wann der große Geist entscheidet! Gott sei Dank ist der Prinz seit letzten Montag in Sandringham, und das war eine herrliche Erholung für uns und vor allem mich. Er kommt morgen zurück, rechtzeitig für einen Imbiß mit 8 Personen hier bei uns, und dann nimmt er uns mit in die Nigger-Show, die ein Riesenerfolg in London ist, und anschließend feiern wir Neujahr im Quaglino's. Mein Küchenmädchen geht nächste Woche und auch das Hausmädchen, die ich überstürzt kurz vor Weihnachten einstellte. Ich trauere ihr nicht nach und lasse sie gehen wie die anderen, also weißt Du, was ich die nächsten Wochen zu tun habe. Cain zieht ein langes Gesicht, weil die Dienstmädchen ständig wechseln, aber sie hat sich schnell wieder beruhigt, weil der Prinz sie, Mrs. Ralph und Mary zur Bescherung der Dienstboten ins York House eingeladen hatte. Ich hätte gern einige dieser Butterformen als Tierfiguren. Meine sind schon ganz abgenutzt, und ich kann sie nicht mehr hernehmen. Schick mir doch 2 von jeder Sorte. Wir hatten einen kleinen Baum ganz in Weiß. Es sah hübsch aus im Salon, und ich bekam wirklich wunderschöne Blumen geschenkt. Ein glückliches neues Jahr, Liebling, und ich habe mir vorgenommen, öfter zu schreiben. Ich schicke Dir das Bild zurück und werde schon irgendwie andere von Posy bekommen. Ich danke Dir noch einmal, und Ernest schließt sich dankbar an. Er wird Dir schreiben. Ich vergaß zu sagen, daß ich noch mehr von den Fotos schicke, die P[osy] aufgenommen hat. Bewahre sie gut auf, falls ich den Film nicht bekommen sollte, denn eines Tages werde ich mich darüber freuen, daß ich sie habe. Alles Liebe

Wallis

Unter den Papieren des Herzogs von Windsor befindet sich ein schmaler blauer Umschlag aus Büttenpapier, bedeckt mit Wallis' Handschrift, der möglicherweise aus dieser Zeit stammt. Was er ursprünglich enthielt oder woran er befestigt war, weiß man nicht. Darauf steht, ganz einfach:

Meine Liebe und alle meine kindlichen Träume sind durch Dich wahr geworden, und ich glaube bestimmt, daß dies vielleicht das Beste am neuen Jahr ist.

Fünftes Kapitel

1935: Die Geliebte

1935 sollte Wallis' *annus mirabilis* werden, das aufregendste Jahr ihres Lebens. Sie hatte nun in der Gesellschaft den anerkannten Status der Favoritin des Prinzen erlangt. Plötzlich wollte jeder sie kennenlernen. Sie war das Stadtgespräch von London. Man überhäufte sie mit Schmeicheleien und Einladungen – die prominentesten Gastgeberinnen, Politiker, Botschafter und berühmte Amerikaner, die England besuchten, warben um ihre Gunst. Der Katalog von Namen, die sie in ihren Briefen zitiert, ist beeindruckend.

Wallis war von diesem ungewohnten gesellschaftlichen Erfolg äußerst angetan. Und ihr Entzücken darüber hat etwas rührend Naives. Jedoch war sie gleichzeitig realistisch genug zu erkennen, daß diese Aufmerksamkeiten nicht ihr, sondern allein dem Prinzen galten und nur so lange dauern würden, wie sein Interesse an ihr anhielt. Und sie konnte sich nicht vorstellen, daß sein Interesse ewig währen würde. In den Briefen an ihre Tante beschreibt sie ihr Leben mit dem Prinzen – und das strahlende gesellschaftliche Leben, das damit einhergeht – wie ein Märchen, das früher oder später enden muß, das sie aber genießen will, solange es dauert. »Es ist ein einmaliger Spaß im Leben«, schreibt sie im Juni, und im September wieder: »Ich hatte nie zuvor so viel Spaß und ein so unbeschwertes Leben, und warum soll ich die letzte Phase meiner Jugend, die Jahre, die mir noch bleiben, nicht mit ein bißchen Tamtam zu Ende bringen.«

Die Verliebtheit des Prinzen nahm nicht ab in diesem Jahr. Im Gegenteil, seine Gefühle für sie steigerten sich bis zur Anbetung, und er konnte es nicht ertragen, auch nur einen Tag von ihr getrennt zu sein. Im Herbst gab es für ihn keinen Zweifel mehr daran, daß er der Frau begegnet war, die ihm mehr bedeutete als jede andere zuvor und mit der er den Rest seines Lebens verbringen wollte – nicht als Geliebter und Geliebte, sondern als Mann und Frau.

Was hat er in ihr gesehen? Was war das Wesen ihrer Beziehung? Diese Fragen gaben Anlaß zu zahllosen Spekulationen. Man glaubte allgemein – damals und auch später –, daß Wallis die treibende Kraft in dieser Affäre war, daß sie den Prinzen auf irgendeine Weise sexuell verzaubert hätte. Aber nachdem man Wallis' Charakter in den vorangehenden Kapiteln dieses Buches kennengelernt hat, fragt man sich, ob sie wirklich die Faszination einer Kleopatra ausstrahlte. Und viele, die den Prinzen gut kannten, haben bezeugt, daß seine Zuneigung für sie eher psychischer als physischer Natur war. Winston Churchill beispielsweise schrieb:

Er blühte in ihrer Gesellschaft auf, und ihre Eigenschaften waren für sein Glück so wesentlich wie die Luft zum Atmen. Jene, die ihn gut kannten und beobachteten, merkten, daß seine Nervosität sich völlig legte. Er war ein ausgeglichener Mensch und nicht mehr eine kranke, gequälte Seele. Diese Erfahrung, die den meisten Menschen in ihrer Jugend widerfährt, machte er erst spät im Leben, und deshalb war sie für ihn um so kostbarer und auch zwingender. Die Verbindung war eher seelischer als sexueller Natur und wohl auch nur ausnahmsweise von Sinnlichkeit geprägt.[1]

Und Walter Monckton, ein alter Freund des Prinzen aus dessen Studienzeit, der während der Abdankungskrise sein engster Berater werden sollte, schrieb ganz ähnlich:

Niemand... der nicht... die Intensität und Tiefe der Liebe des Königs für Mrs. Simpson begreift, wird jemals seine Lebensgeschichte verstehen. Für ihn war sie die ideale Frau. Sie tat alles dafür, daß er sich wohlfühlte und immer sein Bestes gab, und er betrachtete sie als Quell der Inspiration. Es ist ein großer Irrtum

---

[1] Martin Gilbert: Winston Churchill. Vol. V, London 1976, S. 810.

anzunehmen, daß er sie lediglich auf die gewöhnliche physische Weise liebte. Ihre Beziehung bestand in einer Art intellektueller Kameradschaft, und zweifelsohne fühlte er sich durch die geistige Verbundenheit mit ihr weniger einsam... Er fühlte zutiefst, daß er und Mrs. Simpson füreinander geschaffen waren, und es gab nur eine ehrenhafte Lösung in dieser Lage: die Ehe.[1]

So sahen es zwei gute Freunde des Prinzen, die ihn seit seiner Jugend kannten und während dieser ganzen Zeit mit ihm in Verbindung standen. Wir können jetzt die Beziehung zwischen Wallis und Edward mit einem Verständnis betrachten, das selbst jenen Zeitgenossen damals verwehrt war – ein Verständnis, das ihre intimen und bis heute unveröffentlichten Briefe in uns hervorrufen. Zu Anfang besteht der Briefwechsel nur aus verliebten kleinen Mitteilungen und Botschaften und gelegentlich einem längeren Brief. Mit der Zeit jedoch werden die Briefe länger und häufiger, und einige davon sind von wirklich historischer Bedeutung. Dann, in den krisenreichen Monaten vor ihrer Heirat, entstand eine ganze Reihe von leidenschaftlichen Liebesbriefen, die – ob man sie nun unter historischen, literarischen oder psychologischen Gesichtspunkten betrachtet – als einzigartig gelten können. Aber alle Briefe – selbst die kürzesten – spiegeln ihre Gefühle wider und zeichnen so ein Bild, das man sich vor der Lektüre unmöglich hätte machen können. Zum erstenmal wird deutlich, wie diese Beziehung ausgesehen hat.

Ob der Prinz nun sexuelle Beziehungen zu der geliebten Frau unterhielt, und wenn ja, welcher Art sie waren – das muß der Leser dieser Briefe selbst entscheiden. Hier kann nur noch einmal festgestellt werden, daß ein Gerichtsverfahren im Winter 1936/37 beide vom Vorwurf des Ehebruchs freisprach[2], und daß der Herzog von Windsor in den folgenden Jahren jeweils sehr heftig reagierte, wenn unterstellt wurde,

---

[1] Lord Birkenhead: Walter Monckton. London 1969, S. 125 f.
[2] Siehe auch Kapitel 11–14.

Mrs. Simpson sei vor der Ehe seine Geliebte gewesen.[1] Die Korrespondenz enthüllt jedoch, daß es sich bei beiden nicht um eine übliche Liebesgeschichte zwischen Erwachsenen handelte. Es war eher wie eine Mutter-Sohn-Beziehung. Seine Briefe an sie sind unreif, anbetend, vertrauensvoll und kindlich; sie flehen um Zuneigung und Schutz. Ihre Briefe an ihn sind vernünftig, zärtlich, mahnend und besitzergreifend. Wie Monckton schreibt, spiegelt sich darin ihr Bemühen, daß »er sich wohlfühlte und immer sein Bestes gab«. Am ehesten erinnert diese Korrespondenz an einen Briefwechsel, wie man ihn sich zwischen einem zärtlichen, aber vernünftigen liebenden Elternteil und einem einsamen, empfindsamen Kind im Internat denken kann.

Außerdem ist es unmöglich, die Gefühle der Liebenden füreinander zu verstehen, wenn man nicht zwei Dinge beachtet.

Das erste ist die Erziehung des Prinzen, die strikt viktorianisch verlief. Als Kind hatte er kaum Kontakt zu seinen Eltern, wurde von Gouvernanten und Erziehern unterrichtet und in frühester Jugend in eine Marineschule geschickt. Viele Kinder, die dieser klassisch strengen Erziehung unterworfen werden, entwickeln später eine innige Zuneigung zu ihren Eltern; doch bei dem ältesten Sohn von Georg V. und Königin Mary war dies nicht der Fall. Der König war ein barscher, extrem konservativer Marineoffizier von mäßiger Intelligenz und noch weniger Phantasie. Sein brillanter Sohn und Thronerbe machte ihn eifersüchtig und befangen, und deshalb kritisierte er ihn permanent. Die Königin war einmal eine sensible und offenherzige Frau. Aber die lähmende Routine des Lebens am Hofe hatte sie gelehrt, ihre Gefühle zu unterdrücken, hatte sie kalt und reserviert werden lassen. So stand der Prinz wie auf einem einsamen Podest, wurde von der Masse vergöttert und zu einem Leben hohlen Prunks verdammt. Er sehnte sich nach einem glücklichen Familienleben und vor allem nach mütterlicher Zuneigung. Vierzig Jahre lang – seine vielen Liebesgeschichten mit älteren und verheirateten Frauen machen es deutlich –, war er auf der Suche nach der idealen Mutterfigur. Er fand sie schließlich in Wallis.

---

[1] 1937 prozessiert der Herzog mit Erfolg gegen den Autor Geoffrey Dennis, der behauptet hatte, Mrs. Simpson wäre seine »Mätresse« gewesen. Und 1958 ging er sogar so weit, Sir John Wheeler-Bennett mit einer Verleumdungsklage zu drohen, weil dieser in der ersten Version seiner Biographie über George VI. schrieb, der ehemalige Prinz von Wales sei der Geliebte von Mrs. Simpson gewesen.

1935: Die Geliebte

Zum zweiten sollte man sich in Erinnerung rufen, daß Wallis aus dem Süden Amerikas stammte, aus einer Gesellschaft, die damals noch stark vom Matriarchat geprägt war. Und zu dieser Tradition gehörte es, daß die Frauen ihre Männer verwöhnten. So war sie in der Lage, dem Prinzen genau die Art von Zuneigung zu geben, die er sich wünschte und die er brauchte.

Und wie sah indessen die Beziehung von Wallis zu ihrem Mann aus? In fast jedem ihrer Briefe an Tante Bessie von 1935 betont sie mit Nachdruck – einem verdächtigen Nachdruck –, daß mit Ernest alles in Ordnung sei. Er billige ihre Freundschaft mit dem Prinzen; er nehme mit Freuden an ihrem brillanten gesellschaftlichen Leben teil; von Trennung sei keine Rede... In der Tat läßt nichts darauf schließen, daß Wallis zu diesem Zeitpunkt ihre Ehe aufgeben will. Im Gegenteil, Ernest bedeutete für sie noch immer die materielle und emotionale Sicherheit, während der Prinz nur eine vorübergehende, wenn auch faszinierende Episode in ihrem Leben zu verkörpern scheint. So schreibt sie jedenfalls an den Prinzen mit bemerkenswerter Offenheit, sie möchte nicht gerne »etwas wirklich Edles« wegen »Peter Pan« verlieren. Und aus Ernests Briefen an seine Frau – sentimentale Briefe, die irgendwie altmodisch klingen und voller überschwenglicher Komplimente und Zitate sind –, kann man schließen, daß er ihr zumindest bis zum Sommer 1935 in Liebe verbunden war. Am 25. Juni schreibt er ihr aus Norwegen, daß er sie »genauso wie immer innig liebt« und daß sie »immer die einzige Frau auf der Welt« für ihn sein wird. Die Wahrheit jedoch war, daß Ernest – trotz seiner Bewunderung für das Königshaus und der anfänglichen Billigung einer Situation, die ihm Zugang zum Kreis des Prinzen verschaffte – zunehmend unter der Verbindung seiner Frau mit einem anderen Mann litt. Diese Tatsache wollte Wallis verständlicherweise vor ihrer Tante verbergen. Aber während des Jahres 1935 wurde der Zustand ihrer Ehe ständig schlechter.

Es gibt noch ein sehr wichtiges Thema in Wallis' Briefen an Tante Bessie: das wachsende Interesse der amerikanischen Presse an Wallis.

Montag, 14. Januar *Das Fort*

Liebste,
das Leben hier verläuft unverändert friedlich mit Ernest, trotz HRH auf der Türschwelle. Zu Weihnachten habe ich eine wunderschöne Anstecknadel mit 2 großen quadratischen Smaragden und ein paar Fotografien von ihm bekommen, die Platte ließ er vernichten. Ich werde ihn um ein Bild für Dich bitten, muß aber den geeigneten Moment dafür abwarten. Als Dein Weihnachtsgeschenk für ihn habe ich zwei rote Lederbände für das Fest gekauft – einen für Visitenkarten und einen als Gästebuch.[1] Er ist darüber entzückt. Sie haben 3 £ gekostet. Ich schrieb dir schon vor einer Ewigkeit, wie gut ihm der Schinken geschmeckt hat, aber Du weißt ja, man erhält nie ein Wort des Dankes von ihm. Der Prinz hat vor, im Februar nach Kitzbühel zu reisen, und hat Foxy Gwynne, Lord Dudley[2], Captain Bruce Ogilvy und dessen Frau (Lord Airlies jüngerer Bruder, einer seiner früheren Stallmeister) dazu eingeladen. Die Reise soll 2 Wochen dauern – falls sie stattfindet. Es hängt vom König ab. Ich müßte mir nur einen Skianzug kaufen, und den bekomme ich für 4 Pfund. Ich möchte so gerne hier weg. Ich hatte solche Probleme mit den Hausmädchen – morgen kommt wieder ein neues –, und Ernest lädt Geschäftsleute zum Dinner ein. Wir hatten nur 3 Tage Winterwetter, sonst ist es warm und regnerisch, das macht einen so lustlos. Mary Kirk lebt von Jackie [Raffray] getrennt – und besucht reihum ihre Freunde. Maud ist unverändert. Wir müssen Donnerstag abend bei ihr essen. Sie ist eifersüchtiger denn je, aber freundlich. Der Prinz läßt die 2 kleinen Schlafzimmer zu einem großen Zimmer umbauen, und ich darf es einrichten. Ich bin begeistert. Mr. Simpson schickt absurde Artikel aus US-Zeitungen über den Prinzen und mich. Schick mir unbedingt alles, was Du entdeckst. Gib acht auf Dich und alles Liebe

Wallis

---

[1] Alle, die als Gast des Prinzen ins Fort kamen – oder wo er sich sonst aufhielt –, trugen sich fortan in dieses Buch ein. Die Eintragungen für den Zeitraum Januar 1935 bis Dezember 1936 sind im Anhang augeführt.
[2] Eric Ward, 3. Earl von Dudley (1894–1969), ein Großgrundbesitzer und Industrieller, der ein alter Freund des Prinzen war und ihn 1931 auf der Reise nach Südamerika begleitet hatte.

1935: Die Geliebte

Aus den Memoiren der Herzogin von Windsor:

Bis jetzt war ich mir sicher, daß Ernests Interesse am Prinzen mit dem meinen Schritt hielt [sic], aber ungefähr um diese Zeit merkte ich eine Veränderung in seinem Benehmen. Seine Arbeit schien ihn abends mehr und mehr in Anspruch zu nehmen. Er kam nicht immer rechtzeitig zum Dinner nach Hause, oder wenn der Prinz hinterher noch einen kurzen Besuch bei Sartori oder im Dorchester vorschlug, entschuldigte sich Ernest mit der Begründung, daß er frühmorgens eine Verabredung habe oder noch Geschäftsunterlagen durchsehen müsse. Er interessierte sich auch immer weniger für die Angelegenheiten des Prinzen.

Als der Prinz uns nach Kitzbühel zum Wintersport einlud, merkte ich zum erstenmal, wie weit Ernest und ich uns auseinandergelebt hatten... Als Ernest an jenem Abend nach Hause kam, erzählte ich ihm aufgeregt von der Reise nach Österreich. Er hörte mir unbewegt zu und unterbrach mich dann mit der Feststellung, er sei am Skilaufen nicht interessiert und hätte außerdem zu diesem Zeitpunkt wichtige Geschäfte in New York zu erledigen.[1]

Später an jenem Abend, nach einem ziemlich schweigsamen Essen, fragte er mich, ob ich fest entschlossen sei zu reisen. Ich erinnere mich, daß ich antwortete: »Natürlich. Warum nicht. Das möchte ich mir auf gar keinen Fall entgehen lassen.«

Er stand auf und sagte: »Ich hatte mir eigentlich gedacht, wir könnten zusammen nach New York reisen. Wie ich sehe, habe ich mich geirrt.« Ich fragte ihn, ob er nicht wenigstens einen Teil der Zeit mit uns verbringen könnte. Er antwortete, daß das überhaupt nicht in Frage käme.

Mit diesen Worten ging er in sein Schlafzimmer, und ich hörte ihn zum erstenmal die Tür zuschlagen.

---

[1] Dem folgenden Brief nach war Ernests Reise nach New York jedoch erst für das Frühjahr geplant, und Wallis wollte ihn begleiten.

Wallis und der Prinz

Freitag [9. Februar]   *Grand Hotel, Kitzbühel, Tirol*
Liebste Tante B,
wir sind hier Dienstag bei strömendem Regen angekommen. Aber seitdem hatten wir Sonnenschein & Schnee. Am Mittwoch hatte ich meinen ersten Skiunterricht und war gar nicht so ängstlich, wie ich angenommen hatte. Gestern wagte ich einen zweiten Versuch. Ich kann nicht behaupten, daß ich nicht ohne Wintersport auskäme. Wenn die Sonne untergeht, ist es ziemlich kalt hier. Das Hotel ist recht einfach, wie Marienbad etwa, das Dorf ist zauberhaft, und es hat 4 unterhaltsame »Pubs«, wo unser Gastgeber gern hingeht. Wie lange der Skiurlaub dauert, weiß ich nicht. Für die Frauen ist es langweilig, weil man außer Skilaufen nichts Aufregendes unternehmen kann. Geplant sind zehn Tage hier, 3 Tage Wien, 3 Tage Budapest, Paris, nach Hause. Bleibt abzuwarten, ob dieser Plan eingehalten wird. In meiner Wohnung herrscht Chaos, während ich weg bin. Ernest zieht von einem Zimmer ins nächste, ist aber oft eingeladen und amüsiert sich, wird mich also nicht vermissen. Ernest muß vielleicht im April für etwa 6 Wochen nach NY. Ich werde versuchen, das Geld aufzutreiben, damit ich ihn begleiten kann. Alles Liebe

Wallis

Dienstag [13. März]   *[York House] St. James's Palace*
Liebste,
ich kann mich nicht erinnern, ob ich Dir seit meiner Rückkehr vor zwei Tagen geschrieben habe oder nicht. Natürlich gab es zu Hause viel zu tun, weil ich die Wände streichen und die Teppiche reinigen ließ, während ich fort war. Die Reise war ein großer Erfolg und Budapest am schönsten, so eine lebensfrohe amüsante Stadt. 2 Tage waren wir in Paris, wo ich einige Hüte kaufte, und dann kehrte die ganze Gruppe en masse zurück. Ich war sehr neugierig auf die Zeitungsausschnitte. Was die US-Zeitungen diesem armen Prinzen nicht alles andichten. Sich vorzustellen, er würde je so etwas sagen. Ich wollte, Du hättest mir die Ausschnitte über den Diamanten und meinen Glas-Mantel geschickt. Ich habe eine Haarspange mit einem

kleinen Diamanten, die HRH mir schenkte, und der Mantel ist aus Cellophan. Schick mir keine Zeitungsausschnitte mehr. Ich lege ein Foto von uns in Kitzbühel bei. Der Prinz trägt seinen Tiroler Anzug, und ich sehe aus wie eine russische Immigrantin, aber jeder dort hat diese Dinger auf dem Kopf. Es dauert ja ewig, bis sie die Waschlappen fertig haben. Aber es eilt nicht. Ernest rechnet nun doch nicht mehr damit, daß er nach NY muß. Ich glaube nicht, daß ich hier wegkönnte, aus mehreren Gründen – und ich könnte auch mir nicht noch mehr Geld von Dir leihen, Liebe. Aber wir wollen erst einmal abwarten, wie E.s Lage bei der Bank ist, falls er doch fahren muß. Ich bleibe besser hier und kümmere mich um den Jubiläums-Knaben.[1] Ich kann mir nicht vorstellen, wie England sich nach der Kent-Hochzeit noch einen königlichen Galaempfang leisten kann. Ich hoffe, es geht Dir gut und Du bist glücklich. Beide, E und ich, senden Dir alles Liebe.

Wallis

Montag [9. April]   *Das Fort*
Liebste,
Katherine [Galbraith] kam Dienstag hier an, und seitdem sind wir ständig unterwegs, ganz zu schweigen davon, daß ich während der vergangenen 2 Wochen stets zum Lunch und zum Dinner aus war und dazwischen meine Wohnung und das York House herrichte. Ich bin wirklich erschöpft, also bitte verzeih mir, daß ich nicht geschrieben habe. Diese Woche will ich versuchen, alles etwas ruhiger anzugehen, aber mit Katherine im Schlepptau wird das wohl mißlingen, denn Du weißt ja, was für ein rastloser Teufel sie ist. Am Tag ihrer Ankunft gab der Prinz im York House eine wunderschöne Party für sie und zeigte uns nach dem Dinner den Film vom [Grand] National. Das Rennen war himmlisch, waren zum Lunch in Lord Seftons[2] Loge mit vielen piekfeinen Leuten, aber das beste war, daß

---

[1] Nach fünfundzwanzigjähriger Regentschaft feierten König George V. und Königin Mary in diesem Frühjahr ihr Silbernes Jubiläum.
[2] Hugh Molyneaux, 7. und letzter Earl von Sefton (1898–1972), eine bekannte Figur auf den Rennplätzen, guter Freund des Prinzen. Er heiratete später »Foxy« Gwynne.

ich ein Pfund auf den Sieger setzte und siebenundzwanzig Pfund und 10 Shilling gewonnen habe. Ich war vor Freude ganz aus dem Häuschen. Das ging nur, weil ich mit den Besitzern einmal beim Lunch in Melton [Mowbray] war. Gegen 8.30 Uhr kamen wir nach Hause, und dann gingen E, der Prinz und ich ins Quaglino's und feierten, weil der Prinz es mir nachgemacht, aber £ 5 gesetzt hatte, also viel mehr gewonnen hatte. Die Buists, die mit uns beim Rennen waren, schicken Dir liebe Grüße, ebenso Jackie [Aird], der dieses Wochenende hier ist. Ich lege das Bild von mir bei, das im Sketch erschien. Ich wußte nicht, daß es erscheinen würde, und deswegen habe ich mit der Bildunterschrift nichts zu tun, aber es ist gar nicht übel. Ich schicke Dir die Fotografien, sobald ich sie hergerichtet habe. Cousine Lelia schrieb mir einen lieben Brief und teilte mir mit, daß sie vielleicht herüberkommt, und sprach davon, nach Karlsbad zu gehen, und ist der Meinung, das würde Deiner Leber guttun. Tu's doch und komm vorher nach London. Ernest muß hierbleiben, weil er Besuch kriegt, fährt aber vielleicht im Herbst in die USA, weil er an die Westküste muß. Mr. Simpson kommt irgendwann im Mai. Ich muß mir wohl das Diadem noch einmal ausleihen, weil der Prinz am 7. Mai einen Empfang für das blöde Jubiläum geben muß. Die Nachricht von Warren Robbins Tod hat mich sehr betrübt. Gladys und Mike wird es sehr getroffen haben. Der Skandal um die Morgan-Zwillinge ist doch unerhört. Schade, daß mein Gesicht nicht besser herauskam, wenn die Aufnahme schon erscheinen muß, so wünschte ich mir, sie wäre neueren Datums. Mrs. Loel Guinness[1] ist hier, eine sehr auffallende Figur. Sie hat ihren Mann verlassen und ist mit *Ali Khan* auf und davon gegangen, und man nimmt an, daß sie ihn heiraten wird. Bill Guinness, Posys Mann, mußte sich einer sehr schweren Operation unterziehen und schwebte die ganze letzte Woche in Lebensgefahr, aber heute geht es ihm besser. Es tut mir leid um Willy. Er hatte immer viel Pech im Leben, fast so schlimm wie meine arme kleine Mutter, nur hatte sie mehr Freude am Leben als Willy. Es ist beängstigend, wenn man bedenkt, wieviel Unglück wir haben. Ich

---

[1] Joan, die Tochter von Lord Churston, Frau des damaligen Parlamentabgeordneten von Bath. Sie heiratete im Frühjahr 1936 Prinz Ali Khan.

frage mich, was mir noch alles passieren wird – uns ist es nicht bestimmt, daß alles ganz einfach geht. Gib acht auf Dich und alles Liebe

Wallis

P. S. Schick mir die Zeitungsausschnitte, auch wenn sie noch so geschmacklos sind. Für Ostern haben wir nichts vor.

Zusammen mit ihren Freunden, den Hunters, verbrachten Wallis und Ernest das Osterfest mit dem Prinzen auf seinen Besitzungen in Cornwall.
Während dieser kurzen Reise schrieb der Prinz seinen ersten Brief an Wallis, wenigstens scheint es der erste zu sein, der erhalten blieb. Es ist nicht mehr als ein kleiner Liebesbrief, ein Begleitschreiben für ein Geschenk. Dennoch geht daraus hervor, daß sie einander schon öfter geschrieben haben, denn sie hatten bereits eine Art Privatsprache entwickelt. Die Deutung der meisten ihrer intimen Redewendungen muß dem Leser überlassen bleiben; nur die beiden wichtigsten Ausdrücke sollen hier erläutert werden: WE steht für die Initialen ihrer beider Vornamen Wallis und Edward und symbolisiert ihre Liebe; das Adjektiv *eanum* bedeutet soviel wie winzig, schwach, rührend, ergreifend.

Edward an Wallis   *St. Austell Bay Hotel, Par, Cornwall*
Meine [zweimal unterstrichen] Eanum – [dreimal unterstrichen] Wallis,
Dies ist nicht die Art Osterfest, das WE[1] sich wünschen, aber nächstes Jahr wird es anders sein. Der Osterhase hat dies von Uns Allen [zweimal unterstrichen] gebracht & Slipper sagt, es gefällt ihm auch, aber es muß später noch angepaßt & eingeweiht werden. Ich liebe Dich jede Minute mehr & mehr & mehr & Du fehlst mir so [dreimal unterstrichen] schrecklich hier. Ich fehle Dir auch, nicht

---

[1] WE vgl. oben; steht für Wallis und Edward.

Wallis und der Prinz

wahr, mein Herz. Gott segne WE. Immer Dein [zweimal unterstrichen]

David

Voller Erwartung bereitet sich Wallis nun auf die Londoner Saison vor, in der man auch das 25jährige Regierungsjubiläum von König George V. und Königin Mary feiern würde.

Montag, 29. April *Das Fort*
Nun Liebste,
ich hoffe, Du hattest schöneres Osterwetter als wir in Cornwall. Es war kalt und regnete den ganzen Tag in Strömen. Aber die Reise war trotzdem wunderschön zwischen den Regenschauern. Ich habe noch nie zuvor so herrliche Gärten gesehen, und mit ihren Besitzern Tee zu trinken, war ein Erlebnis. Die Luft war wunderbar, und ich habe so gut geschlafen. Die Hunters waren natürlich im 7. Himmel. Am Dienstag fuhren wir nach Hause, und natürlich kam dann die Sonne heraus, und es war warm! Sara Elkin und ihr mittlerweile 4. Mann Knight Woolley sind angekommen und haben das Wochenende hier verbracht, und dieses Temperamentsbündel Jack Warner ist auch in London, ist alles sehr schwierig, und Mr. Simpson kommt um den 8. Wir nehmen nicht am [Jubiläums]Gottesdienst in der St. Pauls [Kathedrale] am 6. Mai teil, weil wir dann den festlichen Umzug nicht sehen könnten, und wir haben uns für letzteren entschieden, und der Prinz besorgt uns Plätze, damit wir gut sehen können. Dann ist am Abend des 7. der Empfang des Prinzen für 1200 im Palast, und damit ist dann das Jubiläum für uns vorbei. Zu den Hofbällen werden wir natürlich nicht eingeladen. Die Menschenmassen in London sind schrecklich, und man braucht Stunden, um irgendwohin zu kommen. Jack erzählt mir, daß Amerika schlimm dran ist, aber ich höre immer nur etwas von Parties. Vor ein paar Tagen habe ich mit Rowley gegessen und nahm ihn auch mit zu einer Party mit PW. Er lebt in London und hat sich von seiner Frau getrennt. Er ist erst 29. Überleg doch einmal, was für ein Baby er

1935: Die Geliebte

noch vor 8 Jahren war. Er wollte mit mir zum Tanzen gehen, aber E läßt mich nicht – hält ihn offenbar für gefährlicher als den Prinzen. Wenn wir uns wiedersehen, kann ich Dir meinen wunderschönen Schmuck zeigen. Es sind nicht viele Stücke, aber ungemein schöne Steine. Von einem meiner Waschlappen lösen sich nach einmaligem Gebrauch bereits die Initialen. Das könntest Du erwähnen, wenn Du gerade einmal in diesem Laden bist. Es ist zu umständlich, sie zurückzuschicken. Alles Liebe

Wallis

Ich habe die Fotos nicht vergessen.

Der erste ernst zu nehmende Brief, den Wallis an den Prinzen schrieb und der erhalten blieb, wurde wahrscheinlich um diese Zeit geschrieben. Er ist undatiert, aber die Erwähnung des Balletts am Ende des Schreibens könnte sich auf das Russische Ballett beziehen, das zur Zeit des Jubiläums in London gastierte.
Der Brief – nach einem Streit zwischen Wallis und Ernest wegen des gedankenlosen Verhaltens des Prinzen geschrieben – enthüllt einiges über die drei Beteiligten.

Wallis an Edward

Dienstagmorgen
David, Lieber,
ich war und bin noch immer schrecklich aufgeregt. Versteh doch, mein Lieber, man kann nicht durchs Leben gehen und dabei anderen Leuten auf die Füße treten. Ich weiß, daß Du zutiefst in Deinem Herzen nicht *wirklich* egoistisch oder gedankenlos bist, aber in Deinem Leben hat sich alles immer nur um Dich gedreht, also denkst Du natürlich nur an Deine Wünsche und nimmst Dir, was Dir gefällt, ohne dabei einen Gedanken an andere zu verschwenden. Man kann dasselbe Ergebnis auch auf etwas freundlichere Art erreichen. Gestern abend hatte ich eine lange, ruhige Aussprache

mit E, und am Ende fühlte ich mich sehr eanum. Alles, was er sagte, ist so wahr. Der Abend war problematisch, weil Du viel zu lange geblieben bist. Ist Deine Liebe zu mir denn nicht so groß, daß Du mir die Dinge etwas leichter machen möchtest? Die wunderschönen Dinge, die Du mir sagst, sind nicht sehr viel wert, wenn sie nicht durch entsprechende Taten bekräftigt werden. Ich hätte am Samstag zurückkommen sollen und tat es nicht. Und Du hättest gestern abend um 8 gehen sollen. Und dann hast Du ein zweites Mal angerufen – und das beendete den Abend entsprechend, und es gab Streit. Du mußt doch schon beim ersten Anruf an meinen Worten gemerkt haben, daß ich sehr aufgeregt und auch sehr enttäuscht war von meinem Jungen und daß nichts, was Du sagst, auch nur irgendwie helfen könnte – weil, David, was sind all diese Worte wert, wenn das, was sie ausdrücken, nicht ausreicht für ein kleines Opfer unsererseits, um das Richtige für alle Beteiligten zu tun. Bisher kamst immer Du zuerst in allen meinen Handlungen, wenn ich wählen mußte (wie Samstag). Es ist nicht fair und kann nicht immer so bleiben. Manchmal denke ich, Du bist was die Liebe angeht nicht erwachsen geworden, und vielleicht ist es nur eine knabenhafte Leidenschaft, denn es fehlt ihr sicherlich die Rücksichtnahme auf mich, wozu die Liebe eines Mannes aber fähig ist. Bitte versteh, daß ich Dir keine Predigt halten will, aber Dein Benehmen gestern abend ließ mich erkennen, wie einsam ich eines Tages sein werde – und weil ich Dich liebe, habe ich anscheinend nicht die Kraft, mich vor Deiner Jugendlichkeit zu schützen. Ich bitte Dich, am Dienstag abend nach dem Ballett nicht zu kommen, werde aber versuchen, Dich irgendwann Donnerstag nachmittag zu treffen. Gott segne WE, und sei die kommenden Jahre gut zu mir, denn ich habe etwas wirklich Edles verloren wegen eines Jungen, der vielleicht immer Peter Pan bleiben wird.

P. S. »Wir alle« möchten, daß Du diesen sehr unzulänglichen Brief zerreißt, weil »wir alle« natürlich einsehen, daß wir nicht so gut schreiben, wie wir reden und handeln können.

1935: Die Geliebte

Aus den Memoiren der Herzogin von Windsor:

Dies war das Jahr des Silbernen Jubiläums... Noch nie hatte ich ein solches Übermaß an Respekt, Bewunderung und Liebe erlebt. Premierminister, indische Prinzen, afrikanische Herrscher, Scheichs, Häuptlinge und andere Herrscher und Regenten des Empires eilten aus den entferntesten Winkeln der Erde herbei, um ihrem geliebten König die Ehre zu erweisen. Tagsüber fuhren der König und die Königin im offenen Landauer durch die Straßen. Sie nahmen jedesmal eine andere Route und mieden auch nicht die schäbigeren Viertel der Stadt; abends fanden Staatsbankette, Bälle und andere Festlichkeiten statt.
David verschaffte mir und Ernest eine Einladung zum offiziellen Ball, der am 14. Mai im Buckingham Palast stattfand. Nachdem der König und die Königin den Saal betreten und sich am Ende niedergelassen hatten, wurde der Ball eröffnet. Als David und ich vorbeitanzten, fühlte ich die Augen des Königs prüfend auf mir ruhen. Irgend etwas in seinem Blick gab mir das Gefühl, daß unter all seiner Huld und dem Pomp ein Eisberg schlummerte... der Leute wie mich mit erschreckender Kälte bedrohte. Außerdem erkannte ich, daß er unter der Maske äußerer Pracht ein hinfälliger alter Mann war. Der König stand zu dieser Zeit nur wenige Tage vor seinem siebzigsten Geburtstag, und David hatte mit mir mehr als einmal über seine wachsende Sorge bezüglich der Gesundheit seines Vaters gesprochen. Eine dunkle Vorahnung beschlich mich...

Die Briefe an Tante Bessie werden wieder aufgenommen.

8. Juni *Das Fort*
O Liebste,
es tut mir leid, daß ich einen Monat lang nicht geschrieben habe, aber ich weiß gar nicht, wo ich anfangen soll, Dir zu erzählen, was alles war. Das Telefon ist so überlastet, daß die Gesellschaft mir

nahelegte, ein zweites installieren zu lassen, und das verschlimmert alles nur noch, denn jetzt läuten beide gleichzeitig neben meinem Bett. Sie sagten, sie bekamen zu viele Beschwerden, daß die Leitung dauernd besetzt sei. Weißt Du, seit ich mehr Einheimische kennengelernt habe, werde ich von Leuten mit Einladungen bedrängt, nicht meinetwegen, sondern weil sie hoffen, der PW begleitet mich, was ja auch sehr häufig vorgekommen ist, und sie glauben, wenn sie mich einladen, kriegen sie ihn auch. Dann noch die Wohltätigkeitsveranstaltungen etc. Jedenfalls bemühe ich mich höflich zu sein und beantworte alle Briefe. Eigentlich sollte ich eine Sekretärin haben. Eine Abwechslung wäre mir sehr willkommen und das bringt mich auf die Carrick-Geschichte,[1] die so absurd ist wie die Scheidung. Wie Du weißt, sind sie uns in Wien begegnet, und ich kann mich nicht erinnern, daß wir zu Marion auch nur einmal hingesehen hätten, und seit unserer Rückkehr im Februar hat der PW sie einmal getroffen, als er mit ihnen in meinem Haus zum Dinner war und wir anschließend ins Savoy gingen. Jedenfalls habe ich mich über die Zeitungsausschnitte gefreut, denn daran kann Mr. S sehen, daß man nur einmal mit ihm gesehen werden muß, und die Presse schreibt sofort darüber. Ich zeigte die Artikel Bernard Rickatson-Hatt, und er kennt den Chef von Hearsts Universal Service und hat ihm nach NY telegraphiert, nichts mehr über uns zu drucken, und auch der Reuter-Mann in Paris will dafür sorgen, daß Jane Eads, die Bernard ebenfalls kennt, sich zurückhält, und so kriegen wir vielleicht etwas Ruhe. Dafür lege ich Dir ein paar nette Artikel aus den Londoner Zeitungen bei. Ich sah dem Jubiläums-Umzug von St. James aus zu, wo der Prinz vor Beginn ein Frühstück gab. Sein Empfang war am nächsten Abend, und danach gab er ein Essen für die Crème in York House. Ich lieh mir ein Diadem etc., und wir waren auch zum Hofball eingeladen, eine höchst aufregende Sache. Nach dem Eröffnungstanz mit der Königin tanzte der Prinz mit mir, daran kannst Du sehen, daß ich bei den wichtigsten Anlässen nicht vernachlässigt werde. Anschließend gingen wir zu einer wunderbaren Party bei

---

[1] Der 8. Earl von Carrick, ein junger irischer Peer, war gelegentlich Gast im Fort. Seine amerikanische Frau Marion aus Philadelphia war offenbar in den Zeitungen mit dem Prinzen von Wales in Zusammenhang gebracht worden..

1935: Die Geliebte

Lord Stanley, Lord Derbys Sohn.[1] Ich kenne sie nun wirklich alle und muß sagen, sie sind großartig zu mir. Natürlich währt das nur, solange ich in seiner Gunst stehe. Jedenfalls glaube ich, daß ich viel, viel mehr erreicht habe als Thelma, mit viel viel weniger Einsatz. London ist voll von Amerikanern – die Diercks, Aileen W[inslow], Garnetts, Mixsells, Yuilles mit Ehemännern. Jeder teilt mir seine Ankunft mit. Ist das nicht zum Schreien? Der Blauäugige ist nach wie vor unverändert, ebenso Ernest, und beide haben etwas gegen jeden einzuwenden, an dem ich Gefallen finde. Das Leben ist komisch. Als Jubiläumsgeschenk bekam ich wunderschöne Diamant-Ohrclips. Ich fürchte, ich habe im ganzen Brief nur über WWS geschrieben, aber ich möchte, daß Du weißt, daß ich nicht aus mangelnder Liebe oder weil ich nicht an Dich gedacht habe, so lange nicht schrieb. Ich komme am 17. wegen Ascot für eine Woche hierher. Ernest reist am selben Tag mit Mr. Waters für einen Monat auf den Kontinent. Als zusätzliche Erschwernis habe ich zwischendurch noch Dinner für Spediteure gegeben – Deutsche, Norweger und Amerikaner aus der untersten Schublade, kaum zu ertragen. Die Bilder folgen, und bitte, sei mir nicht böse und komm im Sommer hier herüber. Alles Liebe und einen dicken Kuß

Wallis

Am Ende dieses Briefes an Tante Bessie steht ein Postskriptum in der Handschrift des Prinzen.

Bitte, Mrs. Merryman, nicht böse sein mit Wallis, daß sie Ihnen so lange [sic] geschrieben hat! Es war wirklich eine ziemlich ereignisreiche Zeit mit dem Jubiläum und den diversen Festlichkeiten und gesellschaftlichen Anlässen. Ich wollte, Sie hätten bei einem oder zweien dabei sein können. Mr. Hearst hatte anscheinend viel zu tun, aber wen kümmert's! Kommen Sie herüber, und besuchen Sie uns bald.

Edward P

---

[1] Edward Stanley, Lord Stanley (1894–1938), der älteste Sohn des 17. Earl von Derby.

Wallis und der Prinz

Tante Bessie antwortet dem Prinzen am 27. Juni aus Washington.

Sir,
ich danke Ihnen sehr für Ihre Zeilen, die Sie an Wallis' Brief anfügten. Natürlich bin ich dieser sehr beschäftigten jungen Frau nicht böse, da Telegramme die Verbindung aufrecht erhielten, aber ihre Briefe sind immer von größtem Interesse, und ich vermisse sie sehr, wenn sie nicht kommen. Ich hoffe, Sir, daß Sie die anstrengenden Verpflichtungen während des Jubiläums gut überstanden haben, die aber wohl auch äußerst interessant und aufregend waren. Ich darf erwähnen, Sir, daß Sie in den vergangenen Tagen einen weiteren Meilenstein auf der Straße Ihres Lebens passiert haben[1], und ich möchte meine Glückwünsche und Gratulationen den vielen anschließen, die Sie bereits erhalten haben, und ich sende Ihnen die besten Wünsche für die kommenden Jahre. Ich bin, Sir, Ihre untertänige Dienerin

Bessie L. Merryman

Die Briefe an Tante Bessie werden fortgesetzt.

15. Juni   *Bryanston Court*
Liebste,
ich bin gestern im Claridge's Buzzy Hewes, dem Langweiler, über den Weg gelaufen, und er erzählte mir, daß Du Dich sehr über die Lügen aufregst, die Hearsts Reporter verbreiten. Du weißt doch, daß ich mich nicht scheiden lassen werde. Ernest und ich sind absolut glücklich, und wir verstehen uns, also bitte schlag Dir das alles aus dem Kopf, und sag den Leuten, daß sie der Presse nicht glauben dürfen. Ich habe in aller Eile die Klamotten für Ascot besorgt. Ich fahre am Montag für eine ganze Woche. Die Buists, h[Lloyd] Thomas mit Frau und G. Trotter sind mit von der

---

[1] Der einundvierzigste Geburtstag des Prinzen.

1935: Die Geliebte

Partie, und Emerald Cunard[1] kommt Mittwoch abend. Die Doellers kamen gestern abend an, und der Prinz hat sie für das darauffolgende Wochenende eingeladen. Sie kommen auch nach Ascot. Mary Dunn kommt auch wieder. Ich hoffe, Ruth teilt mir rechtzeitig ihre Ankunft mit, denn ich bin bis Mitte Juli fast Tag und Nacht ausgebucht. Ich werde die Doellers erst heute in einer Woche treffen. Die Post ist eben gekommen, und ich finde dabei einen hübschen Scheck von Dir. Ein Hut für Ascot. Vielen Dank, aber Du weißt, daß Du das nicht tun solltest. Ich weiß, ich war ein Biest, weil ich nicht geschrieben habe, aber wenigstens habe ich Dir Telegramme geschickt. Kriegst Du die denn auch, ich gebe sie im Fort nämlich Osborne, damit er sie abschickt? Ich bin sehr erschöpft, fühle mich aber wohl, weiß jedoch, daß ich ein paar Tage frei nehmen muß, um einmal keine Leute zu sehen. Außerdem wird man das Getue leid, das die Leute um einen machen, nur weil sie HRH begegnen möchten. Ich habe sehr hübschen Schmuck bekommen, und wie klug von den US-Zeitungen, daß sie wissen, wer ihn mir geschenkt hat. Ernest reist morgen ab. Gestern abend sahen wir uns mit Pa die Aldershot-Parade an. Maud und [ihre Tochter] Betty sind heute nach NY abgefahren, Ma zu besuchen, die krank war. Maud hatte miserable Laune und ist krank vor Eifersucht. Pa war ganz nett, aber nicht großzügig. Alles Liebe und vielen Dank für mein hübsches Geschenk.

Wallis

Am 19. Juni feierte Wallis ihren neununddreißigsten Geburtstag, und deshalb schrieb der Prinz ihr den folgenden kurzen Brief, der ebenfalls erhalten blieb.

---

[1] Emerald, Lady Cunard (1872–1948), eine der brillantesten Gastgeberinnen Londons, bekannt für ihre intelligente Konversation und ihre spitze Zunge. Sie war gebürtige Amerikanerin und hatte den britischen Schiffsmagnaten Sir Bache Cunard geheiratet.

Edward an Wallis Das Fort

Wallis,
natürlich kann das alte Goldfischglas Deinen Schönheitssalon umräumen, wenn Du fertig bist. Es tut mir leid, daß ich den Lanson[1] '15 vergessen habe, aber ich war so schläfrig. Oh! Die herzlichsten Glückwünsche zum Geburtstag, mein Herz, und Gott segne WE für immer. Mehr und mehr und mehr sagen wir alle. ER ist schrecklich aufgeregt über die neue Haarnadel, und ER hofft, SIE ist es ebenfalls (ich verberge mein Gesicht). Bitte ruf später vom Fenster aus ein Hallo zu Deinem

David

Die Briefe an Tante Bessie werden fortgesetzt.

Samstag, 29. Juni Das Fort

Liebste,
es ist so herrlich heute, fast wie an der Riviera, und wir verbringen den Tag am Pool, was Dich an letztes Jahr erinnern wird. Ruth war zum Cocktail bei mir, aber leider konnte der Prinz nicht kommen. Dienstag habe ich sie und Miss Hickey zum Lunch, und ich will versuchen, sie mit dem PW an einem anderen Tag zusammenzubringen. Ich war soviel unterwegs – fast jeden Abend ein Ball – und am Mittwoch war ich bei den *Londonderrys*[2] zu einem Dinner für 50 eingeladen. Es war wirklich ein Erlebnis. Und anschließend dann zum Dudley-Ball. Gestern abend gab der Prinz ein Dinner für die Kents. Nächste Wochen finden 3 weitere Bälle statt, bei Mrs. Corrigan[3], Lady Weymouth[4] und Lord Moyne[5]. Damit endet die

---

[1] Eine Champagner-Marke.
[2] Der 7. Marquis von Londonderry (1878–1949), ein Minister im nationalen Koalitionskabinett, und seine Frau Edith. Ihr Stadthaus in der Park Lane war berühmt für politische Empfänge.
[3] Laura Corrigan (1879–1948), eine Gastgeberin aus Colorado, die die Londoner Gesellschaft erobern wollte.
[4] Daphne, Gräfin von Weymouth, eine prominente Londoner Gastgeberin.
[5] Walter Guinness, 1. Baron von Moyne (1880–1944), ein konservativer Politiker. Er hatte im Sommer 1934 dem Prinzen und seinen Gästen die Yacht *Rosaura* zur Verfügung gestellt.

1935: Die Geliebte

Ball-Liste, und es bleibt nur noch ein Dinner in der deutschen Botschaft. Mit meinen Abendkleidern werde ich gerade so hinkommen. Es ist sehr amüsant, wozu man eingeladen wird, in der Hoffnung auf PW. Man begegnet allen möglichen Leuten aus dem Hochadel, von denen keiner zuvor Mrs. Simpson zur Kenntnis nahm. Es ist ein einmaliger Spaß im Leben, aber es beunruhigt weder Ernest noch mich, also mach Dir bitte keine Sorgen. Ernest reiste am Sonntag nach Norwegen ab und kommt nicht vor Mitte Juli zurück. Die Sims[1] sind hier, und ich habe Henry Dickson oft getroffen. Er begegnete PW etc. und scheint sehr nett, aber ich vermute, er ist ein »Homo« seinem Freund nach zu urteilen. Der Prinz spricht davon, ein Haus zu mieten, entweder in Österreich an einem See oder an der Riviera, vorausgesetzt, er kann das Château de la Garoupe bekommen, das einen eigenen Sandstrand hat, und wo man auch in den Klippen baden kann, dort würde er nicht all diesen schrecklichen Leuten begegnen, die sich an diesen Küsten herumtreiben, und natürlich hätte er eine Garantie für das Klima. Du kannst Dir vorstellen, unter welch schwierigen Umständen ich Dir schreibe, denn Kitty [Hunter] sitzt bei mir und erzählt ununterbrochen von allem, was so passiert. Ich gehe nicht zur Flottenparade, die am 15. – 16. stattfindet. Ich nutze die Gelegenheit und ruhe mich die 2 Tage im Bett aus. Etwas ganz Neues. Ich habe es dringend nötig. Ich hoffe, die Hearst-Zeitungen geben jetzt Ruhe, falls nicht, wirf den Dreck fort. Alles Liebe

Wallis

Ich habe Dir die Fotografien geschickt.

16. Juli
Liebste,
schon wieder so viel Wirbel und keine Briefe – ich habe wirklich noch nie zuvor solche Zeiten erlebt und der Spaß, den ich mit den Leuten von zu Hause hatte, die mich besucht haben, würde Dich

---

[1] Harold Sims, ehemaliger Angehöriger der Britischen Botschaft in Washington.

zum Lachen bringen. Ich glaube, diese vielen Telefonate, Briefe etc. habe ich Mr. Hearst zu verdanken. Ich hatte Ruth Ceno & Miss Hickey mit dem Prinzen zum Cocktail, und alles verlief gut. Am selben Tag kam Saunders Wright aus Norfolk.[1] Stell Dir nur vor, ihn so plötzlich in voller Lebensgröße vor sich zu sehen! Ernest ist noch immer unterwegs. Ich habe mir dieses Jahr schrecklich viel Mühe gegeben, nett zu den Einheimischen zu sein, habe Tausende von Briefen beantwortet und langweilige Parties besucht. Ich dachte mir, sie sollen ruhig sehen, wen der Prinz mag. Der Prinz hat ab August in Cannes eine Villa gemietet – hat dort seine eigenen Klippen und will ein Boot mieten. Die Buists, Lord Sefton, Mrs. Fitzgerald[2] und vielleicht die Andersons als Gäste, wie letztes Jahr, und auch Jackie [Aird]. Jedoch ohne Posy [Guinness], das tut ihr sicher weh. Aber davon weiß noch niemand etwas. Er kann Golf spielen, und die Villa gehört Lord Chomondley [falsch buchstabiert].[3] Biarritz mußte ich ablehnen. Es kann sein, daß Ernest eine Woche oder so mit seiner Mutter in Connecticut verbringen muß und dann nach San Francisco und New Orleans fährt. In diesem Fall würde ich versuchen, Ende September hinüberzukommen, um mich mit ihm zu treffen. Es ist so schwierig im Moment hier wegzukommen, Du verstehst, und außerdem hoffe ich sehr auf eine Reise nach Nassau [sic] im nächsten Winter, wo wir uns treffen könnten. Von den Kents weiß ich, daß es dort herrlich ist. Ich hatte eine Reihe von häuslichen Pannen – Wanzen im Zimmer des Hausmädchens, die ausgemerzt werden mußten, und ich mußte sie ausquartieren, eine Überschwemmung in meinem Badezimmer hat alles ruiniert, aber der Hausbesitzer muß den Schaden bezahlen; und das Hausmädchen, das wirklich ausgezeichnet ist, geht im September, um zu heiraten. Wie ich feststelle, gibt Hearst zu, daß E und ich noch zusammen sind, also hat Bernard [Rickatson-Hatt]

---

[1] Der Flottenstützpunkt in Virgina; Wright war zweifellos eine Zeitlang in Winfield Spencers Einheit.
[2] Mrs. Evelyn Fitzgerald, eine lebhafte Londoner Gastgeberin, mit Wallis befreundet. Sie war die Schwägerin des Presse-Zaren Lord Beaverbrook.
[3] Der 5. Marquis von Cholmondley (1883–1968), der am Hofe von Edward VIII. Lord Chamberlain (Haushofmeister) wurde. Er hatte die Schwester von Sir Philip Sassoon geheiratet, einem reichen und exotischen Politiker, der sich in königlichen Kreisen bewegte.

doch etwas bewirkt. Das mit Anne ist wirklich zu traurig. Glaubst Du, Newbold ist daran schuld, oder wäre es auf jeden Fall dazu gekommen? Hoffentlich mußtest Du nicht unter dieser schrecklichen Hitze leiden, über die ich gelesen habe. Sei vorsichtig. Liebe Grüße an Katherine & Billy, und sei herzlichst umarmt.

Wallis

Hoffe, Du hast die Bilder erhalten.

Im Juli nahm der Prinz an einer Flottenparade im Ärmelkanal teil. Mitten in der Nacht schrieb er Wallis von Bord seines Schiffes.

Edward an Wallis
Dienstag [23. Juli], ein Uhr nachts *HMS Faulknor*
Wallis – Ein Junge hält sein Mädchen heute nacht so fest in seinen Armen. Er wird sie morgen noch mehr vermissen, weil er dann einige Stunden länger von ihr fort sein wird und sie nicht vor Mittwochabend sehen kann. Ein Mädchen weiß, daß niemand und nichts WE trennen kann – nicht einmal die Sterne – und daß WE einander für immer gehören. WE lieben [zweimal unterstrichen] einander mehr als das Leben, also segne Gott WE. Dein [zweimal unterstrichen]

David

Der Gedanke, auch nur zwei Tage lang keinen Kontakt mit Wallis zu haben, war dem Prinzen unerträglich geworden. Und später an diesem Morgen konnte er der Versuchung nicht widerstehen und beging die Indiskretion, ihr ein Telegramm über Funk nach Bryanston Court zu schicken, das ohne Zweifel auch von den neugierigen Funkoffizieren gelesen wurde. Es lautete folgendermaßen:

Wallis und der Prinz

GUTEN MORGEN WIR SAGEN ALLE MEHR UND MEHR UND MEHR = D

Am nächsten Tag (Mittwoch, den 24.) schickte er ein weiteres Telegramm:

ICH FÜHLE MICH SO EANUM WEIL ICH HEUTE NICHT MIT DIR GESPROCHEN HABE VERMISST DU MICH SO SEHR WIE ICH DICH MEHR UND MEHR = D

Ende Juli werden die Briefe an Tante Bessie fortgesetzt.

Mittwoch, 31. Juli
Liebste,
es ist besser jetzt, da meine Landsleute sich in alle Winde zerstreuen und die Jubiläumsstimmung abebbt. Letzte Woche war alles vorbei, und wir hatten 3 überaus friedliche Tage. Ich reise am Sonntag nach Cannes in die Villa des Prinzen, deren Namen er nicht kennt (typisch), aber am Freitag, wenn er den Besitzer trifft, wird er ihn erfahren, und ich schreibe ihn Dir. Leider kommt E nicht mit, weil seine Mutter morgen ankommt und er in zehn Tagen nach Amerika fährt, da er am ersten Oktober mit einem Geschäftspartner zurückkommen muß. Er wird einige Tage in NY bleiben, fliegt dann nach New Orleans, weiter nach San Francisco, zurück nach NY für zehn Tage und dann nach Hause. Er wird versuchen, eine Nacht Ende September/1. Oktober bei Dir in Washington zu verbringen, falls Du da bist. Seine Büroadresse ist Simpson, Spence und Young, 8-10 Bridge Street, und er wird im Gladstone wohnen. Meine Reisegruppe besteht aus Lord & Lady Brownlow[1], den Buists – Colin bleibt nur eine Woche, aber Gladie für ganz – Mrs. Fitzgerald und Lord Sefton. Très chic. E ist ganz zufrieden, daß ich fahre, weil er

---
[1] Peregrine Cust, 6. Lord Brownlow (1899–1978), ein Grundbesitzer aus Lincolnshire, Freund des Prinzen.

1935: Die Geliebte

urlaubsmäßig ohnehin nichts für mich tun kann. Was dann im September passiert, ist wie üblich ein Geheimnis. Man hatte an eine Yacht gedacht, hatte dann aber auch gedacht, das ist zu teuer, als sich herausstellte, daß sie fünfundzwanzigtausend Dollar pro Monat kosten sollte! Vielleicht noch einmal nach Budapest oder irgendwo in der Nähe, oder zu Emerald Cunard nach Venedig. Jedenfalls weißt Du, daß es Spaß machen und angenehm sein wird. Dieses Jahr nehmen alle Gäste ihre Autos mit. Irgendwann in diesem Winter würde ich gern nach Hause kommen, aber ich muß abwarten, ob diese Geschäftsreisen Geld einbringen. Wir lassen die Wohnung leer stehen, und das spart ein wenig. Gladys Scanlon hat ein Telegramm geschickt, daß sie herüberkommt, aber ohne Datum. Tamar wird in ihrem Haus in Wash sein, Benny im Auswärtigen Amt. Sie ist mir wohl nicht sehr freundlich gesinnt, ebenso wie Mala [Brand] und Thelma. Bitte, gib auf Dich acht und versuche, Ernest zu treffen, der immer noch der Mann meiner Träume ist. Mr. S hat sich gestern davongeschlichen – das ist mir schon einer! Alles Liebe

Wallis

Und so fuhr Wallis zum zweitenmal mit dem Prinzen in die Sommerferien. Dieses Mal haben wir über ihren Aufenthalt einen Bericht in Form von Briefen an Tante Bessie wie auch die WE-Korrespondenz. Es war inzwischen üblich, daß Ernest seine Frau nicht mehr begleitete. Er unternahm endlich die seit langem geplante Reise in die Vereinigten Staaten.

Samstag, [10. August]   Le Roc, Golfe Juan, A[lpes] M[aritimes]
Liebste,
wir kamen hier am Montag an und fanden eine herrliche Villa *im Wasser* vor – mit eigenen Klippen und ganz abgeschieden von der Welt und *Sonne*, aber es ist sehr heiß, und ich glaube nicht, daß es Dir so gut wie in Meremont[1] gefallen hätte. Die Dienstboten sind

---

[1] Die Villa des Prinzen in Biarritz, die er im vorhergehenden Jahr gemietet hatte.

Wallis und der Prinz

auch nicht so gut wie dort, aber der Küchenchef ist vorzüglich. Der Prinz ist sehr glücklich, und es gefällt ihm hier viel besser. Wir haben uns nur mit den [Herman] Rogers, Elsie Mendl[1] und Lord und Lady Portarlington[2] getroffen und bleiben wie üblich unter uns. Der Herzog von Westminster[3] hat dem Prinzen seine Yacht Cutty Sark angeboten, vom 26. August für einen Monat. Es kann sein, daß er annimmt und vielleicht zur dalmatinischen Küste und den Griechischen Inseln fährt, wobei die stürmischen Gebiete allerdings gemieden werden. Ernest hat sehr viele Sorgen mit Ma, die, falls möglich, nach ihrer Krankheit noch schwieriger und noch schwerhöriger geworden ist. Sie war 3 Tage vor meiner Abreise in London. Es ist ein Problem, weil sie jemanden braucht, der sich um sie kümmert. Maud ist hoffnungslos und streitet mit jedem. Ernest will am 28. August mit der Berengaria fahren und wird nur 3 Tage in NY sein, aber Du könntest Dich mit ihm in Verbindung setzen. Es liegt ihm viel daran, Dich zu sehen. Sein Rückreisedatum ist der 5. Oktober.

Ich habe diesen Brief am Samstag begonnen, und heute ist Montag. Es gibt sehr wenig zu berichten, weil wir die Tage nur mit Schwimmen, Bootsausflügen, *späten* Dinners und mit den Hausgästen verbringen. Ich werde Deine Sachen in Paris kaufen. Ich möchte einige Tage dort bleiben, falls sich das machen läßt, wenn der Prinz nach Balmoral abgereist ist, und ich kann mir vielleicht ein paar Kleider kaufen, weil Foxy Gwynne glaubt, daß sie mir bei Mainbocher günstige Preise aushandeln kann, falls die so gut sind wie Schiaparelli. Der Prinz könnte die Sachen für mich nach England bringen lassen. Von Willmott [Lewis] haben wir nichts gehört, also weiß ich nicht, ob er noch in London ist. Wo lebt Henry mit dem Kind? Was für eine schreckliche Situation. Wie ich höre, ist Lelia bei den Leuten in Washington sehr beliebt. Bei allen, bis auf Ethel

---

[1] Die berühmte amerikanische Innenarchitektin, geborene Elsie de Wolfe, mit Sir Charles Mendl von der britischen Botschaft in Paris verheiratet.
[2] Der 6. Earl von Portarlington (1883–1969) und seine Frau Winnifreda.
[3] Hugh Grosvenor, 2. Herzog von Westminster (1879–1933), bekannt als »Bendor«, der sagenhaft reiche Grundbesitzer einiger der elegantesten Stadtbezirke in London.

1935: Die Geliebte

[Lewis], die sie, glaube ich, nicht mag. Es ist zu heiß zum Weiterschreiben. Alles klebt. Alles Liebe

Wallis

P. S. Was haben die letzten Korsetts gekostet, die Du bestellt hast?

Eine Reihe undatierter kurzer Mitteilungen von Wallis an den Prinzen, geschrieben während ihres Aufenthaltes in Cannes, zeigen, in welchem Maße sie sich um seine häuslichen Angelegenheiten kümmerte.

Wallis an Edward   *Le Roc, Golfe Juan, A. M.*
David,
laß den Tisch so weit wie möglich zurückschieben, und wenn die V(ansittart)s[1] hierherkommen, wäre sehr viel mehr Platz für 10, falls Finn Stühle ohne Armlehnen herbeischaffen könnte. Hier ist mein Vorschlag für die Tischordnung. Ich würde auch zwei verschiedene Cocktails und Weißwein sowie Rosé anbieten lassen, die Dienstboten servieren den Wein. Außerdem habe ich kein frisches Gemüse auf dem Menü gesehen. Es tut mir leid, daß ich Dich damit belästige, aber ich habe es gern, wenn jeder denkt, daß Du alles gut machst. Vielleicht mag ich Dich ganz gern. Nimm nach dem Essen unbedingt V zur Seite und verschaff Dir die Information, die wir haben wollen. Vergiß nicht, dem Küchenchef zu sagen, daß wir 10 sind. Hallo!

Wallis an Edward   *Le Roc*
Ich finde, es wäre sehr nett, die [Winston] Churchill-Drinks auf der Veranda vor dem Salon einzunehmen. Ich finde auch, daß Du ein sehr netter Junge bist.

---

[1] Sir Robert Vansittart (1881–1957), ständiger Staatssekretär im Außenministerium und ein Freund des Prinzen. Vermutlich wollten sie ihn angesichts der unsicheren internationalen Lage wegen der geplanten Reise konsultieren.

Wallis und der Prinz

Die Briefe an Tante Bessie werden wieder aufgenommen.

Samstag, 17. August   *Le Roc*
Liebste,
herzliche Glückwünsche für Montag. Ich frage mich, ob Du so geheimnisvoll tun wirst wie in Baden-Baden oder ob Katherine & Billy Dir eine kleine Flasche Wein schenken. Wir haben wieder eine herrlich ruhige Zeit, schmoren in der Sonne und es ist sehr heiß. Viel zu heiß für Dich. Auf dem Weg nach Cap Ferrat, wo Walter Prendergast zu Gast bei Lady Hadfield ist, kam ich gestern durch Nizza und am Ruhl vorbei und mußte daran denken, wie Walter – sein Nachname fällt mir im Moment nicht ein – Dir auf der Veranda einen Kuß gegeben hat. Heute morgen erhielt ich einen Brief von Mr. Simpson, in dem er mir mitteilt, daß er im Grand Hotel in Cannes ist, nachdem er eben eine Autotour die Loire-Schlösser entlang beendet hat. Dieser alte Bursche übertrifft alles Dagewesene, und die restliche Familie müht sich in London mit der alten Dame ab, die nun unbedingt mit Ernest zurückfahren will, aber bis jetzt keine Kabine bekommen hat. Ernest wird sich nach seiner Ankunft mit Dir in Verbindung setzen. Wie sind Deine Pläne für September? Meine Biarritz-Kleider sehen hier ganz gut aus, und niemand trägt kurze Röcke. Morgen fahren wir auf Mrs. Fellowes[1] Schiff los und machen einen 2-Tages-Ausflug zu irgendwelchen Inseln nahe bei Hyeres, kommen am Dienstag rechtzeitig zurück, um Mrs. Fitzgerald und Lord Sefton (den bestaussehenden Mann, den ich kenne) bei ihrer Ankunft zu begrüßen. Das Angebot des Herzogs von Westminster wurde angenommen, und wir werden wahrscheinlich in der ersten Septemberwoche abreisen, vielleicht mit dem Zug nach Venedig und dann die dalmatinische Küste entlang – zu den griechischen Inseln – nach Istanbul, mit dem Zug nach Budapest für ein, zwei Tage – Paris – nach Hause. Klingt himmlisch, aber findet vielleicht nicht statt. Stell Dir nur vor, was

---

[1] Die Hon. Mrs. Reginald Fellowes, eine elegante Persönlichkeit der Gesellschaft in England, Frankreich und Amerika. Sie hieß Daisy und war die Tochter des französischen Duc Decazes und eine der Singer-Nähmaschinen-Erbinnen.

für ein Geschenk, keine Unkosten, außer fürs Essen und den Wein. Du kannst Dir auch vorstellen, wie verwöhnt ich inzwischen bin mit all diesem Luxus, und Miss Burke[1] ist unerträglich. Behalte bitte die US-Zeitungen im Auge wegen dieser Reise, denn Jackie hat versucht, die Reporter etwas freundlicher zu behandeln als letztes Jahr, eine Folge der weisen Worte von Bernard R-Hatt. Aber man kann sich weder auf Jackie noch Mr. Hearst verlassen. Ich hoffe, es geht Dir gut und Du bist glücklich und daß wir uns bald wiedersehen.

Wallis

Aufgrund der britisch-italienischen Spannungen, verursacht durch Mussolinis Politik Abessinien gegenüber, mußte der Prinz auf seine geplante Kreuzfahrt im östlichen Mittelmeer verzichten.

Wallis an Edward

[ohne Datum], *Le Roc*
Ich glaube, es sieht ziemlich hoffnungslos aus. Du könntest es natürlich als eventuelle Reise vor der Fahrt nach Österreich erwähnen, sollte die Konferenz[2] am 4. September mit »Friede, Freude Eierkuchen« enden. Du kennst den König und weißt, wie man mit ihm umgehen muß, es ist schwierig für mich, einen Rat zu geben. Ich glaube, Du solltest [dem Herzog] Westminster einen sehr netten Brief schreiben und ihm die Lage schildern. Ich werde gegen 4.45 nach Cannes fahren und treffe Dich um 6.15 am Bahnhof. Wir können gemeinsam entscheiden, wo wir essen wollen. Ich muß heute noch 2 Briefe schreiben. Ich liebe Deine Augen.

---

[1] Wallis' Zofe, Mary Burke.
[2] Die geplante Konferenz des Völkerbundes wegen der Abessinienkrise.

Wallis und der Prinz

Wallis an Tante Bessie

Mittwoch, 28. August
Liebste,
ich mache mir solche Sorgen über Deinen Sturz, und bist Du ganz sicher, daß Du Dich dabei nicht verletzt hast? Bitte paß auf, wo Du hintrittst, denn Du spazierst wirklich sehr sorglos auf Deinen winzigen Füßen umher. Gestern abend telefonierte ich mit E, er reist heute ab und läßt eine chaotische Wohnung zurück. Cain ist krank, es ist etwas mit ihrem Bein, und der Dr. sagt, vor einem Monat könne sie nicht wiederkommen, und das sei noch fraglich, das Hausmädchen heiratet am 22. September, und ich hatte vor, bis zum 1. Oktober fortzubleiben. Daran ist nun nichts zu ändern – ganz zu schweigen von PWs Plänen, die völlig durcheinander geraten sind. Wir können die Kreuzfahrt mit der Cutty Sark nicht machen, weil es im Moment im Mittelmeer nicht sicher ist, und falls GB [Großbritannien] zu Sanktionen greift, muß der Prinz nach Hause fahren, denn das würde eventuell Krieg bedeuten, also warten wir auf Nachricht vom König und das Ergebnis der Konferenz am 4. September, ehe wir zu einem Ort namens Kiki, außerhalb von Budapest, weiterreisen, wo es ein bezauberndes Hotel an einem See geben soll. Der blauäugige Charmeur ist der enttäuschteste kleine Junge, den Du Dir vorstellen kannst. Man könnte glauben, Mussolini hätte diesen Schlamassel nur inszeniert, um die Reise mit der Yacht zu vereiteln. Es ist zu windig hier, regnet aber nicht. Dickie Mountbatten[1] ist hier mit seinem Zerstörer, und der jüngste Sohn des Königs von Spanien, der Prinz von Asturien[2], der sehr charmant und natürlich ist. Vergangenen Samstag fuhren wir mit der Yacht nach Monte [Carlo], es war sehr schön, und dieses Wochenende fahren wir nach Korsika, und danach geht's irgendwohin, wie ich vermute. Es ist wohl das beste, die Briefe in die Wohnung zu schicken. Ernest hat vor, Audrey[3] mitzubringen,

---

[1] Lord Louis Mountbatten, damals fünfunddreißig und Kommandeur eines Zerstörers im Mittelmeer.
[2] Don Juan, Graf von Barcelona, Vater des Königs Juan Carlos von Spanien.
[3] Ernests Tochter aus erster Ehe, damals etwa zehn Jahre alt.

damit sie bei uns lebt, falls ihre Mutter einverstanden ist. Du kannst Dir vorstellen, welche Unannehmlichkeiten das in meiner Wohnung verursachen wird, ganz zu schweigen von den zusätzlichen Kosten für 4 regelmäßige Mahlzeiten täglich für zwei weitere Leute, weil sie natürlich eine Gouvernante haben muß, die sich um sie kümmert. Aber ich kann da nichts machen, außer mit der Situation und den Komplikationen fertig zu werden. Dieses Jahr bin ich gar nicht braun, und im Oktober ist es so gräßlich. Ernest hatte Emma Jason und Governor Richie zum Lunch in der Wohnung. Ich weiß nicht, wie es ablief, ohne Cain für das Silber etc. Wahrscheinlich wirst Du Ernest gegen Ende September sehen. Die Rogers begleiten uns nach Österreich, und das ist erfreulich nach der Riesendosis von Engländerinnen, mit denen ich die ganze Saison und auch hier zu tun hatte. Gladie Buist führt sich dieses Jahr auf wie Posy und hängt hier herum, macht sich damit ebenso beliebt wie letztere. Alles Liebe und einen dicken Kuß

Wallis

Samstag, 7. [September]   *Carlton Hotel, Cannes*
Liebste,
wir verbringen unsere Tage weiterhin mit Baden, Golfspielen, Essen. Auf der Westminster-Yacht fuhren wir nach Korsika und blieben 4 Tage. Wir hatten ideales Wetter, und die Rogers leisteten uns ebenfalls Gesellschaft. Es ist das einzige Mal, daß die Yacht benutzt wird, denn eine Kreuzfahrt ist derzeit für HRH absolut unmöglich. Am Montag reisen wir nach Budapest ab, 1 Tag und 2 Nächte im Zug. Bis zum Wochenende werden wir in Budapest bleiben und verbringen dann das Wochenende irgendwo an einem See, und dann, glaube ich, fahren wir mit dem Auto nach Wien und machen einen Abstecher nach Tirol und um den 25. nach Paris. Die Gruppe besteht aus den Rogers, Jackie und Helen Fitzgerald, obwohl ihr Freund Sefton morgen nach London zurückfahren muß, was uns in die mißliche Lage bringt, eine Frau alleine dabeizuhaben. PW hat nicht damit gerechnet, daß sie ohne Freund mitkommen würde, aber Helen ist in dieser Beziehung wohl wie Posy. Aber

sie ist sehr nett und irgendwie eine Bereicherung. Ich fand meinen Urlaub wunderbar und habe mich wirklich gut erholt, kam gelegentlich sogar gegen 1.30 ins Bett, was für mich sehr früh ist. Ich glaube, Bernard hat doch etwas Gutes zuwege gebracht, weil die Zeitungen mich nicht mehr *ganz* so lächerlich machen, wie damals, als diese Jane Eads auf mich losging. Ein gewisser Leeds hat ihre Stelle übernommen. Ich habe meinen Hund dabei, & Du kannst Dir vorstellen, was das im Zug gibt. Er muß im Flugzeug des Prinzen nach England zurückgeschmuggelt werden.[1] Ernest wird Dir einen Überblick über unser Leben in London seit Hoheit geben. Er hält das alles für einen großartigen Witz. Und das ist es auch, aber ich hatte nie zuvor so viel Spaß und ein so unbeschwertes Leben, und warum soll ich die letzte Phase meiner Jugend, die Jahre, die mir noch bleiben, nicht mit ein bißchen Tamtam zu Ende bringen. Es ist höchste Zeit, daß wir uns wiedersehen. Falls es zum Krieg zwischen Italien und Abessinien kommt, gibt es im Frachtgeschäft vielleicht einen Aufschwung, und ich kann Dich besuchen kommen. Alles Liebe

Wallis

Wallis an Edward

[geschrieben während der Zugfahrt durch die Schweiz]
Hallo. Ich konnte nicht schlafen, obwohl Slipper bei mir schlief. Du hast natürlich Uhren gekauft, weil sie hier hergestellt werden. Ich kann mir nicht vorstellen, was Du damit anfangen willst, außer Du verschenkst sie zu Weihnachten – oder Du könntest eine dem Herzog von G[loucester][2] schenken, damit er auch sieht, was für eine angenehme Zeit er verbringt. Ich werde noch lange nicht aufstehen, so lange nicht, bis die Gefahr der Mittagessenszeit vorbei ist. Ich habe pfundweise köstliche Kirschmarmelade verspeist. Ich vermisse Dich und sehne mich danach, Dich und Deine Uhren zu sehen.

Wallis

---

[1] In Umgehung der strengen britischen Quarantäne-Bestimmungen.
[2] Die bevorstehende Hochzeit von Prinz Henry, Herzog von Gloucester, Bruder des Prinzen von Wales, war am 30. August verkündet worden.

1935: Die Geliebte

Ist das Land nicht hübsch und der Zug schmutzig.

Wallis an Edward

[September] *Hotel Dunapalota, Budapest*
Bitte, Liebling, erspar mir den Bootsausflug, weil ich nach so vielen Tränen schrecklich aussehe, aber bis Du zurückkommst, werde ich mich erholt haben. Sag uns zuliebe nichts zu Gladie vor irgendwelchen Anwesenden. Wenn sie nicht an dem Bootsausflug teilnimmt, ist das das Ende nach so vielen Entschuldigungen und wäre eine feine Art, Dir die ganze Reise zu verderben, indem sie eine zweite Szene macht und nicht erscheint. Ich habe so das Gefühl, daß sie nicht erscheinen wird – was dann aber wirklich zuviel wäre. Ich bin ganz außer mir darüber, daß ich etwas angerichtet habe, was einen Schatten auf unseren wunderschönen Urlaub werfen kann.

Wallis

Edward an Wallis

Hotel Dunapalota, Budapest
Auf Wiedersehen, mein Herz. Ich bin traurig, daß ich Dich nicht gesehen habe, bevor ich gehe, aber ich bin froh, daß Du so lange Heia machst. Ich hoffe, so gegen sechs Uhr zurück zu sein und ein Mädchen und ihren eanum Hund vorzufinden, die hier auf einen Jungen warten. Ich habe den Ford, in dem WE immer fuhren, zurückgelassen, damit Du damit heute nachmittag ausfahren kannst, aber bitte [zweimal unterstrichen] sei bis sechs zurück. Ich habe Dir auch eine neue Time und einen Brief von Selby bezüglich Autotouren in Österreich dagelassen, aber letzterer enthält zu viele Einzelheiten und ist wohl nichts für Dich, und Dein Junge wird es Dir erklären. Oh! Du fehlst mir so sehr, mein Herz, und ich hasse diesen Nachmittag ohne Dich. Gott segne WE Wallis

David

Wallis und der Prinz

Edward an Wallis

Hotel Dunapalota, Budapest

Guten Morgen, mein Herz. Da Du und Dein Hund bis jetzt noch nicht aufgeweckt wurdet, lasse ich Storrier[1] zurück, falls Du Slipper später zu mir zum Golfplatz schicken möchtest, damit er etwas Bewegung hat. Ich bin so schläfrig und schwach, daß ich nicht gut Golf spielen werde. Wirst Du bitte hier auf Deinen Jungen warten, der ganz schnell zu Dir zurückkommen wird, und heute nachmittag werden wir allein etwas unternehmen. Bis dahin fehlst Du mir so sehr. Ja, mehr und mehr und mehr.

David

Als der Prinz Anfang Oktober von seinen langen Sommerferien mit Wallis nach England zurückkehrte, war der Gedanke, sie zu heiraten, sein sehnlichster Wunsch geworden. Er hatte noch keine Überlegungen angestellt, wie er diesen Wunsch verwirklichen könnte, aber seit diesem Zeitpunkt war dies sein wichtigstes Ziel im Leben. »Das alles war ziemlich vage, aber dennoch sehr intensiv«, schrieb er später in seinen Memoiren. »Einen Traum zu verwirklichen, der mein Leben mit dem erfüllen würde, was ihm so lange gefehlt hatte, und ohne dessen Erfüllung meine Dienste dem Staat gegenüber mir sinnlos erschienen.« Der Prinz machte sich keine Illusionen über die Schwierigkeiten, eine zweimal geschiedene Frau zu heiraten. Er hatte bereits die Möglichkeit in Betracht gezogen, auf den Thron zu verzichten. Er hatte die Absicht, in jenem Herbst das Problem mit seinem Vater zu besprechen, aber der Gesundheitszustand des alten Königs verschlechterte sich zusehends, und es ergab sich keine Gelegenheit dazu.

Die Liebesbriefe, die er in jenem Herbst an Wallis schrieb, veranschaulichen die Tiefe seiner Gefühle für sie.

---

[1] Privatdetektiv des Prinzen.

Edward an Wallis

3 Uhr morgens *Das Fort*
Oh! Ein Junge vermißt und wünscht sich sein Mädchen so schrecklich hierher heute nacht. Werde versuchen, jetzt zu schlafen, bin aber nicht sehr hoffnungsvoll. Habe unsere Bilder beschriftet. *Bitte, bitte,* Wallis, habe keine Angst oder verliere Dein Vertrauen, wenn Du nicht bei mir bist. Ich liebe Dich jede Minute mehr und mehr, und *keine* Schwierigkeiten oder Komplikationen können irgendwie unser endgültiges Glück verhindern. Gemeinsam sind WE so stark bei unserem Vorhaben, das unser Leben ist, und das nicht fehlschlagen darf und kann, welche Hindernisse sich uns auch entgegenstellen mögen. Ich schicke Dir dies am Morgen zusammen mit all den Dingen, die ich jetzt gleich mit Dir tun und Dir sagen möchte. Ich hasse und verabscheue die gegenwärtige Situation, bis ich mehr darüber sprechen kann als Du, mein Herz, und ich werde ganz verrückt, wenn ich denke (und ich weiß es ja sogar), daß Du dort allein mit Ernest bist. Gott segne WE für immer, meine Wallis. Du weißt, Dein David wird Dich lieben und für Dich sorgen, solange sein eanum Körper atmen kann.

Edward an Wallis

Samstag *Das Fort*
Guten Morgen, mein Herz, für den Fall, daß es mir nicht möglich sein sollte, Dich anzurufen. Es ist sehr schade, daß wir dieses Wochenende nicht hier sein können; Slipper ist auch traurig darüber. Von seinem Kuchen habe ich ihm noch nichts verraten. Gib acht auf Dich, bis wir uns heute abend im »Schloß« treffen. Mehr und mehr [zweimal unterstrichen] und mehr [dreimal unterstrichen], mein Herz, und ich hoffe, ich fehle Dir. Gott segne WE.
David

Wallis und der Prinz

Edward an Wallis

Sonntag　　　　　　　　　　　　　　*Sutton Place; Guildford*[1]
Einen guten Morgen von uns allen. Ich bin schon seit Stunden auf, weil dieser Esel Fletcher[2] mich gegen neun wecken kam. Als ich mich nach dem Grund erkundigte, sagte er, »Seine Gnaden«[3] seien geweckt worden!! Ich war wütend, aber es ist ein herrlicher Tag, also eil Dich und komm rasch zu Deinem Jungen, damit er ein paar Aufnahmen von Dir machen kann. Mir war unheimlich, allein in diesem großen Zimmer, und ich hatte schreckliche Sehnsucht nach Dir. Und Du? Beiliegendes war ans Fort adressiert – aber versuch jetzt nicht, es zu entziffern, sonst dauert es noch eine Ewigkeit, bis Du bei mir bist. Ich wünschte, WE wären im Fort. Du nicht auch? Mehr und mehr und mehr

David

Edward an Wallis　　　　　　　　　　　　　　　　*Das Fort*
Meine einzig geliebte Wallis, ich liebe Dich mehr & mehr & mehr & bitte komm runter, um David gute Nacht zu sagen. Ich habe Dich heute noch kein einziges Mal gesehen & kann es nicht mehr aushalten. Ich liebe Dich.

Der Briefwechsel mit Tante Bessie wird Mitte Oktober wieder aufgenommen. Ernest war zu diesem Zeitpunkt noch nicht aus Amerika zurückgekehrt.

Montag, 14. Oktober　　　　　　　　　　　　　　　*Das Fort*
Liebste,
ich bin ganz unglücklich bei dem Gedanken, wie lange ich Dir wieder nicht geschrieben habe, aber zur Zeit führe ich ein so

---

[1] Landsitz des Herzogs von Sutherland in Surrey.
[2] Adjutant des Prinzen.
[3] Der Herzog von Sutherland.

unstetes und verrücktes Leben, habe auch nicht eine Sekunde für mich, so daß ich einfach nicht zum Schreiben komme, außer montags morgens, wenn der Prinz draußen jeden Busch zurechtstutzt, der ihm vor die Schere kommt. Wenn du außerdem hörst, daß ich seit 5. August ständig unterwegs gewesen bin, wirst du mir hoffentlich verzeihen! Die Zeitungen in den USA wollen mich anscheinend nicht in Frieden lassen, aber ich kann mir nicht vorstellen, daß auch nur ein Mensch glaubt, was sie schreiben, besonders die eine, wo es heißt, ich hätte meinen Hut in einem Gespräch »Davy« genannt. Ist das nicht der Gipfel? Trotzdem bin ich froh, daß man jetzt weiß, wer ich bin, und mich nicht länger die geheimnisvolle Mrs. S. nennt. Die Rogers haben sich unserer Gesellschaft angeschlossen und eine Woche hier draußen verbracht, wofür ich sehr dankbar war, da ich in der Wohnung niemanden zur Verfügung habe, außer Mrs. Ralph und dem Küchenmädchen. Cain noch in Schottland mit Venenentzündung und kein Hausmädchen zu kriegen. Ich tue, was ich kann, um die Wohnung auf Hochglanz zu bringen, bevor Ernest am Freitag heimkommt. Cain erwarte ich am 21. zurück, fürchte allerdings, sie wird nie mehr ganz gesund werden, denn diese Geschichte kommt immer wieder. Mit den Dienstboten wird es hier allmählich genauso schlimm wie zu Hause, und jeder kämpft darum, überhaupt welche zu bekommen. Es wird viel von Krieg gesprochen, aber ich hoffe, England ist nicht so dumm und läßt sich hineinziehen. Scheint alles ein politisches Spiel zu sein. Wir waren eine Woche in Paris. Foxy Gwynne ist mit mir zu Mainbocher gegangen und hat mir alles zum halben Preis verschafft. Der Prinz hat sie und ihre Begleitung in seinem Flugzeug mitgenommen. Wir haben in der britischen Botschaft mit M. Laval[1] und sämtlichen Ministern zu Mittag gegessen. Dinner mit Elsie Mendl und der Prinz zum Lunch beim Präsidenten. Ein höchst erfolgreicher und gelungener Besuch für den Prinzen, der sich noch nie so lange in Paris aufgehalten hatte, und der König war sehr zufrieden mit seinen Bemühungen. Unsere Reise war herrlich, und die österreichischen Seen haben mir sehr gefallen. Viel Trubel sowohl in

---

[1] Pierre Laval, Präsident des französischen Ministerrats.

Budapest als auch in Wien, wo wir Merrit [Swift] und [Georges] Sebastian trafen. Wir fuhren mit dem Auto von Wien nach München und aßen in Salzburg zu Mittag. Ich glaube, Österreich im Sommer würde Dir gefallen. Schöne Spaziergänge und viel Musik. Zum Glück hatten wir phantastisches Wetter. Ich glaube aber, es kann auch recht launisch sein. Ich schicke Dir ein paar Fotos, die diesen Sommer aufgenommen wurden, damit Du Dir ein Bild von unserer Reise machen kannst. Ich habe Dir zwei Korsetts und zwei Büstenhalter geschickt. Bin neugierig, ob Du Tamar treffen wirst. Du weißt ja, daß Benny [Thaw] wegen des Falls Vanderbilt a. D. gestellt wurde. Ebenso Merritt Swift, weil er sehr grob war zu Leuten, die sich an die Botschaft wandten, was die Betroffenen natürlich zu Hause moniert haben! Gary Greene[1] mußte auch dran glauben! Tamar ist nicht mehr gut auf mich zu sprechen, seit sie mich beschuldigte, bei ihrem Streit mit Thelma deren Partei ergriffen zu haben, und wenn ich heimkäme, würde sie mir wahrscheinlich aus dem Weg gehen. Ich freue mich darauf, meinen Engel Ernest wiederzusehen und hoffe, daß er mir von Dir erzählen kann. Mrs. Simpson ist immer noch hier, aber Pa kommt nächste Woche zurück, und dann reist sie ab! Corrine hat mir aus Pensacola geschrieben, klang nicht gerade überschwenglich – erwähnte Anne. Ich hoffe, die Zeitungen werden den Fall nicht aufgreifen, es ist wirklich ein Skandal. Corrine meint, *Newbold* sei an allem schuld. Willmont hat nicht ein einziges Mal angerufen, als er in London war. Hier ist alles beim alten, und es regnet Einladungen. Was für ein Schlag für mich, wenn eine junge Schönheit aufkreuzt und mir den Prinzen wegschnappt. Aber ich bin darauf vorbereitet. Diese königliche Hochzeit[2] macht keine Schlagzeilen. Die Leute sind noch ganz erschöpft von der ausländischen Prinzessin und dem Jubiläum, und das junge Paar hat einen ungünstigen Zeitpunkt erwischt, weil das den ohnehin schon heiseren Kehlen einfach zu viele Hochrufe innerhalb eines Jahres abverlangt. Das Kent-Baby[3]

---

[1] Amerikanischer Diplomat, den Wallis in China kennengelernt hatte.
[2] Die Trauung des Herzogs von Gloucester mit Lady Alice Scott wurde am 5. November in der Privatkapelle des Buckingham-Palastes vollzogen.
[3] Prinz Edward, der jetzige Herzog von Kent, war am 9. Oktober in London geboren worden.

ist ein Junge und somit ein Erfolg. Mittwoch bin ich mit Berta [Grant] zum Cocktail verabredet; sie bewohnt jetzt ein viel vornehmeres Haus, ist aber noch immer die Liebenswürdigkeit in Person. Die meisten Deiner alten Freunde sind aus London weg. Heute abend esse ich mit Lord Sefton, morgen mit Diana Cooper[1], Mittwoch mit Lady Cunard, und dann mit Elsie Mendl. Ist das nicht phantastisch? Ich hoffe, E geht es gut, aber er hatte es ziemlich schwer mit Dorothy, und es ist ihm nicht gelungen, Audrey zu bekommen. Schreib mir bald! Alles Liebe und einen dicken Kuß

Wallis

Ernest kam am 18. Oktober aus Amerika zurück. In New York hatte er eine stürmische Affäre mit Wallis' langjähriger Freundin Mary Kirk Raffray gehabt. Ob Wallis davon wußte oder nicht, jedenfalls bemerkte sie eine weitere Veränderung an ihrem Mann. »Wir gingen getrennte Wege«, schreibt sie in ihren Memoiren. »Der Kern unserer Ehe hat sich aufgelöst; nur die Schale war noch übrig – eine Fassade zum Vorzeigen.« Natürlich findet sich kaum eine Andeutung davon in den Briefen an ihre Tante, obgleich sie der ihr so Nahestehenden im Dezember schreibt: »Du bist alles, was ich habe.«

Montag, 18. November   *Das Fort*
Liebste Tante Bessie,
es tut mir so leid wegen der Korsetts. Ernest sagt, manchmal dauern solche Aufträge eine Ewigkeit. Aber ich habe an das Geschäft geschrieben, und Ernest, der gestern für drei Tage nach Paris gefahren ist, wird persönlich dort vorbeigehen, wenn er die Zeit erübrigen kann. Ich bin untröstlich wegen Anne; ich dachte, das Shepherd-Pratt-Sanatorium sei nur für Geisteskranke. Cousine Lelia muß das alles sehr nahe gehen. Ich bin zum Abendessen bei den Kents, war schon mehrmals zum Cocktail eingeladen, bin aber heute das erste Mal Dinnergast; bisher trafen wir uns immer in Restaurants. Zu schade, daß Ernest nicht dabeisein kann. Ich bin

---

[1] Schauspielerin von adeliger Herkunft und berühmte Gastgeberin; eine der großen Schönheiten ihrer Zeit. Verheiratet mit dem damaligen Kriegsminister, Duff Cooper.

noch immer auf der Suche nach einem vernünftigen Hausmädchen. Mein jetziges ist gar nicht so übel, aber ihr gefällt die Wohnung nicht, also hat sie zum 4. Dezember gekündigt. Die letzten vierzehn Tage hatte ich jede Menge Gäste: 2 x Damen-Lunch und 2 x Dinner, eins mit zehn Personen für Elsie und Charles Mendl und eins à 12 für Sir Robert und Lady Vansittart. Er ist ständiger Unterstaatssekretär für auswärtige Angelegenheiten. Mittwoch gebe ich eine Cocktailparty für den österreichischen Minister, der mir dauernd seine Aufwartung macht, aber so langweilig ist, daß ich Unterstützung von außen brauche. Ich finde es herrlich, mit so vielen Leuten zusammenzukommen, und manchmal wird mir ganz sonderbar, wenn ich an das beschwerliche Leben in Earl's Court[1] zurückdenke oder an die Zeit, als Mutter das Café hatte und sich zu Tode schuftete, weil ich es einmal besser haben sollte. Ob es mir je gelingen wird, ihr all ihre Mühen zu vergelten? Oder werde ich mit meinem unersättlichen Ehrgeiz eines Tages selber in so einer Einzimmerwohnung wie der im Woburn[2] am Connecticut Hill landen? Die Frage kann nur die Zeit beantworten. Alles Liebe

Wallis

Montag, 9. Dezember   *Das Fort*
Liebste Tante Bessie,
ich bin so froh, daß Du die Korsetts erhalten hast und daß sie Dir passen, denn wenn man den Wechselkurs und die Zollgebühren berücksichtigt, sind sie doch ziemlich teuer gewesen. Für Weihnachten haben wir nichts Besonderes vor, bleiben natürlich in London und werden Ma Simpson zum Mittagessen einladen. Es wäre so schön, wenn Du bei uns sein könntest. Ich finde Weihnachten eine gräßliche Qual, alle versuchen mit Gewalt, fröhlich zu sein, essen zuviel und zerbrechen sich den Kopf darüber, wie sie die Geschenke, die sie gemacht haben, bezahlen sollen. Ich bin gerade

---

[1] Mietshaus in Baltimore, in dem Wallis' Mutter 1913, nach dem Tod ihres zweiten Mannes, eine Wohnung genommen hatte.
[2] Die Woburn Apartments in Washington, wo Wallis' Mutter in den zwanziger Jahren wohnte. Sie hatte dem Haus den Spitznamen »The Woebegone« (Jammertal) gegeben.

1935: Die Geliebte

mit den Einkäufen für HRH fertig geworden. 165 Geschenke für das Personal, und dieses Wochenende habe ich sie alle verpackt. Ich schlage mich immer noch mit der leidigen Hausmädchen-Suche herum. Mittwoch habe ich eins rausgeworfen, das buchstäblich alles zerbrach, und jetzt muß ich mich bis nach Weihnachten mit einer Reinemachefrau behelfen. Bin ein bißchen nervös, weil bei diesem Durcheinander im Haushalt am Donnerstag die Kents zum Dinner kommen. Neulich habe ich mit Lady Oxford[1] zu Mittag gegessen. Eine schreckliche Frau. Ernest hat seine Geschäftsreise nach Deutschland bis nach Weihnachten verschoben. Wir freuen uns wahnsinnig auf die Scanlons. Gibst Du ihr bitte alles mit, was Du an raffinierten neuen Rezepten (auch für Cocktailhappen) auftreiben kannst? Und außerdem weiße Abendschuhe, wenn es welche im Ausverkauf gibt. Ich versuche mein möglichstes, um bald in die Staaten zu kommen. Aber nachdem Ernest so lange verreist war, möchte er mich jetzt nicht gerne fortlassen. Wir werden sehen. Ich schicke Dir einen kleinen Scheck. Schreib mir, was Du dafür bekommst. Gib auf Dich acht – Du bist alles, was ich habe. In Liebe
Wallis

Aus den Memoiren des Herzogs von Windsor:

Wenige Tage später war ich in Sandringham, wo die Familie das Weihnachtsfest feierte. Meine Brüder mit ihren Frauen waren schon vor mir eingetroffen. Mein Vater war hager geworden und ging gebückt... Ich fühlte mich einsam, so als gehörte ich nicht dazu. Meine Brüder waren jeder in seiner Familie geborgen; ich dagegen befand mich in einem inneren Zwiespalt, und solange der nicht ausgetragen war, würde ich keinen Frieden finden. Aber andererseits war dies weder der richtige Ort noch der richtige Zeitpunkt... [um seinem Vater den Wunsch zu offenbaren, daß er Wallis heiraten wollte.]

---

[1] Margot, Gräfin von Oxford und Asquith, Witwe des Liberalen Premierministers Herbert Asquith. Herausragende Persönlichkeit im gesellschaftlichen und kulturellen Leben von London.

Wallis und der Prinz

Edward an Wallis

2. Weihnachtstag   *Sandringham, Norfolk*
Gute Nacht und guten Morgen, mein Herz – da ich Dir beides nicht
per Telefon wünschen kann. Es hat mir so gut getan, daß wir heute
abend endlich ein paar Minuten allein miteinander sprechen konnten. Ich hätte nicht geglaubt, daß man solche Sehnsucht haben kann,
es ist ein herrliches Gefühl, aber die Hölle, solange es dauert. Es ist
wirklich schrecklich hier und bislang das trostloseste Weihnachtsfest, das ich mit der Familie verbringen mußte, viel schlimmer als
letztes Jahr, und das war schon schlimm genug. Ich kann es kaum
erwarten bis zum Montag [30. Dezember], wenn ich Dich sehe und
weiß, daß dieses Schiff nach Kanada unterwegs ist. Ich sehne mich
nach einem eanum Brief, Wallis. Der meine muß eanum sein, weil
die Post in ein paar Minuten rausgeht. Bitte iß nicht zuviel, bis wir
wieder zusammen sind und ich Halt sagen kann. Sonst wird Dir
bloß übel, das weiß ich. Der Einfall mit dem Piratenkostüm ist gut,
aber der, daß wir uns in der Silvesternacht mit anderen langweilen
sollen, nicht. Oh! Allein zu sein für immer und ewig und dann –
immer und noch einmal für ewig. Gott segne WE, mein Herz, aber
ich bin sicher, er tut es – er muß ganz einfach. Dein

                                                                               David

Wallis und der Prinz begrüßten das neue Jahr gemeinsam in Melton
Mowbray, als Gäste der Colin Buists. Ernest war auf Geschäftsreise in
Kanada.
In einem Neujahrsgruß an Wallis scheint der Prinz auf seinen Wunsch
anzuspielen, sie 1936 zu heiraten.

1. Januar 1936
Guten Morgen, mein Herz,
Gott sei Dank haben wir den gestrigen Abend hinter uns. Laß uns
heute nachmittag rasch verschwinden. Dein lieber Neujahrsgruß
hat Deinem Jungen seinen einsamen Schlaf versüßt – er war so

traurig. Gib Mary ein eanum-Briefchen für mich, mit dem ich mich trösten kann, bis WE wieder allein miteinander sind. Oh! Meine Wallis, ich weiß, das neue Jahr wird uns *viel Glück*[1] bringen und uns eins werden lassen. Gott segne WE. Dein

David

Die Babies haben neue Schleifen und grüßen die »Eanum Oos«.

Wallis an Tante Bessie

Donnerstag, 9. Januar *Bryanston Court*
Liebste Tante Bessie,
es war himmlisch, Heiligabend Deine Stimme zu hören. Aber ich habe auch schreckliche Sehnsucht nach Dir bekommen. Weihnachten war sehr schön – am Ersten Feiertag Lunch bei uns und Dinner bei Betty Lawson Johnston. Am Zweiten Feiertag waren wir bei den Humphrey Butlers[2] eingeladen, und Freitag haben wir bei Sir Philip Sassoon[3] übernachtet und sind Samstag von dort zu Sir Robert Vansittart gefahren, wo wir wieder über Nacht geblieben sind. Silvester fand das Kostümfest bei Gladie [Buist] in Melton statt. Der Prinz kam von Sandringham. Das Fest war wirklich sehr lustig. Pferde müssen eine sonderbare Wirkung auf ihre Besitzer ausüben, jedenfalls habe ich die Engländer nie so lustig gesehen! Ich freue mich schrecklich auf die Scanlons. Bin ganz fassungslos über die Geschichte mit dem Puzzlespiel. In Wirklichkeit war es so: Walter Prendergast hat mir in Südfrankreich zwei aus Chagrin Falls geschenkt. So gute hatte ich noch nie gesehen. Dann schickte Aileen Winslow mir durch Ian Russell zwei vom selben Hersteller. Der Prinz hatte wahnsinnig viel Freude daran, sie waren ein großartiger Zeitvertreib fürs Wochenende. Deshalb telegraphierte ich Aileen und bat sie, ihm ein Dutzend zu schicken. Außerdem ging ich mit

---

[1] Deutsch im Original.
[2] Stallmeister des Herzogs von Kent.
[3] Vermögender Schöngeist, Salonlöwe und Politiker, zum damaligen Zeitpunkt Unterstaatssekretär für Luftfahrt.

einem Muster zu Harrods und gab eine Bestellung auf. Ich bin ganz sicher, daß die hier ein großer Schlager werden. Der Prinz hat die beiden Puzzles von Aileen mit nach Sandringham genommen, und König & Königin haben sie ausprobiert und ihn um Nachschub gebeten. Ernest ist wieder für zehn Tage verreist. Er meint, er würde zu etwas Geld kommen. In dem Fall könnte ich Dich in Washington besuchen. Bin Thelma zweimal zufällig begegnet, war ganz nett, und sie würde sich bestimmt wieder von mir einladen lassen, aber ich tue wohl besser daran, mich von der Bande fernzuhalten, wo ich sie einmal losgeworden bin. Die Leute, mit denen sie sich hier umgibt, sind einfach *schauderhaft,* und *Mala Brand* ist ihre beste Freundin. Wie ich höre, will auch in New York keiner was mit ihnen zu tun haben. Tamar werde ich immer gern haben und bin sicher, daß sie die einzig Anständige aus der Familie ist. Hier erzählt man sich, Glorias Verzicht auf das Geld sei nur Theater vorm Obersten Gerichtshof, denn wenn sie gewinnt, kriegt sie das Vermögen mitsamt dem Kind. Ich kann jetzt dieses pappige Zeug machen, das Mrs. Bristol auf ihren Schinken streicht. Wird aus Pfirsichen gemacht. Ich schicke Dir das Apfelrezept gesondert, da ich aus dem Fort schreibe, wo am Wochenende ein Fest mit allem Pomp stattfand; der Sekretär des Königs und seine Frau waren auch da. Letzte Woche habe ich ein Mittagessen gegeben, an dem Mr. Phillips[1] vom Außenministerium teilnahm. Erfuhr einige Neuigkeiten aus Washington, aber so viele Namen sind mir fremd. Du solltest anfangen, Pläne für den Sommer zu machen. Europa ist im Sommer viel angenehmer als Amerika, glaub mir. Gib auf Dich acht. Alles Liebe

Wallis

Aus den Memoiren des Herzogs von Windsor:

Am Nachmittag des 16. Januar, einem Donnerstag, war ich mit Freunden im Park von Windsor auf der Jagd. Man überbrachte

---

[1] Der zukünftige amerikanische Botschafter in Rom.

mir eine dringende Nachricht von meiner Mutter. »Ich meine, Du solltest wissen, daß es Papa nicht sehr gut geht«, schrieb sie und fuhr auf ihre mir so vertraute, ruhige Art fort, sie persönlich glaube zwar nicht an eine akute Gefahr, doch Lord Dawson [der Arzt des Königs] sei »nicht sehr zufrieden mit Papas augenblicklicher Verfassung«. Daher schlage sie vor, ich solle mich am kommenden Wochenende in Sandringham »einfinden«, mich aber so unbefangen geben, daß mein Vater nicht auf den Verdacht käme, sie habe mich über seinen Zustand unterrichtet.

Aus den Memoiren der Herzogin von Windsor:

Ich hielt mich an jenem Nachmittag zufällig im Fort auf und war im Wohnzimmer, als er mit dem Brief hereinkam. Wortlos gab er ihn mir zu lesen. Dann ging er hinaus, und ich hörte, wie er dem Piloten telefonisch Anweisung erteilte, sein Flugzeug am nächsten Morgen startklar zu machen, um ihn nach Sandringham zu bringen.

Edward an Wallis

Samstag [18. Januar]   *Sandringham, Norfolk*
Mein liebstes Herz,
nur ein paar Zeilen, die Dir sagen sollen, ich liebe Dich mehr und mehr und brauche Dich in dieser schweren Zeit so dringend an meiner Seite. Für den König besteht keine Hoffnung, die Frage ist nur, wie lange es dauern wird, und ich werde morgen nicht nach London kommen können, wenn's ihm schlechter geht. Aber ich sehne, sehne mich so danach, Dich wenigstens für ein paar Minuten zu sehen, meine Wallis, es würde mir so sehr helfen. Bitte paß auf Dich auf und erkälte Dich nicht. Du bist mein ein und alles, und WE müssen einander ganz fest halten. Es wird alles gut werden für uns. Gott segne WE. Dein

David

Am nächsten Morgen, einem Sonntag, fuhr der Prinz nach London, um den Premierminister über den Zustand des Königs zu unterrichten. Anschließend kehrte er nach Sandringham zurück.

Aus den Memoiren der Herzogin von Windsor:

Am Montagabend [20. Januar] ging ich mit den Lawson Johnstons zu einer Wohltätigkeitsgala in ein Lichtspieltheater. Die Vorführung wurde plötzlich unterbrochen, und man verlas Lord Dawsons berühmtes Bulletin: »Das Leben des Königs neigt sich friedlich seinem Ende entgegen.«
...Die Lawson Johnstons überredeten mich, sie zu einem kleinen Imbiß nach Hause zu begleiten. Kurz nach Mitternacht, als ich gerade aufbrechen wollte, holte man mich ans Telefon. David rief aus Sandringham an.
»Es ist vorüber«, sagte er.
Mir fiel nichts weiter ein als: »Es tut mir so leid.«
Darauf antwortete er: »Ich kann Dir nicht sagen, was weiter geschieht, hier ist alles so durcheinander. Aber ich fliege morgen früh nach London und rufe Dich an, sobald es geht.«
Erst als ich auflegte, wurde mir bewußt, daß David nun König war.

II

Wallis und der König
Januar–Dezember 1936

Sechstes Kapitel
Die neue Regentschaft
(Januar–Februar)

Der Prinz war nun König, und während der nächsten paar Tage bekam Wallis ihn kaum zu Gesicht. Seine Zeit war ausgefüllt mit den Zeremonien und Formalitäten, die einen Thronwechsel begleiten, dem pompösen und wohlinszenierten öffentlichen Schauspiel der Beisetzung seines Vaters und der Aufgabe, die zahlreichen ausländischen Würdenträger zu empfangen, die zur Trauerfeier nach London kamen. Nur einmal waren die beiden allein miteinander: Als Wallis von einem Fenster des St.-James-Palastes aus der feierlichen Zeremonie beiwohnte, in welcher der Prinz von Wales zum König von England proklamiert wurde, konnte er für ein paar Minuten zu ihr kommen. Nach dem Festakt sagte sie zu ihm: »Das hat mir klar gemacht, wie anders dein Leben von nun an sein wird.« Er entgegnete, daß sie zwar sicher recht habe, doch nichts und niemand seine Gefühle für sie zu ändern vermöge.

In der Tat hatten die Gefühle des Königs für Mrs. Simpson sich womöglich noch vertieft. Er spürte, in welche Einsamkeit sein erhabenes neues Amt ihn zu stürzen drohte, und suchte als Ausgleich zu seinen zahlreichen offiziellen Verpflichtungen Entspannung im Privat- und Gefühlsleben – das aber war nun ganz auf Wallis konzentriert. Sie war der einzige Mensch, bei dem er sich entspannen und dem er vertrauen konnte. Anfangs gelang es ihnen nicht, so häufig zusammenzusein wie früher: Seine königlichen Pflichten hatten absoluten Vorrang. Aber in Gedanken war er ihr stets nahe. Sooft es ihm möglich war, rief er sie an, schickte ihr Liebesbriefchen und Blumen. Jeden Abend besuchte er sie in Bryanston Court. Und die Wochenenden verbrachten sie weiterhin im Fort, zusammen mit einigen wenigen Gästen, die sie aus ihrem engsten Freundeskreis auswählten.

Wallis und der König

Die Proklamation Edwards VIII. wurde von seinen Untertanen mit ungeheurer Begeisterung und Hoffnung begrüßt. Seine relative Jugend, sein Charisma, seine moderne Einstellung, seine Reformfreudigkeit – alles schien darauf hinzudeuten, daß diese neue Regentschaft ein wahrhaft neues Zeitalter einläuten würde. Die sechsundzwanzig Jahre als Prinz von Wales hatten ihn optimal auf seine Rolle vorbereitet und ihm die Herzen des Volkes gewonnen. Zwar trauerte man aufrichtig um George V., aber er war ein Repräsentant des Viktorianischen Zeitalters und als solcher extrem konservativ gewesen. Die Leute hatten das Gefühl, mit Edward VIII. würden ein neuer Geist und ein neuer Stil ins politische Leben einziehen. Wallis' Briefe aus dieser Zeit an Tante Bessie – und das einzige, aber höchst bedeutsame Schreiben an den König – bezeugen, wie sehr sie sich von der allgemeinen Euphorie anstecken ließ und wie eifrig sie bestrebt war, den König bei seiner großen Aufgabe zu unterstützen. Aber diese Briefe enthüllen darüber hinaus auch anderes.

Wir haben gesehen, wie sehr Wallis im Jahre 1935 aufgrund ihrer Freundschaft mit dem Prinzen von der Londoner Gesellschaft hofiert worden war. Aber das war nichts im Vergleich zu der beherrschenden Stellung, die sie im Januar 1936 innehatte. Jetzt war sie nicht mehr einfach die Favoritin eines Prinzen, sondern die Frau, die das Ohr und das Herz des Königs besaß. Dank der traditionellen Diskretion der britischen Presse im Zusammenhang mit dem Privatleben der königlichen Familie blieb ihr Name der breiten Öffentlichkeit unbekannt; doch in Regierungs- und Gesellschaftskreisen war sie eine Sensation. Sie wurde mit Einladungen und schmeichelhaften Aufmerksamkeiten überschüttet – freilich ebenso mit peinlichen Ansinnen, denn viele Leute sahen in ihr eine Art privater Kontaktperson zum König, der während der Hoftrauer nicht in der Öffentlichkeit erschien und für alle außer seine engsten Freunde unerreichbar war.

Will man Wallis' Rolle während der Regentschaft Edwards VIII. näher definieren, so sollte man sich darüber klar sein, daß sie – und zwar vom ersten Tage an – von Schmeichlern umgeben war (viele davon in herausragender gesellschaftlicher oder beruflicher Position), die ihr unentwegt versicherten, wie beliebt sie sei und wie sehr man den Einfluß schätze, den sie auf den Monarchen ausübe. In einem Brief an

Die neue Regentschaft

Tante Bessie, geschrieben am 10. Tag der neuen Regentschaft, erwähnt Wallis, daß man sie mit Verehrungsschreiben überhäufe; diejenigen davon, die Eingang in ihr Archiv fanden, sind in der Tat überschwenglich in ihren Gunstbezeigungen.

Sibyl Colefax[1] schrieb ihr, sie empfinde »von Monat zu Monat mehr Bewunderung nicht nur für Ihren wachen Geist & Ihren erfrischend gesunden Menschenverstand (eine sehr zu Unrecht geschmähte Eigenschaft!), sondern auch für Ihren unfehlbaren Instinkt im Urteilsvermögen & in jeglicher Lebenssituation, ganz gleich von welchem Aspekt aus betrachtet«. Margot Oxford meinte, Wallis habe »alle Voraussetzungen, daß man Sie gerne hat – Sie sind sehr natürlich, sehr freundlich, Sie geben nie vor, mehr zu wissen als Sie tun (eine seltene Eigenschaft, glauben Sie mir) & haben den aufrichtigen Wunsch, den Mann, den Sie lieben, bei seiner äußerst schwierigen Aufgabe zu unterstützen«. Diana Cooper fand sie »gut und freundlich und liebenswert – was könnte besser sein?« Kein Wunder, daß Wallis ihrer Tante schreibt, alle seien »zu himmlisch« zu ihr, sie sei »von allen Seiten angefleht worden«, den König nicht zu verlassen, und alle seien der Meinung, sie übe »einen guten Einfluß« auf den König aus und habe »recht mit dem, wozu ich ihn zu überreden versuche«.

Die drei erwähnten Frauen waren für Wallis Freundinnen; und sie hatten sie auch wirklich gerne. Andere sogenannte Freunde schrieben in ähnlichem Tenor – so zum Beispiel Emerald Cunard und Philip Sassoon, der ein Jahr später behaupten sollte, er habe sie kaum gekannt. Doch Wallis scheint in der Gesellschaft tatsächlich sehr beliebt gewesen zu sein. Scharfsichtige Politiker der Zeit äußern sich in ihren Tagebucheintragungen wohlwollend über sie. Harold Nicolson[2], der sie wenige Tage vor dem Tode Georges V. in Begleitung des Prinzen im Theater traf, fand sie »juwelenbehängt, mit gezupften Brauen, klug und zurück-

---

[1] Eine der berühmten Gastgeberinnen ihrer Zeit und notorische »Prominentenjägerin«, die in ihrem Haus in Chelsea die unterschiedlichsten Leute zusammenbrachte. Zwischen ihr und Wallis entwickelte sich eine herzliche Freundschaft, die auf das gemeinsame Interesse an Essen, Mode und geschmackvoller Einrichtung gegründet war. Sie war mit dem Kronanwalt Sir Arthur Colefax verheiratet.
[2] Unterhausabgeordneter der National Labour Party des Bezirks Leicester, zuvor im diplomatischen Dienst, als Literat und Journalist berühmt für seinen geschliffenen Stil. 1913-45 verheiratet mit der Schriftstellerin Vita Sackville-West.

haltend« und »spürbar entschlossen, ihm zu helfen«[1]. Chips Channon[2] hielt sie für »eine charmante, vernünftige, ausgeglichene und ungemein witzige Frau, zudem vornehm und sicher im Geschmack«.[3] Victor Cazalet[4] sah in ihr »die einzig wahre Freundin, die Er je gehabt hat. Sie übt einen wunderbaren Einfluß auf Ihn aus…«[5] Natürlich ahnte im Winter 1936 noch keiner dieser Zeitgenossen, daß der König die Absicht hatte, Wallis zu seiner Frau zu machen. Dem Anschein nach war ihre Ehe mit Ernest ungefährdet. Die übereinstimmende Haltung ihr gegenüber war die einer Familie, die sich zwar freut, daß ihr Oberhaupt sich bei all seinen verantwortungsvollen Pflichten auf eine tüchtige und vertrauenswürdige Sekretärin oder Haushälterin stützen kann, die aber nicht damit rechnet, daß die Betreffende je an die Stelle der Gattin aufrücken könnte.

Wir haben gesehen, daß der Prinz in seinem Neujahrsgruß an Wallis vom 1. Januar 1936 der inbrünstigen Hoffnung Ausdruck gab, »WE« könnten noch im selben Jahr »eins« werden. Wallis war zweifellos tief gerührt von so leidenschaftlichen Beteuerungen. Aber wie ernst hat sie dergleichen genommen? Ihre Privatkorrespondenz aus den ersten Wochen seiner Regentschaft enthält Hinweise darauf, daß sie die Heiratspläne des Königs als Phantastereien betrachtete und ihn nicht darin bestärkte. Sie schreibt ihm, sie hoffe, er werde »aufhören, genau das zu wollen, was am schwersten zu erlangen ist, und sich mit dem einfachen Weg begnügen«. Und in einem Brief an Tante Bessie bezeichnet sie es als »tragisch, daß er sich nicht dazu durchringen kann, ohne Liebe zu heiraten« – was nichts anderes bedeutet, als daß eine standesgemäße Verbindung mit einer anderen Frau für ihn nicht in Frage kam.

Ernest befindet sich inzwischen in einer heiklen Lage. In den voraufgegangenen zwölf Monaten hatte sich die emotionale Bindung zu seiner

---

[1] Nigel Nicolson (Hg.): Harold Nicolson, Diaries and Letters, 1930-39. London 1966, S. 238.
[2] Unterhausabgeordneter der Konservativen des Bezirks Southend; in der Londoner Gesellschaft bekannt für seine giftigen Seitenhiebe und seine großzügige Gastfreundschaft. Der gebürtige Amerikaner stammte aus Chicago und war mit einer Erbin der Guinness-Brauerei verheiratet.
[3] Robert Rhodes James (Hg.): Chips, the Diaries of Sir Henry Channon. London 1967, S. 51.
[4] Unterhausabgeordneter der Konservativen des Bezirks Chippenham; der damals Neununddreißigjährige war Zionist und bekannt für seine strengen Moralprinzipien.
[5] Robert Rhodes James: Victor Cazalet. London 1976, S. 186.

Frau gelockert, und er hatte anderswo Ersatz gesucht und gefunden. Der Verantwortliche für seinen Bruch mit Wallis war nun aber König geworden, und Ernest verehrte in ihm seinen Monarchen. Am 21. Januar schrieb er in demutsvollem Ton an seinen neuen Souverän und entbot ihm als »treu ergebener Untertan« die »aufrichtigsten Empfindungen, welche Freundschaft zu wecken vermag ... in der schweren Prüfung, die Ihnen auferlegt ist ... und damit verbunden das inbrünstige Gebet: ›Gott schütze Eure Majestät‹.«

»Ernest hat sich natürlich in allem wunderbar verhalten«, schreibt Wallis an Tante Bessie. Das häusliche Leben in Bryanston Court ging seinen gewohnten Gang – vielleicht mit weniger Unterbrechungen als zuvor. Aber wie lange konnte das so weitergehen, nun da der König emotional sogar noch größere Ansprüche an sie stellte als zuvor und entschlossen war, alle Hindernisse, die sich ihrer Heirat in den Weg stellten, zu überwinden?

Wallis an Edward

[Anfang Februar]   *Bryanston Court*

Ich bin traurig, denn Du fehlst mir, und einander nahe und doch so fern zu sein, ist sehr ungerecht. Eines Tages werde ich natürlich lernen müssen, für immer allein zu bleiben, denn im Herzen werde ich das sein. Auch muß ich die Kraft finden, Dein Bild in der Zeitung zu sehen und über Dich zu lesen – und vielleicht wirst Du das eanum in Deinem Programm vermissen. In der Menge kann man ganz schrecklich allein sein – aber vielleicht werden wir beide auch aufhören, genau das zu wollen, was am schwersten zu erlangen ist, und uns mit dem einfachen Weg begnügen. Und jetzt höre ich Deine Maschine, sonst immer ein so *beglückendes* Geräusch, weil es bedeutete, daß Du mich bald in Deinen Armen halten würdest, und ich würde in Deine Augen »auf«schauen.

Gott segne Dich und mache Dich vor allem stark, wo Du schwach gewesen bist.

»Ich schicke ihm Blumen.«

Wallis und der König

Wallis an Tante Bessie

30. Januar
Liebste Tante Bessie,
ich weiß nicht mehr, wann ich Dir zuletzt geschrieben habe, aber es ist gewiß schon eine Ewigkeit her – doch die letzte Woche ging alles dermaßen turbulent zu, jeder war in Hochspannung usw. Ich habe Dir die englischen Zeitungen geschickt, damit Du die Berichte über den Tod des Königs lesen kannst. Das Ende kam doch sehr plötzlich, obwohl er ja seit seiner Krankheit im Jahre '28 immer mehr oder weniger leidend gewesen war – und der Prinz fand ihn zu Weihnachten sehr schwach. Er erkrankte an einem Donnerstag und starb am darauffolgenden Montag um Mitternacht. Ich mußte dem neuen König ständig auf Abruf zur Verfügung stehen, bin ich doch der einzige Mensch, mit dem er wirklich offen über alles reden kann, und es war alles in allem eine große Belastung. Die Feierlichkeiten waren so prächtig und eindrucksvoll, wie es eben nur in diesem Lande möglich ist, und die Proklamation von Edward XVIII. *[sic]* war unglaublich malerisch – die Herolde in ihren mittelalterlichen Kostümen waren wie aus einem Kartenspiel. Der König hat fünf Pfund abgenommen. Er ist ungeheuren Belastungen ausgesetzt, aber jetzt, da das Begräbnis vorbei ist, wird sich alles einpendeln, und in sechs Monaten übersiedelt er in den Palast. Vorläufig hat er dort nur sein Amtszimmer. Letztes Wochenende waren wir im Fort, wo wir auch morgen wieder hinfahren, damit er die nötige Ruhe findet. Alle, die Kabinettsmitglieder inbegriffen, waren einfach himmlisch zu mir, und gewiß (?) habe ich wirklich ein paar gute englische Freunde gefunden. Von allen Seiten fleht man mich an, ihn nicht zu verlassen, weil er doch so abhängig von mir sei, und ob Du es glaubst oder nicht, ich habe angeblich einen *guten* Einfluß auf ihn und recht in allem, wozu ich ihn überrede. Natürlich habe ich ihn sehr gern und bin stolz auf ihn und möchte, daß er seine Sache gut macht. Er ist einsam und braucht Gesellschaft und Zuneigung, andernfalls gerät er auf Abwege. Ernest hat sich natürlich in allem wunderbar verhalten. Er hat das Zeug zum Heiligen und ist viel zu gut für »Frauen meinesgleichen«. Wie sich alles

entwickeln wird, weiß ich selbst noch nicht. Jedenfalls sollst Du Dir nicht Deinen lieben Kopf zerbrechen! Ich lege Dir einige Briefe bei, die ich bekommen habe. Jeder ist nur Beispiel für 30 andere, die man mir geschrieben hat. Der von Sibyl Colefax ist besonders nett. Sie ist so um die Fünfzig[1]. Über ihre Handschrift amüsiert sich ganz London, und Du wirst Tage brauchen, um ihren Brief zu entziffern. Die Briefe schicke mir bitte alle zurück, aber die Fotos kannst Du behalten, von denen habe ich Abzüge. Von Walter [Prendergast] habe ich erfahren, daß die Scanlons am Dienstag ankommen. Leider werden sie [Bernardo] Rolland knapp verpassen; er war für ein paar Tage hier. Heute abend fand ich eine Karte von den Frazers vor. Ich werde mich darum kümmern, sobald ich kann, aber im Augenblick komme ich nicht zum Luftholen, weil alle Welt mehr denn je meine Freundschaft sucht und ich Tag und Nacht auf Trab bin. Obwohl der König in Trauer ist, bestehen die Offiziellen darauf, daß *ich* zu sämtlichen Abendgesellschaften eingeladen werde, und alle schikken durch mich Botschaften an ihn. Ist das nicht furchtbar komisch und merkwürdig zugleich? Ich habe mich jedoch nicht verändert, sondern genieße alles wie ein grandioses Spiel – lache innerlich viel und halte nach außen hin meine Zunge und meinen Sinn für Humor im Zaum. Ich hoffe, daß es Dir gut geht und wir uns bald wiedersehen. Alles Liebe

Wallis

Samstag, 1. Februar   Das Fort
Liebste Tante B,
im letzten Brief vergaß ich Dir zu schreiben, daß ich zwei von diesen Familienstammbaum-Dingern brauche, einen von den Warfields und einen von den Montagues. Ich weiß, daß sie ziemlich teuer sind, aber ich möchte sie schrecklich gerne haben, würdest Du Dich also bitte erkundigen, bei wem man so was machen lassen kann? Ich hoffe, die Geschichte meiner Vorfahren kann es mit der dieser 1066er hier aufnehmen. Hier geht man wegen solcher Familien-

---

[1] Sie war einundsechzig.

Wallis und der König

geschichten zum Heroldsamt, aber wie das zu Hause ist, weiß ich nicht. Ich glaube, Cousine Lelia hat früher einmal die Montagues »untersucht« – mit »e« geschrieben bezeichnet der Name hier übrigens die jüdische Familie. Die feinen Herrschaften schreiben ihn ohne »e«!! In Eile und mit den innigsten Grüßen

Wallis

Montag, 9. Februar *Das Fort*
Liebste Tante B,
wie Du siehst, finden die Wochenenden weiterhin hier statt, nur mit weniger Leuten. Ob *er* als König noch so oft mit seinen Freunden zusammensein kann wie früher, bleibt abzuwarten und wird sich erst zeigen, wenn der Hof die Trauerzeit beendet hat und die Arbeitsroutine wieder einsetzt. Im Moment hat er abends mehr freie Zeit als früher, weil es mit den Dinnerpartys usw. vorbei ist, aber tagsüber hat er mehr und natürlich Interessanteres zu tun, weil er ja jetzt der Boß ist. Ich denke, er wird ein großer König einer neuen Ära werden – und ich glaube, das Land denkt genauso. Die alte Regentschaft war nämlich ein bißchen verstaubt, wenn auch sehr beliebt. Weder der verstorbene König noch die Königin waren sehr gesellig, aber ich bin sicher, der neue König wird im Palast häufiger Gäste empfangen. Es ist ein sehr einsamer Job – und es ist tragisch, daß er sich nicht dazu durchringen kann, ohne Liebe zu heiraten. Die Engländer sähen es lieber, wenn er eine Herzogstochter heiraten würde, und nicht eine von diesen armseligen ausländischen Prinzessinnen, die noch zu haben sind. Doch das können nur die Zeit und er selbst entscheiden. In London ist es verständlicherweise recht langweilig. Wir sehen alle aus wie schwarze Vögel. Da ich aus Sparsamkeitsgründen immer viel Schwarz trage, hat mich die Trauerkleidung praktisch nichts gekostet. Ich werde bis Ende März in Trauer gehen – das tun wir alle. Bin dauernd auf dem Sprung wegen der endlosen kleinen Abendgesellschaften. Der König hat Mittwoch bei uns gegessen und Donnerstag ebenfalls – da hatte ich auch die Scanlons eingeladen, die tags zuvor angekommen waren.

Die neue Regentschaft

Wir waren nur zu sechst – HM[1] kommt nicht, wenn mehr da sind –, und anschließend haben wir uns im York House den Film über den Trauerzug angesehen. Die Scanlons waren hingerissen und Gladys atemloser denn je – und ich fand, was sie sagte, hatte weder Hand noch Fuß. Mein Kleid hat sie mir noch nicht bringen können – es wird bestimmt himmlisch sein nach dem ewigen Schwarz. Der König wird Ende September, wenn Queen Mary Marlborough House bezieht, in den Buckingham-Palast übersiedeln. Foxy Gwynne hat sich von irgendwem eine Wohnung in Paris geliehen, und im März besuche ich sie vielleicht für eine Woche und kaufe mir zu meinen günstigen Preisen ein paar Kleider bei Mainbocher. Ich werde Dir ein paar Sachen für Sally schicken, aber Du weißt ja, daß ich meine alten Kleider verkauft habe. Natürlich muß ich für 20 oder 30 Pfund – ungefähr der Preis für 2 neue Kleider – schon eine ganze Menge Sachen hergeben. Bitte nimm Dich vor dem Wetter in acht. Ich habe gelesen, daß es bei Euch sehr kalt ist. Berta ist zurück, diesmal in Gesellschaft zahlreicher Verwandter von der Grant-Seite. Die arme Mary Osborne stirbt an Krebs. Berta und ich wollen sie Freitag besuchen. Miß Frazer hat angerufen, aber ich bin noch nicht dazu gekommen, sie einzuladen. Ich kann Dir gar nicht sagen, was für eine Plage zur Zeit das Telefon ist, und Cain bringt alles durcheinander, und ich bin noch immer ohne Hausmädchen! Alles, alles Liebe

Wallis

P.S. Marge Key hat viel von Anne gesprochen.

14. Februar *Bryanston Court*
Liebste,
war so aufgebracht über den Klatsch wegen der Rezepte, daß Mrs. Ralph sie jetzt abschreibt, und dann wird Ernest sie zur Post bringen, da ich gleich zu Antoine[2] muß. Ja, ich will die Familienchronik von Leuten zusammenstellen lassen, die auf so was speziali-

---
[1] His Majesty.
[2] Wallis' Friseur.

siert sind. Es ist nur für den Fall, daß irgendein alter Hofbeamter das eine oder andere wissen möchte – *jede englische Familie* hat so ein Ding – und wir finden es gut, so was in Reserve zu haben. Ich weiß, daß es in Amerika Leute gibt, die diese Nachforschungen anstellen, denn ich habe mal eine Postkarte von jemandem aus Washington bekommen, der anfragte, ob ich an so was interessiert sei, aber leider habe ich sie weggeworfen. Ich verstehe wirklich nicht, warum Du Dich über die Zeitungen aufregst, wenn Männer wie Norman Davis, Phillips[1] usw. versichern, daß der Hearst-Presse sowieso keiner glaubt, und all den anderen Sensationsberichten aus Amerika auch nicht. G. Trotter wurde letzten Oktober automatisch aus den Diensten des damaligen Prinzen von Wales entlassen, und zwar aus Altersgründen.[2] Für das gesamte Personal der königlichen Familie gibt es eine Altersgrenze, andernfalls würde man bei Hof von Greisen auf Krücken bedient. Und G kam als Aushilfe zurück, als der alte König im Sterben lag. Es hat keinerlei Streit gegeben. Man wird all dieser Geschichten müde, und das einzige, was die meisten Persönlichkeiten des öffentlichen Lebens aufrecht hält, ist, daß sie sich über den Klatsch erhaben fühlen. Denk doch nur daran, wie Mr. Baldwin kürzlich angegriffen wurde.[3] Ich nehme an, das macht ihm zu schaffen. Und was wird dann aus dem Land? Die Zeitungsausschnitte amüsieren mich, und ich habe zusammen mit Ernest eine richtige Sammlung angelegt, aber aufregen können mich diese Schmierereien nicht. Ich muß jetzt los, schreibe Dir am Wochenende ausführlicher. Alles Liebe

Wallis

---

[1] Amerikanische Diplomaten.
[2] Gerüchten zufolge war Trotter entlassen worden, weil er Wallis kühl behandelt hatte und weiterhin freundschaftliche Kontakte zu Thelma Furness unterhielt.
[3] Als Führer der Konservativen und damit der stärksten Fraktion hatte Stanley Baldwin die Wahlen im November 1935 gewonnen, war aber durch die nachfolgende Hoare-Laval-Affäre, in welcher der Außenminister versucht hatte, mit Mussolini wegen Abessinien zu paktieren und vom Britischen Kabinett daran gehindert wurde, ins Kreuzfeuer der Kritik geraten.

Die neue Regentschaft

Montag, 17. Februar *Das Fort*
Liebste Tante B,
ich habe gerade ein recht politisches Wochenende hinter mich gebracht – Duff Cooper, Philip Sassoon, Ewan Wallace[1] – alle vom Kabinett – und Emerald Cunard, die sich für den Premierminister persönlich hält. Mein Leben ist jetzt nicht mehr so frei wie früher – zumindest was das Reden angeht. Ich darf praktisch keine Meinung äußern, weil sonst alle glauben, der König hätte so was gesagt – also kichere ich bloß und sage gar nichts. Ihm macht es riesigen Spaß, Bilder und auch herrliches Silber hierherzuschaffen. Es dauert bestimmt einen Monat, bis er all die Schätze kennt, die ihm gehören. Gladys [Scanlon] hat mir endlich das herrliche Kleid gebracht. Ich werde es sonntags auf dem Land als Nachmittagskleid tragen. Es ist ein bißchen zu groß, aber ich kann es ohne Schwierigkeiten ändern lassen. Ich habe diesseits des Atlantiks noch nie so eines gesehen und finde es himmlisch. Die Illustrierte habe ich bekommen, und ich finde, der Ton hat sich ein bißchen gebessert. Ich frage mich, was sie ihm jetzt, da er eine Stufe höher steht, antun werden? Berta [Grant] und ich haben Mary Osborne besucht. Es ist schrecklich traurig, aber sie ist so fröhlich und tapfer. Auf dem Rückweg haben wir hier Halt gemacht und den König mitgenommen. Hätte mich nicht gewundert, wenn Berta vor lauter Nervosität ohnmächtig geworden wäre. Gladys und Mike haben Schwierigkeiten, ein Haus zu finden, das ihren Mitteln entspricht, aber Platz haben soll für 2 Vögel, 3 Hunde und 3 Dienstboten und außerdem in Mayfair liegen muß. Heute kommt wieder einmal ein neues Hausmädchen. Ist das nicht unerhört? Ich fürchte, an einem Teil der Schwierigkeiten ist Cain schuld, mit der sich offenbar nur schwer auskommen läßt, besonders seit ihrer Krankheit – also wird mir vielleicht nichts anderes übrig bleiben, als ihr zu kündigen. Ich fürchte, dies ist ein sehr langweiliger Brief, aber es gibt nichts Neues zu berichten. Ernest geht es gut, und er begleitet mich vielleicht nach Paris, wenn es sich mit seinen Terminen vereinbaren läßt. Ich war in der Premiere des Chaplin-Films[2] und fand ihn umwerfend komisch.

---
[1] Minister für Überseehandel, aber nicht Kabinettsmitglied.
[2] »Moderne Zeiten«

Der König schaut ihn sich Mittwochabend in York House an, vorher Dinner für 8 Personen – wieder Kabinett. Warum hat Lelia einen Laden – aus finanziellen Gründen oder zum Vergnügen? Ich hoffe, Du bist gesund und zufrieden. Ich wünschte, Du hättest ein kleines Auto. Taxis und Züge machen mir immer Angst – vor allem, weil man sich darin so leicht erkältet. Alles Liebe

Wallis

24. Februar *Das Fort*
Allerliebste Tante Bessie,
Mike und Gladys [Scanlon] sind eben gegangen. Ich bleibe zum Mittagessen. Ernest ist nach Newcastle gefahren. Ich muß abends zurück nach London wegen einer dieser endlosen Abendgesellschaften. Gladys und Mike waren ein Riesenerfolg, und ich hatte Zeit, alle Neuigkeiten und Klatschgeschichten aus Washington zu hören. Wie fremd und weit weg mir das jetzt alles vorkommt. Die Denkweise beider Länder unterscheidet sich kolossal. Ich spüre leider, daß ich nicht mehr denselben Rhythmus habe wie meine Landsleute. Ich reagiere einfach anders auf die Dinge als sie. Allerdings auch nicht so wie die Engländer. Ich scheine zwischen zwei Nationalitäten hin und her gerissen. Ich mag die englische Lebensart und Würde und die großzügige Weltanschauung – und ich mag andererseits den amerikanischen Schwung und den Humor, verabscheue aber ihre bourgeoise Moral. Gladys erzählte mir, drüben würde enorm viel getrunken – 8-9 Cocktails vor dem Essen – zum Essen gar nichts – Wein werde kaum gereicht – und später dann wieder Cocktails. Kein Wunder, daß Anne ins S. P.[1] mußte. Bei solcher Kost kann man unmöglich ein halbwegs intelligentes Gespräch führen. Tun die Leute drüben auch nicht, sagt Gladys. Wir sind immer noch sehr mit den Puzzlespielen von Weihnachten beschäftigt, und Aileen hat eins mit 1589 Teilen geschickt. Letztes Wochenende haben wir ein besonders schönes aus 1200 Teilen mit den Duff Coopers fertiggestellt. Ich finde es wirklich sehr geschickt von Johns Frau, wie sie die Teile gliedert und die Themen auswählt.

[1] Shepherd-Pratt-Sanatorium, vgl. Brief an Tante Bessie vom 18. November 1935.

Die neue Regentschaft

Nächsten Sonntag fahre ich mit Foxy nach Paris. Ich habe »etwas Ormund«, ein bißchen Geld von einem Aktienverkauf, und E hat etwas beigesteuert, und der König hat im Meurice[1] wunderbar günstige Preise für uns ausgehandelt – *50 Francs pro Person* für zwei Schlafzimmer und einen Salon. Ich kann es kaum erwarten, daß wir reisen. Ich bin hier alles so *leid* und auch furchtbar erschöpft – die ewige Fragerei. Außerdem freue ich mich darauf, aus der Wohnung rauszukommen, nachdem der Haushalt sich diesen Winter trotz größter Anstrengung nur mäßig in Ordnung halten ließ, – und darauf, im Bett zu frühstücken, freue ich mich auch – endlich keine Leute um mich usw. – mit anderen Worten, Ruhe, die ich wirklich brauche, und trotzdem interessante Tage. Gib auf Dich acht bei Eis und Schnee – beides ist so gefährlich. Ich wünschte nur, wir könnten Dir irgendwie ein Auto beschaffen. Und was meinst Du mit Verringerung Deines Einkommens? Hat M[ary] A[dams] es wieder gekürzt? Ernest hat sich über den Tod vom armen Puzzle-Nuts sehr aufgeregt, und es war so lieb von Dir, ihm zu schreiben. Er schwärmt für seine Tante Bessie! Ich werde versuchen, ein Bild für Dich zu bekommen – das ist zwar ein heikles Thema, aber im Fort findet sich immer eine günstige Gelegenheit für dergleichen. Alles Liebe

Wallis

Edward an Wallis

Donnerstag, zwei Uhr dreißig St.-James's-Palast, SW
[Trauerpapier]

Hallo, mein Herz! Wie geht es Dir? Ich hoffe, Du vermißt Deinen Jungen. Anbei die Karte für Kitty Brownlows Blumen. Komm rasch, ich bitte Dich, denn Dein Junge sehnt sich nach seinem Mädchen und wird pünktlich um halb sechs fertig sein und es erwarten. Eanum?

David sagt mehr und mehr.

[1] Diskretes und elegantes Hotel in der Rue de Rivoli.

[undatiert] *St.-James's-Palast, SW [Trauerpapier]*
Mein Herz,
bleib nicht so lange im Savoy, bitte. Warum besuchst Du nicht lieber Deinen Jungen hier? Er wartet auf Dich und hat Sehnsucht nach Dir. Du hast mir Mr. Loo nicht geschickt, aber vielleicht hast Du es nur vergessen. Falls Du nicht herkommen kannst, ruf mich an, und ich werde in ein paar Minuten bei Dir sein. Hallo! Dein

David

Sonntag *Das Fort [Trauerpapier]*
Guten Morgen, liebe, gütige Wallis. Bitte sag, daß es Dir leid tut, so impulsiv gehandelt und uns so tief in Davids Schuhe gesteckt zu haben. Wir sind beide sehr verletzt und gekränkt. Bitte setz uns wieder auf unsere Stühle, wo wir hingehören, und David läßt sagen, Du sollst schnell herunterkommen. Deine Dich liebenden Babies

Wallis an Edward

[undatiert] *Das Fort [Trauerpapier]*
Ich kann es nicht fassen, daß ein Mädchen so ein herrliches Geschenk bekommen kann. Ich kann Dir gar nicht sagen, wie verwöhnt ich mir vorkomme. Ich hoffe nur, Du fühlst, daß ich Dich immer liebe, für Dich und mit Dir arbeite und der ganzen Welt klar machen möchte, was für ein wunderbarer Mensch David ist. Ich bin Deine

Wallis

[Auf dem Umschlag steht:] Bitte bringen Sie mir mein gelbes Hündchen, Sir.

Siebtes Kapitel

Ein Irrgarten
(März–Mai)

Die Monate März bis Mai 1936 bilden den Wendepunkt in der Geschichte von Wallis und Edward. Bis auf den heutigen Tag war diese Phase in geheimnisvolles Dunkel getaucht. Im Februar schien Wallis' Ehe mit Ernest Simpson noch gesichert, und keinerlei Anzeichen deuteten auf eine Trennung der beiden hin. Im Juni hatte sie sich zur Scheidung entschlossen. Im Februar schien der Wunsch des Königs, sie zu heiraten, nichts weiter als ein ferner Traum; im Juni war er zur festen Absicht gereift, und der Monarch hatte auch schon einen konkreten Plan entworfen, um sein Vorhaben zu verwirklichen. Die Memoiren des Herzogs und der Herzogin liefern jedoch keinerlei Aufschluß über diese dramatische Zeitspanne. Der Herzog von Windsor erwähnt sie überhaupt nicht. Die Herzogin bemerkt lediglich, ihr sei nun klar geworden, daß Ernests Leben »einen neuen Gefühlsmittelpunkt« gefunden habe – eine andere Frau –, und sie sei der Ansicht gewesen, er solle »frei [sein] für sein neues Glück und erlöst von den Fesseln einer gescheiterten Ehe«. Wie die nachstehenden Briefe zeigen, schilderte die Herzogin hier in einfachen Worten eine äußerst komplexe Situation.
Nach der Thronbesteigung Edwards VIII. scheint Wallis zunächst gehofft und auch angenommen zu haben, daß alles ungefähr so weitergehen werde wie bisher – daß sie also sowohl ihre enge Freundschaft mit dem König als auch ihre Ehe (oder was noch davon übrig war) erhalten könne. Aber weder der König noch Ernest waren gewillt, diese Dreiecksbeziehung fortzuführen. Der König wollte sie um jeden Preis heiraten, und um das zu ermöglichen, mußte Ernest von der Bildfläche verschwinden. Was Ernest betraf, so hatte er endgültig genug. 1934 scheint er noch ganz zufrieden mit einem Arrangement, das schließlich auch ihm den ständigen Kontakt mit dem Thronerben ermöglichte.

Wallis und der König

1935 tolerierte er es notgedrungen, Wallis mit einem anderen teilen zu müssen. Im Januar 1936 besiegte seine Verehrung für die Monarchie kurzfristig den Kummer darüber, daß der neue König seine Frau liebte. Doch auf Dauer konnte er sich nicht damit abfinden, daß der Monarch nun beharrlich Anspruch auf die Gesellschaft und die Zuneigung seiner Frau erhob.

Nach dem Bericht eines wichtigen Augenzeugen wurde die Entscheidung bei einem privaten Zusammentreffen zwischen Ernest und dem König herbeigeführt, ein Treffen, das anscheinend auf Ernests Betreiben zustande gekommen war. So jedenfalls schildert es Bernard Rikkatson-Hatt, Chefredakteur der Nachrichtenagentur Reuter und einer von Ernests besten Freunden. Die beiden hatten einander in der Armee kennengelernt, wo Ernest seine kurze Dienstzeit bei den Coldstream Guards ableistete.

Es lohnt sich, Rickatson-Hatts Ansichten über die Affäre ausführlich wiederzugeben, denn er kannte beide Simpsons sehr gut. Er meint, Wallis habe die Absicht gehabt, »doppelt abzusahnen. Die Anträge des Prinzen von Wales und späteren Königs schmeichelten ihr, und sie genoß seine Großzügigkeit in vollen Zügen. Sie dachte, sie könne sich in seiner Gesellschaft sonnen und trotzdem ihr Zuhause bei Simpson behalten. Wenn Ernest sie mit Fragen bestürmte, versicherte sie ihm immer wieder, er könne sich darauf verlassen, daß sie schon auf sich aufpassen werde. Sie genieße es zwar, daß man ihr den Hof mache, aber es sei alles ganz harmlos.« Rickatson-Hatt glaubte im übrigen, daß, »wäre der König nicht so starrköpfig und eifersüchtig gewesen, die Affäre den üblichen Verlauf genommen hätte, ohne die Ehe der Simpsons zu zerstören«.[1] Von besonderer Wichtigkeit ist Rickatson-Hatts Augenzeugenbericht von einer Begegnung, die wenige Wochen nach der Inthronisation Edwards VIII. stattfand. Eines Abends suchte Ernest den König zu einem vertraulichen Gespräch in York House auf. Wallis war nicht dabei – und es deutet auch nichts darauf hin, daß sie über dieses Treffen unterrichtet war. Ernest hatte Rickatson-Hatt gebeten, ihn zu begleiten. Im Laufe des Abends wollte Rickatson-Hatt sich zurückziehen, doch Ernest »bat ihn zu bleiben und erklärte dem

---

[1] Rickatson-Hatt gab diese Informationen im August 1940 an Walter Monckton weiter. Vgl. Lord Birkenhead: *Walter Monckton.* London 1969, S. 128 und 157.

König in seiner Gegenwart, Wallis müsse sich zwischen ihnen entscheiden. Und was gedenke der König zu tun? ›Meinen Sie es ehrlich? Haben Sie die Absicht, sie zu heiraten?‹ Da erhob sich der König aus seinem Sessel und fragte: ›Glauben Sie wirklich, daß ich mich ohne Wallis an meiner Seite krönen lassen würde?‹«[1] Noch am selben Abend – so berichtet Rickatson-Hatt weiter – trafen der König und Ernest eine Übereinkunft, wonach Ernest sich bereit erklärte, in die Scheidung einzuwilligen, sofern der König verspreche, Wallis treu zu bleiben und für sie zu sorgen.

Der Zeitpunkt dieses Zusammentreffens ist von entscheidender Bedeutung. Rickatson-Hatts Angaben dazu sind ungenau: Er spricht nur von einem »Abend im Februar«. Die Wahrscheinlichkeit ist allerdings sehr groß, daß die Begegnung tatsächlich erst Anfang März stattfand. Am 1. März reiste Wallis, wie sie es in den Briefen an ihre Tante angekündigt hatte, in Begleitung ihrer Freundin »Foxy« Gwynne für vierzehn Tage nach Paris – teils um Einkäufe zu machen, teils um sich von den zurückliegenden hektischen und anstrengenden sechs Wochen zu erholen, in denen der neue Souverän sich voll und ganz auf sie gestützt hatte. Ernest blieb in London – allerdings war vereinbart, daß er seiner Frau folgen und die zweite Hälfte ihres Parisaufenthaltes mit ihr gemeinsam verbringen sollte.

Nutzten Ernest und der König Wallis' Abwesenheit aus, um klare Verhältnisse zu schaffen? Und wenn ja, hat sie etwas von der Konfrontation der beiden gewußt? Der einzige Hinweis findet sich in einem merkwürdigen Brief, den Wallis am 8. März, also eine Woche, nachdem sie in der französischen Hauptstadt eingetroffen war, an Tante Bessie schrieb. Der Tenor dieses Schreibens klingt zornig und niedergeschlagen zugleich, und – zum erstenmal – entschlüpft ihr eine regelrecht verärgerte Bemerkung über den König.

Sonntag [8. März]   *Hotel Meurice, Paris*
Liebste Tante B,
nur ein paar Zeilen, um Dir zu sagen, daß ich heute schon eine ganze

---

[1] J. Bryan III. und Charles J. V. Murphy: Die Windsor-Story. Wien 1979, S. 117f.

Wallis und der König

Woche hier bin und wie es scheint noch nichts zuwege gebracht habe – obwohl Foxy und ich uns strikt ans Geschäftliche gehalten haben und nur an zwei Abenden ausgegangen sind, der eine davon war gestern. Aber ich brauche Dir wohl nicht zu beschreiben, wie sehr mich im Augenblick Erschöpfung, Wut und Verzweiflung plagen, so daß ich im Moment fast wünschte, die Deutschen würden alle Couturiers, Modistinnen usw. von Paris ohrfeigen.[1] Ernest kommt heute abend, und ich nehme an, wir werden am Freitag gemeinsam zurückfahren, es sei denn, er muß geschäftlich nach Hamburg. Wir sind heute abend bei Beatrice Cartwright zum Essen eingeladen – sie ist hier in ihrer Wohnung. Ich möchte wahnsinnig gerne wissen, ob Du die Runkfunkansprache des Königs gehört hast, und wie Du sie findest.[2] Nächsten Samstag schreibe ich Dir ausführlich. Bin einfach zu müde und muß mich hinlegen. Ich war stundenlang auf den Beinen, weil ich alles in möglichst kurzer Zeit erledigen wollte. Es sind eine Menge Leute in Paris – habe unerwartet alte Freunde getroffen usw. Aber da ich weiß, wie Du über diesen Ort denkst, will ich nicht mehr sagen. Foxy fährt am Montag mit Lord Dudley nach Monte. Er hat mich auch eingeladen, aber dieser kleine König besteht darauf, daß ich zurückkomme, und das mache ich wohl auch, denn wenn er mich hier viermal am Tag anruft, komme ich ja doch nicht zum Ausspannen. Alles Liebe

Wallis

Man ist versucht zu fragen, ob ihre Anproben und die politische Lage die einzigen Gründe waren für ihre »Erschöpfung, Wut und Verzweiflung«.

---

[1] Im Morgengrauen des 7. März waren Hitlers Truppen im Rheinland einmarschiert. Damit war der Vertrag von Versailles gebrochen. London und Paris reagierten mit Bestürzung; aber in beiden Hauptstädten neigte man zu der Auffassung (die sich deutlich in den Ansichten des Königs widerspiegelt), daß es nicht ratsam sei, Hitlers Coup mit Waffengewalt zu beantworten.

[2] Die Rundfunkansprache des Königs zum St.-Davids-Tag, dem 1. März. In dieser Rede sagte der König, abweichend von dem ihm von der Regierung vorgelegten Text: »Sie kennen mich besser als den Prinzen von Wales – als einen Mann, der während des Krieges und seither Gelegenheit hatte, die Völker fast aller Länder der Welt kennenzulernen, unter allen erdenklichen Umständen und Bedingungen. Und wenn ich auch jetzt als König zu Ihnen spreche, so bin ich doch noch immer genau der Mann, der diese Erfahrungen machen durfte und dessen unermüdliches Bestreben es sein wird, das Wohlergehen seiner Mitmenschen zu fördern.«

Ein Irrgarten

Nachdem sie noch ein paar Tage mit Ernest in Paris verbracht hatte, kehrte Wallis am Samstag, den 14. März, allein nach England zurück. Die beiden hatten sicherlich über die Zukunft gesprochen, und der Brief, den Wallis nach ihrer Rückkehr vom Fort aus an Tante Bessie schreibt, endet in seltsam fatalistischer Stimmung: »Du weißt doch, daß jeder sich sein Leben selbst einrichten muß... und da ich bis zu meiner Heirat mit Ernest nie Sicherheit gekannt habe, kann ich jetzt vielleicht nicht gut damit umgehen, kenne und verstehe ich doch die Faszination des Gegenteils so viel besser...«

Um diese Zeit kündigt Wallis' langjährige Freundin Mary Raffray, die Ernest im Jahr zuvor – während seines Amerikaaufenthalts – häufig getroffen hatte, kurzfristig ihren Besuch an – ein Ereignis, daß Wallis höchst ungelegen kommt. Verärgert berichtet sie über diese neuerliche Komplikation – wenngleich sie scherzhaft hinzufügt, daß Ernest sich sehr auf Mary freuen würde und sie vielleicht als seine »Zukünftige« in Frage käme.

Montag, 16. März   *Das Fort*
Liebste Tante B,
ich bin Samstagabend heimgekommen und vom Bahnhof gleich hierher gefahren. Ernest ist nach Deutschland weitergereist, wo man ihn hoffentlich nicht internieren wird. Ist nicht schon die Vorstellung, daß Völker mit dem Gedanken an Krieg spielen, entsetzlich? Die Engländer sind natürlich gefaßt wie immer und meinen, die nächsten paar Jahre würde schon nichts passieren, wenn überhaupt. Trotzdem fühlt man sich unbehaglich. Amerika kann froh sein, daß der Atlantik dazwischen ist. In Paris bekam ich ein Telegramm von Mary Raffray, in dem sie anfragte, ob sie während eines *Kurzbesuchs* bei mir wohnen könnte. Ich mußte zusagen und erhielt prompt ein Telegramm, in dem sie mir mitteilt, sie habe sich letzten Samstag auf der Samaria eingeschifft. Ich bin im Moment so in Anspruch genommen, daß ich nicht weiß, was ich mit ihr anfangen soll, zumal sich ihre Nachtklub-Mentalität wohl kaum in mein Leben hier einfügen läßt. Und wer soll sie ausführen, wo ich doch fast jeden Abend mit Erzkonservativen essen muß, die von

nichts als Politik reden, und Persönlichkeiten treffe, die Mary allesamt nicht interessieren würden. Außerdem ist da noch dieser charmante Zug der Engländer, einen grundsätzlich ohne seine Gäste einzuladen. Ernest kommt nächsten Samstag zurück und freut sich schon sehr auf ihren Besuch, da er sie immer sehr gerne gehabt hat. Ich schlage sie ihm als Zukünftige vor. In Paris habe ich eine Menge Leute getroffen, aber ich war die ganze Zeit so müde und bin einfach nicht zur Besinnung gekommen. Der König hat meine Sachen mit seinem Flugzeug abholen lassen, das war sehr gut. Ich habe außerdem jede Menge Langusten für ihn mitgeschickt. Du weißt doch noch, wie gern er sie in Biarritz aß. Ich mache mir solche Sorgen wegen Deines Blutdrucks, und bitte richte Dich genau nach dem, was der Arzt sagt. Was hast Du für Pläne? Kommst Du uns besuchen und wenn ja, wann? Ich habe noch keine festen Pläne. Der König will, glaube ich, irgendwo ein Haus mieten – das muß natürlich unter uns bleiben. Er hat wieder Cannes im Auge oder doch jedenfalls die Côte d'Azur. Natürlich sind seine Pläne abhängig von der politischen Lage. Auch eine Kreuzfahrt ist im Gespräch, aber wie Du weißt, wird alles immer erst in letzter Minute entschieden. Jedenfalls würde er nur von Ende Juli bis Ende August ins Ausland reisen und anschließend vielleicht nach Balmoral. Gladys und Mike haben ein sehr hübsches Haus und feiern morgen Einweihung. Ich habe natürlich noch niemanden gesprochen und habe Cain angewiesen zu sagen, ich käme erst morgen zurück. Die Hunters und die Bates waren übers Wochenende hier, und ich habe auch sie zum Schweigen verpflichtet. Ich kann es nicht ertragen, daß der ganze Rummel wieder von vorne losgeht. In Paris habe ich ein paar recht gute Aufnahmen für Harpers Bazaar machen lassen – weiß nicht, in welcher Ausgabe sie erscheinen werden. Die Rezepte haben sich wahrscheinlich mit Deinem Brief gekreuzt – ich hoffe, sie gelingen gut. Bis Mitte April bin ich ohne Köchin, und Hausmädchen habe ich auch noch keines gefunden. Ich schicke Dir einen Scheck für einen Osterstrauß auf Mutters Grab. Cousine Lelia hat mir einen sehr netten Brief geschrieben – in Wash angefangen und in Palm Beach beendet. Ich höre, Du grämst Dich furchtbar um mich. Laß das nur schnell wieder bleiben! Du weißt doch, daß jeder sich sein Leben selbst einrichten muß, und ich sollte mit meinen fast vierzig Jahren in der Beziehung ein bißchen Erfahrung haben – da ich nicht das Glück hatte, durch Stand oder Vermögen abgesichert zu sein. Obwohl ich schwere Zeiten, Enttäuschungen usw. hinter mir habe, bin ich bisher noch nicht untergegangen – und da ich bis zu meiner Heirat mit Ernest nie Sicherheit gekannt habe, kann ich jetzt vielleicht nicht gut damit umgehen, kenne und verstehe ich doch die Faszination des Gegenteils so viel besser – die alte Binsenweisheit: Wer nicht wagt, der nicht gewinnt. Womöglich stürze ich mich nochmal ins kalte Wasser. Wann kommst Du uns besuchen? In Liebe

Wallis

Mary traf am Dienstag, den 24. März, in England ein. Am darauffolgenden Wochenende begleitete sie Wallis und Edward ins Fort.[1]

Montag, 30. März *Das Fort*
Liebste Tante B,
Mary ist hier und scheint ganz aus dem Häuschen. Die Cunard-Gesellschaft war wirklich himmlisch. Marys Kleider sind ziemlich gewagt für das Fort – passen eher in einen Nachtklub. Wir haben das Wochenende hier verbracht, zusammen mit den Buists und Walter Prendergast. Mary und Ernest sind jetzt zur Stadtbesichtigung nach London gefahren. Ich gebe diese Woche 2 Dinnerparties – eine für die Gesellschaft aus Cannes vom letzten Sommer und dann eine für Lady Oxford, Lady Colefax, Emerald [Cunard], Alexander Woolcott[2], Harold Nicolson und die Cox[3] – wird vielleicht ganz amüsant und ist zumindest ein gebildeter Kreis. Kommendes Wochenende sind Ernest und ich bei Lord Dudley. Ich versuche durch Andeutungen eine Einladung für Mary herauszuschlagen. Für Ostern

---
[1] Vgl. die Kopie des Gästebuches im Anhang.
[2] Bekannter amerikanischer Rundfunkkommentator und Journalist.
[3] Raymond Cox, vormals neben Benjamin Thaw Erster Botschaftsrat der amerikanischen Botschaft in Washington, war inzwischen zum Rechtskonsulenten in Buenos Aires ernannt worden.

Wallis und der König

haben wir noch keine Pläne, sind zwar hierher eingeladen, aber E.s Mutter ist ein Problem, da sie in London niemanden hat. Ich habe immer noch nicht herausbekommen, wie lange Mary bleiben will. In unseren Schränken ist alles entsetzlich zusammengepfercht, weil sie unheimlich viel zum Anziehen dabei hat. Ich bin im Moment so schläfrig, daß ich kaum noch die Augen offenhalten kann. Entschuldige also bitte dieses dumme Gekritzel. Ich wollte Dir nur zeigen, daß ich an Dich denke. Alles Liebe

Wallis

Aus Harold Nicolsons Tagebuch
Eintrag vom 2. April 1936:

Ich speiste bei Mrs. Simpson, um den König zu treffen. Schwarze Fliege; schwarze Weste. Taxi zum Bryanston Court; komfortables Mehrfamilienhaus; Aufzug; Butler und Mädchen an der Tür; Salon; Lilien und weißer Aronstab in Fülle... Mr. Ernest Simpson geleitet den König herein. Wir alle verbeugen uns bzw. knicksen. Der König sieht sehr gut aus und scheint fröhlich. Lady Cunard ist offensichtlich verärgert über die Anwesenheit von Lady Colefax, und ebenso sicher ist Lady Colefax wütend darüber, daß man Lady Cunard eingeladen hat. Lady Oxford wirkte überrascht, auch nur eine von beiden vorzufinden, da eine Gesellschaft im intimen Kreis angesagt war. Der König geht strahlend von einer Gruppe zur anderen... Ich muß sagen, er ist sehr lebhaft und wirklich reizend... Mrs. Simpson ist Amerikanerin, von der völlig harmlosen Sorte; aber das Stück, das man dort spielt, erscheint mir doch eine Spur zweitklassig...[1]

Der Einladung auf Lord Dudleys Landsitz am ersten Wochenende im April folgten nicht nur Wallis, Ernest und Mary, sondern auch der König.

[1] Nigel Nicolson (Hg.): Harold Nicolson, Diaries and Letters, 1930-39. London 1966, S. 255.

Edward an Wallis

[undatiert]   *Himley Hall, Dudley, Worcester*
Guten Morgen, mein Herz. Was machen Deine Schmerzen? Wie hast Du geschlafen, und hat eanum Dir gefehlt? Dein Junge hat verschlafen, beeilt sich aber jetzt, zu seinem Mädchen zu kommen. Wie sehr [zweimal unterstrichen] man doch die Leute leid wird – sie ermüden einen furchtbar. Was werden [zweimal unterstrichen] WE heute anfangen? Mehr und mehr und mehr

                                                                                    David

Edward an Wallis

[undatiert]   *Himley Hall*
SIE [zweimal unterstrichen] lassen sagen, das Armband gefällt IHNEN, und SIE möchten, daß Du es jeden [zweimal unterstrichen] Abend trägst. SIE haben es Mr. Van Cleef[1] erzählt, sind jedoch sehr traurig, daß SIE es heute abend nicht einweihen und Dir auch nicht schreiben können. Dein Junge liebt sein Mädchen mehr und mehr und mehr.

Der nächste Brief an Tante Bessie enthält keinerlei Hinweis auf Unstimmigkeiten.

Donnerstag, 14. April   *Bryanston Court*
Liebste Tante Bessie,
ich habe Dich die beiden letzten Wochenenden vernachlässigt. Aber die Last, Mary zu unterhalten, hat mich an den Rand des Zusammenbruchs gebracht. Das Wochenende bei Lord Dudley war sehr interessant und ein außergewöhnliches Erlebnis für Mary – man hat ja auch sieben Jahre auf dergleichen hingearbeitet. 18 Gäste über-

---

[1] Vom berühmten Pariser Juweliergeschäft Van Cleef & Arpels.

nachteten im Haus, und jeder einzelne davon gehörte zur Creme, wie die Corrigan[1] sagen würde. Überhaupt hat Mary eine Menge berühmter Leute kennengelernt. Als wir bei Emerald Cunard zum Lunch waren, traf sie von Ribbentrop[2], Ramsay MacDonald[3] und den armen Hoesch – den deutschen Botschafter, der ein paar Tage drauf gestorben ist. Und da wir schon mal bei einem traurigen Thema sind: May Osborne ist letzte Nacht an Krebs gestorben. Sie war erst 42. Das Osterfest haben wir in kleinem Kreis im Fort verbracht, nur zum Dinner Gäste aus der Nachbarschaft. Und Samstag hatte HM auf Schloß Windsor eine Filmvorführung arrangiert. Zur Zeit ist es seine Lieblingsunterhaltung, sich entweder in Windsor oder in York House Filme anzusehen. Dieses bißchen Kontakt mit der Außenwelt ist nicht ganz billig, aber er ist jetzt sehr reich. Mary hat vor, Ende der Woche Freddie Lewisohn in seiner Villa in Cannes zu besuchen, und ob sie nach London zurückkommt, hängt von den Kosten ab. *Ich habe Angst.* Mrs. Ralphs Mann kommt Ende Mai zurück – eine kritische Zeit, weil dann alle guten Köchinnen für die sogenannte Saison engagiert sind und keine zu kriegen ist. Ich bin zur Zeit entsetzlich müde – dauernd die vielen Menschen um mich herum, und Könige in Trauer zu unterhalten, ist auch kein leichter Job. Ich finde, $ 250 sind die Montagues nicht wert, also laß die Sache fallen, aber vielen Dank für die Mühe, die Du Dir gemacht hast. Falls es den Engländern was bedeutet, können ja vielleicht sie die Kosten übernehmen. Berta fährt morgen mit Lester nach Südafrika, und Ernest muß wieder für ein paar Tage nach Frankreich, diesmal mit zwei Kollegen aus New York. Bettys Hochzeit ist am 22sten[4]. Ich hoffe, ich muß das nicht allein durch-

---

[1] Laura Corrigan aus Colorado, die in London ein gastliches Haus führte, aber als Zielscheibe für zahlreiche Witze herhalten mußte.
[2] Hitlers Berater für auswärtige Angelegenheiten, später deutscher Botschafter in London und dann Außenminister.
[3] 1924 Premierminister des ersten Labourkabinetts, 1929-31 erneut Premierminister, bildete 1931 eine nationale Koalitionsregierung, wobei ihm jedoch die Mehrheit der Labour Party nicht folgte; zu dieser Zeit ein gebrochener, alter Mann.
[4] Hochzeit von Ernests Nichte Betty Kerr-Smiley mit dem Kunsthistoriker Christopher Hussey.

stehen. Die Osterfeiertage über hat es hier ununterbrochen geschneit – ist das nicht unerhört?
Alles Liebe

Wallis

Diese Schilderung erhält also Tante Bessie Mitte April: Ernest wieder auf Geschäftsreise in Europa; Wallis von gesellschaftlichen Ereignissen in Anspruch genommen sowie von der Pflicht, Mary zu unterhalten, und von ihrer Berufung, sich um den König zu kümmern. Die einzige Andeutung, daß vielleicht doch nicht alles eitel Sonnenschein ist, verbirgt sich hinter ihrem Kommentar zu Marys Plan, später im Frühjahr wieder nach London zurückzukehren – Wallis verliert darüber nur drei Worte, die aber sind bedeutungsvoll unterstrichen.
Als Wallis am 4. Mai erneut an ihre Tante schreibt, haben Ton und Inhalt sich drastisch verändert. Was sie vorbringt, ist nicht mehr und nicht weniger als ein Geständnis auf stattlichen zwanzig Seiten, geschrieben mit ruhiger, schwungvoller, aber energischer Hand. Sie erklärt ihrer liebsten Verwandten, daß ihr altes Leben zu Ende sei und daß sie und Ernest von nun an getrennte Wege gehen müßten. Sie müsse den Mut aufbringen herauszufinden, wohin ihre Affäre mit dem König führen werde – anscheinend hat sie das Gefühl, sein Plan, sie zu heiraten, könne nie verwirklicht werden und ihr würde am Ende nichts als aufregende Erinnerungen bleiben. In diesem Brief läßt sie auch durchblicken, daß der König ihr eine beträchtliche Summe überschrieben habe – genug, um sie für den Rest ihres Lebens vor finanziellen Sorgen zu bewahren. Eine Woche später schreibt sie wieder an ihre Tante, diesmal einen kürzeren Brief, in dem sie auf einen schwerwiegenden Umstand eingeht, den sie bisher vor der alten Dame geheimgehalten hat: Ernest und Mary haben die Affäre, die sie im Herbst zuvor in Amerika begonnen hatten, nun in England ganz offen weitergeführt. Im ersten dieser beiden Briefe schreibt Wallis, sie denke zur Zeit nicht an Scheidung; im zweiten deutet sie an (obgleich sie es nicht direkt ausspricht), daß sie diesen Schritt nun doch in Erwägung ziehe.
Aus naheliegenden Gründen erzählt Wallis ihrer Tante nicht alles – sie möchte die alte Dame weder ängstigen und beunruhigen noch ihren

gerechten Zorn auf sich lenken –, und man darf wohl fragen, ob sie in ihren Briefen ganz und gar aufrichtig ist. Geht ihre Trennung von Ernest wirklich so freundschaftlich vonstatten, wie sie vorgibt? Ist ihr tatsächlich jegliches Kalkül so fremd, wie sie es darstellt, wenn sie schreibt, sie ließe sich nur von einer Woge des Schicksals davontragen? Ist sie über Ernest und Mary so schockiert und verletzt, wie sie behauptet? Der Leser muß seine eigenen Schlüsse ziehen. Wenn auch ein Großteil des Briefes vom 4. Mai verlorengegangen ist, so spricht doch aus ihrer schwungvollen Abrechnung mit der Vergangenheit und der Gegenwart sowie der Bewertung ihrer Zukunftsaussichten eine sehr überzeugende Spontaneität.

Montag, 4. Mai *Bryanston Court*
Liebste Tante Bessie,
ich wollte, ich könnte mit Dir sprechen, statt Dir das folgende schriftlich mitzuteilen, denn ich bin nicht nur eine schlechte Briefschreiberin, sondern es fehlt mir auch an Geduld. Bitte glaube mir, daß ich nichts auf der Welt mehr wünsche, als Dich wiederzusehen, aber ich fürchte, daß Du Dich unter den gegenwärtigen Umständen hier nicht wohl fühlen würdest, hoffe jedoch, daß bis zum Herbst alles gut wird, und das Wetter ist auch dann noch schön. Ich weiß, es ist schwer für Dich, all das, was ich Dir sagen werde, zu verstehen, da Du so weit weg bist und in einem völlig anderen System lebst, aber bitte versuche es zumindest. Ich stand natürlich die letzten anderthalb Jahre mit Ernest und HM unter einem ganz furchtbaren Druck. Es ist nicht leicht, zwei Männern zu gefallen, sie zu unterhalten und zu beschwichtigen und sich zwei so unterschiedlichen Lebensformen anzupassen, doch genau das habe ich versucht. Mit dem Ergebnis, daß ich müde, nervös und reizbar bin, ganz zu schweigen von meinem nervösen Magen, der sich von Zeit zu Zeit wieder meldet. Ernest und HM haben oft über die Situation gesprochen, so daß alles auf höchst freundlicher, ja versöhnlicher Basis ablief, wobei Ernest gute Gründe hatte, die Welt in dem Glauben zu lassen, er sei der »verständnisvolle Ehemann« – er verstand die Situation eben etwas besser als die Welt. Nun ist es aber so, daß auch

ich nicht mehr nach dem alten Schema weitermachen kann, es ist mir seelisch und körperlich unmöglich. Und weder der K noch Ernest sind mit dem gegenwärtigen Zustand zufrieden, obgleich letzterer seine Rolle *eventuell* auf Dauer weiterspielen würde. Aber nun zur Sache. Ich habe in den letzten beiden Jahren so vielfältige und interessante Erlebnisse gehabt, worauf ich jetzt aber gar nicht eingehen will – laß mich Dir nur versichern, daß die Mehrheit der Leute hier in mir das genaue Gegenteil von dem sieht, was die amerikanische Presse behauptet. Ich empfinde keinen großen Respekt vor einer Nation, die ihre eigenen Landsleute demütigt und sie dadurch in den Augen der Welt erniedrigt. Von seinen Mitbürgern sollte man Loyalität erwarten dürfen. Mir hat man keine entgegengebracht, deshalb mache ich es wie die Lindberghs[1] und ziehe es vor, anderswo zu leben. Du darfst also die Situation nicht mit den Augen amerikanischer Journalisten betrachten. Mit anderen Worten und ohne jede Einbildung: Ich darf sagen, daß man mich hier für eine bedeutende Persönlichkeit hält und daß meine Position im Augenblick gefestigt und ehrenhaft ist. Jeder, der in der Öffentlichkeit steht, wird zwangsläufig diskutiert, hat seine Feinde und muß mit Eifersucht rechnen. Ich versuche von den beiden letztgenannten so wenig zu verursachen, wie nur menschenmöglich. Es wäre außerordentlich schwierig, das Leben in Bryanston Court im alten Stil wiederaufzunehmen. Mit anderen Worten, ich bin darüber hinausgewachsen und über Ernest auch. Das heißt also, selbst wenn ich sagte, ich würde HM morgen aufgeben, könnte ich Ernest trotzdem nicht glücklich machen, weil ich unzufrieden wäre und immer bedauern würde, HM aufgegeben zu haben, und mich ständig fragen würde, was geschehen wäre, hätte ich es nicht getan. Und dann ist auch die Zuneigung, die ich für Ernest empfunden habe, empfindlich gestört worden und könnte unter den gegenwärtigen Umständen nicht wiederbelebt werden. Er tut mir sehr leid, und ich habe versucht, es ihm so leicht wie möglich zu machen, und da er einen starken und edlen Charakter hat und mir nach wie vor

---

[1] Der Flieger Charles Lindbergh und seine Frau Anne hatten seit der Entführung und Ermordung ihres Kindes und der anschließenden Verfolgungsjagd auf sie von seiten der Presse außerhalb der USA gelebt.

ein wunderbarer Freund ist, wird er sein Gleichgewicht wiederfinden, und ich meine, er verdient die Chance, wieder glücklich zu werden – besonders, da ich weiß, daß ich ihn nur unglücklich machen kann, wenn wir unsere traurige Beziehung weiterführen. Wir streiten nie, haben nie gestritten und werden es, hoffe ich, auch in Zukunft nicht tun. Ich habe vor, mir im Herbst ein möbliertes Haus zu mieten und eine Weile allein zu leben. An Scheidung denke ich im Augenblick nicht. Hier leben viele Leute getrennt, ohne daß es Staub aufwirbelt. Natürlich bin ich mir über die Konsequenzen vollkommen im klaren. Sollte HM sich in eine andere verlieben, wäre ich nicht mehr so mächtig wie heute und auch nicht mehr so gut gestellt. Vielleicht habe ich ein paar neue Freunde gefunden und ein paar alte behalten, die unter allen Umständen zu mir stehen würden – aber ich erwarte nichts. Ich hätte mein Auskommen und habe jedenfalls eine ungemein interessante Erfahrung gemacht, eine, die nicht jedem zuteil wird, und wir leben in einer aufregenden Zeit, und die Welt und die Politik sind wahnsinnig spannend. Ich hatte immer den Mut, etwas Neues auszuprobieren, wenn das Leben es bietet. Der K hat sich allerdings etwas anderes ausgedacht. Ob ich einem solch drastischen Schritt zustimmen würde, hängt von vielen Eventualitäten ab, jedenfalls würde ich ihm nie erlauben (sofern man einen ziemlich dickköpfigen Charakter überhaupt von etwas abbringen kann), irgend etwas zu tun, das dem Land schaden und den Sozialisten helfen könnte. Auf alle Fälle werde ich ein neues Leben anfangen – in das alte kann ich nicht zurück – und so wie bisher kann ich auch nicht weitermachen. Meine Nerven machen nicht mehr mit, von allen Seiten werden höchste Anforderungen an mich gestellt, und wenn dann das Privatleben *auch* soviel Geschicklichkeit und Takt erfordert – alles kann ich nicht bewältigen, deshalb muß ich allein sein. Ich habe das alles mit Ernest besprochen. Natürlich ist er traurig, versteht aber meinen Standpunkt. Er weiß, daß HM's Gefühle für mich tief und echt sind. Seine einzige Sorge ist, daß Er Seinen Plan verwirklichen könnte. Ich bin dagegen der Meinung, daß diese Dinge sich von selbst regeln werden. Im Mai und Juni werden Ernest und ich das alles ins Reine bringen, vor der Welt aber die Form wahren wie bisher, und ich finde, wir müssen

Ein Irrgarten

das allein ausmachen. Am 23. Juli werde ich HM besuchen und im September auf etwa zehn Tage nach Balmoral fahren. Statt nach Bryanston Court zurückzukehren, werde ich von dort in ein Haus ziehen, das ich noch vor meiner Abreise zu finden hoffe. Die finanzielle Unterstützung ist bis an mein Lebensende gesichert. Du brauchst Dir darum also keine Sorgen zu machen. Verstehst Du nun, warum ich Dir vorgeschlagen habe, Deinen Besuch auf Oktober zu verschieben? Ich bin sicher, daß meine Nerven in den kommenden Monaten in grauenhaftem Zustand sein werden, aber im Herbst dürfte ich wieder in besserer Verfassung sein. Verzeih mir, daß ich Dich mit alledem behelligen muß (ich weiß, Du machst Dir große Sorgen) – aber vergiß nicht, ich bin 40 und habe das Gefühl, ich muß meinem Instinkt folgen, wenn es darum geht, mein Leben zu bestimmen, und ich bin durchaus bereit, für einen Fehler zu bezahlen. Ich weiß, daß ich die Zukunft nur in finanzieller Hinsicht regeln kann und daß es keine Versicherung gibt gegen Kopfweh, Einsamkeit usw. Aber wenn es zum Schlimmsten kommt, dann werde ich es eben machen müssen wie die Araber – meine Zelte abbrechen, mich heimlich fortstehlen und auf Reisen gehen, und im allgemeinen finde ich ja immer und überall ein paar Freunde. Mein Leben ist im Moment sehr erfüllt und sollte sich verstärkt so weiterentwickeln, und ich kann nur hoffen, daß HM mich noch eine Zeitlang gern hat – aber ich gründe meine Zukunftspläne in keiner Weise darauf. Ich werde mich 5 Tage bei Betty [Lawson Johnston] ausruhen und Diät halten – sie hat mir ihre Wohnung in Hove zur Verfügung gestellt. Ich kann die ewigen Lunches und Dinners nicht ohne eine Atempause durchstehen, wenn mir so viele Probleme im Kopf herumgehen. Ich bin zu müde, um noch auf irgend etwas Lust zu haben, wenn ich HM's Dinner arrangiert und mir den offiziellen Kram angehört habe, wobei ich auch noch ständig die richtigen Leute und die richtigen Beschlüsse für ihn auswählen muß. Ich merke, daß ich ein Versager bin, was meine Wohnung angeht. Eine gewisse Emily Yellot Blandfort hat mir geschrieben, daß ihre Tochter nach London kommt. Ich kann mich nur an Cousine Laurie Yellot erinnern. Klär mich doch bitte auf! Und da wir schon einmal bei Familienangelegenheiten sind –

natürlich werde ich die 150 für die Montagues bezahlen. Cousine Lelia hat mir Mrs. Keyes geschickt. Ich fand sie ungeheuer amüsant und habe für sie eine Besichtigung der Queen Mary arrangiert, mit der Du übrigens im Oktober reisen kannst – HM sagt, er wird das veranlassen.

Liebe, ich hoffe, dieser Brief hat nicht Deine ganzen Sommerpläne über den Haufen geworfen, und wünsche mir, daß Du mich verstehst. Es ist besser, wenn ich alles hinter mich bringe, bevor Du kommst. Also bitte schreib mir, daß Du einverstanden bist. Im Herbst werde ich Dich brauchen, damit ich meinen neuen Weg nicht ganz allein antreten muß.

Alles Liebe

Wallis

11. Mai

Liebste Tante B,

verzeih mir, daß ich Deine Pläne durcheinandergebracht habe, aber ich bin sicher, wenn Du meinen Brief erhältst und von der zusätzlichen Komplikation erfährst, die ich Dir im folgenden mitteile, wirst Du mir zustimmen und auch versuchen, im Oktober zu kommen. Es ist mir klar, daß es sehr unangenehm ist, eine Reise zu verschieben, und Du weißt, wie sehr ich mich auf unser Wiedersehen freue, aber im Augenblick hätte wirklich niemand etwas davon. Ich wollte Dich nicht mit dem Ärger langweilen, den ich wegen Mary und Ernest hatte. Wie es scheint, haben sie sich letztes Jahr in New York kräftig miteinander ausgetobt, und ihr Besuch hier war verabredet – aber ich tappte im dunkeln. Jedenfalls, um es kurz zu machen, sie haben sich taktlos benommen, und ich merkte bald, daß sie nicht gekommen war, um mich zu besuchen. Ich tat alles, was ich nur konnte, um ihr den Aufenthalt angenehm zu machen. Aber sie und Ernest blieben fast jede Nacht allein bis 5 oder 6 Uhr morgens auf und machten sich schließlich seelenruhig drei Tage lang mit einem Mietauto aus dem Staub. Ich ließ sie verfolgen und bekam natürlich den erwarteten Bericht usw. Jetzt behauptet er, er liebe sie, und sie habe eine Etagenwohnung mit Personal in der Stadt. Ist das nicht

alles lächerlich? Trotzdem hoffe ich, daß wir alles *wunderbar* ins Reine bringen werden. Ich habe mich entschieden, Mary nicht in der Wohnung aufzunehmen. Sie kam wieder, während ich meine Kur machte, von der ich heute zurückgekehrt bin. Ernest wünscht, daß ich sie zu allen Mahlzeiten, Gesellschaften usw. hierher einlade – ziemlich schwer zu verkraften –, aber wenn es ihn glücklich macht, ist es vermutlich nur fair, daß ich ihm den Gefallen tue. Wohin das alles auch führen wird – Du darfst versichert sein, daß der gute Ruf gewahrt bleibt. Ich schreibe in ziemlicher Eile, da sich nach diesen zehn Tagen, in denen mir keine Post nachgeschickt wurde, die Briefe auf meinem Sekretär nur so stapeln. HM kann jederzeit eine Kabine auf der Queen Mary reservieren lassen, und ich kann die Differenz zu dem Betrag, den Du woanders gezahlt hättest, ausgleichen.
In Eile, aber mit meiner ganzen Liebe

Wallis

Das sind im wesentlichen die Umrisse der Geschichte, wie sie sich in den Briefen an Tante Bessie abzeichnen. Doch so faszinierend und aufschlußreich diese Korrespondenz auch ist, sie läßt viele Fragen offen. Insbesondere die Hintergründe von Marys Besuch bleiben geheimnisvoll. Erscheint sie wirklich ganz zufällig auf der Bildfläche? Oder hatte Ernest ihr Kommen vorbereitet (wie der Brief vom 11. Mai anzudeuten scheint), um seine Ehe zu beenden (vielleicht sogar in Übereinstimmung mit seiner von Rickatson-Hatt bezeugten Absprache mit dem König)? Ist Wallis wirklich so schockiert über die Entdeckung, daß ihr Mann seine Affäre mit ihrer besten Freundin unter ihrem eigenen Dach weiterführt? Findet sie sich deshalb zunächst mit der Trennung ab, die sie ursprünglich nicht anstrebte, und schließlich sogar mit der Scheidung, die sie anfangs gar nicht hatte in Betracht ziehen wollen? Oder ist es denkbar (ihre Bemerkung vom 15. März über Ernests Gefühle für Mary ließe sich so deuten), daß sie bereits von der Liaison wußte (oder sich zumindest einiges zusammenreimen konnte) und Marys Eintreffen begrüßte, weil sie Ernest bei Laune halten oder ihr womöglich gar als Mittel dienen könnte, um die ehelichen Bande zu lösen? Oder darf man annehmen, daß sowohl Wallis als auch Ernest eigene Wege gehen wollen – nur möchten beide zuerst die Garantie dafür haben, daß der Partner nach der Trennung nicht auf sich allein gestellt ist, sondern eine dauerhafte und glückliche Bindung eingeht: Wallis mit dem König (unbehelligt von Ernest) und Ernest mit Mary? Die Motive von Wallis und Ernest sind nicht ganz eindeutig. Der Leser muß seine eigenen Schlüsse ziehen. Absolut eindeutig sind dagegen die Beweggründe des Königs. Um jeden Preis will er die Frau heiraten, die er so leidenschaftlich liebt und braucht. Er kennt kein anderes Ziel und ist willens, alle Mittel in Betracht zu ziehen, um sich seinen sehnlichsten Wunsch zu erfüllen. Deshalb ist er entschlossen, Wallis' Ehe ein Ende zu bereiten. Drängen, Flehen, Planen, Schmeicheln – er setzt alle Mittel ein im Umgang mit Wallis und Ernest. Rufen wir uns die Worte von Rickatson-Hatt (der beide sehr gut kannte) in Erinnerung, daß »wäre der König nicht so starrköpfig und eifersüchtig gewesen« – oder, um es nachsichtiger zu formulieren, hätte er Wallis nicht so leidenschaftlich geliebt und wäre er nicht derart besessen gewesen von dem Wunsch, mit der Frau vereint zu sein, die ihm alles bedeutete – dann wären Ernest und Wallis ein Ehepaar geblieben.

In ihren Memoiren schreibt die Herzogin von Windsor, daß sie sich aus eigenem Antrieb entschlossen habe, Ernest zu verlassen, und nicht etwa auf Drängen des Königs hin. Ihr sei es lediglich darauf angekommen, Ernest aus einer für ihn unerträglichen Situation zu »befreien« und ihm so die Möglichkeit zu geben, sein eigenes Leben zu führen. Als sie dem König mitgeteilt habe, daß sie die Scheidung einreichen wolle, »antwortete er ernst, es sei natürlich falsch, wenn er mich nach dieser oder jener Richtung hin beeinflussen wolle, die Entscheidung könne nur ich allein treffen.« Man darf davon ausgehen, daß solche Erinnerungen in Wirklichkeit galante Unwahrheiten sind, ersonnen, um den Ruf des Herzogs von Windsor zu schützen und nicht den Eindruck zu erwecken, die Simpson-Scheidung sei eine abgekartete Sache gewesen. Es ist aber sehr wahrscheinlich, daß der König sie tatsächlich zur Scheidung gedrängt – und zwar mindestens bis zu einem gewissen Grad wider ihren Willen und ihr besseres Wissen – und dann das ganze Verfahren von Anfang bis Ende hinter den Kulissen gelenkt hat. Die Ereignisse und die Korrespondenz vom Herbst 1936 sprechen sehr für diese Interpretation.

Ein Irrgarten

Ein Brief des Königs aus dem Frühsommer 1936 legt beredtes Zeugnis ab für seine Haltung. Anfang Juni war Wallis wieder für zehn Tage in Paris, diesmal in Begleitung ihrer Freundin Gladys Scanlon. Sie wollte sich zum einen für die kommende Saison einkleiden, zum anderen aber suchte sie Erholung nach einer emotional offenbar sehr turbulenten Zeit. Am 5. Juni schrieb ihr der König – der das Wochenende allein im Fort verbrachte – ins Hotel Meurice.

Edward an Wallis

Freitagabend [5. Juni] *Das Fort. ERI.*
Oh! Mein Herz, es ist so traurig, ohne Dich hierherzukommen. Beeile Dich mit Deiner Rückkehr, bitte, und das wirst Du auch, ich weiß es, denn Du fühlst gewiß, wie sehr Du hier gebraucht und ersehnt wirst. Du bist viel zu lange fort gewesen und darfst nie wieder fortgehen. WE haben eben ein wunderbar langes Gespräch miteinander geführt, aber das ist ein kümmerlicher Ersatz fürs Festhalten und in den Schlaf wiegen. Nein, und heiamachen mußten wir in letzter Zeit auch viel zu oft allein. Oh! Mach, daß Du bald wieder da bist, ich weiß ja, daß auch Du Dich zurücksehnst.
Mein Gespräch mit Ernest heute abend war schwierig, aber ich muß ihm jetzt auf den Fersen bleiben, sonst unternimmt er nichts. Es ist so unbefriedigend, bis alles geregelt ist und WE wirklich eins sind, und ich kann es nicht ertragen, daß Du Dir Unerfreulichkeiten anhören mußt, weil ich genauso empfindlich bin wie Du, das weißt Du. Ich weiß, daß Du A[llen]s[1] Plan billigen wirst, werde aber natürlich nichts unternehmen, bevor WE darüber sprechen können.

Es ist der einzige Weg. Ich muß jetzt heiamachen, nehme an, Du auch, und hoffe nur, mein Mädchen sehnt sich ebenso nach ihrem Jungen wie er sich nach ihr. Ich schreibe morgen zu Ende. Gott segne WE.

---

[1] George Allen von der Kanzlei Allen & Overy war der Londoner Rechtsbeistand des Königs in Privatangelegenheiten. Bei ihm hatte man sich nach dem besten und schnellsten Weg für eine Scheidung erkundigt.

Samstag [6. Juni]
Guten Morgen, mein Herz, wieder habe ich eben mit Dir gesprochen, und Du hast mir vorgeworfen, daß ich ganz schrecklich schläfrig bin. Mach ooh! Heute ist kein sehr schöner Tag, deshalb hoffe ich, daß es nächsten Samstag schön sein wird. Ladbrook[1] bringt diesen Brief gleich nach London, damit er per Luftpost geht, und ich hoffe, er wird mir Deinen Buick zur Inspektion mit zurückbringen. Slippy ist sehr scheu, aber das hinderte ihn nicht, frühmorgens seinen Trick anzuwenden und sein Geschäft im Haus zu verrichten. Was für ein turbulenter Tag Dir bevorsteht, und WE werden so froh und glücklich sein, wenn alles vorbei ist und ich Dich wieder bei mir habe. Gegen sechs rufe ich an. Ich möchte heute pflanzen, aber ich habe eben zwei von diesen verd... Boxes[2] gekriegt, vollgestopft mit lauter Humbug, den ich lesen soll. Paß auf Dich auf, meine liebe Wallis, für Deinen

David

der Dich mehr und mehr liebt.

---

[1] Der Chauffeur des Königs.
[2] "King's Boxes" hießen die roten Ledertaschen, in denen vertrauliches Informations- und Dokumentationsmaterial von den Ministerien in Whitehall zum Königlichen Palast geschafft wurde. Nur der König und sein Privatsekretär besaßen einen Schlüssel zu diesen Portefeuilles.

Achtes Kapitel

Nachsommer
(Mai–September)

Es kam zu keiner sofortigen Trennung. Wie Wallis ihrer Tante geschrieben hatte, wurden die Monate Mai und Juni darauf verwandt, die Zukunft zu »regeln«. Ernest traf sich zwar mit Mary, wohnte aber weiterhin in Bryanston Court und zeigte sich in der Öffentlichkeit nach wie vor an der Seite seiner Frau. Am 28. Mai erschienen beider Namen zum erstenmal in den Hofnachrichten – zusammen mit Premierminister Stanley Baldwin und Gemahlin, den Duff Coopers, den Mountbattens und den Lindberghs – auf der Gästeliste eines Galadiners, das der König am Abend zuvor im York House gegeben hatte.
In ihren Memoiren erzählt Wallis ausführlich von dieser Gesellschaft, durch die ihr Name erstmals offiziell an die britische Öffentlichkeit kam. Sie schreibt, »wie gewöhnlich« sei sie für die Auswahl des Menüs und die Tischdekoration verantwortlich gewesen; erinnert sich, daß der König ihr gegenüber geäußert habe, er gebe dieses Essen, um dem Premierminister »meine zukünftige Frau« vorzustellen, worauf sie geantwortet habe: »So darfst Du nicht reden. Der Gedanke ist unmöglich. Sie würden es nie zulassen.« (Die Memoiren vermitteln den Eindruck, als sei das Thema Heirat bei dieser Gelegenheit zum ersten Mal so direkt und unmittelbar zur Sprache gekommen, was man allerdings bezweifeln darf.) Wallis erinnert sich, die Baldwins an jenem Abend als »liebenswürdig, aber distanziert« empfunden und im übrigen, wie so oft in jenen Tagen in Gesellschaft der Mächtigen und Berühmten, »den prüfenden Blick, die unausgesprochene, aber dennoch eindringliche Frage unter der Oberfläche höflicher Konversation gespürt« zu haben. Zum Schluß berichtet sie: »Soweit ich mich erinnern kann, war dies das letzte Mal, daß Ernest und ich gemeinsam in der Öffentlichkeit in Davids Gesellschaft auftraten. Nicht lange danach

teilte ich Ernest mit, ich würde die Scheidung einreichen.« Die Korrespondenz beweist indessen, daß Wallis' Gedächtnis sie in diesem letzten Punkt getrogen hat. Die Scheidung wurde erst zwei Monate später eingereicht, und bis dahin trafen die Simpsons noch bei einer Reihe von Anlässen mit dem König zusammen.

Die Monate Juni und Juli waren arbeitsam und hektisch für den König, der nach Beendigung der Hoftrauer um seinen Vater eine Vielzahl von Feierlichkeiten über sich ergehen lassen mußte und außerdem vor der Aufgabe stand, seinen eigenen Hofstaat zu bilden. Und Europa ging unruhigen Zeiten entgegen: In Frankreich gelangte eine radikale Regierung ans Ruder, in Spanien brach der Bürgerkrieg aus. Für Wallis scheint es eine Phase seelischen Aufruhrs und körperlicher Beschwerden gewesen zu sein. (Ein Rückfall ihres früheren Magenleidens machte ihr von Mitte April bis Ende Juni zu schaffen.) Sie scheint ihre Pläne in einem Zustand trancehafter Ungewißheit verfolgt zu haben, in der Hoffnung, daß sich mit der Zeit alles von selbst regeln werde.

Aber wie sie in ihren Memoiren schreibt, blieb ihr »kaum Zeit zur Reue«, denn »jede Stunde war ausgefüllt mit immer ausgedehnteren gesellschaftlichen Verpflichtungen in London oder an den Wochenenden im Fort«. Die erste (und, wie sich herausstellen sollte, auch die letzte) Saison der neuen Regentschaft nahm sie voll und ganz in Anspruch.

Edward an Wallis[1]

12. VI. 1936
Dein eanum Hund und Dein David danken für die Fahrt mit dem Buick und sagen, wir vermissen Dich schrecklich und halten Dich ganz, ganz fest. Wir werden gleich nach der Ankunft anrufen und erwarten Deinen Anruf nach der Oper. Mehr und mehr auf immer, mein Herz.

---

[1] Unmittelbar nach ihrer Rückkehr aus Paris.

Wallis an Edward

[undatiert, auf Trauerpapier] *Das Fort*
David – Du warst gestern abend süß und lieb zu einem kranken Mädchen. Ich muß um halb drei zum Arzt. Habe für heute abend etwas vorbereitet – erwarte Dich aber pünktlich 8.15, weil ich früh in die Heia möchte. Ich schicke Dir meine ganze Liebe.

Wallis

Wallis an Tante Bessie

Montag, den 22ten [Juni] *Das Fort*
Liebste,
ich habe Dir so lange nicht geschrieben. Es ist so viel los, und ich werde mit albernen Briefen überhäuft – habe jetzt aber für vormittags eine Dame engagiert (ab morgen), die mir helfen wird. Ich wollte gerade schreiben, was Du doch für eine Wunderfrau bist, daß Du mir diesen ersten Brief geschrieben hast – als der zweite mit all den Verzweiflungsausbrüchen ankam. Ich hätte es *nicht* besser wissen können, und es tut mir leid, daß ich Dir Kummer mache statt Freude – aber bitte, hör auf, Dich zu sorgen, denn wenn ich das Gefühl habe, daß ich Dich unglücklich mache, so liegt noch eine Last auf meinem Herzen, das ohnehin schon voll der verzwicktesten Probleme ist. Mir geht es viel besser – ich habe einen Arzt gefunden, der mir wirklich hilft – Geschwür habe ich keines, aber einen Magen, auf den man aufpassen muß, und ich habe eine Diät, die mir offenbar bekommt, da ich seit einem Monat keine Schmerzen mehr habe, trotz der hektischen Zeit hier. Ich muß mir ein Haus suchen. In der Wohnung hätte ich unter keinen Umständen bleiben können. Für den König ist es zu kompliziert, in eine solche Wohnung zu kommen, und Duff Cooper u. a. sagen, daß ich unbedingt ein Haus brauche. Ich kenne die Lage hier besser als Du, deshalb muß ich mich auch danach richten. Wie ich höre, bleibt Mary den Sommer über hier. Ich habe sie nicht mehr getroffen. Ich bin wirklich froh, daß Ernest jemanden zur Unterhaltung hat. Dem

alten Mr. S[impson] haben sie letzten Freitag die Gallenblase und 8 Steine entfernt, und er hat sich gut erholt – erstaunlich mit 82. Ich bin zehn Tage zu den Rennen von Ascot hiergewesen – war nicht berühmt, da es jeden Tag einige Zeit geregnet hat und man immer die gleichen Leute traf. Wir haben hier eine nette Party gegeben.[1] Ich habe Mrs. Howard gebeten, morgen mit mir zur Geburtstagsparade des Königs zu gehen – habe schriftlich angefragt, werde aber erst Bescheid wissen, wenn ich heute abend heimkomme – für mich ist das die beste und die englischste Show von allen. Lassen die Zeitungen in den USA mich inzwischen in Frieden, oder bist du es einfach nur leid, sie mir zu schicken? Ich lese gern, was die zusammenlügen. Richte es so ein, daß Du im Oktober herkommen kannst. Natürlich bekommt man bei möblierten Häusern nie genau das, was man sich vorgestellt hat, aber ich werde schon was Hübsches finden. Alles Liebe

Wallis

P.S. Glauben die Ärzte bei Euch auch an die Theorie von Hay, daß man Kohlehydrate und Proteine nicht mit ein und derselben Mahlzeit zu sich nehmen kann?

Ende Juni folgte der König einer Wochenendeinladung seines Freundes, des Herzogs von Marlborough, nach Blenheim. Wallis und Ernest waren ebenfalls zugegen.

Sonntag, den 28ten [Juni]   *Blenheim-Palast*
Liebste – Das hier ist entschieden das hinreißendste Domizil, in dem ich bisher gewesen bin. Erinnerst Du Dich, wie wir dran vorbeigefahren sind? Mrs. Howard war mit mir bei der Parade, und ich glaube, es hat ihr gefallen. Hier ist alles beim alten. Mary ist noch da, und Ernest scheint sie zu lieben. Ernest läßt es sich aber auch nicht entgehen, ein Schloß wie dieses zu besuchen. Morgen fahre ich

---

[1] Unmittelbar nach ihrer Rückkehr aus Paris.

zu den Mountbattens, wo ich bis Mittwochabend bleiben werde. Südfrankreich ist immer noch ungewiß, wegen der Lage dort unten[1] – daher habe ich eigentlich noch keine festen Pläne für den Sommer, obgleich das Haus von Maxine Elliot[2] im Gespräch ist, denn es liegt gleich neben der Villa vom letzten Jahr. Wir fahren heute nach dem Abendessen zurück. Jack Warner ist in London und hat aus dem Vendômois ein paar Terrapene[3] mitgebracht, die wirklich köstlich waren. Mrs. Keyes schreibt, Cousine Lelia kommt vielleicht rüber und besucht sie. Die Gartenempfänge [im Buckingham-Palast] für die Debütantinnen sind im Juli. Wir *[sic!]* gehen zum ersten am 21sten. Morgen fahre ich zu den Mountbattens, und der König inspiziert die Marine ganz in der Nähe von Portsmouth. Alles Liebe

Wallis

P.S. Hier ist es bitter kalt.

Die folgenden vier kurzen Liebesbriefe des Königs an Wallis stammen von vier aufeinanderfolgenden Tagen, die sie mit den Marlboroughs in Blenheim und mit den Mountbattens in Adsdean verbrachten. Diese Billets doux wurden ihr jeweils vor dem Zubettgehen oder Aufstehen überbracht.

Edward an Wallis

Samstag [27. Juni]   *Blenheim-Palast*
Mein Herz,
ich sage Dir Gute Nacht, und Gott segne WE, Wallis. ER wird SIE ebenso vermissen, wie WE einander. Meine Güte, was für ein

---

[1] Die Bildung der Volksfrontregierung unter Léon Blum ging mit weitreichenden Unruhen in Politik und Industrie einher.
[2] Künstlername Jessie Dermots (1868–1940), einer Schauspielerin, die durch ihren Einsatz im Ersten Weltkrieg zu einer Heldin der Alliierten wurde.
[3] Gattung landbewohnender Sumpfschildkröten in Nordamerika, die in den Südstaaten als Delikatesse gelten. Wallis' Mutter hatte sich ausgezeichnet auf ihre Zubereitung verstanden.

großes Haus und so eine Menge Leute! Sag Mary[1], sie soll mich morgen früh verständigen, wenn Du fertig bist, weil ich Angst habe, ohne Dich hinunterzugehen. Strecke die Arme aus und mach lange Heiaheia. Kein langes Gerede mehr, weil Du Dich ausruhen mußt. Dein Junge hält Dich ganz, ganz fest, immer. Mehr und mehr, meine Geliebte. Dein

David

Sonntag [28. Juni]   *Blenheim-Palast*
Guten Morgen wünschen wir alle. Hast Du schön Heiaheia gemacht, und wann bist Du fertig, mein Herz? Whitemans Band[2] hat eben erst zu spielen aufgehört, und jetzt wird das Frühstück serviert. Die Babies sagen auch Hallo. Dein

David

Dienstag [30. Juni]   *Adsdean, Chichester*
Guten Morgen, mein Herz. Hab' Sehnsucht nach mir, wenn Du aufwachst. Ich muß gleich los, um die Matrosen zu inspizieren. Die Babies sagen, sie können nicht in Uniform gehen, und ob Mary uns bitte »Stirnhaar« und ein paar Bänder gibt, selbst wenn sie noch neu sind. Die Kilts sind noch nicht fertig. Ich werde mich beeilen, rasch zu meiner Wallis zurückzukommen. Gott segne WE. Dein

David

Wir sagen auch Hallo zu Mr. Loo.

Mittwoch [1. Juli]   *Adsdean*
Guten Morgen, mein Liebling. Ich hoffe, Du hast gut geschlafen. Ich gehe nur eben diese sechs Löcher Golf mit Dickie [Mountbatten] spielen. Ich habe noch keine Antwort von der »Queen Mary« betreffs Päckchen an Mr. A. J. Warner, kommt aber sicher bald.

---

[1] Mary Burke, Wallis' Mädchen.
[2] Paul Whiteman, der amerikanische Bandleader.

Was möchte mein Mädchen zum Abendessen, damit ich Mrs. Mason[1] Bescheid sagen kann? Um 12 heute mittags muß ich nach Portsmouth aufbrechen. Mehr und mehr, Dein

David

Am 9. Juli gab der König wieder ein Essen in York House, wo er weiterhin residierte, während seine Mutter ihren Auszug aus dem Buckingham-Palast vorbereitete. Diesmal erschien Mrs. Simpsons Name in den Hofnachrichten ohne den ihres Gatten. Zu den Gästen gehörten der Herzog und die Herzogin von York, die Winston Churchills, Diana Cooper, Margot Oxford und Sibyl Colefax, Major Alexander Hardinge, der neue Privatsekretär des Königs, und Sir Samuel Hoare, eines der ältesten Parlamentsmitglieder der Konservativen Partei und jüngst ernannter Marineminister des Kabinetts Baldwin. Ernests Abwesenheit deutete darauf hin, daß er und Wallis sich nun endgültig zur Trennung entschlossen hatten. Wallis hatte sich inzwischen an den bekannten Londoner Scheidungsanwalt Theodore Goddard gewandt. In den vorangegangenen Wochen hatte sie auf ausdrücklichen Wunsch des Königs auch noch dessen Rechtsberater George Allen und Walter Monckton konsultiert.

Einem altbewährten Brauch folgend stieg Ernest Simpson am 21. Juli in Begleitung einer Dame im Hotel de Paris in Bray an der Themse ab. Sie trugen sich als »Ernest A. Simmons« und »Buttercup Kennedy« ein. (Dahinter verbarg sich vermutlich Mary Raffray, die den Spitznamen »Buttercup« einem blütenbekränzten Hut verdankte, mit dem sie in London Aufsehen erregt hatte.) Das Paar frühstückte auf dem Zimmer, wurde also vom Personal im Bett angetroffen. Am 23. Juli teilte Wallis ihrem Mann in einem förmlichen Schreiben mit, sie habe in Erfahrung gebracht, »daß Du statt auf Geschäftsreise, wie Du mich glauben machen wolltest, mit einer Dame in Bray gewesen bist. Ich bin sicher, Du wirst verstehen, daß ich über diesen Vorfall unmöglich hinwegsehen kann und mich weigere, weiter mit Dir unter einem Dach zu wohnen. Was jetzt geschehen ist, bestätigt nur meinen langgehegten Verdacht.

---

[1] Haushälterin im Fort.

Wallis und der König

Daher werde ich meine Anwälte beauftragen, die Scheidung einzuleiten.« Ernest zog daraufhin von Bryanston Court in den Guards' Club um.[1]

Das Beweismaterial war ausreichend. Wallis schwieg sich verständlicherweise über die ganze Affäre gründlich aus. Keinem ihrer Freunde gegenüber erwähnte sie die Scheidung; und in ihrem nächsten Brief an Tante Bessie findet sich nicht der kleinste Hinweis darauf, daß sie und Ernest sich getrennt haben. Sie beruft sich lediglich auf »eine Menge langweiligen Geschäftskram«, den sie hätte erledigen müssen, und auf ihr Bedürfnis nach »Ferien fernab von allen Sorgen«.

Samstag, 1. August   *Das Fort*
Liebste,
ich habe Dir seit Wochen nicht mehr geschrieben, aber die vielen Besucher haben mich wirklich wahnsinnig gemacht. Manche kenne ich kaum, aber heutzutage ruft alle Welt bei mir an. Ich habe mich von Kopf bis Fuß röntgen lassen. Man fand die Narbe von einem *verheilten* Magengeschwür. Ich habe einen unheimlich guten Arzt und hatte die letzten sechs Wochen keine Beschwerden. Bin auf Diät – keine allzu unangenehme – der Arzt ist Deutscher. Ich habe auch ein bißchen zugenommen und fühle mich so gut wie seit Jahren nicht mehr. Der Schuß *[sic!]* auf HM[2] und die durchkreuzten Sommerpläne haben mich sehr aufgeregt. Auch ist Ernest so oft unterwegs gewesen *[sic!]*, daß es schwierig war, Pläne zu machen – und eine amerikanische Familie interessiert sich für unsere Wohnung. Falls das klappt, werde ich bis nach der Krönung in ein möbliertes Haus ziehen. Wir wollen nun mit einer Yacht, die der König gechartert hat, vor der jugoslawischen Küste kreuzen, be-

---

[1] Diese Darstellung stützt sich auf Aussagen, die im nachfolgenden Prozeß am 27. Oktober 1936 zu Protokoll gegeben wurden.
[2] Am 16. Juli, bei der Geburtstagsparade im Hyde-Park, übergab der König drei Regimentern neue Fahnen. Als er anschließend auf dem Rückweg zum Buckingham-Palast den Wellington Arch passierte, schleuderte ihm ein irischer Journalist namens George McMahon einen geladenen Revolver entgegen. Der Mann wollte nur die Aufmerksamkeit der Öffentlichkeit auf ein Unrecht lenken, das ihm angeblich durch das Innenministerium widerfahren war. Als ein Polizist dem Verrückten die Waffe entreißen wollte, warf McMahon sie vor das Pferd des Königs. Es fiel *kein* Schuß.

gleitet von 2 Zerstörern – Reisegruppe dieselbe, wie für Cannes vorgesehen – vielleicht segeln wir bis zu den griechischen Inseln und besuchen dort den König – möglicherweise auch Prinz [-regent] Paul in Jugoslawien – hängt alles ausschließlich von der politischen Lage in Europa ab, die sich von Tag zu Tag ändert – für einen König scheint kein Plan besonders sicher. Im September werde ich nach Balmoral fahren, unterwegs besuche ich zuerst die Herzogin von Buccleuch und anschließend die Sutherlands.[1] Am 27. September bin ich zurück in London. Ernest ist eine Woche mit Mary in Schottland und muß im August geschäftlich nach Italien. Alle sind müde, jetzt wo diese turbulente Saison zu Ende ist. Miß Blandford hat angerufen[2], und ich habe sie eingeladen – aber sie hatte schon eine Verabredung für den fraglichen Tag, seitdem hatte ich einfach noch keine Zeit. Bitte sag Lelia, es sei mir unmöglich, etwas wegen Robin[3] zu unternehmen – ich habe alles Erdenkliche versucht, aber man muß sich offenbar gleich nach der Empfängnis vormerken lassen. Ich werde ihr bald schreiben. Anne tut mir leid – wenn man ihr Leben überdenkt, scheint es, als habe sie sich selbst eine Menge Kopfschmerzen verursacht. Ich erwarte Dich im November, oder ich komme *rübergesaust* und nehme Dich Anfang dieses Monats ganz einfach mit. Ein Haus werde ich frühestens ab 15. Oktober mieten, weil die Leute die Wohnung nicht früher wollen. Ich hatte eine Menge langweiligen Geschäftskram zu regeln und brauche dringend Ferien fernab von allen Sorgen und Leuten, die alle was von mir wollen. Mein Job ist zu nervenaufreibend, als daß ich mich hier erholen könnte – das kleine Hirn macht sogar Überstunden. Ich käme furchtbar gern ein paar Wochen nach Washington und ließe alles einfach für eine Weile hinter mir, und möglicherweise komme ich tatsächlich am 1. November auf 2 Wochen rüber, dann könnten wir zusammen zurückfahren. Doch im Augenblick kann ich mich noch nicht festlegen. Ich glaube, ich reise Samstag ab, zu irgendeinem Hafen an der jugoslawischen Küste. Die Yacht heißt »Nahlin«,

---

[1] Die »Schöne Molly«, Herzogin von Buccleuch, und der Herzog und die Herzogin von Sutherland.
[2] Vgl. Brief an Tante Bessie vom 4. Mai.
[3] Lelia hatte wahrscheinlich gehofft, Wallis könne ihren Sohn in Eton unterbringen.

aber adressiere Deine Briefe am besten an meine Wohnung, sie werden dann nachgeschickt. Der jetzige Plan sieht vor, daß wir bis Konstantinopel segeln und von dort mit dem Zug nach Hause fahren – über Wien, wo HM seinen Ohrenarzt aufsuchen will. Hab noch ein Weilchen Geduld mit mir – und mach Dir auch keine Sorgen um mich, denn ich habe mich wirklich seit ewigen Zeiten nicht mehr so wohl gefühlt – und sobald ich ein wenig zur Ruhe komme, bin ich wieder ganz auf Draht. Alles Liebe

Wallis

Am 10. August schifften sich der König und Wallis in der jugoslawischen Hafenstadt Šibenik zu einer vierwöchigen Kreuzfahrt entlang der Adriaküste auf der Luxusyacht »Nahlin« ein. In ihrer Gesellschaft befanden sich die Humphrey Butlers, Helen Fitzgerald, Godfrey Thomas und Jack Aird[1]; später stießen die Duff Coopers, Allan Lascelles, Lord Sefton und die Herman Rogers dazu. Während dieser ansonsten vergnügten und erholsamen Ferien (in deren Verlauf sie auch mit den Oberhäuptern der Staaten zusammentrafen, welche die »Nahlin« anlief) wurde das Paar überall, wo es an Land ging, erkannt und von Reportern umlagert, und die Fotos der beiden oft recht zwanglos gekleideten Liebenden verursachten sowohl in Amerika als auch auf dem europäischen Kontinent sensationelles Aufsehen.

Donnerstag, 13. August   *S. Y.[2] Nahlin, R. T. Y. C.[3]*
Liebste Tante B,
diese Zeilen werden Dich nicht rechtzeitig zu Deinem »Mündigwerden« am 16. erreichen – und ich fürchte, das vergoldete Silberdöschen mit dem Jubiläumswappen, das HM und ich Dir geschickt haben, auch nicht. Aber Du weißt ja auch so, daß ich an meine Tante denke und auf ihre Gesundheit trinken werde. Dieser arme, erschöpfte König hat sich endlich freimachen können. Wir sind am

---

[1] Stellvertretende Privatsekretäre des Königs.
[2] S.Y. = steam yacht: mit Dampfturbinen betriebene Yacht.
[3] R. T. Y. C. = Royal Thames Yacht Club.

Nachsommer

Samstag von London abgereist. Prinz Paul empfing uns an der jugoslawischen Grenze mit einem sehr vornehmen königlichen Sonderzug. Wir verbrachten einige Zeit auf seinem Landsitz – dann zurück in den Zug, und Montagmorgen erreichten wir den kleinen Hafen, in dem die Yacht und 2 Zerstörer vor Anker lagen. Es ist ein herrlich komfortables Schiff. Wir segelten nach Norden, um den Binnensee bei Novigrad zu sehen, und jetzt sind wir auf dem Weg nach Süden, wo wir in Split halten und die Bande an Bord nehmen werden. Dann geht's weiter auf derselben Route, die wir mit Walter gefahren sind. Wir sind in einem malerischen Städtchen an Land gegangen – aber sogar in diesem abgelegenen Nest wurde HM erkannt, und die Orts-Miliz mußte ausrücken, um Ordnung unter der Menge zu schaffen. Natürlich wird dadurch das Erkunden der Gegend unmöglich gemacht, und HM kommt einem vor wie der Rattenfänger. Ich glaube, es ist geplant, daß wir ab 20. September 10 Tage in Schottland sind. Ganz sicher habe ich mich noch nicht entschieden, weil ich mir über den Winter noch nicht schlüssig bin. Aber wann immer Du kommen willst – es wird stets ein Zimmer für Dich bereit sein. Mir geht es nach wie vor blendend. Alles Liebe

Wallis

Montag, 24. August   S.Y. Nahlin, R.T.Y.C
Liebste,
ich habe nicht geschrieben, weil hier eine Hitze herrscht wie in den Tropen und es zum Schreiben zu schwül ist. Wir waren in sehr abgelegenen Regionen, über die sich kaum etwas erzählen läßt. Wir schwimmen und schlafen viel und haben herrlich zerklüftete Küstenstriche mit malerischen Städtchen gesehen. Auf Korfu haben wir mit dem König von Griechenland gegessen, der dort einen Monat lang ein Haus gemietet hat. Eric Dudleys Gesellschaft sind wir in zwei Häfen begegnet – sonst immer nur unsere Bande. In Athen gehen die Duff Coopers und die Butlers von Bord, dafür kommen Lord Sefton und die Rogers, letztere für die Brownlows, die in London bleiben müssen, weil seine Mutter krank ist. HM hat den Rogers vor zwei Tagen telegrafiert, und sie sind schon unterwegs.

Wallis und der König

Helen Fitzgerald macht die ganze Reise mit. Ich hoffe, Du hattest einen schönen Sommer und besuchst mich bald hier in Europa.
Alles Liebe
Wallis

[Ansichtskarte von der Akropolis, abgestempelt in Istanbul, am 5.September]
Zu heiß zum Schreiben und nichts Besonderes zu berichten. Herrlich faule Ferien und interessante Sehenswürdigkeiten. In Liebe – W.

Nachdem die Reisegesellschaft die Schlachtfelder von Gallipoli besichtigt hatte und in Istanbul von dem Diktator Mustafa Kemal Atatürk empfangen worden war, vertauschte man die »Nahlin« mit einem Sonderzug und reiste in mehreren Etappen durch den Balkan nach Wien, wo man fünf angenehme Tage verbrachte und der König mit dem österreichischen Kabinett zusammentraf.

Edward an Wallis

[September] *Hotel Bristol, Wien*
Guten Morgen, Wallis, wünschen wir alle. Da Du nicht angerufen hast, nehme ich an, daß Du noch heia machst. Bin zum Kinging mit den Babies. Bitte hab Sehnsucht nach mir, bin gegen eins zurück.
Dein
David

Am 14. September flog der König von Zürich aus nach England zurück, während Wallis und die restliche Gesellschaft per Bahn nach Paris reisten.

Neuntes Kapitel

Die Scheidung
(September–Oktober)

In Begleitung einiger Freunde von der »Nahlin«-Gesellschaft – Lord Sefton, Helen Fitzgerald und das Ehepaar Rogers – traf Wallis am Abend des 14. September in Paris ein, wo sie wieder, wie schon zweimal in diesem Jahr, im Hotel Meurice abstieg. Schon bald nach ihrer Ankunft machte sich eine schwere Erkältung bemerkbar, die sie mehrere Tage ans Bett fesselte. Unterdessen beschäftigte sie sich mit der Post, die man ihr aus England nachgeschickt hatte. Darunter befanden sich Briefe besorgter Freunde – und von Tante Bessie –, die Wallis Ausschnitte aus amerikanischen Zeitungen sandten, in denen die Kreuzfahrt auf der »Nahlin« und die Scheidung der Simpsons Schlagzeilen machten. Bei der Lektüre war Wallis (wie sie in ihren Memoiren vermerkt) »bestürzt und schockiert«. Ihre Freundschaft mit dem König und seine Absichten ihr gegenüber waren »zum Tischgespräch für jeden Zeitungsleser in den Vereinigten Staaten, Europa und den Dominien geworden«. In einem Telefongespräch mit dem König erwähnt sie ihre »wachsenden Befürchtungen«. In ihren Memoiren geht sie allerdings nicht auf diese Ängste ein, sondern merkt lediglich an, der König habe ihr versichert, daß es in England keinerlei öffentliche Berichterstattung geben und sich das Aufsehen bald legen werde.

Die Wahrheit freilich war dramatischer. Jetzt, in letzter Minute – ihre Ehe mit Ernest war gescheitert und er lebte mit Mary Raffray zusammen; sie hatte die Scheidung eingereicht und der Gerichtstermin stand fest; der König hatte deutlich gemacht, daß er sie heiraten wollte, sobald sie frei war, und ihr ein bedeutendes Vermögen überschrieben – jetzt wurde Wallis in einem Anfall hellsichtiger Erleuchtung plötzlich von Panik ergriffen. Mit einemmal erwachte sie aus ihrem zweieinhalb Jahre währenden Traum und begann ängstlich darüber nachzudenken, wohin dieses märchenhafte Abenteuer führen solle. Sie verglich das unaufregende, aber abgesicherte Leben, das sie mit Simpson geführt hatte, mit den unbekannten Gefahren, die ihr (und dem König) bevorstanden, wenn sie an seiner Seite blieb. Zwar neigt sie in ihren Memoiren dazu, diese Bedenken herunterzuspielen – verständlicherweise, denn für den Herzog von Windsor, mit dem sie mittlerweile verheiratet war, wäre das wenig schmeichelhaft gewesen. Ihre Korrespondenz aber bezeugt, daß sie den ganzen Herbst über auf einen Ausweg aus der Liaison mit dem Monarchen sann.

Aber warum ist sie dann nicht geflohen? Dafür gibt es drei Gründe: Der König wollte sie unter keinen Umständen gehen lassen; sie hing zu sehr an ihm, als daß sie es übers Herz gebracht hätte, einfach davonzulaufen; ihr angegriffener Gesundheitszustand und ihre innere Ratlosigkeit schwächten ihre Entschlußkraft. »Am bequemsten ist es, man stellt sich auf den Standpunkt, sie hätte ihn dazu bewegen sollen, sie aufzugeben«, schreibt Walter Monckton. »Aber ich habe nie vorher oder nachher einen Mann gekannt, den eine Frau schwerer losgeworden wäre.«

Ein eindrucksvolles – und bisher unbekanntes – Dokument legt Zeugnis ab von Wallis' Verfassung zu dieser Zeit. Am Abend des 16. September – zwei Tage nach ihrer Ankunft in Paris – schreibt sie dem König, daß sie ihr Verhältnis beenden müßten, weil sie zusammen »nur Unglück heraufbeschwören« würden, und daß sie zu Ernest Simpson zurückkehren wolle. Man mag sich fragen, wieweit sie wirklich noch an die Möglichkeit einer solchen Rückkehr glaubte.

Ein Vergleich dieses Briefes mit dem, den Wallis am 4. Mai an ihre Tante geschrieben hatte, ist höchst aufschlußreich. Damals berichtete sie vom Niedergang ihrer Ehe mit Ernest und äußerte den Wunsch, ihr Glück mit dem König zu wagen. Nun haben sich ihre Absichten grundlegend geändert.

Die Scheidung

Wallis an Edward

Mittwochabend [16. September]   *Hotel Meurice,*
Rue de Rivoli, Paris

Lieber David,
es ist zu dumm, daß ich mich ausgerechnet jetzt erkälten muß. Doch ich muß das Bett hüten und fühle mich sehr, sehr elend. Aber ich habe eine Forelle gegessen und zwei köstliche Maiskolben. Es fällt mir schwer, diesen Brief zu schreiben – aber ich finde es leichter als eine mündliche Aussprache und weniger schmerzhaft. Ich muß einfach zu Ernest zurückkehren – es gibt eine Menge Gründe dafür, und ich will sie Dir nennen, also bitte hab Geduld und lies weiter. Erstens verstehen wir uns und kommen sehr gut miteinander aus – was wirklich eine Kunst ist in der Ehe. Wir gehen uns gegenseitig nicht auf die Nerven. Ich vertraue darauf, daß er für mich und für sich sorgen kann. Ich fühle mich bei ihm sicher und brauche mich nur um meine Rolle in der Show zu kümmern. Wir erledigen jeder für sich unsere kleinen Jobs – gelegentlich hilft einer dem anderen, und alles läuft reibungslos, keine Nervenbelastung. Wir sind arm, zugegeben, und können uns die attraktiven Amüsements nicht leisten, die ich, ehrlich gestanden, liebe und genieße – auch schöne Dinge zu besitzen, fasziniert mich, und ich weiß das alles wohl zu schätzen, aber wenn ich wählen soll zwischen all dem und einem ruhigen, harmonischen Leben, so entscheide ich mich für letzteres, denn ich weiß, auch wenn ich jetzt furchtbar leiden muß, ich sehe einem glücklicheren und ruhigeren Alter entgegen. Ich war heute abend hier allein, habe aber meine Freunde (?) gesehen usw. Ich wäre lieber mit meinem Mann zusammen als bloß mit Freunden. Niemand kann diesen Platz einnehmen, und bei niemandem (es sei denn, man hat eine Familie) kann man sich so geborgen fühlen. Ich kenne Ernest und empfinde aufrichtige Zuneigung und Respekt für ihn. Ich spüre, daß ich mit ihm besser dran bin als mit Dir – und darum mußt Du mich verstehen. Ich bin sicher, lieber David, daß Dein Leben in ein paar Monaten wieder genauso verlaufen wird wie früher und ohne meine Nörgeleien. Auch warst Du Dein Leben lang von Zuneigung unabhängig. Wir haben herrlich schöne Zeiten

zusammen verbracht, für die ich Gott danke. Ich weiß, daß Du Deinen Job weiterführen wirst – von Jahr zu Jahr besser und würdevoller. Das würde mir die größte Freude machen. Ich bin sicher, wir beide zusammen würden nur Unglück heraufbeschwören. Ich werde immer alles über Dich lesen – aber nur die Hälfte glauben! –, und Du sollst immer wissen, daß ich Dich glücklich sehen möchte. Ich werde Allen[1] anweisen, alles rückgängig zu machen. Ich bin sicher, nach diesem Brief wirst Du einsehen, daß kein Mensch auf Erden diese Verantwortung auf sich nehmen könnte, und es wäre höchst unfair, mir die Dinge schwerer zu machen, indem Du mich zu sehen versuchst. Lebwohl sagen WE alle

Wallis

Am selben Abend schrieb der König aus dem Fort an Wallis. Ihren Brief hatte er zwar noch nicht erhalten, aber sie hatte ihm ihre Befürchtungen bereits am Telefon mitgeteilt. Er nahm sie jedoch gar nicht zur Kenntnis.

Edward an Wallis

Halb ein Uhr nachts [16. September]   *Das Fort*

Gute Nacht, meine Wallis. Warum sagst Du manchmal am Telefon so schlimme Dinge zu David? Schlimme Dinge wie: Du hättest heute abend, wo Du krank bist, lieber jemand anderen um Dich, daß ich mich nur langweilen würde, Dich nicht verstehe und noch vieles mehr, was mir so weh tut und zeigt, daß Du nicht an mich glaubst und kein Vertrauen zu mir hast, was mich so furchtbar unglücklich macht.

Ich bin so traurig heute abend, mein Herz, darum und aus anderen Gründen. Erstens weil Du so krank bist und ich nicht bei Dir bin, um Dich zu pflegen. Dann, weil ich Dich vor Balmoral nicht mehr

---

[1] George Allen, der Anwalt des Königs. Zweifellos bezieht sie sich hier insbesondere auf das Geld, welches der König ihr überschrieben hatte.

sehen werde und nicht weiß, wann wir dort wieder zusammentreffen. Oh! Bitte laß es bald sein, mein Liebling, denn jeder Augenblick, den wir getrennt sind, ist traurig und einsam.
Ich will Dir nicht zusetzen oder Dich bitten, Pläne zu machen, solange Du Dich nicht gesund fühlst oder in der Stimmung bist, und das Wichtigste ist jetzt für Dich, so schnell wie möglich wieder gesund zu werden. Unser herrlicher Urlaub hat Dir so gut getan, und nun ist alle Erholung dahin. Es macht mich gleich mit krank. Weißt Du, ich liebe Dich so ganz und gar und in jeder Beziehung, Wallis. Wahnsinnig zärtlich anbetend und voll Bewunderung und mit unendlichem Vertrauen.
Heute nacht ist mir, als müßte ich zerspringen vor Liebe und Sehnsucht danach, Dich fester in meine Arme zu schließen als je zuvor. Mr. Loo und ich sind hier oben in unserem blauen Zimmer und vermissen Dich ganz furchtbar. Es ist die Hölle, aber irgendwie auch ein herrliches Gefühl. Bitte versuch mir so zu vertrauen, wie Du mich liebst, und laß keine Zweifel aufkommen. Ich verspreche Dir, dazu besteht nicht der geringste Grund. Wenn Du doch nur in mein flammendes Hirn schauen könntest, würdest Du nicht mehr zweifeln. SIE zweifelt nicht an IHM (halte mir die Augen zu), also zweifle Du nicht an mir.
Ich bin jetzt sehr müde und will versuchen, heia zu machen, was Du hoffentlich auch kannst. Ich schreibe morgen früh zu Ende, und schicke den Brief per Luftpost, damit Du so schnell wie möglich alles lesen kannst, was ich Dir zu sagen habe. Gott segne WE

Donnerstag [17. September]
Nochmals guten Morgen, mein Herz, da ich gerade mit Dir gesprochen habe. Du klingst immer noch furchtbar erkältet. Pooky demus! Ich weiß zwar, wie langweilig es ist, krank in einem Hotelzimmer zu liegen, aber bitte geh heute nicht aus. Nur so kannst Du Dich auskurieren. Ich habe Dir ja erzählt, was für eine zufriedenstellende Unterredung ich gestern abend mit Allen hatte. Gott sei Dank haben WE ihn, der unsere Interessen wahrt. Schade, daß Walter Prendergast versetzt wird. Ich habe ihn für heute abend

Wallis und der König

6.30 Uhr eingeladen. Ich werde mich bei einer Bauausstellung mit ein paar Leuten treffen. Hier ist es jetzt sehr schön, und die Hecken färben sich schon ein bißchen bunt. Es wäre so schön, wenn Du hier wärst und alles mit mir zusammen anschauen könntest. Die Verbesserungen am Haus (die ich nicht bezahlen muß) sind wirklich gut gelungen, wenn auch noch nicht ganz fertig.
Mir fällt nichts mehr ein, außer daß ich Dich liebe, liebe, liebe, meine Wallis, aber das weißt Du auch. Ich werde Dich weiterhin oft anrufen. Dein

David

P.S. Die Babies schicken Dir eanum Blumen.

Man kann sich unschwer vorstellen, wie der König auf Wallis' Brief reagiert hat. Wallis ließ sich offenbar von ihm umstimmen, denn als sie vier Tage später an Tante Bessie schreibt, steht ihre Abreise nach London und weiter nach Balmoral unmittelbar bevor, und den Versuch, mit dem König zu brechen, erwähnt sie mit keinem Wort.

Wallis an Tante Bessie

Montag [21. September]   *Hotel Meurice, Paris*
Liebste,
ich bin seit einer Woche hier – zusammen mit den Rogers, Helen Fitzgerald und Hugh Sefton. Der König ist von Zürich aus geflogen, da es zur Zeit nicht klug wäre, wenn er sich in Frankreich sehen ließe. Die Reise war entschieden die bisher interessanteste – wenn man bedenkt, daß wir unterwegs Diktatoren und Könige getroffen haben. Und so herrliches Wetter. Die Zeit hier war vergeudet, habe nämlich in Wien einen Grippevirus aufgeschnappt und mußte bis gestern im Bett bleiben. Heute reisen wir nach England und morgen weiter nach Schottland, wo ich eine Woche bleiben werde. Die Rogers begleiten mich. Habe in »Time« ein erstaunliches Foto eines Häuserblocks von *zehn* Häusern gesehen, die als *mein* Haus be-

Die Scheidung

zeichnet werden. Man erkennt leicht den gesamten Regent's Park Crescent. Diese Journalisten sind wahnwitzig. Ich habe Mrs. Stewarts Haus gemietet – eines, das die englischen Zeitungen als »nicht groß« bezeichnen würden. So groß wie Upper Berkeley Street[1] ist es jedenfalls. Du wirst es ja sehen, wenn du mich besuchen kommst. Ich habe es bis 26. Mai gemietet und ziehe am 7. Oktober ein. Die Wohnung haben wir sehr gut vermietet. Die *ach so kluge Mary* hat mir geschrieben – ist das nicht unerhört? –, daß ihre Tochter Ende September nach London käme. Ich habe ihr geantwortet, daß ich dann leider in Schottland bin. Ich bin sehr in Eile, also verzeih mir bitte, denn ich versuche, alles heute morgen zu erledigen. Alles Liebe
Wallis

Ehe sie gemeinsam mit den Rogers nach Balmoral weiterreiste, machte Wallis einen Tag in London Station, um mit Theodore Goddard, ihrem Anwalt, die bevorstehende Scheidung zu besprechen. Um die üblichen Verzögerungen am Londoner Gerichtshof zu vermeiden, war man übereingekommen, die Klage in Ipswich einzureichen. Dort sollte der Fall »Simpson gegen Simpson« am 27. Oktober verhandelt werden; Wallis würde durch Norman Birkett vertreten sein, den prominentesten Kronanwalt seiner Zeit. Um die Scheidung in Ipswich durchzuführen, mußte Wallis während des Prozesses ihren Wohnsitz am Ort des Gerichts nachweisen. Goddard hatte deshalb in ihrem Namen ein möbliertes Haus in dem Badeort Felixstowe, 15 Kilometer von Ipswich und wie dieses in der Grafschaft Suffolk gelegen, gemietet. Sollte am 27. Oktober das vorläufige Urteil ausgesprochen werden, könnte Wallis sechs Monate später, also Ende April 1937, den Antrag stellen, die Scheidung für rechtskräftig zu erklären. Im Prinzip hätte sie sich also noch vor der Krönung, die auf den 12. Mai festgesetzt war, wiederverheiraten können. Wie der Herzog von Windsor in seinen Memoiren deutlich zu verstehen gibt, war dies nicht purer Zufall; er selbst hatte es so eingerichtet, um Wallis noch vor der Krönung zu seiner Frau zu machen. Am 13. September trafen Wallis und die Rogers in Balmoral ein, wo sie

---

[1] Das Stadthaus, welches Wallis und Ernest gleich nach ihrer Hochzeit gemietet hatten.

sich eine Woche lang aufhielten. Die übrigen Gäste waren Verwandte und Freunde des Königs, darunter auch die Mountbattens und die Kents. Wallis schreibt in ihren Memoiren, sie habe den Aufenthalt in Schottland in guter Erinnerung, und tatsächlich sollten diese Ferien auf lange Sicht das letzte unbeschwerte Zwischenspiel für sie bleiben. Zweifellos hob man hie und da mißbilligend die Brauen, als ihr Name in den Hofnachrichten aus Balmoral auftauchte und erst recht, als der König am selben Tag, an dem er erst mit dem Hinweis auf die Hoftrauer abgelehnt hatte, ein Krankenhaus in Aberdeen einzuweihen, Wallis in Ballater bei Balmoral vom Bahnhof abholte. Unzutreffend sind dagegen die Gerüchte, sie habe sich auf Balmoral als Hausherrin aufgespielt – bis auf einen Punkt: Es war für sie inzwischen selbstverständlich geworden, daß sie sich um den Speiseplan und die Abendunterhaltung kümmerte.

Ein amüsanter Austausch von kurzen Mitteilungen aus dieser Zeit ist erhalten geblieben. So schickte etwa der König eine Namensliste von Nachbarn, die am Abend zu einer Filmvorführung geladen waren, an Wallis mit dem Vermerk: »Liebling – das sind die Leute, die uns heute abend eine eanum Zeit langweilen werden.« Sie antwortete auf einem Briefbogen von Balmoral: »DDD[1] – hast Du daran gedacht, den Film zu wechseln, da alle Kinonarren den alten schon gesehen haben? WE können [ihn] in London anschauen.«

Am 1. Oktober kehrte Wallis nach London zurück, wo sie vorläufig im Clardige's abstieg, weil ihr Haus noch nicht bezugsfertig war. Das darauffolgende Wochenende verbrachte sie mit dem König und einigen Freunden im Fort. Anschließend begab sie sich nach Felixstowe, wo sie ein eher schlichtes Haus am Strand bewohnte. George und Kitty Hunter, die ihr unter ihren englischen Freunden am nächsten standen, waren mitgekommen, um ihr Gesellschaft zu leisten.

Es war eine unangenehme Zeit für Wallis. Ihr Gesundheitszustand war angegriffen. Das Haus und die triste Nachsaison-Atmosphäre des Badeortes deprimierten sie ebenso wie das unwirtliche Wetter. Der Zwang zur Geheimniskrämerei und die aufdringliche Neugier der Journalisten, die ihren Aufenthaltsort rasch in Erfahrung gebracht

---

[1] DDD = Dear Darling David.

Die Scheidung

hatten, zehrten gleichermaßen an ihren Nerven. Der gehässige Klatsch über sie und den König, den ihr die Hunters hinterbrachten, quälte und beunruhigte sie zutiefst. Wieder einmal wurde sie von Ängsten und Zweifeln heimgesucht und fragte sich, ob sie ihre Scheidungsklage aufrechterhalten solle. »Möchtest Du immer noch, daß ich es zu Ende führe?« schrieb sie an den König. »...ist es da nicht besser, ich mache mich heimlich aus dem Staub?... Ich kann mir nicht helfen, ich spüre, daß Du Ärger mit dem Unterhaus usw. bekommen wirst und daß sie Dich zwingen könnten, abzudanken. Ich darf Dich nicht in diese Lage bringen...«

Wallis an Tante Bessie

[auf Bryanston-Court-Briefpapier, geschrieben in Felixstowe. Undatiert.]
Liebste,
bitte verzeih mir das Ganze, aber ich hatte und habe noch immer ein wenig Ärger, und da ich es besser finde, andere nicht zu beunruhigen, habe ich nicht geschrieben. Ich möchte, daß Du herkommst, dann werde ich Dir alles erzählen. Also sieh zu, daß Du gleich nach dem 1. November ein Schiff bekommst! Ich kann mich bei all der Publicity auf keinen Fall in den USA sehen lassen. Es tut mir leid, daß Du im dunkeln tappst, aber es ist so am besten für Dich. Ich habe Dich sehr lieb, und mit der Zeit wird sich schon alles finden – aber im Augenblick ist es schlimm. Ich bin für zehn Tage in Felixstowe an der Nordsee. Die Hunters sind bei mir. Die Mehrkosten für die »Queen Mary« im Vergleich zu einem kleineren Schiff übernehme ich. In Liebe

Wallis

Wallis an Edward

[auf Briefpapier des Hotels Claridge's – geschrieben in Felixstowe]
Donnerstag [14. Oktober]
Mein Lieber,
darauf waren weder Du noch ich gefaßt – auf diese Hetzjagd der Presse. Möchtest Du immer noch, daß ich es zu Ende führe? Ich habe nämlich das Gefühl, es wird Deiner Popularität im Lande schaden. Gestern abend haben die Hunters mir so vieles erzählt, was mich schaudern machte – und heute bin ich ganz krank und durcheinander, weil wir bis 4 Uhr früh geredet haben. Beinahe hätte unser Gespräch im Streit geendet, da es natürlich nicht angenehm war zu hören, wie der Mann auf der Straße über mich denkt. Ich höre, man hat Dich im Kino ausgepfiffen, und ein Mann im Smoking hat sich im Theater geweigert aufzustehen, als »God Save The King« gespielt wurde, und auch, daß sie irgendwo hinzufügten »und Mrs. Simpson«. Wirklich, David, Darling, wenn ich Dir so sehr schade, ist es da nicht besser, ich mache mich heimlich aus dem Staub? Heute hat Ernest angerufen, um mir zu sagen, daß er mit Telegrammen von der amerikanischen Presse bombardiert wird, und auch, daß es gestern abend in Amerika im Radio kam. Mala Brand hat auch angerufen. Amerika können wir nie aufhalten, aber ich hoffe, wir können Beaverbrook zu ein paar kleinen Meldungen bewegen, wenn es vorüber ist. Das wird dein Freitagsjob, sollten wir uns entschließen, weiterzumachen. Ich kann mir nicht helfen, ich spüre, daß Du Ärger mit dem Unterhaus usw. bekommen wirst und daß sie Dich zwingen könnten, abzudanken. Ich darf Dich nicht in diese Lage bringen. Auch habe ich schreckliche Angst, daß der Richter hier die Nerven verlieren wird – und was dann? Es tut mir leid, daß ich Dich so quälen muß, mein Liebling – aber ich fühle mich wie ein Tier in der Falle und dann noch diese beiden Geier, die mich damit plagen, wie Du Deine Popularität verlierst – durch mich. Bitte, bitte, sag, was Dir für alle Beteiligten am besten scheint, wenn Du mich anrufst, nachdem Du diesen Brief gelesen hast. Zusammen, denke ich, sind wir stark genug, es mit dieser erbärmlichen Welt aufzunehmen – aber getrennt von Dir fühle ich mich

eanum und habe Angst um Dich, Deine Sicherheit, usw. Auch sagen die Hunters, es könnte leicht sein, daß man mit Steinen nach meinem Wagen wirft. Halt mich fest, bitte, David.

[keine Unterschrift]

Aber der König wollte nichts davon wissen, daß Wallis die Scheidungsklage zurückzog. Er griff sogar persönlich ein, um die englische Presse zu größtmöglicher Diskretion in der Behandlung des Prozesses zu bewegen. Bisher hatten die britischen Zeitungen ihre traditionelle Zurückhaltung hinsichtlich des Privatlebens der königlichen Familie gewahrt und (im Gegensatz zu ihren Konkurrenten in Amerika oder auf dem europäischen Festland) Wallis' Freundschaft mit dem König stillschweigend übergangen. Aber konnte dieses Schweigen andauern, wenn gleichzeitig Schwärme von Reportern aus Übersee den Prozeß in Ipswich verfolgten? Am Freitag, den 16. Oktober, empfing der König – wie Wallis es in ihrem letzten Brief angeregt hatte – Lord Beaverbrook, den einflußreichen Verleger von »Evening Standard«, »Daily Express« und »Sunday Express«. Über diese Audienz im Buckingham-Palast berichtete Beaverbrook später:

> Der König bat mich, dafür zu sorgen, daß sämtliche Spekulationen über die bevorstehende Simpson-Scheidung unterblieben und der Prozeß auch nach der Urteilsverkündung möglichst aus den Schlagzeilen herausgehalten würde. Er brachte sein Ansinnen ruhig und mit großer Überzeugungskraft vor.
> Als Gründe für seinen Wunsch gab er an, Mrs. Simpson sei krank und litte zusätzlich unter der marktschreierischen Publizität. Sie sei aber in die Schlagzeilen gekommen, weil sie auf der »Nahlin« und in Balmoral sein Gast gewesen sei. Mithin sei er an der unwillkommenen Publicity der Dame schuld und fühle sich daher verpflichtet, sie vor weiteren Belästigungen zu schützen. Diese Gründe erschienen mir einleuchtend, und so trat ich mit den Herausgebern anderer Blätter in Verhandlung und überzeugte auch sie davon, daß für die Presse Zurückhaltung geboten

sei und die Berichterstattung sich auf Mrs. Simpsons Scheidungsprozeß beschränken solle, ohne ihre Freundschaft mit dem König zu erwähnen.[1]

Nach dieser Unterredung begab sich der König am selben Abend noch nach Sandringham, um die Vorbereitungen für eine viertägige Jagdgesellschaft zu treffen, die in der kommenden Woche stattfinden sollte. Ein kurzer Brief aus Sandringham an Wallis legt den Schluß nahe, daß sie übers Wochenende ihr trübseliges Domizil in Felixstowe verlassen hatte und nach London gekommen war. Der König wollte sie am Samstagabend in ihrem Haus am Regent's Park besuchen.

Edward an Wallis

Sonntag [17. Oktober] *Sandringham, Norfolk*
Dieses eanum Brieflein als Willkommensgruß meinem heimgekehrten Mädchen. Ihr Junge liebt sie mehr und mehr und wird so schnell er kann zu ihr zurückkommen. Oh, mein Herz, was für ein Alptraum waren diese Tage, die nun Gott sei Dank vorüber sind. Ich werde morgen nachmittag anrufen, um Dir zu sagen, wann ich ankomme. Gott segne WE, meine Wallis, Dein

David

Als der König nach seinem kurzen Treffen mit Wallis wieder in Sandringham eintraf, erwartete ihn dort eine Nachricht von Premierminister Baldwin, der dringend um eine Unterredung nachsuchte.[2] Um nicht die Neugier seiner Gäste zu wecken, verließ der König daraufhin

---

[1] Lord Beaverbrook: The abdication of Edward VIII., hg. v. J. P. Taylor. London 1966, S. 30f.
[2] Es hat ganz den Anschein, als könne die Korrespondenz hier ein kleines Geheimnis aufdecken. Baldwin hatte am Sonntagabend immer wieder versucht, den König zu erreichen und als er erfuhr, daß niemand wisse, wo der Monarch sich aufhielt, mutmaßte Baldwin, er sei zu Mrs. Simpson nach Felixstowe gefahren. Der Premierminister hatte richtig geraten, nur fand das Rendezvous nicht in Felixstowe, sondern in London statt.

Die Scheidung

die Jagdgesellschaft und empfing den Premierminister am Morgen des 20. Oktober, einem Dienstag, im Fort.
Baldwin war liebenswürdig, aber merklich nervös und kam erst nach weitschweifigen Vorreden zur Sache. Endlich fragte er den König, ob er Mrs. Simpson dazu bewegen könne, ihre Scheidungsklage zurückzuziehen, die Anlaß für soviel Klatsch und Unruhe, ganz zu schweigen von den Schlagzeilen in der ausländischen Presse, gegeben habe. Wie der König sich in seinen Memoiren erinnert, gebrauchte er bei seiner Entgegnung eine kleine List: »Ich habe nicht das Recht, mich in die Privatangelegenheiten anderer Menschen einzumischen. Es wäre falsch, wenn ich versuchte, Mrs. Simpson zu beeinflussen, nur weil sie zufällig mit dem König befreundet ist.« Baldwin drang nicht weiter in ihn und stellte auch keine Fragen mehr, und so endete die Unterredung ergebnislos.
Wallis scheint der König mit dieser ominösen Episode zunächst nicht behelligt zu haben. Ihr schickte er weiterhin aufmunternde Liebesbriefe.

Samstag [24. Oktober]   *Das Fort*
Diese drei Gardenien sind eanum, aber sie sagen Dir ganz viel Ooh und daß Dein Junge sein Mädchen mehr und mehr liebt und es in diesen kritischen Tagen des Wartens ganz fest hält. Am allerschlimmsten ist es, nicht zusammensein zu können, man ist so einsam und abgeschnitten. Aber das wird jetzt alles bald vorüber sein, mein Herz, und dann wird es so herrlich und aufregend werden.
Ich weiß, es sagt sich leicht, sorge Dich nicht, aber tu es bitte nicht zu sehr, Wallis. Ich übernehme die Hälfte der Sorgen und kümmere mich hier um alles. Oh! Wie ich mich danach sehne, Dich hier zu haben, und jeder und alle im Fort vermissen Dich ganz furchtbar. Es ist ein herrlicher Tag, nur leider haben SIE die Sonne nicht aufgehen lassen. Gott segne WE, mein geliebtes Herz. Dein

David

Wallis und der König

Am Dienstag, den 27. Oktober, kam in Ipswich das Verfahren »Simpson gegen Simpson« zur Verhandlung. In ihren Memoiren schreibt die Herzogin, sie habe die Nacht zuvor nicht geschlafen und sich unausgesetzt mit Selbstzweifeln geplagt. »Stundenlang ging ich in meinem Zimmer auf und ab und fragte mich, ob ich das Richtige tue, ob meine Unbekümmertheit angesichts der Zukunft mich womöglich irregeleitet habe und ob mein Vertrauen darauf, daß mein Vorhaben dem König nicht schaden würde, auch berechtigt sei.« Als Wallis am nächsten Tag mit ihrem Anwalt vor dem Gerichtsgebäude eintraf, wurden sie von einer ganzen Horde von Reportern begrüßt.
Die kurze, aber nervenaufreibende Verhandlung hat H. Montgomery Hyde in seiner Biographie über Norman Birkett[1] höchst anschaulich geschildert.

> Die Ortspolizei hatte Sondervorkehrungen getroffen, um den Zutritt zum Gerichtssaal zu regeln. Niemand durfte auf die Galerie, welche sich gegenüber von Mrs. Simpsons Platz befand[2], und nur eine Handvoll Zuschauer erhielt die Erlaubnis, sich auf den Bänken hinter ihr niederzulassen. Diese ungewöhnliche Anordnung sowie die Atmosphäre gespannter Aufmerksamkeit und Erregung im Gerichtssaal irritierten den Richter, Sir John Hawke, nicht wenig. »Wie kommt dieser Fall hierher?« fragte er unwirsch, als Birkett eben das Wort ergreifen wollte. Nach einigen geflüsterten Erklärungen der Beisitzer hörte man den Richter antworten: »Ja, ja, verstehe«, doch als Mrs. Simpson den Zeugenstand betrat, machte er sich nicht die Mühe, seine Abneigung zu verbergen. Sie beantwortete die Fragen, welche ihr Rechtsbeistand ihr vorlegen mußte, mit verständlicher Nervosität.

---

[1] H. Montgomery Hyde: Norman Birkett. London, 1964 S. 456ff.
Birkett – übrigens seltsam, daß man gerade ihn benannte, da sein öffentliches Ansehen zwangsläufig dazu beitrug, die Publizität des Falles zu erhöhen – hatte mehrmals unter vier Augen mit dem König über die Scheidung gesprochen, zuletzt am 24. Oktober im Fort.
[2] In Wirklichkeit saßen aber doch zwei Zuschauer auf der Galerie über dem Richtertisch, nämlich die Frau des Richters mit einer Freundin. Richter Hawke war hörbar erkältet, was die unangenehme Atmosphäre im Gerichtssaal noch zu verstärken schien.

Die Scheidung

Sie sagte, sie und ihr Mann seien 1928 auf dem Standesamt in Chelsea getraut worden und hätten danach zunächst in der Berkeley Street, später am Bryanston Court in London gewohnt. Aus der Ehe seien keine Kinder hervorgegangen. Sie behauptete, mit dem Angeklagten bis zum Herbst des Jahres 1935 eine glückliche Ehe geführt zu haben. Dann habe sich allerdings seine Haltung ihr gegenüber sehr verändert. Er sei gleichgültig geworden und oft allein übers Wochenende fortgefahren. Schließlich habe sie ihre Anwälte eingeschaltet. Daraufhin seien ihr Informationen zuteil geworden, auf die sich nun ihre Klage gründe. Als Zeugen traten ferner zwei Kellner und der Portier des Hotel de Paris in Bray auf. Der Name der beteiligten Frau wurde vor Gericht nicht öffentlich verlesen.[1]

»Nun«, sagte Richter Hawke, nachdem alle Zeugenaussagen gehört worden waren, »daraus muß ich wohl schließen, daß es sich in diesem Fall um Ehebruch handelt.«

»Ich nehme an, das müssen Euer Lordschaft denken«, versetzte Birkett.

Der Ausdruck von Langeweile verschwand aus dem Gesicht des Richters und machte unverhülltem Ärger Platz. »Woher wissen Sie, was ich gedacht habe?« fragte er. »Nun, Mr. Birkett, raus damit, woran denke ich?«

»Ich meine, in aller Ehrerbietung«, erwiderte Birkett ruhig, »daß Euer Lordschaft vielleicht an das denken, was man geheimhin als ›Hotel-Indizien‹ bezeichnet und wobei die Identität der fraglichen Dame nicht preisgegeben wird. Ich vermutete, Euer Lordschaft hätten vielleicht daran gedacht.«

Wieder änderte der Richter sein Verhalten; er schien auf einmal zugänglich für die Vorschläge des Kronanwalts.

»So muß es wohl gewesen sein, Mr. Birkett. Ich bin Ihnen für Ihre Hilfe sehr verbunden.«

»Der Name der Frau ist in der Klageschrift erwähnt, Euer

---

[1] In der Klageschrift war der Name Buttercup Kennedy angegeben, also das Pseudonym, unter dem vermutlich Mary Raffray sich im Hotel de Paris mit Ernest Simpson eingetragen hatte.

Lordschaft«, fuhr Birkett fort, »und deshalb möchte ich ein Urteil Nisi beantragen, mit den Kosten zu Lasten des Beklagten.«

»Ja, ich fürchte, die Kosten muß der Beklagte tragen«, meinte der Richter nach offensichtlichem Zögern. »Ich denke, unter diesen ungewöhnlichen Umständen kann ich keine andere Entscheidung fällen. Also meinetwegen, mitsamt den Kosten.«[1]

»Urteil Nisi und die Kosten zu Lasten des Beklagten?« wiederholte Birkett, wie um sich zu vergewissern.

»Ja, ich denke schon«, sagte der Richter Hawke.

Nach der Verhandlung bahnte Wallis sich einen Weg durch die dichtgedrängte Reportermenge vor dem Gerichtsgebäude und kehrte unverzüglich nach London zurück.

---

[1] Gemäß einer Absprache zwischen Wallis und Ernest erstattete sie ihm die Gerichtskosten später zurück.

Zehntes Kapitel

Die Krise

(Oktober–Dezember)

Es ist bedauerlich, daß ausgerechnet in jener historisch spannungsreichen und kontroversen Phase, da die Abdankungskrise sich zuspitzt und die Geschichte von Wallis und Edward ihren dramatischen Höhepunkt erreicht, die Briefe an Tante Bessie zeitweilig aussetzten; Mrs. Merryman kommt am 9. November an Bord der »Queen Mary« in England an. Auch der König und Wallis finden kaum Gelegenheit, miteinander zu korrespondieren, da ihre großen und dringlichen Probleme die unmittelbare, mündliche Auseinandersetzung erfordern. Dennoch ist die erhalten gebliebene und bisher unveröffentlichte Korrespondenz aus dieser Zeit – auch wenn sie nicht sehr umfangreich ist und auch längst nicht alle Aspekte der Abdankungskrise erhellt – von beträchtlichem Wert, weil sie neues Licht wirft auf die Beziehung der Liebenden und auf ihre Reaktionen in dieser dramatischen Phase. Von besonderem Interesse ist ein langer, eindringlicher Brief von Wallis an den König, den sie vier Tage vor seinem Thronverzicht geschrieben hat – ein Brief, auf den weder der Herzog noch die Herzogin in ihren Memoiren Bezug nehmen.
Es würde den Rahmen dieses Buches sprengen, die politische Tragweite der Abdankung im Detail zu schildern. So ist denn der folgende Überblick auch nur eine Zusammenfassung der wichtigsten Ereignisse aus dem Blickfeld der beiden Hauptakteure unter Berücksichtigung des neu erschlossenen Materials.

Als Wallis am 27. Oktober nach der Gerichtsverhandlung in Ipswich wieder nach London in ihr elegantes Heim in Cumberland Terrace zurückkehrte, erwartete sie noch am selben Abend den König zum Essen. Während dieses Beisammenseins erzählte er ihr von Baldwins inzwischen eine Woche zurückliegender Audienz im Fort und von den Bedenken, die der Premierminister gegen die Scheidung vorgebracht hatte – was Wallis in helle Aufregung versetzte.

Oberflächlich betrachtet, schien das Leben in der ersten Novemberhälfte seinen gewohnten Gang zu gehen. Der König erfüllte seine Pflichten als Souverän. Am 3. November eröffnete er das Parlament, am 11. nahm er an den Zeremonien zum Waffenstillstandstag teil, und am 12. und 13. stattete er der Flotte in Portland einen höchst erfolgreichen Besuch ab. Wallis nahm wieder wie früher am Londoner Gesellschaftsleben teil und verbrachte ihre Wochenenden weiterhin im Fort. Aber unter der ruhigen Oberfläche braute sich ein Sturm zusammen, denn das Urteil von Ipswich hatte die wildesten Spekulationen über die Absichten des Königs gegenüber Mrs. Simpson ausgelöst. Bisher beschränkten sich die Gerüchte in England zwar mehr oder minder auf Hofkreise und elegante Welt, denn die Zeitungen bewahrten ihr Schweigen, und die breite Öffentlichkeit wußte folglich nichts von Wallis' Existenz. Doch die Diskretion der britischen Presse konnte sie auf Dauer nicht schützen, denn der Klatsch blühte, und in den Vereinigten Staaten hatte die Affäre des Königs bereits lebhaftes Interesse in der Öffentlichkeit geweckt.

Aber auch in England wird »die Angelegenheit des Königs« erwähnt: in dem wöchentlich erscheinenden Nachrichtenmagazin *Cavalcade*. In ein paar hastig hingeworfenen Zeilen ohne Datum verweist Wallis den König besorgt auf diese Publikation.

Wallis an Edward

In der City wird »Cavalcade« *auf der Straße verkauft*. Stell Dir vor, welchen Schaden das in *diesen* Kreisen anrichten wird! Goddard sagt, es ist Verleumdung. Man muß sofort etwas unternehmen. Ich hoffe, Deine Schmerzen haben sich gebessert, und wir werden bald wieder glücklich sein können, obgleich man jetzt nur Trauer & Sorge vor Augen hat. Ich sehne mich danach, fröhlich zu sein und offen zu allen. Sich verstecken ist ein schreckliches Leben. Ich schicke Dir Mr. Loo.

Die Krise

Das herzogliche Archiv belegt, daß Wallis um diese Zeit zahlreiche Briefe von Freunden und namhaften Bekannten erhielt, wie Sibyl Colefax, Margot Oxford, Lady Londonderry, den Duff Coopers, Philip Sassoon und »Chips« Channon – durchwegs Leute, die sie in ihrer schwierigen Lage ihres Beistands versichern. Man bat sie allenthalben, sich nicht durch Klatsch und Publicity beirren zu lassen, beteuerte ihr, sie sei ungemein beliebt und ihr Einfluß auf den König ausgesprochen positiv.

Manche dieser Briefeschreiber fragten sie auch rundheraus, ob der König vorhabe, sie zu heiraten – worauf sie jedesmal zur Antwort gab, ihres Wissens beabsichtige der König nichts dergleichen. Dies wurde ihr später als Unaufrichtigkeit angekreidet. Aber was hätte sie anderes sagen können, wenn sie dem König die Loyalität bewahren und gleichzeitig den abenteuerlichen Gerüchten entgegentreten wollte? Außerdem ist ziemlich ungewiß, wieweit sie selbst zu diesem Zeitpunkt daran glaubte, daß es zur Hochzeit kommen würde.

Einer der erfreulichsten Briefe kam von Herman Rogers, dem sie in depressiver Stimmung aus Felixstowe geschrieben hatte. »Ich kann Dir gar nicht sagen, wie leid es uns tut, daß Du so Furchtbares durchmachen mußt«, schrieb er am 28. Oktober aus Cannes.

»Ich wünschte, Du hättest uns in Deiner Nähe behalten – oder zurückgerufen, falls wir Dir nur irgendwie hätten helfen können. Du weißt, wir wären nur zu gerne gekommen. Das gilt ebenso für die Zukunft – bitte denk daran, wenn Du uns je brauchen solltest. Für mich bist Du nach wie vor das einzige Exemplar eines rundum gescheiten und vollkommenen Menschen. Wir sind in Gedanken stets bei Dir... Komm zu uns, wenn und wann immer Du kannst – oder ruf an, falls Du uns brauchen solltest.«

Es dauerte nicht lange, bis Wallis sich genötigt sah, von diesem großzügigen Angebot Gebrauch zu machen.

Auch Newbold Noyes bot Wallis seine Hilfe an. Er war der Herausgeber des Washingtoner »Evening Star«; 1935 hatte er ihre Cousine Lelia geheiratet. Noyes schrieb,[1] die Publicity, die Wallis bisher bekommen habe, sei »unfair, schäbig und gemein«, er aber sei vielleicht in der Lage, »das Rad in die andere Richtung zu drehen« und dadurch »jeden Amerikaner ungemein stolz auf sie zu machen«. Er erbot sich, »für ein paar Tage rüberzufliegen und das ganze Problem durchzusprechen«, ein Problem, das seines Erachtens »sehr ernst [werden würde]... es sei denn, man unternimmt unverzüglich Gegenmaßnahmen«. Wallis ging auf sein Angebot ein, und – unter der ausdrücklichen Bedingung, nichts über seine privilegierten Kontakte zu enthüllen, sondern lediglich aufgrund seiner langen Bekanntschaft mit Wallis ein Porträt von ihr zu entwerfen – wurde Noyes noch im November ins Fort eingeladen, wo er die Situation sowohl mit Wallis als auch mit dem König erörterte. Als jedoch der Tag der Abdankung kam, brachte Noyes es nicht fertig, sein Wort zu halten und sich diesen einzigartigen Knüller entgehen zu lassen, der ihm praktisch in den Schoß gefallen war. Er schrieb eine aufsehenerregende Artikelserie, die in mehreren Zeitungen zugleich veröffentlicht wurde und sich weitgehend auf die im Fort geführten Privatgespräche stützte. Zwar waren seine Artikel im Tenor durchaus wohlwollend, erweckten jedoch den Eindruck, als gäben sie die von Edward und Wallis autorisierte Darstellung ihrer Affäre wieder. Der Herzog war wütend, und Wallis (die sich bemüßigt fühlte, ein Dementi zu veröffentlichen) hat Noyes ihr Leben lang nicht verziehen.

Am Abend des 13. November, einem Freitag, traf der König nach seinem erfolgreichen Besuch bei der Flotte mit Wallis und Tante Bessie im Fort zusammen. Dort erwartete ihn ein Brief seines Privatsekretärs, Major Alexander Hardinge, der ihn in unverblümten Worten davor warnte, daß die Presse in Kürze ihr Schweigen »über die Freundschaft Eurer Majestät mit Mrs. Simpson« brechen würde, und daß die Regierung »über die Maßnahmen berät, welche angesichts dieser ernsten Lage zu ergreifen« seien. Hardinge schloß mit dem Rat, Mrs. Simpson solle »unverzüglich« ins Ausland abreisen, um eine politische Krise zu vermeiden. In seinen Memoiren schildert der Herzog von Windsor seine Reaktion auf diesen Brief:

[1] In einem Brief vom 20. Oktober an Tante Bessie, den sie Wallis nach London mitbringen sollte.

Die Krise

Ich war schockiert und erbost – schockiert über die Plötzlichkeit, mit der dieser Schlag auf uns niederging, und erbost über das furchtbare Ansinnen, ich solle die Frau, die ich heiraten wollte, aus meinem Land, aus meinem Reich verbannen.

Der König zeigte Wallis diesen Brief nicht sofort; er besprach sich zunächst mit seinem langjährigen Freund und Ratgeber Walter Monckton, der von jetzt an als sein Verbindungsmann zur Regierung fungieren sollte.
Am Abend des 16. November, einem Montag, traf der König erneut mit Baldwin zusammen, diesmal allerdings auf Betreiben des ersteren. Der Premierminister kam ohne Umschweife zur Sache und erklärte, daß die Frau, die der König einmal heirate, unweigerlich auch den Thron mit ihm teile, daß das britische Volk aber die zweimal geschiedene Mrs. Simpson niemals als seine Königin akzeptieren würde. Der König entgegnete, er habe die feste Absicht, Mrs. Simpson zu ehelichen, sobald sie frei sei: Dies sei eine »unabdingbare Voraussetzung« für seine »weitere Existenz« geworden. Könnte er sie als König heiraten, würde ihn das »glücklich und folglich wohl auch zu einem besseren Monarchen« machen; sollte die Regierung sich allerdings dieser Heirat widersetzen, so sei er »bereit zu gehen«.
Im Verlauf der nächsten vierundzwanzig Stunden machte der König sowohl seine Mutter als auch seine drei Brüder mit seiner Entscheidung vertraut, die alle Familienmitglieder tief bestürzte. Er bat seine Mutter, Mrs. Simpson zu empfangen, was sie jedoch ablehnte. Mit Baldwins Erlaubnis setzte er sich außerdem mit zwei ihm befreundeten Regierungsmitgliedern in Verbindung – dem Kriegsminister Duff Cooper und dem Ersten Lord der Admiralität, Sir Samuel Hoare. Hoare war überzeugt, daß das Kabinett sich uneingeschränkt hinter Baldwin stellen und sich der Heirat widersetzen werde. Cooper schlug vor, der König solle seine Heiratspläne bis nach der Krönung aufschieben und dann die Frage noch einmal unter neuen Voraussetzungen zur Sprache bringen. Aber der König konnte sich nicht zu einer Handlungsweise durchringen, die für ihn bedeutet hätte, »mit einer Lüge auf den Lippen gekrönt zu werden«. Im Anschluß an diese Beratungen brach der König

am Abend des 17. November zu einer zweitägigen Inspektion der Notstandsgebiete von Wales auf, wo er den vielbeachteten Ausspruch tat, die Arbeitslosigkeit »muß bekämpft werden«.

Was geschah in der Zwischenzeit mit Wallis? Als der König ihr Hardinges Brief zu lesen gab – was am 15. geschah –, war sie (so die spätere Herzogin) »niedergeschmettert«. Sie war bereit, Hardinges Rat zu befolgen und ins Ausland zu gehen; doch der König wollte davon nichts wissen. In ihren Memoiren erzählt Wallis:

> Nun war es an mir, ihn zu bitten, er möge mich gehen lassen. Ich bot all meine Überredungskünste auf und versuchte, ihn von der Aussichtslosigkeit unserer Lage zu überzeugen. Wenn er weiterhin hoffte und gegen das Unvermeidliche ankämpfte, konnte das nur tragisch für ihn und in einer Katastrophe für mich enden. Aber er wollte nicht auf mich hören. Er nahm meine Hand, und mit der Gefaßtheit eines Mannes, dessen Entschluß fest steht, sagte er: »Ich bestelle Baldwin morgen zu mir in den Palast. Ich werde ihm sagen, wenn das Land unsere Heirat nicht billigt, bin ich bereit zu gehen.«
> Ich brach in Tränen aus...

Wallis berichtet weiter, daß die Versuchung, einfach ins Ausland zu fliehen und aus dem Leben des Königs zu verschwinden, zwar groß gewesen sei, sie ihr jedoch nicht nachgegeben habe, weil sie den König liebte und das Gefühl hatte, sie dürfe ihn nicht verlassen, und weil sie sich – in Unkenntnis der verfassungsmäßigen Position des Königs – nicht vorstellen konnte, wie die Regierung einen so beliebten Monarchen wegen einer solchen Meinungsverschiedenheit zum Abdanken zwingen könne. Außerdem wurden ihre eventuellen Fluchtpläne jetzt von einem neuen und unerwarteten Vorschlag durchkreuzt.

Während der König sich in Wales aufhielt – also am 18. oder 19. November –, wurde Wallis von Esmond Harmsworth zum Lunch ins Clardige's eingeladen. Harmsworth, der Erbe von Lord Rothermeres

WE sind zwei, 1935

Edward folgt mit dem Herzog von York dem Sarg Georgs V.,
23. Januar 1936

Balmoral, September 1936: Wallis, fotografiert vom König

Wallis und Tante Bessie im Fort, fotografiert vom König,
Ende November 1936

Kreuzfahrt auf der »Nahlin«, August 1936

Daily-Mail-Presse-Imperium und Vorsitzender des Verbandes der britischen Zeitungsherausgeber, kannte sowohl den Wunsch des Königs, Wallis zu heiraten, als auch die damit verbundenen, schier unüberwindlichen Probleme. Als Ausweg schlug er eine morganatische Eheschließung vor; eine »Ehe zur linken Hand« also, bei welcher der König zwar König bleiben, Wallis aber nicht Königin werden würde. Statt dessen könne sie einen seiner untergeordneten Titel annehmen und etwa Herzogin von Lancaster werden. Wenngleich ein solches Vorgehen nicht unbedingt schmeichelhaft für sie wäre, würde es dem König vielleicht doch die Möglichkeit bieten, seine Heiratspläne zu verwirklichen, ohne auf den Thron verzichten zu müssen.

Wallis scheint dieser Plan anfangs verwirrt zu haben, doch dann griff sie ihn fasziniert auf. Während des folgenden Wochenendes (Samstag den 21. bis Montag den 23., ein Wochenende, das Wallis und der König gemeinsam mit Tante Bessie und den Hunters im Fort verbrachten), versuchte sie, den König für Harmsworths Vorschlag zu gewinnen. Er zeigte zunächst Bedenken, setzte sich aber schließlich – sei es aufgrund ihrer Überredungsgabe, sei es, weil er keinen anderen Ausweg wußte – mit großem Engagement dafür ein. Da die morganatische Ehe im Gewohnheitsrecht nicht vorgesehen war, würde sowohl in Großbritannien als auch in den Dominien eine entsprechende Novelle verabschiedet werden müssen. Einige seiner Ratgeber, allen voran Beaverbrook, warnten den König: Mit der Forderung nach einer solchen Gesetzesnovelle würde er »seinen Kopf unter das Fallbeil legen«, räume er den Regierungen in Großbritannien und in Übersee damit doch die Chance ein, verbindlichen und kritischen Rat zu seinen Heiratsplänen zu offerieren. Da der König sich aber einmal entschieden hatte, war er nicht mehr von seinem Vorhaben abzubringen. Am 25. November traf er erneut mit Baldwin zusammen und ermächtigte ihn, seinen Vorschlag dem britischen Kabinett und den Premierministern der Dominien zu unterbreiten.

Das Kabinett trat am 27. zu einer Sondersitzung zusammen; obwohl Duff Cooper sich für den König einsetzte, wurde der Antrag abschlägig beschieden. Telegraphisch bat man die Premierminister der Dominien um ihre Stellungnahme; nach Ansicht mancher Historiker waren diese Telegramme in einem Tenor abgefaßt, der keine anderen als abschlägige

Wallis und der König

Antworten zuließ (die Baldwin anscheinend ohnehin schon über private Kanäle erbeten hatte). Am Mittwoch, den 2. Dezember, suchte Baldwin den König auf und eröffnete ihm, was den Monarchen inzwischen nicht mehr sonderlich überrascht haben dürfte: Keine seiner Regierungen sei bereit, einer morganatischen Ehe zuzustimmen. Ihm stünden nur drei Möglichkeiten offen: der Verzicht auf Mrs. Simpson, eine Heirat gegen das ausdrückliche Votum seiner Minister (die daraufhin zurücktreten würden) oder die Abdankung.

Wenige Tage vor dieser Audienz hatte Wallis London verlassen. Je bekannter sie geworden war, desto unerquicklicher hatte sich das Leben in Cumberland Terrace gestaltet – man belästigte sie mit Drohbriefen und -anrufen, und die Zahl der Schaulustigen und Reporter vor ihrer Tür nahm ständig zu. Die Anspannung hatte ihren Gesundheitszustand ernstlich gefährdet; allem Anschein nach erlitt sie eine Art Nervenzusammenbruch. Am Freitag, den 27. November – dem Tag, an welchem im Kabinett die morganatische Ehe auf der Tagesordnung stand –, zogen Wallis und Tante Bessie sich auf Anraten des Königs zu einem längeren Aufenthalt ins Fort zurück.

In ihren Memoiren skizziert Wallis den Verlauf der Krise, äußert sich jedoch kaum über ihre Gefühle in den folgenden Tagen. Dabei scheinen gerade diese einen psychologischen Wendepunkt für sie markiert zu haben. Fern von den Schmeichlern, die sie in London umringt hatten, bot sich ihr nun reichlich Muße, über ihre mißliche Lage nachzudenken, wobei sie anscheinend zu dem Schluß kam, sie müsse zumindest jetzt das tun, was ihr Gefühl ihr schon vor Wochen geraten hatte: aus England und damit aus dem Leben des Königs zu verschwinden. Sobald sie sich ein wenig erholt hatte, würde sie abreisen. Diese Entscheidung teilte sie ihren besten Freundinnen, »Foxy« Gwynne und Sibyl Colefax, drei Tage nach ihrer Ankunft im Fort schriftlich mit. Beide Briefe legen beredtes Zeugnis ab von ihrer körperlichen und seelischen Verfassung in jenen Tagen.

Die Krise

Wallis an Sibyl Colefax

Montag [30 September]
Liebste Sibyl,
man hat mich eine ganze Woche lang isoliert und ins Bett gesteckt. Ich bin das alles entsetzlich leid und sehr müde – und mein Herz widersetzt sich den Strapazen – also muß ich still liegen. Von den Bonners[1] habe ich gehört, daß Miß Flanner[2] bei Dir zum Tee war... Ich habe vor, ganz allein eine Weile zu verreisen. Ich denke, das wäre allen hier nur recht – außer einer Person vielleicht – aber ich habe mir einen raffinierten Fluchtplan ausgedacht. Nach einiger Zeit werden die Leute meinen Namen vergessen, und nur zwei Menschen werden leiden statt einer Menge Leute, die sowieso nicht an den Gefühlen einzelner interessiert sind, sondern nur am Funktionieren des Systems. Ich habe beschlossen, die Folgen meiner Abreise in Kauf zu nehmen, weil es ein unangenehmes Gefühl ist, weiterhin in einem Haus zu bleiben, in dem die Gastgeber einen leid geworden sind. Ich werde Dich besuchen, ehe ich meine Zelte abbreche. Liebe Grüße

Wallis

Wallis an »Foxy« Gwynne

Montag [30. November]
Liebste Foxy,
alles geht schief und immer schiefer – und ich bin den ganzen Trubel so leid. Sogar mein Herz hat mir einen Streich gespielt, und man hat mir eine Woche absolute Bettruhe verordnet – keine Anrufe, keine Besucher. Aber die amerikanische Presse hat praktisch zwei Menschenleben zerstört – sie trommeln immer weiter drauflos – das geht einem schon an die Nieren. Wenn es mir wieder einigermaßen gut geht, werde ich eine kleine Reise machen und der ganzen Geschichte

---

[1] Ein amerikanisches Ehepaar aus Paris, das Sibyl kürzlich zum Wochenende ins Fort mitgebracht hatte.
[2] Die amerikanische Journalistin Janet Flanner, die Wallis interviewen wollte.

Zeit geben, sich totzulaufen – vielleicht komme ich zurück, wenn diese verd... Krone festsitzt und nicht mehr wackelt. Ich möchte Dich so gerne sehen und hören, was es bei Dir Neues gibt – bestimmt nur Fröhliches und Glückliches. Ich rufe Dich an, sobald es geht.
Liebe Grüße

Wallis

Zu guter Letzt scheint Wallis sich also entschlossen zu haben, England und den König zu verlassen. Im Mai hatte sie ihrer Tante geschrieben, sie würde schon wissen, wann sie ihre »Zelte abbrechen« müsse, und jetzt hielt sie den Zeitpunkt für gekommen (nicht von ungefähr benutzt sie in ihrem Brief an Sibyl Colefax den gleichen Ausdruck). Die Erkenntnis hatte sie allerdings schon ein paar Wochen früher gewonnen. Im September war sie in einem Brief an den König zu der Einsicht gelangt, daß sie »zusammen nur Unglück heraufbeschwören« würden. Im Oktober hatte sie mit dem Gedanken gespielt, ihre Scheidungsklage zurückzuziehen und sich »heimlich fortzustehlen«. Mitte November hatte ihr Instikt ihr geraten, Hardinges Vorschlag zu folgen und ins Ausland zu gehen. Und nun war sie, wenn auch verspätet, absolut entschlossen (soweit man ihren Briefen vom 30. November glauben darf), von der Bildfläche zu verschwinden. Alles, was sie brauchte, waren ein paar Tage Ruhe, um wieder zu Kräften zu kommen.
Aber es war bereits zu spät. Sie wurde von den Ereignissen überrollt. Am Abend des 2. Dezember – einem kalten und nebeligen Mittwoch – machte der König nach dem Essen mit ihr einen Spaziergang auf der Terrasse. Er berichtete ihr von seiner Aussprache mit Baldwin am selben Tag, wonach ihm nur die Wahl blieb zwischen Abdankung und Verzicht auf Wallis – welch letzteres für ihn undenkbar war. Ferner bereitete er sie darauf vor, daß die Presse – aufgescheucht durch eine Rede des Bischofs von Bradford, der bei einer Konferenz in seiner Diözese dazu aufgefordert hatte, für das Seelenheil des Königs zu beten und dafür, daß er sich seiner Pflicht bewußt werde – im Begriff sei, ihr Schweigen zu brechen und die Öffentlichkeit über die Krise zu unterrichten.

Die Krise

Am nächsten Tag brach dann der Sturm los. Sämtliche Zeitungen berichteten in Schlagzeilen über die Heiratsabsichten des Königs, und zwar durchwegs in mißbilligendem Ton. Nun, da alle Welt Wallis kannte und von Edwards Problem wußte, willigte der König endlich in ihren Fluchtplan ein. Sie telefonierte mit dem Ehepaar Rogers und berief sich auf die Gastfreundschaft und den Schutz, den man ihr im Frühherbst so großmütig angetragen hatte. In aller Eile wurden die Vorkehrungen für Wallis' heimliche Reise nach Cannes, in die Villa Lou Viei, getroffen. Ihre Begleiter waren der langjährige Vertraute und Kammerherr des Königs, Lord »Perry« Brownlow, und Inspektor Evans von Scotland Yard. Gemeinsam mit ihnen verließ Wallis am Nachmittag des 3. Dezember das Fort und bestieg in Newhaven die Fähre nach Dieppe. Tante Bessie blieb zurück und ebenso Slipper (der in den Monaten der Trennung zu einem wichtigen Bindeglied zwischen den Liebenden werden sollte). Die letzten Worte des Königs an Wallis (nach ihrer Erinnerung) lauteten: »Ich weiß nicht, wie alles ausgehen wird. Es kann eine Weile dauern, ehe wir wieder zusammen sind. Du mußt auf mich warten, ganz gleich wie lange. Ich werde dich nie aufgeben.«

Vor ihrer Abreise hatten Wallis und Edward noch einen letzten Versuch verabredet, um den Thron des Königs zu retten. Ihr Plan sah vor, daß Edward dem Volk seine Probleme in einer Rundfunkansprache freimütig darlegen sollte. Noch am selben Abend wollte er dem Premierminister sein Vorhaben unterbreiten und hoffte, bereits am nächsten Tag seine Rede halten zu können. Anschließend wollte er eine Zeitlang außer Landes gehen und der Öffentlichkeit Gelegenheit geben, zu seinen Heiratsplänen Stellung zu nehmen; während dieser Frist würde er einen Staatsrat mit seinen Vollmachten betrauen. Wallis hatte jedoch anscheinend nur den Wunsch, der König möge in seiner Rundfunkansprache bekanntgeben, daß er auf sie verzichte.

Dies scheint der Sinn eines rätselhaften Billetts zu sein, das Wallis unmittelbar vor ihrer Abreise aus England an den König schrieb; vermutlich während der Fahrt vom Fort (Wallis benutzte das dortige Briefpapier) zur Küste. Da das Schreiben weder Stempel noch Adresse aufweist, wurde es wahrscheinlich von einem Boten persönlich überbracht. Wallis schrieb:

Wallis an Edward

[Anfang Dezember]

Bewahre B[aldwin] gegenüber Ruhe, aber sag morgen dem Land, ich sei für Dich verloren, Perry und ich deichseln die Sache diskret. Wir melden uns bei Batemann.[1]
Ein dickes-dickes Oo'oh.

Was sich in den nächsten paar Tagen in der Umgebung des Königs ereignete, ist im einzelnen äußerst komplex, im Kern jedoch relativ einfach. Am Abend des 3. Dezember, wenige Stunden nach Wallis' Abreise, teilte er Baldwin seinen Wunsch mit, sich über den Rundfunk direkt an die Nation zu wenden. Der Premierminister ließ ihn wissen, daß die Verfassung ihn dazu nur im Einvernehmen mit seinem Kabinett berechtige. Die Minister aber verweigerten ihre Zustimmung. Von diesem Moment an war die Niederlage des Königs so gut wie besiegelt. Churchill und Beaverbrook (beide waren politische Gegner des Premierministers) versuchten, ihn zum Kampf gegen Baldwin zu bewegen. Der König schwankte eine Weile, wollte dann aber letztlich nicht den Anlaß dazu geben, daß die Nation sich in zwei Lager spaltete. Als Wallis in den frühen Morgenstunden des 6. Dezember, einem Sonntag, in Cannes eintraf, stand der Entschluß des Königs anscheinend endgültig fest. Alles, was er sich jetzt noch erhoffte, ehe er den letzten Schritt tat, war die Zusicherung gewisser Rechte für sich und Wallis: eine Apanage und die Gewißheit, bei seiner Rückkehr nach London wieder in Fort Belvedere residieren zu dürfen, den Titel einer Königlichen Hoheit für seine zukünftige Frau, vor allem aber einen Kabinettsbeschluß, der Wallis' Scheidung sofort in Kraft setzen würde, damit er sie gleich nach der Abdankung heiraten könne. Doch als Edward am Donnerstag, den 10. Dezember, die Abdankungsurkunde unterzeichnete, hatte er keine seiner Forderungen durchgesetzt – obgleich es

---

[1] William Batemann, der Privattelefonist des Königs im Buckingham-Palast, war angewiesen, allen Anrufen und Meldungen von Wallis den Vorrang zu geben.

Die Krise

kurzfristig so ausgesehen hatte, als werde die Regierung all seine Bedingungen anstandslos erfüllen.

Wallis' Reise nach Cannes glich einem Alptraum. Noch bevor sie England verließ, stürzte Brownlow sie in beträchtliche Verwirrung. Er bedrängte sie, nicht ins Ausland zu gehen, sondern sich statt dessen in sein Haus in Lincolnshire zurückzuziehen, von wo aus es ihr leichter fallen werde, den König umzustimmen und ihm die Abdankung auszureden. Wallis lehnte ab (was sie nachträglich bedauerte), und zwar mit der Begründung, der König würde ihr ein solches Vorgehen als hinterhältiges Manöver ankreiden. Kaum hatte man französischen Boden betreten, wurde Wallis – obgleich mit allen Mitteln versucht worden war, ihre Reise geheim zu halten – auch schon erkannt. Und es dauerte nicht lange, da folgte ein Heer von Reportern ihrer Spur. Natürlich versuchte man, sie abzuschütteln, was allerdings in eine Art irrwitziger Flucht mündete – mit plötzlicher Routenänderung, abenteuerlichen Beinahe-Zusammenstößen mit den Verfolgern und überstürzten Aufbrüchen aus Restaurants oder Hotels. In den zwei Tagen, die sie unter derart nervenaufreibenden Bedingungen unterwegs waren, lebte Wallis (die sich völlig Brownlows Führung überließ) in wachsender Angst um das Schicksal des Königs. Mehrmals versuchte sie ihn anzurufen, um ihn zu bitten, nicht auf seinen Thron zu verzichten, und ihm einen anderen Weg vorzuschlagen. Aber die schlechten Telefonverbindungen sowie der Umstand, daß sie nur von öffentlichen Zellen aus sprechen konnte, brachten all diese Bemühungen zum Scheitern. Endlich, gegen zwei Uhr morgens am Sonntag, den 6. Dezember, steuerte Ladbrook, der Chauffeur des Königs, den Buick durchs Tor der Villa Lou Viei, vorbei an der Meute der Reporter, die Wallis' Ziel ausgekundschaftet hatten. Wallis kauerte unter einer Reisedecke am Boden des Wagens.

Aus den Memoiren der Herzogin von Windsor:

Herman und Katherine empfingen mich am Eingang. ...Katherine umarmte mich, und wir gingen ins Wohnzimmer, wo ein Feuer im Kamin brannte. Ich war wieder unter Freunden. ... Tagelang belagerten mehrere hundert Reporter und Fotografen

das Haus wie eine feindliche Festung. Die Rogers sahen sich auf Schritt und Tritt verfolgt. Neugierige Telefonisten wurden von den Zeitungsleuten dafür bezahlt, daß sie die Gespräche mit der Villa abhörten, und man versuchte sogar, die Dienstboten zu bestechen. Das Belauschen unserer Telefonate artete in eine solche Plage aus, daß Perry [Brownlow] sich beim Präfekten des Departements Alpes-Maritimes beschweren mußte, worauf das Auswärtige Amt in Paris zwei Vertrauensleute nach Cannes schickte, die persönlich die Vermittlung der Anrufe von und zur Villa regelten. Katherine und Herman ertrugen die Last, die sie sich durch meine Anwesenheit aufgeladen hatten, mit unerschütterlicher Freundlichkeit. Ich bin ihnen so zu Dank verpflichtet, wie vielleicht niemandem sonst auf Erden, mit Ausnahme meiner Tante Bessie. ...
Die Villa, ursprünglich ein im 12. Jahrhundert erbautes Kloster, hatten Katherine und Herman mit liebevoller Sorgfalt und viel Phantasie hergerichtet. Das Haus erhebt sich auf einem Felssims, unterhalb eines Hügelkamms. Fotografen, ausgerüstet mit Teleobjektiv, hatten sich oberhalb des Gebäudes postiert, und manche waren sogar auf die Bäume geklettert. Wenn ich ungestört bleiben wollte, warnte mich Katherine, als sie mir am Sonntagmorgen auf meinem Zimmer beim Frühstück Gesellschaft leistete, solle ich mich in acht nehmen und mich nicht einmal am offenen Fenster blicken lassen. »Die französische Polizei will uns behiflich sein, und Herman wird sein Bestes tun«, setzte sie hinzu, »aber vorerst mußt Du Dich wohl oder übel für ein Weilchen als Gefangene betrachten.«

Von ihrem Eintreffen in Lou Viei bis zu dem Augenblick (am 9. Dezember), da der König dem Kabinett seinen unwiderruflichen Entschluß zur Abdankung mitteilte, sann Wallis (nach eigener Aussage) verzweifelt auf eine Möglichkeit, Edward zu entkommen, um ihm dadurch den Thron zu erhalten. Auch telefonisch – sie verständigten sich in einem vereinbarten Geheimcode – versuchte sie auf ihn einzuwirken. Sie veröffentlichte eine Presseerklärung, in der es hieß, sie wolle »jede Hand-

lung und jede Absicht unterlassen, die Seiner Majestät schaden könnte«, und sie sei bereit, »sich aus einer Situation zurückzuziehen, die nicht nur unglücklich, sondern auch unhaltbar geworden sei«. Esmond Harmsworth, der sich in der Nachbarschaft aufhielt, schlug vor, sie solle ihre Scheidungsabsicht aufgeben, damit der König sie nicht heiraten könne. Ihr Anwalt Theodore Goddard kam mit dem Flugzeug aus England herüber – eine noch immer geheimnisumwitterte Aktion –, um ihr den gleichen Vorschlag zu machen. Wallis war bereit, darauf einzugehen, falls sie dadurch den Entschluß des Königs beeinflussen könne. Gemeinsam mit Brownlow plante sie sogar eine Reise in den Fernen Osten.
Es gab immer wieder Versuche, diese Bemühungen als theatralische Posen zu entlarven, doch diejenigen, die zur fraglichen Zeit in engstem Kontakt mit ihr standen – Brownlow, Goddard und die Rogers –, bezweifelten nie, daß es ihr aufrichtiger Wunsch war, den König zu retten, indem sie aus seinem Leben verschwand. Außer Frage steht jedoch, daß all diese Bemühungen vollkommen zwecklos waren und den König nicht dazu bewegen konnten, von seinem Vorsatz abzuweichen, an dem er hartnäckig festhielt. Wenn sie sagte, sie werde fortgehen, so antwortete er, er werde ihr folgen, wo immer sie auch hinginge. Als sie ihm ihre Presseerklärung vorlas, als sie drohte, sie werde die Scheidung rückgängig machen, versicherte er ihr, nichts von alledem könne seinen Entschluß ändern. Wallis flehte ihn an, sie wenigstens für eine Weile aufzugeben, woraufhin er ihr einen Satz vorlas, den sein Anwalt, George Allen, niedergeschrieben hatte: »Hierbleiben könnte ich nur unter der Bedingung, daß ich für alle Zeiten auf Dich verzichte.«
Unter den Papieren der Herzogin von Windsor fand sich ein bemerkenswertes Dokument. Es ist ein fünfzehn Seiten langer Brief an den König, datiert vom 6. Dezember, dem Tag, da Wallis in Lou Viei eintraf. Vermutlich hatte sie ihn gleich nach ihrer Ankunft geschrieben, denn sie spricht davon, sie hoffe, daß der König ihn (per Luftpost) noch am selben Abend erhalten werde. Der Brief ist weder besonders klar noch besonders logisch, aber er legt Zeugnis ab von dem erschöpften, ja verzweifelten Zustand seiner Verfasserin. Als Leser muß man sich vor Augen halten, daß der Zweck dieses Schreibens nicht darin bestand, Wallis' Motive der Nachwelt zu erläutern, sondern den König aus seiner störrischen, unvernünftigen Haltung aufzurütteln.

Sonntag [6. Dezember]   *Lou Viei, Cannes*

Liebling,
ich schicke diesen Brief per Luftpost, da ich es wichtig finde, daß Du ihn vorher bekommst. Mir liegt soviel daran, daß Du nicht *abdankst*, und ich glaube, die Tatsache, daß Du es tust, wird mich vor der ganzen Welt ins falsche Licht setzen, weil sie sagen werden, ich hätte es verhindern können. Chips [Channon] hat mir am Telefon gesagt, das Kabinett sei entschlossen, bis heute nachmittag um 5 eine Entscheidung zu erzwingen, deshalb schicke ich dies per Luftpost. Bitte leg Baldwin meinen Plan vor. Wenn er ihn ablehnt, dann hast Du immer noch Deinen, und die Welt soll wissen, daß ein zweiter Kompromiß abgelehnt wurde. Mein Plan sieht im Detail vor, daß Du sagen würdest: Ich [der König] stehe zu allem, was ich gesagt habe[1] (das rettet Dich und mich in den Augen der Welt, denn wenn Du das nicht klar machst, würdest Du natürlich vor der Welt ziemlich übel dastehen, und ich wäre die Frau, nun, Du weißt schon, die man sitzen ließ – aber wenn dieser Satz in jeder Zeitung gedruckt wird, sind wir davor sicher). Um zur Hauptsache zurückzukommen – ich wiederhole noch einmal, was Du Mr. B sagen sollst: Ich stehe zu allem, was ich gesagt habe, aber ich will keine Krise im Land heraufbeschwören, deshalb will ich die Angelegenheit im Augenblick nicht weiterverfolgen, sondern erst im Herbst wieder darauf zurückkommen. Wenn sie dann im Herbst ablehnen, kommt Dein Plan[2] ins Spiel. Ich bitte Dich, Mr. B das so vorzutragen, daß niemand sagen kann, wir hätten nicht auf jede erdenkliche Weise versucht, in einer so wichtigen Sache unsere Pflicht zu tun. Ich persönlich glaube, er wird ablehnen, und dann bleibt uns noch der glorreiche andere Plan[2], aber falls es klappen sollte, werden wir gewiß das Opfer bringen, einander während dieser Zeit nicht zu sehen. Oder wir können uns mit Hilfe unserer Freunde heimlich treffen. Ich habe solche Angst davor, was die Welt sagen wird, und ich wiederhole noch einmal, es wird bestimmt heißen, ich hätte das verhindern können. Außerdem wüßte ich nicht, wie irgend jemand

---

[1] Die Bereitschaft abzudanken.
[2] Die Alternativen zur Abdankung.

Die Krise

die Scheidung beschleunigt durchdrücken könnte, darum sei sehr vorsichtig, damit die Leute nicht den einzig legalen Grund ins Spiel bringen können – auch das Geld ist wichtig, und ein standesgemäßer Titel mit HRH. Laß Dich nicht allein von dem Gedanken hinreißen, daß alles möglichst schnell gehen soll für uns – diese drei Bedingungen müssen so fest miteinander verknüpft sein, daß niemand daran rütteln kann.[1] Mein Plan wäre für Oktober geeignet – als Appell an die Welt. Wir hätten damit eine faire Geste gemacht. Wenn B im Oktober ablehnt – das gäbe einen Aufstand! Keiner außer Baldwin und den Dominien will, daß Du gehst, und da der Aga Khan angerufen hat, haben sie den Kampf mit Dir nicht gewagt. Die Presseleute reißen sich um ein Wort von Dir. Du schuldest ihnen eine Erklärung, und wenn Du diese Geste über den Runkfunk machtest – im Oktober könnte Mr. B es sich nicht leisten, nein zu sagen, und ich denke, die Dominien könnten wir auf unsere Seite ziehen. Denk nach, mein Herz, es ist auf lange Sicht gewiß besser, nicht übereilt oder egoistisch zu handeln, sondern Deinem Volk beizustehen und ihm ein Opfer von 8 Monaten zu bringen. Dann werden sie Dir geben, was Du Dir wünschst, und wenn sie es nicht können, sind wir doch in den Augen der Welt gerechtfertigt, und keiner kann sagen, Du hättest Dich gedrückt und seiest fortgelaufen, als die Leute sich um Dich scharten, um Dir zu helfen. Mr. Baldwin hat Deinen Fall vor dem Parlament schon einmal falsch dargestellt, als er ihnen wiederholt einbleute, ich müsse Königin werden[2]. Du mußt sprechen und den Plan der Herzogin[3] und den meinen bekanntgeben. Laß Dich nicht mundtot machen und in Ungnade hinausdrängen, ich flehe Dich an, und

---

[1] Wallis vertritt offenbar die Ansicht, daß die Abdankung, sofern es dazu kommt, mit Bedingungen verknüpft sein sollte, die ihr das endgültige Inkrafttreten der Scheidung garantieren und ihm seinen Königlichen Titel und seine Apanage – ein Resultat, auf das der König und seine Ratgeber zu dieser Zeit (vergeblich) hinarbeiteten.
[2] Am 4. Dezember hatte Baldwin vor dem Parlament geäußert: »Der König selbst ist auf keinerlei Zustimmung irgendeiner Institution angewiesen, um seiner Eheschließung Rechtsgültigkeit zu verleihen. Aber ... die Dame, die er heiratet ... wird unweigerlich Königin. Sie genießt folglich den Status sowie die Rechte und Privilegien, die ... mit diesem hohen Amt verknüpft und die uns vertraut sind durch Ihre verstorbene Majestät, Königin Alexandra, und Ihre Majestät, Königin Mary; und ihre Kinder werden direkte Anwärter auf den Thron sein.«
[3] Der Vorschlag einer morganatischen Heirat.

danke nicht ab, in welcher Form auch immer, es sei denn, Du kannst die Öffentlichkeit wissen lassen, daß Dich das Kabinett buchstäblich hinausgeworfen hat, indem es zwei Vergleichsvorschläge unterdrückte. Ich kann Dir nicht helfen, wenn Du nicht dem Land diese 2 Vorschläge unterbreitest. Ich muß wissen, daß die Welt jeden Deiner Schritte versteht, in Abhängigkeit von B wären wir nicht glücklich, und ich denke, die Welt würde sich gegen mich wenden. Dabei haben wir jetzt ihre Sympathie. Ich sorge mich auch um die rechtliche Seite, denn das wäre eine Tragödie, wenn man sie [die Scheidung] mir verweigern würde. Ich beschwöre Dich und flehe Dich an, B meine Gedanken vorzutragen. Wenn er ablehnt – ich habe mit Dir gesprochen, daher bleibt nichts mehr zu sagen außer, daß ich Dich fester halte denn je.

Wallis

Wallis' Plan sah also vor, daß sie auch weiterhin getrennt blieben, daß der König seine Heiratsabsicht bis zum Herbst 1937 zurückstellte und dafür seinen Thron behielt. Es gibt allerdings Anzeichen dafür, daß sie mit diesem Vorschlag nicht nur für den König Zeit gewinnen wollte, sondern ebenso für sich selbst – daß sie sogar die Hoffnung hegte, sich ganz aus der verhängnisvollen Freundschaft mit dem König zu befreien. In diesem Sinne schrieb sie jedenfalls eine Woche nach der Abdankung an ihre Vertraute Sibyl Colefax.

Wallis an Sibyl Colefax

18. Dezember *Lou Viei*
Liebste Sibyl,
ich kann immer noch nicht über das Ganze schreiben, weil ich befürchten muß, die Fakten nicht richtig wiederzugeben, da mein Hirn so schrecklich müde ist vom Kampf der letzten beiden Wochen – vom Hinausschreien von tausend Plänen nach London, von den Beschwörungen, ihn zu *lenken*, nicht zu *zwingen*. Ich kannte ihn so gut, hätten sie nur auf mich gehört. Aber nein, sie steuerten

gradewegs auf die Tragödie zu. Wenn sie wenigstens gesagt hätten, lassen wir das jetzt und reden wir im Herbst wieder drüber. Und Sibyl, Liebe, im Herbst wäre ich so weit fort gewesen. Ich war schon geflohen. Eines Tages, wenn wir uns je wiedersehen, werde ich Dir alles erzählen. Das bißchen Glauben, an das ich mich zu klammern versuchte, wurde mir genommen, als ich sah, wie England sich gegen einen Mann wandte, der sich nicht wehren konnte und der stets ehrlich gewesen ist seinem Land gegenüber...

Eine gramgebeugte Wallis wartete am Abend des 11. Dezember, einem Freitag, auf die Übertragung der Abschiedsrede des Exkönigs.

Aus den Memoiren der Herzogin von Windsor:

Kurz vor Beginn der Übertragung versammelten sich alle in Lou Viei, einschließlich des Personals, vor dem Radio im Salon. Und dann ertönte Davids Stimme aus dem Lautsprecher, ruhig und eindringlich. Ich lag auf dem Sofa und hielt mir die Hände vor die Augen, damit niemand sah, daß ich weinte. Als Davids Rede zu Ende war, gingen die anderen leise hinaus und ließen mich allein. Ich blieb noch eine ganze Weile dort liegen, ehe ich mich wieder soweit in der Gewalt hatte, daß ich aufstehen und hinauf in mein Zimmer gehen konnte.

III

Wallis und der Herzog
Dezember 1936 – Juni 1937

Elftes Kapitel
Dezember

Nachdem er auf den Thron verzichtet hatte, um die Frau heiraten zu können, die er liebte, und nachdem er im Anschluß an seine berühmte Rundfunkrede in der Royal Lodge bewegten Abschied von seiner Familie genommen hatte, verließ der neuernannte Herzog von Windsor in den frühen Morgenstunden des 12. Dezembers England an Bord eines Zerstörers der Königlichen Marine. Die Ironie des Schicksals verwehrte es ihm indessen, sofort zu Mrs. Simpson zu eilen, die in der Villa Lou Viei in Cannes mit ihren Freunden, den Rogers, nach wie vor in regelrechtem Belagerungszustand lebte. Da der Herzog nun seinen Wunsch, Wallis zu heiraten, in aller Öffentlichkeit kundgetan hatte, war es (nach geltendem Gesetz) von größter Wichtigkeit, daß die beiden nicht zusammentrafen, ehe ihre Scheidung von Ernest Simpson rechtskräftig geworden war; andernfalls hätten sie das Urteil ernsthaft gefährdet. Die Frist von sechs Monaten, nach der Wallis die endgültige Scheidungsurkunde beantragen konnte, lief erst am 27. April 1937 ab. Der Herzog begab sich daher nach Österreich, wo Baron Eugene de Rothschild und seine amerikanische Frau Kitty ihm auf ihrem Schloß Enzesfeld in der Nähe von Wien Zuflucht geboten hatten. Dort begann seine lange, erzwungene Wartezeit auf den Tag, da er wieder mit seiner Geliebten vereint sein würde. Mehr als zwanzig Wochen sollten bis dahin vergehen.
Während dieser ihnen auferlegten Frist telefonierten Wallis und der Herzog jeden Abend (und bisweilen auch mehrmals untertags) miteinander. Das Telefon war damals freilich noch kein ideales Kommunikationsmittel. Es dauerte bis zu einer Stunde, um von Enzesfeld nach Cannes durchzukommen, und oft wurde ein Gespräch ohne jede Vorwarnung unterbrochen; häufig war die Verbindung so schlecht, daß man förmlich in den Hörer brüllen mußte, um am anderen Ende

verstanden zu werden; die Vermittlung unterbrach dauernd, und die Angst, abgehört zu werden, vereitelte jedes offene Gespräch. Zum Glück ergänzten die beiden jene unbefriedigenden Telefonate durch regelmäßige Briefe; etwa drei Dutzend davon (und darüber hinaus alle, die sie im gleichen Zeitraum an Tante Bessie und andere schrieben) befinden sich im herzoglichen Archiv. Wenngleich diese Briefe für sich genommen auch nicht immer ein zusammenhängendes Bild ergeben – »brandaktuelle« Nachrichten tauschten die beiden in der Regel allen Schwierigkeiten zum Trotz bei ihren täglichen Telefongesprächen aus –, so gebührt ihnen doch ein ganz besonderer Platz in den Annalen romantischer Liebesbriefe, denn sie gewähren uns Einblick in die Reaktionen zweier Menschen in einer erklärten Ausnahmesituation.

Das Erstaunliche an den Briefen des Herzogs ist, daß er sich in ihnen als ausgesprochen euphorisch zu erkennen gibt. Dieser Umstand hatte bereits die Minister, Ratgeber und Verwandten des scheidenden Monarchen in den letzten Tagen der Abdankungskrise verwirrt; weit davon entfernt, sich durch seine mißliche Lage und den tragischen Ausgang des Kampfes mit dem Premierminister deprimieren zu lassen, war er bester Laune – »so als freue er sich schon auf seine Flitterwochen«, bemerkte Baldwin nach der letzten Audienz. Als der Herzog seinen Entschluß erst einmal in die Tat umgesetzt hatte, scheint diese erwartungsfrohe Stimmung vollkommen von ihm Besitz ergriffen zu haben. Peter Brownlow, der in jenem Herbst häufig mit ihm zusammen war, fand ihn »exaltiert bis zur Raserei«. Seine Euphorie erstickte jede Regung der Reue oder des Bedauerns. Ganz ohne Zweifel war er von den jüngsten Ereignissen wie betäubt (»ein Alptraum, von dem man hofft, daß er nie wiederkommt«) und litt unter der qualvollen Bewährungsprobe der langen Trennung (»so schwer und grausam, wie sie nur je zwei Menschen auferlegt worden ist«). Auch die allmähliche Erkenntnis, daß er aus seinem Land und von seiner Familie verbannt war – womit er nicht gerechnet hatte –, war ein schwerer Schlag für ihn. (»Wenn ich je wieder diese alte Platitüde zu hören bekomme, die Engländer seien eine Sportlernation, dann schreie ich das Haus zusammen.«) Aber letztlich wurden all seine Empfindungen von einem überschwenglichen Freudentaumel und dem Gefühl der Befreiung überstrahlt – und der Aussicht darauf, den Rest seines Lebens mit dem

Menschen zu verbringen, der den Mittelpunkt seines Universums bildete. »Es ist alles so herrlich, Wallis, und so kostbar und süß und heilig«, schreibt er in seinem ersten Brief nach der Abdankung, »zum allererstenmal in meinem Leben bin ich wirklich glücklich.« Und in seinem Neujahrsbrief heißt es: »...obwohl noch beschwerliche Monate des Wartens vor uns liegen, ist es herrlich, 1936 hinter uns zu haben und vor uns nur dieses und noch viele weitere glückliche Jahre zusammen, auf die wir uns freuen können.« Seine fieberhafte Vorfreude hat einen Zug religiöser Ekstase: Gott werde ihren Bund segnen, versicherte er Wallis ein übers andere Mal, und in einer Wiener Kirche betete er für ihre gemeinsame Zukunft.
Wallis' Gefühle unterschieden sich grundlegend von denen des Herzogs. Das dramatische Ereignis, welches für ihn ein befreiender Schritt auf dem Weg ins Glück gewesen war, bedeutete ihr eine Katastrophe unvorstellbaren Ausmaßes. Sie war außer sich, weil es ihr nicht gelungen war, ihn von seinem folgenschweren Schritt zurückzuhalten. »Vor Erschöpfung«, schreibt sie an Kitty de Rothschild, »mußte ich schließlich den Kampf aufgeben, in dem ich versucht hatte, diese... betrübliche Tragödie zu verhindern. Man fühlte sich so klein in dem Unvermögen, ihn zu überreden, daß er blieb, wo er hingehörte – und dann kehrte die Welt sich auch noch gegen mich – weil ich einen aussichtslosen Kampf führte.« Wallis begriff, daß man – ungeachtet all ihrer Bemühungen, Edward zum Verzicht auf sie zu bewegen – ihr die Schuld an der Abdankung geben würde. Und wirklich wurde ihr diese Tatsache Tag für Tag vor Augen geführt: durch den Berg haßerfüllter Schmähbriefe (einschließlich Morddrohungen), die in Lou Viei eintrafen, durch die Haltung vieler, die sie für Freunde gehalten hatte, durch die Ächtung von seiten der englischen Gesellschaft an der Côte d'Azur; und nicht zuletzt durch die Unzahl feindseliger Berichte in der Weltpresse, die ein – wie sie meinte – bis zur Unkenntlichkeit verzerrtes Bild von ihr zeichneten. In ihren Memoiren beschrieb die Herzogin von Windsor, wie einsam und verlassen sie sich zu jener Zeit fühlte – einer Zeit voller Furcht und Herzeleid:

Der ungeheure Haß, der mir entgegenschlug, und das verzerrte Bild, das sich allerorten in den Köpfen der Menschen festzusetzen schien, überstiegen bei weitem jede Schreckensvision, die ich mir selbst in Augenblicken größter Verzagtheit ausgemalt hatte. ... Eines Verbrechens bezichtigt zu werden, das man nie begangen hat, allseits von Leuten gerichtet und verurteilt zu werden, welche die zwingenden Umstände nicht kennen, seinen angeblichen Charakter von mißgünstigen und unbarmherzigen Händen Tag für Tag bloßgelegt, zerpflückt und geächtet zu sehen: Das sind die quälendsten Erlebnisse, die einem Menschen widerfahren können.

Auch wie sie diese schwere Prüfung meisterte, schildert die Herzogin:

Ich überlebte in Cannes, indem ich lernte, meine Gefühle zu beherrschen. Unabdingbar dafür ist eine Art stillschweigender Übereinkunft mit sich selbst – eine Übereinkunft mit Herz und Geist –, die davon ausgeht, daß man in Wesen und Zielsetzung kein schlechter Mensch sei; diese Vereinbarung darf man durch keinerlei Einflüsse erschüttern lassen. ... Ich lernte, daß man allein leben kann.

Wallis' Briefe aus jener Zeit offenbaren viel von dieser Seelenqual – und von ihrer Anstrengung, sie zu überwinden. Aber sie enthüllen auch noch etwas anderes – nämlich ihre Liebe zum Herzog von Windsor. Sie war bereit gewesen, auf ihn zu verzichten, und er hatte gegen ihren ausdrücklichen Wunsch seinen Thron geopfert. Fassungslos und unter Tränen hatte sie seine Abdankungsrede gehört. Aber in dem Brief, den sie ihm am nächsten Tag schreibt, findet sich nicht die Spur eines Vorwurfs; vielmehr klingt er wie ein zärtliches Echo seiner Gefühle für sie. »Mein Herz ist ganz erfüllt von Liebe zu Dir, und die Qual, nach allem, was Du durchgemacht hast, nicht bei Dir sein zu können, ist grauenhaft. ... Deine Rundfunkansprache war sehr gut, mein Engel, und alles wird so wunderschön werden. ... Ich hoffe, Du wirst dieses Opfer nie bereuen...« Ihre Gedanken an ihn gleichen denen einer mütterlichen Beschützerin. Sie fürchtet um seine Sicherheit auf den österreichischen Straßen und Skipisten, ist eifersüchtig auf die wenigen Frauen, mit denen er zusammenkommt, einschließlich seiner Gastgeberin in Enzesfeld. Der Kummer über das ihr angetane Leid wandelt sich allmählich in Zorn, als sie mitansehen muß, wie man ihrem zukünftigen Gatten die kalte Schulter zeigt. Während der Herzog sich mit allen Sinnen auf eine Zukunft ewigen Glücks konzentriert, begreift Wallis ihre Liebe als einen Bund heroischer Gemeinschaft: Die ganze Welt ist gegen sie, aber sie werden »ein neues, starkes Leben schaffen, gegründet auf unsere einsame Liebe, die die Probe bestanden und ihre Größe bewiesen hat«. Sie spürt, daß sie ihm in ein glanzloses und einsames Leben folgt, und dennoch schwankt sie keinen Augenblick.

Wenn ihre Briefe manchmal ein wenig ermahnend klingen, so muß der Leser sich vergegenwärtigen, daß der Herzog gewohnt war, zu ihr aufzublicken und sich von ihr leiten zu lassen; überdies lebte er in jenen Tagen in einer so hoffnungslosen Realitätsferne, daß sie buchstäblich gezwungen war, ihn unter ihre Obhut zu nehmen. Es war dies eine durch und durch merkwürdige Situation, denn obgleich nicht sie, sondern er die radikale Lösung gewollt und herbeigeführt hatte, fand sie sich nun in die Führungsrolle gedrängt. Seine Verliebtheit hat einen ausgesprochen kindlichen Zug; und mehr denn je ähnelt ihr Verhältnis zueinander eher einer Mutter-Sohn-Beziehung als der eines gewöhnlichen Liebespaares.

Wallis an Edward

Samstag [12. Dezember]
Liebling,
mein Herz ist ganz erfüllt von Liebe zu Dir, und die Qual, nach allem, was Du durchgemacht hast, nicht bei Dir sein zu können, ist grauenhaft. Im Augenblick ist die ganze Welt gegen unsere Liebe – daher können wir es uns nicht leisten, viel gesehen zu werden, sondern müssen stillsitzen und uns mit diesen trotzlosen Monaten

abfinden, die noch vor uns liegen, und ich werde wohl hierbleiben müssen. Das ist wahrscheinlich sicherer als das Herumreisen, und so ein Haus bietet vor Presse und Fanatikern mehr Schutz als ein Hotel. Ich überlege, was der beste Aufenthaltsort für Dich ist, denn Du mußt natürlich immer jemand um Dich haben. Die Hunters würden Dir Gesellschaft leisten, auch Perry & Kitty Brownlow, die Buists usw. Ein Mann namens Bedaux – Amerikaner – hat Dir sein Haus angeboten. Liegt bei Tours. Die Rogers sagen, es sei herrlich. Vielleicht zu nahe an uns hier? Dann will Dir, höre ich, Ralph Grimthorpe sein Haus in Sorrento, Italien, zur Verfügung stellen. Ich habe auch gehört, daß Lincoln Ellsworth[1] ein herrliches Haus in der Schweiz hat, das Du wahrscheinlich bekommen könntest – und nach meiner Ansicht ist Mimizan[2] sicher. Ich glaube nicht, daß Du in Enzesfeld lange glücklich sein wirst, und außerdem könntest Du nicht ewig dort bleiben. Ich halte nach Weihnachten für das Äußerste. Jedenfalls werden wir etwas für Dich finden, mein Liebling, und ich fühle mit Dir all die Einsamkeit und Verzweiflung, die Du bei diesem Neubeginn erdulden mußt. Es wäre soviel leichter gewesen, wenn wir während der Wartezeit hätten zusammensein können. Ich sehne mich so nach Dir. Wie ich höre, hat eine Frauenorganisation geschworen, mich umzubringen. Evans untersucht die Sache. Wir dürfen keinerlei Risiken eingehen, denn ein Unfall in der jetzigen Situation wäre unerträglich, also bitte sei eine »Bangbüchse«, was die Sicherheitsmaßnahmen angeht. Ich bin's auch. Perrys Freundschaft zu uns ist nicht mit Worten zu schildern. Es war absolut phantastisch in jeder Beziehung. Bitte sag ihm das[3]. Ich kann es nicht, weil ich immer gleich anfange zu weinen, so was ist mir noch nie passiert. Deinen neuen Namen kenne ich noch nicht, habe aber doch gehofft, er würde Prinz [sic!] von Windsor lauten. Ich nehme an, mit dem Namen für mich werden wir Schwierigkeiten bekommen, denn ich glaube nicht, daß York

---

[1] Amerikanischer Polarforscher, der den König kurz vor seiner Abdankung aufgesucht und ihm ein Angebot für seine Ranch in Kanada gemacht hatte.
[2] Jagdschloß des Herzogs von Westminster an der französischen Atlantikküste nördlich von Biarritz.
[3] Brownlow stand im Begriff, Cannes zu verlassen, um zu seinem Herrn nach Enzesfeld zu reisen. Vielleicht hat er diesen Brief mitgenommen.

Dezember 1936

[sic!]¹ mich zur HRH machen wird. Vor allem anderen wollen wir eine würdige Position haben, ganz gleich, wo wir sind. Das ist auch für den Thron wichtig. Deine Rundfunkansprache war sehr gut, mein Engel, und alles wird so wunderschön werden. Mach ooh! Es ist grausam, daß die Gesetze uns zwingen, einander bis April nicht zu sehen, doch wir müssen alles tun, um juristisch gut dazustehen. Ich kann mir nicht vorstellen, daß die Regierung einen weiteren Skandal wünscht oder daß bei der Krönung alles noch einmal aufgerührt wird. Manche Zeitungen – Times, Telegraph, Morning Post – waren unloyal Dir und gemein mir gegenüber. Aber jetzt ist ja alles vorbei. Ich hoffe, Du wirst dieses Opfer nie bereuen und Dein Bruder wird der Welt beweisen, daß wir immer noch eine Position haben, und dafür sorgen, daß man Dir ein paar Aufgaben gibt. Ich schicke Ladbrook heim, weil er zurück möchte, aber zu Dir wird er jederzeit kommen, ganz gleich wohin, und Du mußt einen Wagen haben. Ich nehme mir einen Chauffeur von hier. Ich glaube, die Detektive hassen ihren Job, aber ich brauche sie unbedingt, und wenn das Innenministerium sie abzieht, werde ich mir zwei auf eigene Faust nehmen müssen und sie bezahlen. Monckton oder Allen könnten sie aussuchen, und ich werde sie von meinem Ersparten entlohnen. Die Ausgabe lohnt sich weiß Gott bei all den Drohbriefen. Ich liebe Dich, David, und halte Dich ganz fest.

Wallis

Hallo an alle – und einen Klaps für Slippy Poo.

Der »Mann namens Bedaux«, den Wallis in ihrem Brief erwähnt, ein langjähriger Freund der Rogers, war ein einfallsreicher, hochbegabter Franzose, der die amerikanische Staatsbürgerschaft angenommen und ein Vermögen mit der Entwicklung eines Systems verdient hatte, das durch die Bestimmung von Zeit- und Bewegungsabläufen Normen für die Produktivität der Arbeitskräfte in Industriebetrieben festlegte. Sei-

---

¹ In den kommenden Wochen sprach Wallis dem Herzog von Windsor weiterhin hartnäckig seinen früheren Titel zu und bezeichnete den neuen König und seine Gemahlin als Herzog und Herzogin von York.

ne Frau war Amerikanerin und stammte aus Michigan. Vorläufig mußte der Herzog die Einladung nach Candé zwar ablehnen, aber Bedaux erhielt sein Angebot aufrecht.

Wallis sah sich inzwischen einer neuen Sorge ausgesetzt. Ihr Anwalt, Theodore Goddard, teilte ihr mit, ein gewisser Francis Stephenson, ein älterer Anwaltsgehilfe aus Ilford, Essex, behaupte, er könne Gründe dafür anführen, daß Wallis' Scheidung nicht rechtskräftig werden dürfe. Dieser obskure Mann habe auch bereits am 9. Dezember bei der Kronanwaltschaft in London Einspruch eingelegt und die Vorlage von Beweismaterial angekündigt. Der Mann sei nichts weiter als ein verschlagener Intrigant, vermutete Goddard, und er sollte recht behalten: Stephenson gestand später, das angebliche Beweismaterial, auf das sein Einspruch sich stützte, basiere lediglich auf Gerüchten und Pressemeldungen, und damit wurde das Verfahren niedergeschlagen. Doch Wallis fand die Vorstellung entsetzlich, daß es Menschen gab, die darauf aus waren, ihre Scheidung zu hintertreiben und so ihre Heirat mit dem Herzog von Windsor zu vereiteln; und daß selbst falsche Beschuldigungen nach englischem Gesetz ausreichten, um eine offizielle Untersuchung einzuleiten.

Wallis an Edward

Montag [14. Dezember]   *Lou Viei, Cannes*
Liebling,
das mit der Intervention ist praktisch der letzte Strohhalm. Ich hätte nicht geglaubt, daß die Welt zwei Menschen, deren einzige Sünde es ist zu lieben, noch mehr antun könnte. Ich sehe aus wie hundert und wiege nicht mal mehr 50 Kilo – Du wirst mich nicht mehr lieben, wenn Du das Wrack siehst, das England aus mir gemacht hat. Ich habe die Sonntagszeitungen vorliegen, in denen Deine Mutter mit einem ungeheuren Dementi Behauptungen der ausländischen Presse entgegentritt, wonach sie mich besucht haben soll. Ein grausames Dementi. Ich habe vor 2 Wochen dasselbe gesagt, aber natürlich ist es nicht in die Schlagzeilen gekommen. Die Welt ist gegen mich und nur gegen mich. Nicht ein einziges Blatt hat zu meinen Gunsten

geschrieben. Können wir den Angriff überleben, und werden wir oder wirst Du bei Deiner Familie noch auf die nötige Loyalität zählen können, um Hilfe bei den juristischen Fragen erwarten zu dürfen? Deine Mutter hat mich in eine schlechtere Lage gebracht als je zuvor und sagt praktisch, daß sie mich nicht akzeptieren würde. Es ist klar, daß York uns unter ihrer Führung nicht den extra Chic geben und mich zur HRH machen wird – das einzige, was mich in den Augen der Welt wieder aufwerten könnte. Es bringt mich zur Verzweiflung, daß ich so schlecht behandelt worden bin. Ich lege Dir einen freundlichen Brief von Ava[1] bei und schicke Dir all meine Liebe, mein Liebling. Diese Schlagzeilen haben meine Gefühle so sehr verletzt. Nochmals alles Liebe

Wallis

Wallis an Edward

18. Dezember *Lou Viei*
Mein Liebling,
ich habe beschlossen, in der Villa zu sitzen, im Garten spazierenzugehen – gelegentlich einen Autoausflug zu machen. So viele Gerüchte kursieren über mich – sogar, daß ich Spionin sei –, daß die Leute mich meiden, weshalb ich mich versteckt halten muß, bis ich den Schutz Deines Namens habe. Skandalgeschichten und böse Blicke folgen mir auf Schritt und Tritt. So sehen also meine 4 Monate im Exil aus, und ich muß mich damit abfinden. Die Rogers leben auch fast wie in der Verbannung, da sie meinetwegen niemand einlädt. Machen wir uns nichts draus. Wenn wir Armen nur den Kopf oben behalten und gesund bleiben, wird alles gut werden. Darum, mein Liebling, sei bitte in allem mehr als vorsichtig, und je weniger wir gesehen werden, desto besser. Wir wollen unsere Namen aus den Klatschspalten raushalten. Daß England sich gegen den Prinzen von Wales stellen konnte, hat meinen Glauben an die Menschheit aufs grausamste erschüttert. Doch wir werden ein

---

[1] Basil, 4. Marquis von Dufferin und Ava (1909-1945), Regierungsbeamter.

neues, starkes Leben schaffen, gegründet auf unsere einsame Liebe, die die Probe bestanden und ihre Größe bewiesen hat. Die Qual und Einsamkeit dieser Monate werden furchtbar sein, aber wir müssen sie auf uns nehmen und unseren letzten Rest von Kraft nutzen, um sie zu ertragen. Ich liebe meinen einzigen David.

Wallis

Wallis an die Baronin Eugene de Rothschild

18. Dezember *Lou Viei*
Liebe Kitty,
(ich muß Sie einfach so nennen – unter diesen tragischen Umständen, die zwei Fremde einander so nahe gebracht haben). Als erstes möchte ich Ihnen sagen, wie hochherzig ich es finde, daß Sie den König [sic!] aufgenommen haben. Ich weiß, wie ich den normalen Alltag der Rogers zerstört habe – die traurige Berühmtheit durch die Presse ist entsetzlich und widerwärtig, und in der Regel nichts als Lügen. Mit der Zeit wird sich das natürlich legen, aber im Augenblick fühle ich mit Ihnen. Nur die Gewißheit, daß Sie eine großmütige Tat vollbringen, kann Ihren Unwillen darüber in Grenzen halten, daß man derart in Ihr Privatleben eindringt. Ich habe mit dem König gesprochen und bin sicher, daß alles, worüber Sie mich unterrichtet haben, aufs beste geregelt wird. Er ist in Wirklichkeit ganz anders, als die Leute ihn in seiner Jugend beschrieben, und ich kann Ihnen versichern, daß er auch nach Ihrer Abreise zurechtkommen wird. Dieser Brief ist reichlich unzusammenhängend, aber nach der Anspannung der letzten paar Wochen ist mein Denkvermögen arg angegriffen. Vor Erschöpfung mußte ich schließlich den Kampf aufgeben, in dem ich versucht hatte, diese für alle Beteiligten unendlich betrübliche Tragödie zu verhindern. Man fühlte sich so klein in dem Unvermögen, ihn zu überreden, daß er blieb, wo er hingehörte – und dann kehrte die Welt sich auch noch gegen mich – weil ich einen aussichtslosen Kampf führte. Liebe Kitty – seien Sie gut zu ihm. Er ist ehrlich und gut und verdient Ihre Zuneigung. Die Leute haben das einfach nicht verstanden.

Dezember 1936

Edward an Wallis

22. Dezember 1936 　　　　　　　*Schloß Enzesfeld a. d. Triesting*
Mein einziger Liebling,
ich weiß einfach nicht, wie ich anfangen soll, denn ich habe Dir so vieles zu berichten, was doch nur mündlich und mit vielen »oohs« gesagt werden kann. Oh! Mein Herz, der Gedanke an die bevorstehenden vier Monate Trennung quält mich, und ich darf einfach nicht daran denken. Ich zwinge mich, so zu tun, als sei ich nur fort von Dir, weil ich in diesem Land einen Job zu erledigen habe und Du aus geschäftlichen Gründen nicht herkommen kannst! Andernfalls hätte ich schon den Verstand verloren, obwohl ich erst seit zehn Tagen hier bin – zehn Tage, die sehr langsam und mit äußerst monotoner Präzision verstrichen sind. Aber wen kümmert es, Liebling, wie die Tage durchgestanden werden, und vielleicht vergehen sie später auch schneller. Und jetzt haben wir Weihnachten. Noch nie waren wir näher daran, es gemeinsam zu feiern, auch wenn wir räumlich weiter voneinander entfernt sind als zuvor. Aber Dein Junge hält sein Mädchen ganz fest, Wallis. »Arme Dinger«, die wir jetzt sind, aber nicht »so dumm«, nur »so einsam«. Oh! »Pooky demus« sagen WE. Ich mache mir Sorgen um Dich, denn obwohl Du die Rogers und Mary hast – oh! und ich vergaß, auch Tante Bessie – bist Du in Lou Viei so eingeengt und hast nicht soviel Platz zum Herumlaufen und Spazierengehen wie Mr. Loo und ich. Er schickt Dir tausend Hundeküsse und dankt Dir für den Klaps, den Du ihm geschickt hast. Es geht ihm sehr gut, und er verbringt jeden Nachmittag herrliche Stunden auf dem Golfplatz und vertilgt danach ein gewaltiges Abendessen, und jeden zweiten oder dritten Abend kriegt er sein Bob Martin[1]. Aber Du fehlst ihm auch schrecklich. Ich muß sagen, die Rothschilds sind sehr zuvorkommend und gastfreundlich und gestatten mir, hier mein eigenes Leben zu führen, d. h. sie erwarten nie, daß ich pünktlich zum Lunch erscheine oder nach dem Tee mit ihnen Konversation treibe. Ich genieße fast luxuriösen Komfort, und das Essen ist, wie Du

---

[1] Marke eines Konditionspräparats.

weißt, ausgezeichnet. Aber ich übertreibe weder mit dem Essen noch mit dem Rauchen, und die »Pipeline« ist sehr kurz!! Oh! Mein Liebstes, ich lebe nur für den 27. April (wer weiß, vielleicht dauert es auch nicht gar so lange), und im Augenblick lebe ich nur für unsere abendlichen Telefonate. WE müssen Gott für diesen Apparat danken, denn ohne ihn wäre es zur Zeit einfach zu unerträglich. Wie es scheint, habe ich bisher nur von mir gesprochen. Ich weiß, wie man Deine Gefühle verletzt hat, und das hat mich sehr unglücklich gemacht. Aber die Schuld lag beim König, nicht bei David, auch wenn das die Kränkungen nicht wiedergutmacht. Man kann sich nicht vorstellen, wie grausam und unmenschlich das amerikanische Zeitungsgeschäft ist, bis man nicht so von denen durch den Fleischwolf gedreht worden ist wie WE. Sogar der einzige Reporter, den wir als unseren Freund betrachteten, Noyes[1], hat uns nun verraten und hintergangen. Ich fürchte, wir müssen uns damit abfinden, daß WE noch einige Zeit über den lieben, süßen Tag hinaus, an dem wir »offiziell« zusammengehören werden, Schlagzeilenwert besitzen. Oh! Wallis, warum müsen wir so lange warten? Es ist so grausam. Aber ich darf so etwas jetzt nicht sagen, denn wir haben füreinander und für unser vollkommenes Glück so vieles ertragen, daß wir diese letzte, wenn auch schwerste und langwierigste Probe ebenso tapfer bestehen werden wie wir der Welt in den letzten beiden Monaten entgegengetreten sind. Es ist alles so herrlich, Wallis, und so kostbar und süß und heilig, und zum allererstenmal in meinem Leben bin ich wirklich glücklich. Trotzdem mache ich mir Sorgen um Dich, weil Du so weit fort bist in Cannes und ohne meinen Schutz, aber Du wirst vorsichtig sein, nicht wahr? Bitte – bitte! »Alle« – jeder von »UNS« hier – senden allen bei »EUCH« Oohs, dicke Oohs, zu Weihnachten, und jeder von »UNS« ist so traurig, weil wir einander keine Geschenke schicken können. ER (ich halte mir die Augen zu), Eanum und Ferkelchen (halte mir wieder die Augen zu) und alle Zwerglein vermissen EUCH ALLE in LOO VIEI mehr als sie sagen können. Es ist zum Heulen, aber wir müssen dieses Weihnachtsfest einfach abschreiben und es durch

---

[1] Vgl. S.261 f.

recht viele herrliche, glückliche Weihnachten in der Zukunft wettmachen. Freitag um elf gehe ich in Wien zur Kirche und werde ganz inständig dafür beten, daß Gott WE segnet bis an unser Lebensende. Er ist sehr gut zu WE gewesen und wacht über UNS, das weiß ich. Ich habe Dir noch soviel zu sagen, mein Herz, aber ich möchte, daß Du diese Zeilen zu Weihnachten erhältst, also werde ich sie gleich zur Post bringen und zur Tarnung an Herman adressieren. Ich liebe Dich, liebe Dich, Wallis, mehr und mehr und mehr und halte Dich ganz fest. Dein *David*

Edward an Tante Bessie

22. Dezember 1936   *Schloß Enzesfeld*
Liebe Tante Bessie,
ich danke Ihnen für die überaus liebenswürdigen Zeilen, die Sie mir vor Ihrer Abreise aus London geschrieben haben[1]. Und Sie waren gewiß ebenso froh wie ich, London den Rücken zu kehren. Diese letzten beiden Wochen waren wirklich ein Alptraum, von dem man nur hoffen kann, daß er sich nicht wiederholt. Ich hoffe sehr, daß Sie Wallis wohler angetroffen haben, als Sie erwarteten. Was für eine furchtbare Zeit sie durchmachen mußte, der arme Liebling. Der Gedanke daran, Sie wissen es, war der einzige, der mir wirklich Sorgen bereitete. Doch es scheint jetzt ruhiger geworden zu sein in Cannes, obwohl ich befürchte, daß die amerikanische Presse uns vor dem nächsten Sommer bestimmt nicht in Ruhe lassen wird. Oh! Denn dieser Sommer und die kommenden vier Monate werden eine

---

[1] Tante Bessies auf den 17. Dezember datierter Brief an den Herzog hatte folgenden Wortlaut:
Sir,
Bevor ich London morgen verlasse – und wer weiß, wann ich wieder herkomme – möchte ich Ihnen ein paar Zeilen schreiben, damit Sie wissen, daß ich seit Ihrer Abreise ständig Ihrer gedacht habe, Sir, und daß ich Ihnen meine ganz besondere Zuneigung stets bewahren werde. Morgen fahre ich nach Cannes und wage zu hoffen, daß ich, noch ehe 1937 recht alt ist, wieder den Vorzug genießen darf, Ihnen gegenüberzutreten. Ihre ergebene Dienerin   Bessie L. Merryman
Kurz darauf stieg Tante Bessie in Cannes im Hotel Carlton ab, um ihrer Nichte in der Verbannung beizustehen. Dort blieb sie bis zu ihrer Rückkehr in die Vereinigten Staaten Anfang Februar.

Wallis und der Herzog

so harte und beschwerliche Zeit werden, wie nur je zwei Menschen sie ertragen mußten. Aber wir sind tapfer und können alles auf uns nehmen, weil wir einem gemeinsamen Leben und unserem vollkommenen Glück entgegensehen. Und ich weiß, daß Sie während unserer langen Trennung auf Wallis achtgeben werden. Es wäre schön, wenn Sie zu einem späteren Zeitpunkt auch hier einen Besuch machen könnten. Das Haus ist sehr komfortabel, und die Rothschilds sind sehr nett und gastfreundlich. Um den 10. Januar reisen sie nach Paris, glaube ich, also kommen Sie anschließend, wann immer es Ihnen paßt. Mr. Slipper ist wohlauf und mir ein phantastischer Kamerad, aber ich wünschte doch, Wallis könnte ihn bei sich haben. Leider ist das wegen der Scotchterriers bei den Rogers nicht möglich, da kann man nichts machen. Ich fürchte, Newbold Noyes hat sich, in dem Bestreben, uns einen guten Dienst zu leisten, als der schlechteste Freund erwiesen, den wir uns hätten wählen können. Es ist zu arg, aber man scheint drüben nicht das leiseste Gespür für Würde und Menschlichkeit zu haben. Ich hoffe, Ulick Alexander[1] und Mr. Carter[2] konnten Ihnen nach meiner Abreise weiterhelfen. Wie ich höre, haben die Hunters oder zumindest Kitty sich nicht nett über uns geäußert. Aber wen kümmert das! Nun schließe ich mit den besten Wünschen zum Weihnachtsfest – und mögen 1937 und die Jahre danach für uns alle sehr glücklich werden.

Edward

Wallis an Edward

[Ende Dezember]

Liebling,
gib Beigefügtes an den weiter, dessen Job sowas bei Euch ist. In dem großen Glas sind diese Nüsse aus Honolulu, die wir so mögen, und

---

[1] Intendant der Zivilliste; der Hofbeamte, welcher sich um die königlichen Finanzen kümmerte. Er blieb seinem früheren Souverän, der ihn auch ernannt hatte, ein treuer Freund.
[2] Angestellter im Schatzamt, der in London die Geschäfte des Herzogs führte.

Dezember 1936

damit Du sie auch serviert bekommst, sag ihnen, wie gern Du sie ißt. Ich bin allmählich ziemlich nervös vor Spannung, welchen Beistand wir zu unserer Hochzeit von seiten Deiner Familie erwarten können. Es ist so wichtig – jeder in meiner Umgebung ist sich klar darüber, wie wichtig, betreffs Vermählungsanzeigen usw. Schließlich haben wir nichts Unrechtes getan, warum also behandelt man uns so? Es ist nicht die erste Hochzeit mit einer Bürgerlichen in Deiner Familie. Ich muß schon sagen, David, der zufriedene Gesichtsausdruck der Herzogin von York [sic!] ist ein komischer Anblick. Wie sie das alles genießt! Von dieser Seite ist kein Beistand zu erwarten. Mit all meiner Liebe

Wallis

P.S. Mae West hat mir eine Weihnachtskarte geschickt!

Ende Dezember bekam Wallis Post von Ernest Simpson:

Ich hatte bisher nicht den Mut, Dir zu schreiben. Durch die Ereignisse der jüngsten Vergangenheit fühlte ich mich wie gelähmt, ja fast krank. Ich will darauf zwar nicht eingehen, möchte Dir aber bestätigen – und das ist meine aufrichtige Überzeugung, daß Du alles getan hast, was in Deiner Macht stand, um die endgültige Katastrophe zu verhindern.
In der Zeit Deiner schweren Prüfung war ich in Gedanken immer bei Dir, und Du darfst versichert sein, daß niemand tiefer für Dich empfunden hat als ich.
Für ein paar Pence pro Tag kann ich mich über Dich und Dein Leben auf dem laufenden halten...
...Und wäre Dein Leben je wieder das alte geworden, wenn Du die Sache abgebrochen hättest? Ich meine, wäre es denkbar, daß Du Dich wieder in Dein früheres Leben eingewöhnt und das Märchenland vergessen hättest, das Du in der Zwischenzeit durchquert hast? Mein Kind, ich glaube es nicht.

Zwölftes Kapitel

Januar

1937 war das Jahr, in welchem der Herzog von Windsor mit der Frau, die er liebte, »eins« zu werden hoffte; doch zu Beginn dieses Jahres sah er sich erst einmal mit der rauhen Wirklichkeit konfrontiert. In seinem Vaterland war sein Entschluß, aus Liebe auf den Thron zu verzichten, durchwegs mit großer Bestürzung aufgenommen worden. In weiten Kreisen der Bevölkerung brachte man ihm aufrichtiges Mitgefühl entgegen und glaubte, er sei das unschuldige Opfer einer niederträchtigen Intrige geworden. Aber es gab auch viele, die, nachdem sie zunächst ihre Hoffnung auf den neuen Monarchen gesetzt hatten, sich nun verraten und hintergangen fühlten. Daß der Mann, der zum König geboren war, dem Anschein nach seinem schüchternen und widerstrebenden jüngeren Bruder die Krone aufgezwungen hatte, wurde ihm allenthalben verübelt – nicht zuletzt von seiner eigenen Familie. Diejenigen aber, die den Exkönig immer schon abgelehnt hatten (sie waren hauptsächlich im »Establishment«, einem Wort, das damals gerade in Mode kam, zu finden), weil er ihnen zu unabhängig und demokratisch, zu unstet und impulsiv schien, waren froh, ihn los zu sein, und wollten ihn keinesfalls zurückhaben. Die Parteigänger und Sympathisanten des Herzogs waren zahlreicher, als gemeinhin angenommen wird; aber als die erste Betroffenheit über seine Abdankung sich gelegt hatte, machte sich in weiten Kreisen – vornehmlich unter den politisch Einflußreichen sowie am Hofe seines Nachfolgers – eine feindselige Stimmung gegen ihn bemerkbar.

Der Herzog freilich zeigte keinerlei Anzeichen von Reue. Er glaubte fest daran, den unter den gegebenen Umständen einzig ehrenhaften Weg gewählt zu haben, und statt auf die überschattete Vergangenheit zurückzublicken, hatte er nur die glückliche Zukunft vor Augen. Als ihm allmählich klar wurde, daß seine Tat ihn zum Verbannten gemacht hatte, reagierte er in erster Linie verstört und gekränkt. Er war so blind vor Liebe und in einem solchen Zustand der Verzückung befangen, daß er einfach nicht begreifen konnte, was mit ihm geschah. Schlag auf Schlag brach die grausame Wirklichkeit über ihn herein: Die Dienste des Hofes (selbst die seines ehemaligen Sekretärs) würde er nicht mehr in Anspruch nehmen dürfen; von der neuen Zivilliste[1] würde sein Name gestrichen werden; seine Familie würde nicht an seiner Hochzeit teilnehmen; seine zukünftige Frau würde seinen königlichen Rang nicht mit ihm teilen dürfen; er würde nicht einmal die Erlaubnis bekommen, in sein Land zurückzukehren. Empört und fassungslos nahm der Herzog diese Verfügungen entgegen.

Angesichts der Hilflosigkeit des geliebten Mannes schwang Wallis sich zu seiner leidenschaftlichen Verteidigerin auf. Sie wußte, inwieweit die Abdankung auf Edwards Hartnäckigkeit zurückzuführen war, und sie hatte ihn vor den Auswirkungen gewarnt (vgl. ihren Brief vom 6. Dezember), die ein solcher Schritt auf seine Beliebtheit beim Volk haben würde. Doch jetzt lebt sie nur noch ihrer Liebe zu ihm. Ihn zu beschützen wird nun ihr höchstes Ziel. In ihren Briefen stellt sie die Abdankung als noble Geste dar, die man ihm mit nichts als Niedertracht vergolten habe. Sie stößt Verwünschungen aus gegen seine Feinde, gegen Baldwins »korrupte Politik«, gegen seine Familie, die ihn mit Nichtachtung zu strafen scheint. Sie öffnet ihm die Augen für die Lage, in der er sich befindet, und ermuntert ihn, sich zu wehren. Ihr Urteil mag bisweilen ein wenig naiv, wenn nicht gar übertrieben anmuten, doch es steht außer Zweifel, daß sie ihr möglichstes versucht, um ihrem zukünftigen Mann zu helfen und ihnen beiden eine würdige Zukunft zu sichern.

Unterdessen wird die Trennung für Edward und Wallis zusehends qualvoller, und ihre Sehnsucht nach einander wächst von Tag zu Tag. Edward bleibt in Enzesfeld, das ihm freilich durch die unerwünschte Gesellschaft seiner Gastgeberin verleidet wird. Mitte Januar besucht ihn sein langjähriger Freund »Fruity« Metcalfe, der den Herzog mit seiner fröhlichen und großzügigen Natur ein wenig aufzuheitern vermag. Wallis bleibt in Cannes, wo die sie belagernden Reporter ihr immerhin

---

[1] Der für die Mitglieder der königlichen Familie bestimmte Betrag im Staatshaushalt, der jeweils zu Beginn einer neuen Regentschaft durch Parlamentsbeschluß festgesetzt wurde.

soviel Spielraum geben, daß sie ein paar Freunde (darunter Somerset Maugham und Daisy Fellowes) an der Côte d'Azur besuchen kann. Sie und der Herzog fangen an, sich Gedanken darüber zu machen, wo ihre Hochzeit stattfinden soll und wo sie später wohnen werden. Aber noch ist die Scheidung nicht rechtskräftig.

Edward an Wallis

1. Januar 1937 *[Jahreszahl viermal unterstrichen] Schloß Enzesfeld*
Hallo! Mein Herz! Ein über die Maßen glückliches neues Jahr wünsche ich WE aus der Festung meines »Exils« – meines Exils von Dir und nicht von England, mein Liebling, und obwohl noch beschwerliche *Monate* des Wartens vor uns liegen, ist es herrlich, 1936 hinter uns zu haben und vor uns nur dieses und noch viele weitere glückliche Jahre zusammen, auf die wir uns freuen können. Oh! WE werden es schaffen – aber »zum Donnerwetter« die Trennung ist bitter und furchtbar aufreibend. Wenn dieses unzulängliche Telefon nicht wäre, würde ich tatsächlich noch verrückt. Oh! arme WE sagen hier alle, und ER hat solche Angst, seine Haarnadel zu verlieren, daß er SIE bittet, ihm so rasch wie möglich noch eine zu schicken, um für alle Fälle Ersatz zu haben. Ich gebe diesen Brief Storrier[1], und er kann ihn Dir morgen abend zusammen mit einem eanum Neujahrsgeschenk bringen (die beiden Federn waren für Weihnachten). Du findest dabei auch drei Briefe an Dich und ein paar Monogramme, von denen Du Dir eines aussuchen sollst für Briefpapier usw. Besprich alles ausführlich mit Storrier, und dann kann er mir bei seiner Rückkehr Bericht erstatten, und Du könntest ihm auch einen Brief an mich mitgeben, wenn Du einen geschrieben hast. Ich werde aufpassen müssen wie ein Schießhund, damit unsere Interessen in England gewahrt bleiben, obwohl wir noch treue Freunde haben wie Walter [Monckton] und Ulick [Alexander] und natürlich E.R. Peacock[2] und [George] Allen. Oh!

---

[1] Chefinspektor Storrier von Scotland Yard, Begleitschutz des Herzogs.
[2] Sir Edward Peacock (1871-1962), kanadischer Bankier und Generalbevollmächtigter des Herzogtums Cornwall; war seit einiger Zeit der private Finanzberater des Herzogs.

Wie unzulänglich sind Briefe, wenn WE sich *so* vieles zu sagen
haben und Vorkehrungen für die Zukunft treffen müssen. Vielleicht
wäre es besser, wenn Tante Bessie jetzt zurückführe, da es für sie
nicht viel zu tun gibt, sie aber den Rogers ein paar Extraausgaben
verursacht. Ich mache mir Sorgen, weil Herman ins Sanatorium
muß – unangenehm für ihn und für Dich weniger Schutz. Aber Dir
wird schon etwas einfallen. Ich bin froh, daß der Presserummel sich
jetzt auch bei Dir gelegt hat, aber im April wird alles wieder
aufflammen, hol's der Kuckuck! Mr. Loo schickt viele Hundeküsse, und ich schicke Dir ein vierblättriges Kleeblatt. Es stammt von
einr Zuchtpflanze, aber aus einer Wurzel kamen zwei, und ich habe
das andere behalten und gepreßt. Oh! Mir wird »ooh« bei dem
Gedanken, daß Du dieses Blatt Papier in der Hand halten wirst.
Gott! Wie sehr, wie sehr ich Dich liebe, meine Wallis, mein geliebtes
Herz, mehr und mehr und mehr. Ich halte Dich *so* fest – immer und
bis zu jenem lieben, herrlichen, kostbaren Tag – oh! Gott möge ihn
rasch anbrechen lassen, und ER segne WE dieses Jahr und immer.
Dein

David

Wallis an Edward

Freitag abend   *[1. Januar 1937?]*
Liebling, mein Herz,
es hat mir so weh getan, Dich weinen zu hören – Du hast soviel
durchgemacht und bist so tapfer. Mein Kleiner, dadurch, daß ich so
wahnsinnig gerne bei Dir sein möchte, wird alles so überwältigend.
Liebling, ich liebe Dich. Komm bald zu mir.

Januar 1937

Wallis an Edward

Sonntag [3. Januar] *Lou Viei*
Liebling, mein Herz,
manchmal ist mir, als würde mir das Herz brechen, wenn ich Dich nicht bald wiedersehen kann. Aber wir müssen noch ein paar Monate tapfer sein und vernünftig. Ich bin so unglücklich darüber, wie Dein Bruder sich von Anfang an verhalten hat, durch ihn gewinnt die Welt da draußen bestimmt den Eindruck, daß weder Deine Familie noch Baldwin und seine Minister mich akzeptieren. Ich finde wirklich, jetzt, wo es einmal passiert ist, sollte Deine Familie nicht einen solchen Eindruck erwecken. Sogar in seiner Rede[1] nutzte er die Gelegenheit, um diese Vorstellung zu vermitteln. Ich begreife wohl, welches Ziel die Politiker damit verfolgen – sie wollen die Leute Dich vergessen machen und die Marionette aufbauen, die sie auf den Thron gesetzt haben. Und sie könnten Erfolg haben, denn genau wie sie monatelang eine organisierte Kampagne geführt haben, um Dich loszuwerden – und wie raffiniert sind sie dabei vorgegangen –, so führen sie jetzt eine, um zu beweisen, daß sie richtig gehandelt haben, und der erste Schritt dazu ist, Dich aus dem Gedächtnis der Leute auszumerzen. Es war ja so bequem für sie, mich als Werkzeug zu mißbrauchen, um Dich loszuwerden, und wie haben sie es genutzt! Natürlich werden wir uns eine Position aufbauen müssen, aber wie schwer wird das werden, ohne das geringste Anzeichen des Beistandes Deiner Familie. Allmählich geht einem auf, daß es unmöglich sein wird, die Hochzeit in den Hofnachrichten anzukündigen und HRH zu werden. Es ist alles sehr, sehr schade, denn ich hasse alles Unwürdige und ebenso die Vorstellung, mich in die Scharen bedeutungsloser Adelsprädikate einzureihen, die derzeit Europa überschwemmen. Es würde soviel ausmachen, wenn wir unseren gemeinsamen Lebensweg mit gebührender Unterstützung antreten könnten – aber was auch geschehen mag, wir werden etwas aus unserem Leben machen – doch nachdem Du die ganze Zeit über so vertrauensselig

---

[1] Baldwins Rede vor dem Unterhaus zur Zeit der Abdankungskrise?

gewesen bist, wird Dir jetzt vielleicht endlich klar, daß Du nicht
weiter so dahinleben und darauf vertrauen kannst, nach Deinem
Tode Lorbeeren zu ernten. Du mußt Dich ihrer Mittel bedienen,
um Dein Ziel zu erreichen – und sobald der Februar rum ist, würde
ich Deinem Bruder ganz offen schreiben und ihm Punkt für Punkt
auseinandersetzen, warum er Dich nicht wie einen Ausgestoßenen
behandeln darf und daß er etwas für mich tun soll, damit wir eine
würdige und angemessene Postition in der Gesellschaft einnehmen,
wie es sich doch wohl für den Exkönig von England geziemt, der
schließlich nur abdankte, um zu bekommen, was der gegenwärtige
König zu seinem Glück bereits besaß. Bis zur Stunde bist Du der
einzige in diesem Drama, der zu einer noblen Geste bereit war. Um
ehrlich zu sein, ich verabscheue die ganze Bande. Ich schicke Dir die
Zeitungsausschnitte. Lies sie sorgfältig. Manche sollen Dich zum
Lachen bringen, andere zum Nachdenken verleiten und die ganz
abstoßenden dazu, von den entsprechenden Blättern eine Entschuldigung zu fordern. Bitte heb sie alle auf – aber nicht auf dem
Fußboden. Ich habe Mr. Storrier noch nicht gesprochen, da er noch
nicht angekommen ist, daher lasse ich den Brief offen, um eventuell
noch etwas hinzuzufügen. Ich liebe Dich mehr und mehr.

Montag [4. Januar]
Inzwischen habe ich meine wunderschöne Tasche bekommen. Soviel Freude ich auch an ihr habe und an dem lieben, warmherzigen
Brief – ich wünschte, Storrier hätte mir Dich gebracht und ooh. Es
hat mich traurig gestimmt, die Yacht wiederzusehen und die Felsen,
auf denen wir von der Rosaura aus einen so glücklichen Nachmittag
verbrachten. Ich denke oft an all die schönen Erlebnisse, die wir
zusammen hatten, nur den Gedanken an das Fort ertrage ich nicht.
Ich muß so schrecklich weinen, besonders, wenn ich lebhaft das
Bild vor mir sehe, wie Du nach draußen spähst, um zu sehen, wie
das Wetter wird. Liebling, es ist so beklemmend, heimatlos zu sein
und unsere schönen Sachen nicht um uns zu haben. Aber das wird
sich ändern, nur daran dürfen wir denken. Wie ich höre, schreibt
Thelma Deine Lebensgeschichte und auch, welch schlechten Ein-

fluß ich auf Dich hatte – Hearst zahlt zehntausend Pfund – Gloria hat gerade ihr Buch zum gleichen Preis verkauft. Natürlich schreiben sie nicht selbst – sie liefern den Journalisten die Fakten. Ich hatte großes Pech auf der Suche nach einem Parfüm für Dich. Die Läden hier taugen wirklich nichts. Ich schicke Dir das einzige, das ich finden konnte. Ich würde meinen, um den 15. April könnten wir uns irgendwo treffen, denn ich glaube, jeder etwaige Einspruch würde früher erhoben. Aber wir müssen uns vorsichtshalber beraten lassen. Ich weiß, Du wirst Dich sogar noch mehr langweilen als ich. Dein Leben ist bisher so abwechslungsreich und in einem so geschäftigem Tempo verlaufen, daß die Untätigkeit Dir sehr schwerfallen wird, mein Liebster. Die Knöpfe sind nicht so angebracht, wie Du es gern magst, aber Storrier könnte sie mit nach England nehmen und von Cartier richten lassen. Gestern abend sagte ich, daß mir keine der Skizzen gefällt – laß aber Lambe[1] an Sindon[2] schreiben, damit der Dir ein paar zur Ansicht schickt. »Sie« schickt die Haarnadel mit und läßt ausrichten, »sie« war sehr zufrieden damit und hofft, »er« wird es auch sein. Ich halte mir die Augen zu, schicke aber Dir all meine Liebe

Wallis

Wallis an »Foxy« Gwynne

Sonntag [3. Januar] *Lou Viei*
Liebste Foxy,
hab Dank für Deinen reizenden Brief und für das Telegramm. Irgendwie konnte ich mir einfach nicht vorstellen, daß Du mich im Stich lassen würdest! Seit Beginn des neuen Jahres fühle ich mich etwas kräftiger und habe mehr Mut, was die Zukunft anbelangt, und ich befasse mich mit ein paar »Verräter«-Namen. Nun hat man mir mehrmals zwei genannt, über die ich wahrhaftig erstaunt war – ich

---

[1] Kommandant (später Admiral der Königlichen Flotte) Sir Charles Lambe (1900-1960), der Stallmeister, der den Herzog nach Österreich begleitet hatte, wo seine Hauptaufgabe darin bestand, die Flut von Briefen zu beantworten, die täglich eintrafen.
[2] Vermutlich der Londoner Schreibwarenhändler, der einen Prägestempel mit dem Monogramm des Herzogs gefertigt hatte.

Wallis und der Herzog

meine die Buists – habe allerdings lange nichts mehr von ihnen gehört. Also antworte mir nur mit ja oder nein.[1] Ich werde keinen Ärger machen, und es ist nur, damit ich in Zukunft Bescheid weiß. Bitte danke der reizenden Dottie Sands – sie war so freundlich, aber ich habe ihre Adresse nicht. Und bitte schreib mir, wie diese Kosmetikerin in Paris heißt. Ich bleibe bis zum Frühling hier – mache aber keine Pläne, es scheint verlorene Zeit. Daisy ist hier, und ich segle ab und zu mit ihr und den andren, war auch schon bei Willie Maugham[2] eingeladen. Abgesehen davon gehe ich fast ein vor Langeweile, was aber sicher gesund ist, nachdem ich 2 Jahre lang keine Nacht vor 3 Uhr morgens ins Bett kam. Liebe Grüße

Wallis

Wallis an Edward

[undatiert]

Liebling,
nun ist es soweit. Es ist wirklich mehr als grausam. Man muß etwas unternehmen, um den Leuten in England die Vorstellung auszutreiben, Deine Familie sei gegen uns. Ich halte es nicht aus, daß man systematisch versucht, mich vor aller Welt als Ausgestoßene zu brandmarken. Nach diesem Vorfall bezweifle ich, ob überhaupt noch jemand mit mir sprechen wird.

---

[1] Ungeachtet ihres zeitweiligen Schweigens waren die Buists treu geblieben und nahmen ihre Freundschaft mit dem Herzog und Wallis später wieder auf.
[2] William Somerset Maugham (1874-1965), kosmopolitisch denkender, besonders der französischen Kultur verbundener englischer Schriftsteller. Autor ungewöhnlich erfolgreicher erzählender und dramatischer Werke, in denen er gesellschaftliche Probleme kritisch, meist skeptisch-ironisch und distanziert darstellt.

Wallis an Edward

Dienstag, 13. Januar [in Wirklichkeit war es ein Mittwoch]
Liebling,
ich habe gerade in der Zeitung gelesen, daß Lambe am 19. nach London zurückkehren soll. Wer kommt an seiner Stelle zu Dir?[1] Du kannst unmöglich mit Fruity allein bleiben. Erstens ist er nicht in der Lage, die Post zu erledigen und mit den Dienstboten umzugehen usw. Zweitens brauchst Du unbedingt jederzeit einen Stallmeister. Warum vernachlässigt London und vor allem Dein Bruder Dich so? Sie tun ja, als hättet Ihr das denkbar schlechteste Verhältnis zueinander. Wollen sie von sich aus denn gar nichts für Dich tun? Bis jetzt waren die Verhandlungen mit London alles andere als zufriedenstellend, und sie zeigen Dir die kalte Schulter. Von Österreich aus kannst Du Dir unmöglich einen Stallmeister suchen. Du hast doch sicher Freunde Deiner Familie, die Dir jemanden schicken können. Du darfst nicht allein mit Fruity dort unten bleiben. Das dulde ich nicht. Ich lege ein paar Zeitungsausschnitte bei, von denen ich möchte, daß Du sie liest. Es freut mich, daß ein Engländer meiner Meinung ist. Das passiert zum erstenmal. Ich liebe Dich und denke unentwegt an Dich. Sie schlagen wirklich von allen Seiten auf uns ein, und natürlich ist man zu stolz, um ständig herumzutelefonieren und im Staub zu kriechen. Könnte Godfrey Thomas nicht kommen oder jemand von Deinem früheren Personal? Ich finde, Perry [Brownlow] ist später wichtiger für uns. Ich schicke Dir meine ganze Liebe

Wallis

---

[1] Lambe wurde als Stallmeister durch Major Douglas Greenacre von der Waliser Garde abgelöst; an dessen Stelle trat Mitte Februar »Jack« Aird.

Wallis und der Herzog

Wallis an Edward

Donnerstag, 21 [Januar]
Liebling,
ich bin wirklich wahnsinnig nervös wegen dieser vereisten Straßen. Man liest fast täglich von Unfällen – und nur ein erstklassiger Chauffeuer kann damit fertig werden. Die Straßenverhältnisse und das Skifahren obendrein lassen mich nachts nicht schlafen. Doch Du mußt wahrscheinlich in allem weitermachen wie bisher, willst Du nicht vor Langeweile verrückt werden. Ich bin an manchen Tagen absolut wahnsinnig vor lauter Warten. Alles ist so leer, und man kann sich nicht normal bewegen, weil man dauernd von Leuten angestarrt wird und die Engländer so eine abschätzige Haltung einnehmen und immer überlegen, ob sie nun mit einem sprechen sollen oder nicht – lauter Snobs, die Angst davor haben, sich schlecht mit dem neuen Regime zu stellen. In meinem ganzen Leben bin ich noch nie in einer so schmachvollen Lage gewesen. Mr. King – Kanadas Premierminister – hat es als seine Pflicht angesehen, sich im – was immer die da in Kanada haben – zu erheben und zu verkünden, er habe Mr. Baldwin wissen lassen, »das kanadische Volk werde die Eheschließung von König Edward VIII. mit Mrs. Simpson nicht gutheißen, gleichgültig, ob sie Königin wird oder nicht«. Wie können Premierminister für das Volk sprechen, wenn sie es nicht einmal gefragt haben? Ich habe nicht einen einzigen abfälligen Brief aus Kanada bekommen – dafür aber viele von Leuten, die hoffen, Du würdest dort Generalgouverneur werden. Heute hat man mir aus der Schweiz mein Horoskop geschickt – ausgesprochen trostlos – demnach würden sich mir dieses Jahr weitere Hindernisse in den Weg stellen ... [Seite fehlt] ... ist ziemlich ausführlich und langweilig, aber es sind so viele Anordnungen zu treffen, und zwar sorgfältig. Ein Geistlicher in Alberta hat behauptet, Du seiest sehr ungezogen gewesen und hättest dort eine Familie zerstört. Nun, welche von den vielen war sie? Wir alle sagen »Auf Wiedersehen« und senden Euch allen unsere Liebe.
P.S. Tante B hat die Küche hier auch gesehen. Wir sind entsetzt. Von den Hunden ist abwechselnd jeden Tag einer krank – und was

für Hunde das sind – sie »stinken«! Doch ich hoffe, daß ich bis März durchhalte, denn ich meine, im Hotel hätte ich es, abgesehen von den Kosten, noch schwerer. Ich sehne mich nach meinem eigenen Haus.

Der nächste schwere Schlag ließ nicht lange auf sich warten. Am 21. Januar schrieb Theodore Goddard an Wallis, um ihr mitzuteilen, daß Sir Boyd Merriman, der Vorsitzende des Ehescheidungsgerichts, den Staatsanwalt, Thomas Barnes, angewiesen habe, Francis Stephensons Einspruch im Verfahren Simpson gegen Simpson nachzugehen – ungeachtet der Tatsache, daß Stephenson seine Klage zurückziehen wollte. »Ich glaube nicht, daß Sie sich deswegen zu beunruhigen brauchen«, schrieb Goddard. »Ich schlage vor, dem Kronanwalt in dieser Angelegenheit völlig freie Hand zu lassen, da wir schließlich nichts zu verbergen haben.« Wallis antwortete am 23.: »Ich scheine mich ins größte Hindernisrennen aller Zeiten verirrt zu haben. Ich werde versuchen, mich nicht zu beunruhigen, wie Sie schreiben. Ich habe auch keine Angst, mich diesem Einspruch zu stellen... Es erstaunt mich nur, daß man etwas untersuchen kann, was gar nicht existiert.« In einem weiteren Brief Goddards vom 26. Januar heißt es: »Ich persönlich bin der Ansicht, daß der Vorsitzende Richter nach Kenntnisnahme des Einspruchs das Gefühl hat, der Sache nachgehen zu müssen – einmal, weil man ihn dazu aufgefordert hat, zum anderen, um Kritik seitens der Öffentlichkeit vorzubeugen.« Seiner Ansicht nach würde nichts weiter geschehen, als daß Barnes Stephenson vorlüde, um seine »Zeugenaussage« zu hören; sobald sich herausstellte, daß keinerlei Beweismaterial vorhanden sei, »werden wir nicht mehr damit behelligt werden«. Wie aus einem Bericht des Generalstaatsanwaltes, Sir Donald Somervell[1] hervorgeht, hatte Barnes in Wahrheit zu diesem Zeitpunkt bereits die eingehende Untersuchung von Wallis' Verhältnis zu Exkönig Edward angeordnet – einschließlich des Verhörs der Dienerschaft und der Besatzung der »Nahlin« – und zwar mit dem Ziel, festzustellen, ob Mrs. Simpson Ehebruch begangen habe.

Inmitten dieser bedrückenden Atmosphäre hatte Wallis den, wie sie

---

[1] Zitiert in: H. Montgomery Hyde: *Baldwin*. London 1973, S. 566 ff.

meinte, geeigneten Ort für ihre Wiedervereinigung mit dem Herzog und (sofern alles nach Wunsch ging) auch für ihre Hochzeit gefunden: die Villa La Croe in Cap Antibes, die ihr Besitzer, der Zeitungszar Sir Pomeroy Burton, dem Brautpaar für einige Monate zu einem geringen Mietzins zur Verfügung stellen wollte. Außerdem hatte ihr Freund »Chips« Channon ihr in einem Brief vorgeschlagen, Wasserleonburg, das Schloß des Grafen Münster in Kärnten, als künftiges Heim zu erwerben.

Edward an Wallis

26. 1. 37 *Schloß Enzesfeld*
(Wie gefällt Dir dieses Briefpapier? Ich konnte das alte Zeug nicht mehr sehen.)
Mein Herz,
ich will Dir nur rasch guten *Meesel* sagen und daß ich Dich mehr und mehr liebe, bevor ich noch einmal in die Heia gehe. Ich lege einen eanum Frosch für den 31. bei, der in Deiner Tasche dem dicken Frosch aus Wien Gesellschaft leisten soll. Der dumme Mensch hat meine Widmung nicht so kopiert, wie ich es ihm aufgetragen hatte, aber das möchte ich jedenfalls für 1937 hinzufügen, und gegenüber kommt das ovale Bild von mir. Oh! Zum Verrücktwerden, wie die Tage sich dahinschleppen, aber Skifahren hilft die Zeit totschlagen, und ich bin wirklich sehr vorsichtig. Es ist furchtbar kalt, und das ist noch ein Grund, den Frühling herbeizusehnen. Oh! Es gibt soviel zu erzählen und so viele Vorbereitungen zu treffen, und ich muß ein Weilchen zu Dir in den Süden, wenn die Zivilliste[1] durch ist, es sei denn, die Knaben raten uns ab, weil es Komplikationen geben könnte, und das wäre zu grausam und unbeschreiblich lächerlich.
Die Baronin [de Rothschild] und Rex reisen in einer Woche ab. Gott

---

[1] Vor der Abdankung des Königs hatte die Regierung ihm geraten, jedes Zusammentreffen mit Mrs. Simpson zu vermeiden, solange deren Scheidung nicht rechtskräftig sei. Andernfalls würde er seine Chancen verringern, in der neuen Zivilliste (die vom Parlament zur Bestreitung des königlichen Haushalts bewilligten Beträge), fällig im Frühjahr '37, berücksichtigt zu werden. Wie sich herausstellte, wurde er in der Liste ohnehin übergangen.

Januar 1937

sei Dank. Natürlich wäre sie mit Eugene gefahren, wenn sie nur einen Funken Taktgefühl besäße und keine so dumme Frau wäre. Abgesehen davon hat dieses Quartier das Bestmögliche unter diesen mißlichen Umständen *[sic]*. Ich hasse die Vorstellung, daß Du unter Bedingungen leben mußt, wie Du sie mir gerade geschildert hast. »Pooky demus« sagen WE, und ich werde froh sein, wenn Du umziehst. Meine Schwester und Harewood[1] kommen in vierzehn Tagen her, und ich werde ihnen eine Menge Botschaften und Aufträge zur Vorbereitung unserer Hochzeit mitgeben, wenn sie wieder zurückfahren. Und dann werde ich natürlich auch selbst schreiben und meinen Standpunkt verdeutlichen.
Bitte zeig IHR den neuen eanum Frosch, ER hat ihn nämlich auch gesehen!! Daß ER sich nach einem Haus sehnt und wir uns beeilen sollen, sagt ER auch. Gott segne WE, meine geliebte Wallis. Dank an das was der eanum Frosch sagt und daß ich Dich mehr und mehr liebe. Dein

David

Edward an Wallis

Halbzeit! 21. 1. 37 *Schloß Enzesfeld*
Mein einzig geliebtes Herz,
nachdem WE gestern abend ihr Telefonat beendet hatten, habe ich das beigefügte »W« entworfen, das ich Dir zur Ansicht mitschicke. Du wirst sehen, wie es sich abziehen läßt und über das »E« (Nr. 5) paßt, das Du für mich ausgesucht hast, und wenn es Dir gefällt – entweder mit der eanum Krone oder mit der großen darüber (mir gefällt die eanum am besten), dann schicke es bitte direkt an Mr. Sindon, und ich werde veranlassen, daß er mich anruft, damit ich ihm alles erklären kann. Ich werde noch zu einem regelrechten Detailfanatiker. Ich warte sehnsüchtig auf Deinen Brief, mein Liebling, aber ich bin wirklich in Sorge wegen der Kanalisation und

---

[1] Die Schwester des Herzogs, Prinzessin Mary, und ihr Gatte, der Graf von Harewood, Gutsbesitzer aus Yorkshire. Sie waren die ersten Mitglieder seiner Familie, die ihn im Exil besuchten – aber sie sollten ihm nicht die guten Nachrichten bringen, die er sich erhoffte.

des Gestanks und Drecks dort bei Dir. Die Menschen sind schon sonderbar, doch ich nehme an, die Häuser der meisten Leute würden einer gründlichen Prüfung und Inspektion nicht standhalten. Aber ich weiß, wie Du und ich über jeglichen »pooky demus« denken, also schärfe Mary[1] ein, sie soll so vorsichtig wie möglich sein, und ich verstehe wirklich nicht, warum Du nicht offen mit Deiner Gastgeberin sprichst, Du kannst doch jederzeit den Dienstboten die Schuld geben und sie anschwärzen. Das mit dem Burton-Haus ist erfreulich, zwei Monate für den Preis, und was für ein glückbringender Name – »La Croe«? Ist das so richtig? Ich fahre jetzt nach Wien ins Dianabad[2], dann Haareschneiden und Besprechung mit Selby[3] wegen der europäischen Lage, da zur Zeit keinen Zugang zu FO[4] – Telegrammen, Depeschen oder Kabinettspapieren. Möchte aber trotzdem wissen, was vor sich geht, und er weiß Bescheid. Ich hoffe, daß ich noch heute abend von Hugh Thomas[5] aus Paris höre, dann werde ich ihm auftragen, den französischen Behörden für Deinen Polizeischutz zu danken, und außerdem veranlassen, daß soviel wie möglich von unseren Sachen über die Pariser Botschaft rausgeschickt wird. WE werden nichts überstürzen, aber ich sehe nicht ein, was um alles in der Welt den Osterhasen daran hindern könnte, »uns alle« aus Eis und Schnee fortzuholen und zu Euch allen zu bringen, und natürlich auch Mr. Loo. Aber bis Ostern dauert es noch so lange, und diese Trennung scheint so endlos und macht einen verrückt vor Sehnsucht und Entbehrung, und dann ist das alles ja auch so albern. Noch nie haben zwei erwachsene Menschen soviel durchmachen müssen, und manchmal empfinde ich es als unglaubliche Beleidigung unserer Intelligenz!! Ich bin froh, daß Walter [Monckton] bald kommt und meine Schwester und Harewood auch, weil ich dann endlich etwas erfahren werde, und ich habe ihnen ja auch soviel zu erzählen. Gott segne

---

[1] Wallis' Zofe, Mary Burke, die sie nach Cannes begleitet hatte.
[2] Das vornehmste Dampfbad von Wien. Der Herzog war dort Stammgast. Nach dem »Anschluß« half er dem jüdischen Chefingenieur des Bades, nach England zu emigrieren.
[3] Sir Walford Selby, britischer Gesandter in Wien.
[4] Foreign Office (= Außenministerium).
[5] Hugh Lloyd Thomas, langjähriger Freund des Herzogs und zeitweilig auch dessen zweiter Privatsekretär, zum damaligen Zeitpunkt an der britischen Botschaft in Paris tätig. Er starb ein Jahr später, im Alter von 49 Jahren, bei einem Autounfall.

Januar 1937

WE, mein Herz, und halt mich fest. Ich liebe Dich von ganzem Herzen und bin schier verzweifelt vor Sehnsucht nach Dir. Dein
David

Wallis an Edward

Mittwoch [27. Januar] *Lou Viei*
Liebling,
anbei ein Aussschnitt aus einer französischen Zeitung von heute morgen. Ich finde, es ist der Gipfel, daß die Presse herausbekommen konnte, daß Baldwin Deinen Brüdern nicht erlaubt, Dich zu besuchen – und ich meine, der König sollte einen von ihnen zu Dir schicken, bloß um es Baldwin und der Welt zu zeigen. Das ist wirklich zuviel. Nun ruiniert Baldwin auch noch Deine familiären Kontakte. Kann er denn nicht aufhören, Dich zu demütigen? Dein Bruder sollte das nicht zulassen. Wie Du siehst, ist die Meldung aus den englischen Zeitungen abgeschrieben. Ich liebe dich
Wallis

Wallis an Edward

Donnerstag, den 28. [Januar]
Liebling,
ich bin gerade von Daisy [Fellowes] zurückgekommen, im furchtbarsten Sturm, den ich je erlebt habe, Blitzschlag usw. Du kannst Dir vorstellen, wie Dein Mädchen sich auf dieser Monte-Straße gefürchtet hat! So viele wichtige Dinge müssen besprochen werden! Ich hasse Briefeschreiben – und das Telefon hat wirklich seine Tücken. Als erstes lege ich einen Brief von Chips bei, der die Schloß-Situation in Österreich sehr anschaulich erklärt, und ich denke, was Geschmack und Komfort angeht, können wir uns auf ihn verlassen, außerdem kennt er sich in dem Land gut aus. Ich würde Münsters Schloß nicht kaufen wollen, wäre aber durchaus dafür, es für 4 oder 5 Jahre zu mieten, da ich überzeugt bin, daß wir

es ohne Mühe vermieten könnten, falls wir uns nicht jeden Sommer dort aufhalten wollen. Was sie an Miete verlangen, müßtest Du herausfinden, und ich könnte mir denken, Jackie [Aird] wäre der richtige, um an Paul Münster oder an Greenacre zu schreiben, denn es scheint ziemlich riskant, noch länger zu warten – lies Chips Brief aufmerksam – die Handschrift verlangt sorgfältiges Studium. Als nächstes zu der Sache, über die ich Dir diese Bleistiftnotiz geschickt habe. Bei Daisy traf ich heute eine Reihe von Engländern – darunter auch Sir Ian Malcolm (Suezkanal), einen Lord sowieso usw. Alle haben den Eindruck, Du und die Familie, Ihr hättet kein gutes Verhältnis zueinander und sie stünden nicht hinter Dir. Schuld daran sind natürlich die Zeitungen. Denn sie haben alle gelesen, daß Baldwin sich weigerte, einem Deiner Brüder einen Besuch bei Dir zu gestatten, und daß der König – wenn er hinter Dir stünde – Baldwin zum Trotz Kent zu Dir geschickt hätte. Ich habe mich nicht dazu geäußert. Es ist alles so verletzend. Ich wünschte nur, einer von Deinen Brüdern käme für ein paar Tage, um es der Welt zu zeigen. Nun siehst Du selbst, daß Baldwins politische Tricks schuld sind, und wenn Dein Bruder nicht in aller Öffentlichkeit eine versöhnliche Geste macht, dann glaubt das Volk mehr denn je, daß Baldwin im Recht ist. Du hast wahrhaftig Anspruch auf eine gewisse Rücksichtnahme, und es ist diese Regierung, die versucht, Dich vor Deinem Land fertigzumachen. Du mußt sie bekämpfen, und Deinen Bruder muß man dazu bringen, daß er einsieht, wie ungerecht Du behandelt wirst. Dann würde er Dir helfen, und ich wüßte keinen Grund, warum die Regierung dagegen noch gewinnen sollte. Es ist bösartig und nichts als Baldwins gemeine Taktik, aber er hat keinen Grund, Familienangelegenheiten damit zu belasten. Wenn das so weiter geht, muß Du Gegenmaßnahmen ergreifen und ein Buch schreiben – das England die Augen öffnet und den Leuten zeigt, wie Mr. B Dich hintergeht. Du darfst diesem Mann nicht erlauben, Dich zur Strecke zu bringen – und glaub mir, das hat er vor. Was mich in Wut bringt, ist, daß Dein Bruder tatenlos zusieht. Kannst Du ihm das nicht klarmachen?
Alles, alles Liebe

Wallis

Januar 1937

Wallis an Edward

[Ohne Datum, aber in Antwort auf die Briefe des Herzogs vom 26. und 27. Januar]
Mein Herz,
ich liebe den neuen Frosch, und »sie« liebt ihn auch – der Brillant hat sie schier geblendet!! Ich lege einen Brief von Peggy Münster bei sowie die Adresse von Paul M. Vielleicht kannst Du das Schloß immer noch mieten. Auf keinen Fall wollen wir uns mit Besitz belasten, solange wir nicht wissen, wie es weitergeht. Ich bin sicher, sie werden es Dir für etwa drei Jahre vermieten. Nur erledige das rasch, denn Du siehst ja, wie die Martklage ist. Ich habe Sehnsucht nach Dir und liebe Dich, werde aber eanum mißtrauisch wegen »euch allen«. Merkwürdig, daß die Gastgeberin dageblieben ist. Muß an diesem fatalen Charme liegen! Daisy möchte Dich für ihr Leben gern besuchen. Ich würde jedoch abraten, nicht aus Eifersucht, aber Du weißt ja, wie Presse und Klatschmäuler es auslegen würden – schließlich wissen wir beide, daß ihr Ruf nicht der beste ist. Sie hat angeboten, Geschenke und Briefe für uns zu befördern – ich werde davon keinen Gebrauch machen, aber ihr könnt miteinander telefonieren, ohne daß Du sie zu treffen brauchst. Die Höflichkeit muß gewahrt bleiben, denn sie war freundlich zu mir – doch ich glaube wirklich nicht, daß Du sie zu einem Hausbesuch einladen mußt – aber am Telefon solltest Du mit ihr reden. Wenn es eine Möglichkeit gäbe, Wasserleonburg mit dem Zug zu erreichen, würde sich die Reise sicher lohnen, um zu sehen, was man sich für ein paar Jahre einhandelt. O Liebling, werden wir je wieder zusammen sein? Es ist so nervenaufreibend.

Wallis

Dreizehntes Kapitel

Februar

Anfang Februar waren Edward und Wallis sich einig, wo sie ihre Hochzeit feiern wollten. Statt in La Croe[1] würden sie sich in Candé das Jawort geben, in jenem luxuriösen Schloß in der Touraine, das ihnen von seinen Besitzern, Fern und Charles Bedaux, samt einem Heer von Bediensteten kostenlos zur Verfügung gestellt wurde. In ihren Memoiren berichtet die Herzogin von Windsor, daß der Herzog – der damals noch davon ausging, seine Familie werde an der Hochzeit teilnehmen – die endgültige Wahl dem König überlassen habe. Der wiederum habe Candé als dem würdigeren Rahmen den Vorzug gegeben. Man kam überein, daß Wallis in der ersten Märzhälfte von Cannes nach Schloß Candé übersiedeln solle. Edward würde, um ihr näher zu sein, während der letzten Trennungsphase auf Saint-Saens, dem Jagdschloß des Herzogs von Westminster in der Normandie, Wohnung nehmen.

Jeder wartete nervös und ungeduldig auf den Umzug des anderen, und so wurde der Februar zu einem besonders schwierigen Monat für die Liebenden. In Wallis, die nichts über die fortdauernden Untersuchungen der Londoner Staatsanwaltschaft in Erfahrung bringen konnte, wuchs die Sorge, daß man ihr das Scheidungsdekret womöglich nicht zuerkennen würde. Dem Herzog wurde unmißverständlich klargemacht, daß er in der Zivilliste nicht bedacht sei; zwar besuchten seine Schwester Mary und sein Lieblingsbruder, der Herzog von Kent, ihn in Enzesfeld, aber das Verhältnis zu seinem Nachfolger verschlechterte sich zusehends, bis der König schließlich nicht mehr gewillt war (oder, wie der Herzog später argwöhnte, nicht mehr die Erlaubnis bekam), mit ihm zu telefonieren.

---

[1] Im Frühjahr 1938 mieteten die Windsors die Villa schließlich doch noch und behielten sie etwa zehn Jahre lang.

Wallis und der Herzog

Wallis an Edward

[Anfang Februar]

Liebling,
ich liebe Dich. Anbei Deine Hausaufgabe für Sir Pomeroy Burton (Château La Croe, Antibes (AM), France)[1]. Ich bin sicher, daß wir richtig entschieden haben, und auch in puncto Personalproblem werden wir, glaube ich, besser dran sein, denn es wäre gewiß schwierig, eine gänzlich neue Belegschaft in einem fremden Haus einzuarbeiten, und in Candé engagiert der Butler die Dienstboten. Das Essen hier ist das letzte – mit dem Dreck wird es schlimmer – und ich kriege meine Diät nicht. Außerdem glaube ich, daß ein Tapetenwechsel mir guttun wird, und ich freue mich schon auf die Spaziergänge im Garten. Ich hielte es für eine gute Idee, wenn Storrier mich dort treffen würde, um das Personal in Augenschein zu nehmen und den Ex-Polizisten einzuweisen usw. Mit weiblichen Bedürfnissen wird es schwierig werden – ich meine Friseur, Maniküre usw. Leute aus Paris kommen zu lassen, wird sicher sehr teuer, aber dann müssen eben einige meiner Ersparnisse dran glauben. Ich lege die Fahnen von Beatons Artikel bei, der in der amerikanischen Vogue erscheinen wird. Prüfe das über die Bastarde und den Cairn-Terrier. Du fehlst mir, und ich habe Sehnsucht nach Dir.

Wallis

Du solltest Dir Briefpapier mit dem neuen Monogramm machen lassen. Ist vornehmer.

Samstag, 6. Februar
Liebster Hitzkopf,
ich weiß nicht, welche englischen Zeitungen Du abonniert hast, aber Du scheinst nie auf dem laufenden zu sein. Ich lege ein paar Ausschnitte bei. Es wäre ein furchtbarer Schlag, wenn sie Dir den

---

[1] Wallis fügte den Text eines höflichen Briefes bei, den der Herzog an Burton schreiben sollte. Man bedauere, in diesem Frühjahr die Villa nicht mieten zu können, hoffe jedoch, sie in Zukunft einmal in Augenschein zu nehmen.

Hosenbandorden wegnehmen würden. Das haben sie mit Beauchamps[1] und seinesgleichen gemacht. Ich finde, mit der Zivilliste sieht es nicht gut aus, wenn man bedenkt, in welches Licht Mr. B Dich in England gerückt hat. Alle Blätter berichten mehr oder weniger das gleiche wie der Telegraph in beigefügtem Artikel. Ich muß Dir dringend abraten, mit Deinem Bruder zu telefonieren. Schreib ihm, das ist viel besser. Ich denke, mit seinem langsamen Verstand nimmt er Gedanken nicht so schnell auf wie Du sie vorbringst, und die ständige Schreierei, zu der man am Telefon gezwungen ist, geht einem stark angespannten Menschen natürlich erst recht auf die Nerven. Ich weiß, daß Dir das Schreiben schwerfällt, habe aber das Gefühl, daß Du in diesem kritischen Stadium unseres Lebens nichts unversucht lassen darfst und Dich zwingen mußt, auch unangenehme Aufgaben zu erfüllen. Ich denke, wir geben zuviel Geld für Telefongespräche aus, Geld, das wir eines Tages womöglich dringend brauchen könnten. Ich meine, wir sollten nur einmal am Tag miteinander telefonieren, es sei denn, es ereignet sich etwas Wichtiges. Ich finde, Du solltest Deinem Bruder schreiben und ihm klarmachen, wie hilfreich es wäre, wenn er mit Somervell redete und ihn einfach wissen ließe, daß ihm alles, was mein endgültiges Scheidungsurteil hinauszögert, höchst ungelegen käme. Ich bin einverstanden, daß wir den alten Mann weitermachen lassen, aber Somervell sollte gewarnt werden, damit er jede Klage unterdrücken kann, die Merriman womöglich aufgrund irgendwelcher Formfehler anstrengen könnte. Ich denke, er wird ... [Text unleserlich] ... in den Kopf setzen, es zu unterbinden. Auch die Heuchelei der Kirche ist erstaunlich. Der Pfarrer von St. Mark's wird die zweimal geschiedene Dottie Sands in seiner Kirche trauen. Also warum dann nicht auch uns? Warum man ausgerechnet Dich martern will, begreife ich nicht. Wenn es auch nur einen anständigen Bischof gibt, sollte Dein Bruder ihn herschicken, damit er uns traut. Und wenn nicht, warum sich dann auf die anglikanische Kirche versteifen? Laß uns einen anderen Weg suchen. Wenn Du Bedaux'

---

[1] Der 7. Graf von Beauchamps (1872-1938), ein verdienter Politiker der Liberalen, der 1931 all seine Ämter niederlegen und ins Ausland fliehen mußte, da er in einen Skandal wegen Homosexualität verwickelt war.

Brief gelesen hast, weißt Du, daß wir uns mit der katholischen Kirche absprechen müssen, wenn wir die Schloßkapelle benützen wollen. Bis Ende März müssen wir uns nach einem Geistlichen umschauen, der hinkommen könnte und mit ihm in Verhandlungen treten. Ich hoffe, am 10. auf dem Schloß einzutreffen. Vielleicht könntest Du am 15. kommen, wenn wir sicher sind, daß nichts geschehen wird. Es verstößt nicht gegen das Gesetz, einander unter den Augen schicklicher Anstandspersonen zu besuchen. Sie schikanieren uns nur so, weil sie uns mit Gewalt erledigen wollen. Eine Frau aus Paris hat mir geschrieben, »*die* Kitty« sei eingetroffen, randvoll mit neuen Gerüchten, Klatsch usw. Ich kann nur zu Gott beten, Daß Du in Deiner Einsamkeit nicht mit ihr geflirtet hast (ich habe allerdings den Verdacht) oder ihr alles über Dich erzählt – Deine Finanzen, Familienangelegenheiten oder Deine Gekränktheit darüber, wie Dein Bruder Dich behandelt. Denn andernfalls würde ganz Paris davon erfahren. Einmal hat sie mir gegenüber am Telefon angedeutet, daß London Dich nicht gut behandele – und einmal hat sich auch eine Andeutung wegen der Pipeline gemacht. Ich weiß, mein Liebster, es ist nun einmal Deine Art, Fremden gegenüber zu offen zu sein – und der Himmel weiß, daß die Rothschilds Dir bei Deiner Ankunft auf dem Schloß fremd waren. Liebling – ich möchte fort von hier, ich möchte Dich sehen, Dich berühren, ich möchte meinen eigenen Haushalt führen, ich möchte heiraten, und zwar Dich.

Wallis

Februar 1937

Wallis an Eduard

Sonntag, den 7. [Februar]
Liebling,
ich lege Goddards Brief bei[1], der unsere Situation eindeutig darlegt. Wie daraus hervorgeht, können wir vor dem 24. April nur dann etwas über die Absichten des Kronanwalts in Erfahrung bringen, wenn Walter Monckton & Dein Bruder diesbezüglich Schritte unternehmen. Falls es unklug ist, sich an Merriman zu wenden, dann kann man doch gewiß irgendwie an Barnes, den Kronanwalt, herankommen und ihm klarmachen, daß der König keine Gegenklage wünscht. Offen gesagt, ich glaube nicht, daß er etwas findet, aber es ist unbedingt notwendig, daß wir noch im März erfahren, was geschehen wird. Du weißt ja, wenn ich noch einmal Gegenklage erheben müßte, kann es ein Jahr dauern oder länger, bis ich frei bin. Ich glaube, uns bleibt nichts anderes übrig, als unsere Pläne weiter zu verfolgen, und falls uns am 24. April ein Unglück treffen sollte, müssen wir sie eben hinters Licht führen. Ich kann nicht glauben, daß Walter, Somervell etc. nicht herausfinden können, zu welchem Ergebnis der Kronanwalt bei der Überprüfung von Stephensons Einspruch gekommen ist. Würdest Du mir Goddards Brief für meine Unterlagen in dieser Sache zurückschicken? Ich lege Dir auch einige Informationen von Bernard [Rickatson-Hatt] bei. Ich kann mir nicht vorstellen, daß der König oder Walter von sich aus etwas unternehmen, um Barnes auf die Sprünge zu helfen – oder daß Walter herumspioniert, um das Ergebnis herauszubekommen, das ja inzwischen schon vorliegen müßte. Der Telegraph befaßt sich mit dem Hosenbandorden. Ich hoffe, den werden sie Dir nicht auch

---

[1] Wallis hatte ihren Anwalt um Aufklärung darüber gebeten, in welcher Form die Untersuchungen des Kronanwalts ablaufen würden und wann mit ihrem Ergebnis zu rechnen sei. Goddard antwortete (am 4. Februar), daß der Kronanwalt seine Ermittlungen »ganz nach eigenem Gutdünken« führe und nicht gehalten sei, irgend jemanden über das Resultat zu unterrichten. Falls er auf Beweise für geheime Absprache oder Ehebruch stoße, so würde dies erst drei oder vier Tage vor dem geplanten Inkrafttreten des Urteils bekannt. Dann nämlich würde der Kronanwalt vor Gericht erscheinen und »unter Berufung auf gewichtige Gründe« beantragen, das Urteil auszusetzen. Er würde dann »Beweismaterial vorlegen«, um seine Behauptung zu untermauern, der Kläger, welcher die Ehescheidung beantragt habe, müsse dazu Stellung nehmen, und der ganze Fall würde – mit den üblichen Verzögerungen – noch einmal aufgerollt werden.

Wallis und der Herzog

noch wegnehmen. Wie sie uns erniedrigen! Merkt Dein Bruder das denn nicht, wenn er Dich so gern hat, wie Du sagst? Warum läßt er es zu, daß alle Welt auf uns herumtrampelt? Der Telegraph schreibt auch noch, daß man Dich in England auf längere Zeit nicht zurückerwarte. Ich gebe dieser Frau die Schuld an allem – sie haßt uns beide. Alles Liebe und natürlich werden wir uns im März wiedersehen.

Wallis

Tante Bessie, die sechs Wochen im Hotel Carlton in Nizza gewohnt hatte, um ihrer Nichte beizustehen, kehrte am 3. Februar nach Amerika zurück. Wallis nimmt nun den Briefwechsel mit ihr wieder auf.

Wallis an Tante Bessie

Mittwoch, 10. Februar *Lou Viei*
Liebste,
Du fehlst uns allen sehr, und wir hoffen, daß Du Dich den Zeitungen wie üblich mit Bravour gestellt hast. Von hier gibt es nichts Neues. Die endgültige Gerichtsentscheidung hängt natürlich immer noch in der Luft, was uns beunruhigt. Das Wetter ist jetzt ideal, und ich habe 3 Spaziergänge gemacht, spiele aber auch weiter Golf. Gestern hatten wir zehn Leute zum Abendessen – ein richtiges Fest. Wir haben uns für Candé entschieden, vorausgesetzt, wir können überhaupt irgendwohin. Haben den Burtons Bescheid gegeben – verlief alles reibungslos. Ich kann von Glück sagen, daß ich mich nicht um das Personalproblem kümmern muß, da dort der Butler dafür zuständig ist. Die Rogers haben sich ihre Enttäuschung nicht anmerken lassen, und das Haus soll sowieso vergrößert werden. Den Handschuh haben wir gefunden und auch einen Brief von Katherine. Ich habe beides schon abgeschickt. Das Sammelalbum kostet 500, daher haben wir dankend abgelehnt. Alles Gute für New York. Sobald ich Näheres erfahre, lasse ich es Dich wissen. Es umarmt Dich herzlich

Wallis

Wallis an Edward

Sonntag, den 14. [Februar]
Liebling,
hier ist der Brief, den ich meinem letzten Schrieb beizulegen vergaß. Wir müssen Miß Hussey immer noch zweimal die Woche kommen lassen, und mit der Privatkorrespondenz komme ich auch nicht nach. Wie ich sehe, hatte ich auch Post von Lloyd Tabb. Er wird als nächster über mich schreiben – harmlos und dumm. Wir oder zumindest ich hoffen, am 8. hier aufzubrechen und am 10. in Candé zu sein. Ich kann mir nicht helfen, aber mir ist, als müßte ich mein Leben lang in Lou Viei bleiben. Kürzlich sind mehrere Bekannte von mir hier durchgekommen – auf der Rückreise von Afrika – und das nächste Wochenende werde ich bei Mr. Maugham verbringen – ohne die Rogers (sind nicht eingeladen), aber Sibyl Colefax wird auch dort sein. Somit bleibt mir, wenn alles gut geht, hier nur noch ein Wochenende! Ich möchte wahnsinnig gerne hören, wie der Sturm losbrach, und hoffe, Du hast ihn gut überstanden. Alles Liebe

Wallis

Bis jetzt noch keine Pläne.

Wallis an Tante Bessie

[15. Februar] *Lou Viei*
Liebste,
anbei die Briefe der Noyes an Dich. Die beiden haben mich telegraphisch gebeten, sie zu öffnen, ehe ich sie an Dich weiterleite[1]. Wie Du siehst, ist Lelia so unverschämt taktlos, daß weiterer Kontakt mit ihr nicht in Frage kommt – jedenfalls was mich betrifft.

---

[1] Nachdem Noyes' Zeitungsartikel im Januar in Frankreich erschienen waren, hatte Wallis sie in einer Presseerklärung dementiert. Noyes protestierte dagegen in einem Brief an Tante Bessie, der allerdings für Wallis' Augen bestimmt war, und Lelia tat desgleichen, wobei sie sogar durchblicken ließ, daß sie ihren Mann dazu ermuntert habe, Wallis wegen Verleumdung zu verklagen.

Newbold ist wesentlich zurückhaltender, und er ist der Irregeleitete in der ganzen Geschichte. Wie Du weißt, wurde allen Gerüchten, auf die sie sich beziehen, von unserer Seite widersprochen. Natürlich haben sie keine Ahnung, was hier wirklich vorgeht und daß man uns allen Klatsch zugetragen hat, einschließlich der Geschichte mit dem Baby.[1] Wir haben auch das Gerücht dementiert, daß ich einen Streit mit HRH gehabt hätte. Die Noyes tun so, als seien die Gerüchte wahr, und behaupten, sich nur auf Tatsachen zu stützen – dabei ist alles reine Phantasie – aber daß Newbold und ich einander mißverstanden haben, liegt doch auf der Hand. Ich habe gesagt, ich glaubte, er könnte etwas tun, um die Geschichten über mich richtigzustellen. Ich habe auch gesagt, er könne über mich schreiben – Du weißt das ja alles –, aber was dabei herauskam, war ganz etwas anderes. Der König hat auch gesagt, er hoffe, Newbold könne *mir* helfen gegen die amerikanische Presse. Aber das ist auch alles. Newbolds Brief verstehe ich. Den von Lelia finde ich eine Unverschämtheit. Liebe Grüße

Wallis

Edward an Wallis

18. Februar 1937 *Schloß Enzesfeld*
Mein einzig geliebtes Herz, ich weiß wirklich nicht, wie viele Briefe ich Dir schulde – bin sehr schreibfaul gewesen. Verzeih mir, Wallis, und bitte hör nicht auf zu schreiben, denn ich liebe Deine Briefe. Ich wünschte nur, das Schreiben ginge mir so flüssig von der Hand wie Dir. Ich kann von Glück sagen, daß ich eine so gute Telefonstimme habe, obwohl ich zugeben muß, daß ich nicht mehr mitkomme, wenn »das Vögelchen« richtig loslegt, Oh! Liebling, manchmal wache ich morgens auf und frage mich, ob ich nicht den Verstand verlieren werde, wenn diese Trennung noch lange anhält. Das Schloß hier geht mir auf die Nerven, trotz allen Komforts, und Du

---

[1] Als Theodore Goddard am 9. Dezember 1936 mit Wallis in Cannes zusammentraf, tauchte in der Presse das Gerücht auf, er sei Gynäkologe – oder habe zumindest einen solchen mitgebracht –, der als Geburtshelfer bei Wallis fungieren solle.

hast nicht einmal den! Ich muß vor Ostern hier raus, ganz gleich was passiert, und falls Du einverstanden bist (und nur, nur dann!), würde ich auf dem Weg nach Frankreich in einem ruhigen *Ski-Ort*[1] Station machen, wenn auf dem Semmering kein Schnee mehr liegt. Ich habe von ein, zwei altmodischen Nestern gehört, wo es weder Bäume noch gefährliche Hindernisse gibt, und ich würde fit und kerngesund werden dort. Aber wir werden das später bereden, und im Moment muß ich eine Menge geschäftlicher Dinge erledigen, weil »die Jungs«[2] morgen ankommen, und Paul Münster ist hier, um mit mir über Wasserleonburg zu sprechen. Selbstverständlich werde ich keinerlei Entscheidung treffen, ohne mich vorher mit Dir zu beraten, mein Liebling, das weißt Du, und keiner wird es schaffen, Deinen Jungen reinzulegen. Was kann schon ein Kopf gegen zwei ausrichten, die so einvernehmlich denken wie wir beide, und niemand wird unsere Trennung ausnutzen können, um sich meine alleinige Zustimmung zu irgendwelchen Vorschlägen zu sichern. Bis morgen abend weiß ich Bescheid, werde Dir also noch berichten können, bevor Du zu einem telefonisch gesehen etwas komplizierten Wochenende aufbrichst. Dann sollte »der Kent«[3] eigentlich irgendwann nächste Woche auf Besuch kommen[4], habe aber bisher nichts von ihm gehört. Perry kommt am 26., und ich freue mich schon darauf, in wiederzusehen. Vielleicht möchtest Du, daß er anschließend zu Dir kommt. Ich habe gerade ein nettes Telegramm von Bend Or[5] bekommen, der hofft, daß mein Brief ihn in Mimizan erreicht. Das hoffe ich auch. Wie der Mensch herumkommt! Es wäre schön, wenn wir diesen Sommer die »Cutty Sark«[6] für eine Weile bekämen, aber die »Schwester Anna«[7] wäre immer noch besser als gar keine Yacht. Doch wir müssen abwarten. Es gibt soviel zu tun für WE, und alles wird ganz herrlich werden, Wallis. Meine erste Aufgabe wird sein, diesen »Graben« zwischen Deinen

---

[1] [Sic] im Original.
[2] Walter Monckton und George Allen.
[3] [Sic] im Original.
[4] Der Herzog von Kent hielt sich vom 24. bis zum 28. Februar in Enzesfeld auf.
[5] Der Herzog von Westminster.
[6] Die Yacht des Herzogs von Westminster.
[7] Daisy Fellowes' Yacht.

Wallis und der Herzog

Augen ein bißchen aufzufüllen, und ich weiß, daß ich das kann...
[fehlende Seite]... gut für Königin Elizabeth und den Herzog von
Norfolk abwärts!! Aber wen kümmert das, und WE werden wieder
im alten Glanz erstrahlen – schneller als WE denken. Es ist eine
furchtbar schwere Zeit für uns beide, mein Liebling, aber laß Dich
nicht unterkriegen. Ich weiß, es ist leicht gesagt, aber ich trage die
ganze Verantwortung, und ich werde mich niemals unterkriegen
lassen, sondern nur umso entschlossener kämpfen. Und WE werden gewinnen, allen zum Trotz. Ich weiß, WE werden einander
ganz, ganz festhalten, und meine Wallis wird ihrem Jungen weiterhin vertrauen und nie etwas auf gemeinen Klatsch geben, den eine
unanständige Frau oder womöglich auch mehrere auszustreuen
versuchen. Ich hasse sie alle, Liebling, und verachte sie. Also mach
Du es genauso und glaube nie, nie auch nur ein Wort davon, denn es
ist und wird nie, nie wahr sein. Das ist alles, und jetzt muß ich in die
Wanne und mich anziehen für dieses anglo-amerikanische Herrenessen im Grand Hotel. Wie langweilig, aber immerhin eine Abwechslung – eine Verschnaufpause für den Küchenchef hier und
vielleicht nützlich und interessant für Deinen Jungen. Ich werde
ganz bald wieder schreiben, und bis dahin sollst Du wissen, daß ich
Dich liebe, liebe, Wallis, immer mehr und mehr. Ich weiß, daß ich
Dich glücklich machen kann für alle Zeiten, mein Herz, und das ist
ein furchtbar großes Wort. Trotzdem sage ich es. Gott segne WE.
Ganz Dein

David

ER läßt sagen, ER sei in letzter Zeit sehr schlecht bei Stimme
gewesen, und läßt IHR bestellen, das »Telefonvögelchen« ist schuld
daran.

Wallis an Edward

Freitag, den 19. [Februar]
Mein Liebling,
hier sind noch zwei Briefe. Der aus England ist total verrückt. Der andere ist aus Paris, aber ich schicke ihn Dir trotzdem, weil die französischen Detektive ulkige Methoden haben! Ich möchte so wahnsinnig gern weg von hier. Es war wirklich in mancher Hinsicht unbequem – auch langweilig, und dann diese Katherine – gefühllos wie ein Panzer. Ich werde mich wohler fühlen, wenn ich mich um mein eigenes Haus kümmern kann usw. Ich halte es für ungefährlich, ein paar Tage nach Paris zu fahren – ins Meurice.
Wallis

Wallis an Tante Bessie,

Sonntag, 21. Februar   *Villa Mauresque, Cap Ferrat, A. M.*
Liebste Tante Bessie,
ich besuche Somerset Maugham hier übers Wochenende; Sibyl Colefax ist auch hier. Es ist eine wundervolle Abwechslung und himmlisch, endlich wieder ein gepflegtes Schlafzimmer zu haben. Soviel ich weiß, verlassen wir Lou Viei am 8. März und erreichen am 9. das Château, wo die Besitzerin, Mrs. Bedaux, uns empfangen wird. Der Butler hat das gesamte Personal engagiert, was eine große Hilfe war, wenn ich auch glaube, daß ich einige Änderungen vornehmen werde, wenn ich erst einmal dort bin. Meine sonstigen Pläne sind noch ganz und gar in der Schwebe. Zum einen ist es mir verboten, den König [sic!] vor dem 28. April zu sehen, und da die Telefonverbindung von Tag zu Tag unmöglicher werden, ist es sinnlos, Pläne zu machen, und er kann auch kein vernünftiges Gespräch mit London führen. Zum anderen scheint niemand zu wissen, wie das Urteil ausfallen wird. Also kann man sich nur in Geduld üben und versuchen, sich nicht unterkriegen zu lassen. Der König hofft, daß er ab 20. März im Haus des Herzogs von Westminster in der Nähe von Dieppe wohnen kann, aber das ist nur ein

Versuch, in direkteren Kontakt mit London und mir zu treten. Es sind allerdings immer noch 200 Meilen von dort bis Candé (Monts in der Nähe von Tours, Frankreich). Ich habe Herman mehrmals gebeten, die Sekretärin nach der Adresse zu fragen, aber bis jetzt hat sich nichts gerührt. Sie sind sehr beschäftigt mit ihren Bauplänen. Die Voranschläge waren zu kostspielig, und jetzt müssen Abstriche gemacht werden. Die Verrückte unten am Fuß des Hügels haben sie immer noch auf den Hals, aber diese Runde hat Katherine gewonnen. Wir fahren wahrscheinlich für vier Tage nach Paris. Zu Ostern habe ich Gladys & Mike [Scanlon] eingeladen, und vielleicht kommen auch Gladie, Colin [Buist] und Foxy. Gladie und Foxy sind zur Zeit in Marrakesch und könnten auf dem Rückweg bei mir Station machen. Der Ort ist streng geheim. In den Einladungen habe ich nur vage angedeutet, daß ich irgendwo ein eigenes Haus haben werde. Ich bedaure die Entscheidung, nach Candé zu ziehen, keinen Augenblick. Die Riviera hat irgendwie einen billigen Flair und gilt als der Tummelplatz für alle Nichtstuer der Welt. Auf dem Land lebt es sich vornehmer. An Deiner Stelle würde ich eine Kabine auf dem Schiff buchen, das am 30. April einläuft, aber wenn Du eines bekommen kannst, das um die Zeit etwa in Cherbourg oder Le Havre ankommt, wäre das noch besser, denn von dort ist es dann nicht mehr so weit. Was ich so schrecklich finde, ist, daß Du an Bord gehen mußt, ehe ich weiß, ob das Urteil rechtskräftig wird. Und wenn das nicht geschieht, weiß ich natürlich nicht genau, wohin ich mich wende, um die Scheidung zu kriegen. Es umarmt Dich

Wallis

Wallis an Edward

[undatiert]

Liebling,
hier ist der Kommentar zur Scheidung aus der amerikanischen Presse. Ich habe mich gestern abend in den Schlaf geweint. Nichts von meinem Jungen gehört – und heute sind alle Leitungen nach

Februar 1937

Cannes außer Betrieb – verfluchte Franzosen! Ich kann wirklich nicht mehr so weitermachen – ganz England zieht über mich her, und in jeder anständigen Gesellschaft werde ich geschnitten. Womit habe ich nur eine solche Behandlung verdient? Nie ist auch nur ein Wort zu meiner Verteidigung vorgebracht worden, nie hat die Presse etwas Freundliches über mich geschrieben. Gewiß kann Dein Bruder mir ein wenig Schutz verschaffen – damit man mich nicht zur Witzfigur in Radio-Musicals macht etc. Wenn die Presse wüßte, daß Deine Familie unsere Heirat billigt, sobald ich frei bin, stünde ich ganz anders da. Ich bin völlig am Boden. Nun stehe ich schon so lange im Kampf gegen die Welt, und eine Frau zahlt doch immer am meisten – und Du, mein Liebster, hast mich nicht beschützen können. Du siehst, wie sehr ich mich wegen der Scheidung ängstige. Es muß einen Weg geben, herauszufinden, was der Kronanwalt unternehmen wird. David, Liebling ich sende Dir all meine Liebe

Wallis

Jetzt hat er seine Untersuchungen doch bestimmt schon abgeschlossen?

Wallis an Edward

Sonntag, den 28. [Februar] *Lou Viei*
Liebling,
Gott sei Dank – wieder ein Tag vorbei! Was für ein trostloses Leben führen wir doch, und die Zeitverschwendung ist ein wahrer Jammer. Ich lege meine englischen Liebesbriefe bei. Zwei im gleichen Tenor habe ich zerrissen, weil Herman meinte, man könne sie nicht zuordnen, weil die Handschrift so unleserlich sei. Es wird eine Erleichterung sein, aus diesem Kaff mit all dem englischen Tratsch rauszukommen. Sensible Mädchen leiden unter dergleichen, weißt Du. Hier die neue Adresse: Château de Candé, Monts (I&L) France, Tel. Tours 18/40. Die nächste Bahnstation ist Tours, aber da gibt es mehrere Bahnhöfe, und am günstigsten ist es, in St. Pierre

des Corps auszusteigen, und als bester Zug empfiehlt sich der Sud Express. Ich bin so gespannt zu hören, welche Vorkehrungen Westminster in Saint Saens für Dich getroffen hat. Falls nötig, könnte ich Dir mit zusätzlichem Personal behilflich sein. Ich finde auch, Du solltest den Chauffeur mit dem Ford dorthin bestellen. Dieses Gekritzel fabriziere ich auf meinem Schoß in dem Verlies, das sich hier Wohnzimmer nennt, also verzeih meine Schrift. Nur noch eine Woche in diesem Haus. Ich fürchte, die Riviera ist mir ein für allemal verleidet. Der Aufenthalt hier war so traurig, und ich bin sicher, Du wirst Enzesfeld auch nie wiedersehen wollen. Ich möchte so gerne bei Dir sein, mein Herz, an manchen Tagen habe ich das Gefühl, ich schaffe es nicht länger allein.

[keine Unterschrift]

Jeder Zoll ein König: Edward VIII. in Admiralsuniform anläßlich der feierlichen Parlamentseröffnung, 3. November 1936

Edward, nunmehr Herzog von Windsor, bei der Ankunft in Wien, auf dem Weg ins Exil, 13. Dezember 1936

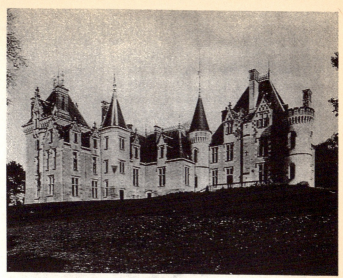

Château de Candé

Hochzeitsgesellschaft auf Candé, 3. Juni 1937: Fern Bedaux, Katherine Rogers, Lady Alexandra Metcalfe, Tante Bessie, Dudley Forwood, der Herzog, »Fruity« Metcalfe, Herman Rogers (von links nach rechts)

WE sind eins

Vierzehntes Kapitel

März

In den ersten Märztagen war Wallis ganz von den Vorbereitungen für ihren Umzug nach Candé in Anspruch genommen.

Wallis an Fern Bedaux

1. März 1937 *Lou Viei*
Liebe Mrs. Bedaux,
es fällt mir wahnsinnig schwer, auch nur ein Zehntel der Empfindungen in Worte zu fassen, die mich angesichts Ihrer und Ihres Gatten Freundlichkeit und Großmut gegenüber dem Herzog von Windsor und meiner Person erfüllen. Wenn wir einander persönlich kennenlernen, kann ich Ihnen vielleicht ein klein wenig davon vermitteln. Ich freue mich schon so sehr auf unsere Ankunft in Candé am neunten und hoffe nur, Sie werden nicht über das Ausmaß der Karawane erschrecken. Ich fürchte, ich muß Sie auch davor warnen, daß Sie, sollte mein Umzug vor der Ankunft in Candé entdeckt werden, mit Belästigungen von seiten der Presse zu rechnen haben. Wir sind hier schon so daran gewöhnt, daß es uns nicht mehr aufregt – aber der erste Zusammenstoß ist immer ein Schock. Antworten Sie jedenfalls immer das gleiche – »Ich weiß gar nichts«. Noch eines wollte ich Ihnen mitteilen – es könnte sein, daß ein Wachmann aus London, der nachts im Innern des Hauses patrouillieren soll, ein oder zwei Tage früher ankommt als die Rogers und ich. Ich hoffe, Hale[1] hatte nicht zuviel Mühe wegen des Personals. Wie ich höre, sind Dienstboten schwer zu bekommen.

[1] Der Butler auf Schloß Candé.

Ich freue mich darauf, wieder einen eigenen Haushalt zu haben. Dafür begeistere ich mich am meisten. Sie merken also, daß Candé nicht in gleichgültige Hände gerät. Nochmals meinen ergebensten Dank und meine Wertschätzung.
Hochachtungsvoll:

Wallis Simpson

Edward an Wallis

3.3.37 *Schloß Enzesfeld*
Hallo, mein Herz!
Ich habe nichts Neues zu berichten, außer was Du schon weißt: daß ich Dich liebe, Dich liebe, mehr und mehr. Ich habe so schreckliche Angst wegen dieser ekelhaften Briefe, die Du bekommst, aber wir dürfen nicht die Nerven verlieren. Sei nur um Gottes willen vorsichtig und geh kein Risiko ein, und wir werden später sehen, ob es klug ist, wenn ein Mädchen ohne seinen Jungen nach Paris fährt. Es wird so eine enorme Erleichterung sein, wenn wir erst näher beieinander wohnen, selbst wenn das verd… Gesetz immer noch bestimmt, daß wir uns vor dem 27. nicht sehen dürfen. Alles wird soviel einfacher werden und auch billiger, und Bend Or sagt jetzt, er läßt mir einen Teil des Personals zurück und auch seinen Freund Charles (nicht George!). Hunter sagt, wir können zusätzlich so viele einstellen wie wir wollen. Und dann kann zumindest Herman mich besuchen kommen, und auch Allen, Walter etc. haben es näher. Ich hoffe sehr, daß Du für die Fahrt durch Frankreich einen guten Chauffeur hast, Liebling, und daß es Dir gelingt, ein paar der neuen Bluthunde abzuschütteln. Ich fürchte, die Hoffnung, Du mögest ganz ungeschoren davonkommen, wäre vergeblich.
Während ich dies schrieb, ist Dein Brief nebst Anlagen eingetroffen. Gottes Fluch über diese englischen Weibsbilder, die Dich zu beleidigen wagen! Oh! Ich bin ganz krank vor Angst, wenn ich daran denke, daß ich so weit fort bin und Dich nicht beschützen kann. Aber Herman hat mir einen so netten Brief geschrieben, und das hilft eanum. Bitte danke ihm in meinem Namen. Dein Brief ist

März 1937

himmlisch, mein Herz, und wie recht Du hast mit Enzesfeld.
Vielleicht können WE die Riviera zusammen wieder schön machen,
aber das wird lange dauern. Ich lege ein Maskottchen für Dein
Automobil bei, damit Du nächste Woche eine bequeme Fahrt hast.
Dein Chauffeur kann es irgendwo annageln, und ich habe genau das
gleiche für meinen Wagen. Storrier kommt bald zu mir zurück, und
dann schicke ich ihn runter, damit er sich um Dich kümmert, denn
natürlich kannst Du auf keinen Fall ohne ihn nach Paris fahren. Ich
will kurz mit den Jungs nach Wien ins Dianabad, lasse mich auch
vom alten Neumann[1] durchpusten und muß anschließend zu einem
langweiligen Essen mit den alten Herren vom »Jockeiklub«. Ich
rufe Dich um sieben vom Bristol aus an. Gott segne WE, Wallis, und
möge ER uns beide behüten, jetzt und für alle Zeit. Aber bitte, bitte,
sei vorsichtig, denn ich liebe Dich so sehr. Dein

David

Wallis an Edward

Samstag, 6. März   *Lou Viei*
Mein Liebling,
ich habe Deinen Brief vom 3. bekommen und auch das Marienkäfer-
Figürchen – ist schon im Buick. Ein herrliches Gefühl, daß es
endlich fortgeht von hier – raus aus einer Umgebung, wo Michael
Arlen[2] sich weigerte, in einer Gesellschaft zu dinieren, bei der ich
mit von der Partie war. Trotzdem ist es eine anstrengende Zeit,
besonders mit der Angst im Nacken, die Scheidung könnte schief
gehen. Die Engländer in ihrer blasierten Art würden mir Gott weiß
was antun. Sie werden nicht sich selbst anklagen, weil sie Dich
haben gehen lassen, statt Dir das einzige zu gewähren, worum Du
sie je gebeten hast. Nein, sie werden mir die Schuld an allem geben.
Eine gehässige Einstellung – und sie sind eine gehässige Nation,
wenn es um Frauen geht. Das habe ich schon immer gesagt – und
natürlich nicht zu vergessen die Eifersucht, die ist das Gefährliche

---

[1] Bedeutender Wiener Ohrenarzt, bei dem der Herzog in Behandlung war.
[2] Londoner Modeschriftsteller armenischer Abstammung.

daran. Mein Herz, ich lege Dir einen Brief bei, der für sich selbst spricht. Ich frage mich, ob Scotland Yard diese Anti-Simpson-Organisation nicht verfolgen könnte. Weißt Du, ich habe schon ganz zu Anfang davon erfahren – von einem Mann namens de Courcy[1], der, glaube ich, Lobbyist ist – das heißt, eigentlich habe ich es nicht direkt von ihm erfahren, sondern er besuchte Tante B. und hat sie mit dieser Geschichte zu Tode erschreckt. Ich finde, man sollte etwas unternehmen, weil diese Organisation von Zeit zu Zeit wieder auftaucht. Vielleicht könnte man ihn interviewen. Leider haben die Hunters seine Adresse nicht – aber vielleicht könnte man die durch das Unterhaus in Erfahrung bringen – er ist allerdings nicht Mitglied. Ich persönlich weiß nicht, was man unter einem Lobbyisten versteht. Evans hat angeblich Miß Campbell-Smith's Brief über die Organisation an den Yard weitergeleitet. Sie hat ihm persönlich geschildert, was ihr darüber zu Ohren gekommen war. Ich glaube jedoch nicht, daß sich Scotland Yard meinetwegen sonderlich anstrengen würde. Ich liebe Dich, mein einziger Liebling

Wallis

Dies hier klingt ganz nach der de-Courcy-Idee – denn er hat auch gesagt, sie hätten Macht und Geld, und Du weißt, was letzteres bedeutet. Mord wird gut bezahlt.

Wallis an Tante Bessie

Samstag, 6. März   Lou Viei
Liebste Tante Bessie,
Du kannst Dir nicht vorstellen, wie aufgeregt wir hier wegen des großen Umzugs sind, der für Montag geplant ist, all die heimlichen Absprachen usw. wegen des Transportwagens für das Gepäck usw. Wir hoffen, daß wir wenigstens bis Dienstag vor der Presse sicher sind. Montag übernachten wir in einem alten Schloß abseits der gängigen Route, und Lyon wollen wir auch umfahren. Das Personal

---

[1] Kenneth de Courcy (geboren 1909), rechtsgerichteter Politjournalist, der ein Freund des Herzogspaares wurde.

März 1937

auf Candé scheint sich mit dem im Buckingham-Palast messen zu können, aber da nur wir 3 & vielleicht ein paar Wochenendgäste dort wohnen werden, scheint es mir die reinste Verschwendung. Dem König *[sic!]* hat man nämlich gesagt, er könne mich erst nach dem 27. besuchen, & außerdem können wir erst dann herausbekommen, was der Kronanwalt im Schilde führt, wenn wir die Bekanntgabe des Urteils beantragen, und das geht erst kurz vor dem 27., daher sind die Hochzeitspläne noch ebenso unentschieden wie bei Deiner Abreise. Der König verläßt Österreich um den 20. und zieht ins Haus des Herzogs von Westminster bei Dieppe, etwa 200 Meilen von Tours entfernt. Wir hoffen, daß die Telefonverbindung von dort besser ist. Außerdem ist er dann näher an London ect. ect. Ich finde, Du mußt Dir einfach darüber klar werden, ob Du es riskierst, auf die Hochzeit zu setzen – genau wie ich. Ich schlage also vor, nimm das Schiff, das am 30. in Villefranche einläuft. Denn wenn nichts passiert, würde ich natürlich von Candé fortziehen und könnte Dich irgendwo treffen, und die Hochzeit würde auf keinen Fall vor der ersten Maiwoche stattfinden, vielleicht auch erst nach der Krönung. Ich habe N[ewbold] N[oyes]'s Artikel[1] nicht gelesen, freue mich aber, daß ich nun endlich weiß, wie alt Du bist! Ich weiß nicht mehr, ob Du die Adresse schon hast – Château de Candé, Monts (Indre et Loire), France. Mrs. Bedaux wird uns empfangen. Natürlich besteht mein Leben zur Zeit aus einer endlosen Kette von Problemen. In London sind Gott und die Welt mit der Krönung beschäftigt, & es ist schwer, auch nur eine Antwort oder Auskunft von dort zu bekommen. Der Bogen ist voll und mein Briefpapier schon verpackt. Alles Liebe

Wallis

---

[1] Ein Artikel, den Noyes als Nachtrag zu seiner Serie in einer Illustrierten veröffentlicht hatte.

Wallis und der Herzog

Wallis an Edward

Sonntag, 7. März
Mein Liebling,
ich habe eine, wie ich meine, für alle Beteiligten sehr kluge Entscheidung getroffen. Besonders für WE ist es so am besten, und das sagen wir doch so oft an dem abscheulichen Telefon – daß es uns nur darauf ankommt. Ich bin der Meinung, daß wir nicht vor der Krönung heiraten dürfen. Und zwar aus folgenden Gründen: Es wird sehr schwierig werden, die Hochzeit – was London betrifft – im richtigen Rahmen aufzuziehen. Alle arbeiten unter Hochdruck, sind furchtbar nervös. Wir sind unwichtig im Vergleich zu der Show, die sie auf die Beine zu stellen versuchen. Wenn sie die erfolgreich hinter sich gebracht haben, werden sie ihre Aufmerksamkeit Dir zuwenden, und zwar in entspannter Atmosphäre. Auch bei der Presse würden wir andernfalls nicht die gebührende Beachtung finden, denn auch die würden sich auf die andere Sache stürzen. Wenn die Krönung vorbei ist, haben wir eine größere Chance. Und außerdem beweisen wir, daß Mr. B im Unrecht war und wir es gar nicht so eilig hatten mit der Hochzeit, und vor der ganzen Welt ist es würdevoller, und wir haben Zeit, uns das Programm der anderen anzusehen und unseres zu perfektionieren. Wir verlieren nur, wenn wir versuchen, die ersten zu sein, damit bekäme nur die andere Seite des Kanals die Trümpfe in die Hand. Du mußt mir das glauben – ist zwar alles nur Intuition, aber ich weiß, daß ich recht habe. Hier ist man der Ansicht, daß wir nicht länger getrennt bleiben müssen, sondern Du sollst am 28. nach Candé kommen, und wir treffen alle Vorbereitungen gemeinsam – es ist ein ruhiges Plätzchen und eignet sich hervorragend für den 12. Mai etc., ect. Du siehst also, durch meinen Plan verlängert sich unsere Trennung nicht. Mein Vorschlag wäre, Daß Du Deinem Bruder mitteilst, es sei Deine Idee gewesen, und bitte ihn, die Verlobung am 5. Mai bekanntzugeben und das Hochzeitsdatum gleich mit – ich schlag vor 19. Mai – er soll nur beides gleichzeitig bekanntgeben. Dann kann jeder, der kommt, entsprechende Vorkehrungen treffen. Ich meine Kent etc. Vielleicht bekommen wir in

der Woche, die dazwischenliegt, ein paar Geschenke!! Ich bin ganz sicher, Du wirst mir zustimmen, daß dies die vornehmere und bessere Methode ist – nichts übereilen und stets Würde bewahren – und ich bin darauf aus, denen ihre Show zu lassen. Stimmung und alles wird besser dadurch, die Welt kann uns nicht kritisieren. Vor dem 4. Mai hätten wir sowieso nichts ausrichten können, und nach meinem Vorschlag dauert es nur 2 Wochen länger, und wir sind die ganze Zeit zusammen und werden dabei eine Menge Sympathie gewonnen haben. Es ist ein kluger Schachzug, mein Liebster, und ich bin sicher, Du bist einer Meinung mit Deinem Mädchen, das nur für den Tag lebt, an dem Du es Deine Frau nennen wirst. Sag ja, und dann schreib Deinem Bruder, sobald Du Dich ein paar Tage in St. Saens eingelebt hast – vergiß das Datum nicht, damit man sich nicht auf zu kurzfristige Benachrichtigungen usw. herausreden kann. In Liebe

Wallis

Aus den Memoiren der Herzogin von Windsor

Anfang März [am Dienstag, dem 9.] brachen Katherine, Herman und ich um sechs Uhr morgens nach Candé auf. In einem zweiten Wagen folgten uns zwei Detektive von der Sûreté, welche die umsichtige französische Regierung zu meinem Schutz bereitgestellt hatte (Inspektor Evans war schon vor geraumer Zeit nach England zurückgekehrt). Ferner begleiteten uns Katherines und meine Zofe. Bei unserer Abfahrt goß es in Strömen, und auch unterwegs regnete es ohne Unterlaß. Wir übernachteten in Roanne und erreichten in der Abenddämmerung des nächsten Tages das Château. Um den Reportern zu entwischen, die, wie man uns vorgewarnt hatte, bereits am Haupttor auf der Lauer lagen, benutzten wir den Hintereingang. Was ich auf den ersten flüchtigen Blick von Candé sah, gefiel mir: graues Mauerwerk und schlanke, regennasse Türmchen.

Mrs. Bedaux empfing uns am Eingang. Ich fand sie ungewöhnlich hübsch, zudem anmutig und ausgeglichen. »Ich fürchtete

schon«, sagte sie, »der Regen könnte Sie aufgehalten haben. Sie müssen müde sein und ganz durchgefroren. Falls Sie möchten – der Tee steht bereit.« ... Mir ist in meinem Leben selten jemand begegnet, der einem Fremden soviel Entgegenkommen gezeigt hätte. ...
Fern Bedaux führte uns durch eine kleine Vorhalle in die sogenannte Bibliothek – einen großen, holzgetäfelten Raum mit hübschem Kamin, in dem ein Feuer brannte. Wir waren förmlich ausgehungert, und der Tee erfrischte uns. Zu den bewundernswerten Eigenschaften Ferns gehörte auch ein außergewöhnliches Taktgefühl. Sie stellte mir keine Fragen nach meinen Hochzeitsplänen und bemerkte nur beiläufig, sie werde am nächsten Tag abreisen und hoffen, ich würde auf Candé bleiben, solange es mir gefiele. »Ich zeige Ihnen jetzt das Haus«, sagte sie. »Das Château ist nicht ganz so groß, wie es auf den ersten Blick scheint. Es bleibt Ihnen noch genügend Zeit, sich vor dem Essen auszuruhen.«
Der Salon, weitläufig und mit hochgewölbter Decke, war steif und förmlich mit seiner Eichentäfelung und wirkte auf mich weniger reizvoll als die Bibliothek. Auf einer Seite stand eine kostbare Orgel. Durch den Salon gelangte man in ein kleineres Gesellschaftszimmer, ganz im französischem Stil gehalten, mit hell getäfelten Wänden und Louis-Seize-Möbeln. Ich faßte spontan den Entschluß, in diesem Raum getraut zu werden. Das Speisezimmer lag zu ebener Erde – eine Art Schankstube mit mächtigen, von Hand behauenen Balken, alles uralt; auch der eichene Tisch, der zu beiden Seiten von langen, niedrigen Sitzbänken flankiert war. Vom Haupthaus gelangte man durch einen engen Gang und über eine steinerne Treppe in eine kleine Gästewohnung. Fern Bedaux regte an, daß der Herzog, wenn er aus Österreich käme, sich vielleicht gern dort einrichten würde. Anschließend zeigte sie mir ihr eigenes Schlafzimmer, einen ziemlich großen Raum mit cremefarbener *Boiserie,* der einen wundervollen Ausblick über den Park bot. Da Fern nicht in Candé bleiben würde, bat sie mich, ihr Zimmer als das meine zu betrachten. Im angrenzenden kleinen Salon befand sich eine

Couch, die gewöhnlich von Mr. Bedaux benutzt wurde. Herman entschied, er werde dort sein Nachtlager aufschlagen. Seit ich vor mehr als drei Monaten aus England gekommen war, hatte er Nacht für Nacht mit einer Pistole unter dem Kopfkissen im Zimmer neben dem meinen geschlafen. Im Obergeschoß befanden sich noch eine ganze Reihe von Schlafzimmern, unter denen Katherine sich eines aussuchte.

Nachdem sie uns durchs Haus geführt hatte, zog Fern Bedaux sich zurück, um sich fürs Abendessen umzukleiden. Die lange Fahrt durch den Regen hatte mich erschöpft, und ich legte mich aufs Bett, in der Hoffnung, ein Nickerchen machen zu können, ehe es Zeit für mein Bad wurde. Aber die zahllosen, noch immer ungelösten Probleme in meinem und Davids Leben wanderten mir beharrlich im Kopf herum und ließen mich nicht zur Ruhe kommen. Wo würden wir unser gemeinsames Leben beginnen? Was sollte aus unserem Besitz in Großbritannien werden? Würde es zwischen David und seiner Familie je zur Versöhnung kommen? Wie sollten wir mit dem neuerlichen Ansturm der Reporter fertigwerden, die unsere Hochzeit gewiß auf den Plan rufen würde?

Eine andere Frage beunruhigte mich freilich noch mehr: Wer würde uns trauen? ...

Mitten in meine melancholischen Betrachtungen hinein klingelte das Telefon. Als ich den Hörer abnahm, meldete der Butler, *Son Altesse Royale* verlange mich aus Österreich zu sprechen. »Liebling«, tönte Davids klare Stimme quer durch Europa an mein Ohr. »Ich bin so froh, daß du wohlbehalten in Candé eingetroffen bist. War die Fahrt sehr anstrengend?« Mit einemmal war meine Angst verflogen.

Aber schon einen Tag nach ihrer Ankunft in Candé erhielt Wallis eine weitere unangenehme Nachricht. Sie kam in Form eines handgeschriebenen Briefes von dem treuen und wachsamen George Allen.

Wallis und der Herzog

George Allen an Wallis

8. März 1937   *Finch Lane 3, London E. C. 3*
Verehrte Mrs. Simpson,
erlauben Sie mir, ein Thema anzuschneiden, das mich sehr beunruhigt.
Als ich in Enzesfeld war, erzählte mir HRH von seinem bevorstehenden Umzug auf das Schloß des Herzogs von Westminster irgendwo in Frankreich. Ich weiß nicht genau, wo es liegt, gehe aber davon aus, daß es nicht weiter als 300 Meilen von Tours entfernt sein dürfte. Ich riet HRH aufs dringendste davon ab, sich einen Wohnsitz im selben Land wie Sie zu wählen, solange das Urteil nicht rechtskräftig ist. Solange er sich in einem anderen Land aufhält – sagen wir in der Schweiz oder sogar in Belgien – würde alles gut gehen, selbst wenn er nur knapp jenseits der Grenze wohnt, aber wenn er nach Frankreich käme, würden alle alten Beschuldigungen und Verdachtsmomente wieder aufleben – der Himmel weiß, mit welchen Konsequenzen.
Sie wissen, ich habe einzig und allein den Wunsch & die Absicht, Ihre jetzige Verzögerungsstrategie & zukünftige Ehe zu schützen. Ich bin aber der festen Überzeugung, daß beide ernsthaft gefährdet werden, wenn Sie eine Situation entstehen lassen, welche die hiesigen Behörden zu der Annahme nötigt, HRH und Sie träfen einander, & sie werden sich weigern, etwas anderes zu glauben, & die breite Öffentlichkeit wird es ihnen gleichtun, wenn Sie beide in Reichweite im selben Land leben.
Mir ist natürlich bewußt, welchen Ärgernissen und welch chronischen Unannehmlichkeiten Sie in Ihrem gegenwärtigen Domizil ausgesetzt sind, das noch dazu nur unzulängliche Telefonverbindung hat, & es gibt keinen Grund, warum Sie nicht wesentlich näher beieinander wohnen sollten, aber bleiben Sie vorläufig in verschiedenen Ländern.
Ich hoffe, Sie werden sich in Tours recht wohl fühlen.
Mit vorzüglicher Hochachtung:

                                                     A. G. Allen

März 1937

Wallis an Edward

Mittwoch, den 10. [März]   *Schloß Candé, Monts (I&L)*
Mein einziger Liebling,
ich bringe es fast nicht übers Herz, Dir beiliegenden Brief von Allen zu schicken, denn ich weiß, wie traurig er Dich stimmen wird. Aber seine Argumente sind nicht von der Hand zu weisen, und ich fürchte, wir können uns keinen Fehler erlauben – also lautet die Frage: Was kann mein Junge tun? Wenn Deine Gastgeberin nicht vor dem 10. April zurückkommt, müßtest Du nur 17 Tage mit ihr unter einem Dach verbringen – falls Dir die Bitte, länger bleiben zu dürfen, nicht peinlich wäre. Ich weiß nicht, ob sie Dir das angeboten hat. Die andere Möglichkeit wäre Belgien, denn da wärest Du mir am nächsten. Ich weiß nicht, ob Du an den König von Belgien schreiben und ihn bitten könntest, Dich für einen Monat aufzunehmen oder Dir ein Haus zu vermieten – andernfalls halte ich es für das beste (wenn Kitty einverstanden ist), Du bleibst, wo Du bist, und wir werden einfach weiter ins Telefon brüllen müssen. Die bereits abgesprochenen Vorbereitungen können wir auf jeden Fall von hier aus erledigen, und Du kannst Deinem Bruder wegen der Daten, der Bekanntgabe usw. schreiben. Es ist wahnsinnig traurig, aber Allen ist kein Schwarzseher, und wir dürfen einfach kein Risiko eingehen. Oh, Liebling, was für eine schwere Zeit! Ich bin jetzt besser dran, weg von all den Kleingeistern in Cannes, und werde einfach hier ausharren in all dem Luxus zu horrenden Preisen. Verzeih wegen des zweiten Chauffeurs und des Wachmanns (obwohl letzterer vielleicht nötig ist) – wenn der neue Chauffeur anstellig und nicht zu jung sein sollte, werde ich den Franzosen nach Cannes zurückschicken, dann habe ich nur noch die beiden. Hier wimmelt es von Personal, und das Essen ist viel zu reichlich. Aber wenn Mrs. Bedaux abreist, werde ich das mit dem Küchenchef regeln. Das mit St-Saens ist schrecklich, und ich weiß nicht, welche Entschuldigung Du vorbringen könntest, außer, man habe Dir geraten, im Moment nicht nach Frankreich zu reisen – sag aber nicht warum, denn wenn sich das herumspräche, könnten unangenehme Gerüchte entstehen. Ich denke, ich werde hier bleiben, es sei denn, die Ausgaben

Wallis und der Herzog

erweisen sich als zu hoch. Ich glaube nicht, daß es in Paris gefährlich werden könnte – nur die Journalisten und die Fotografen werden wieder ausschwärmen. Ich warte mit Spannung auf Deine Entscheidung, mein Liebling, und falls Du beschließt, in Enzesfeld zu bleiben, solltest Du vielleicht Kitty anrufen. Natürlich weiß ich nicht, was Ihr vor ihrer Abreise ausgemacht habt – bezüglich der Dauer Deines Aufenthalts. Mach, daß du bald zu mir kommst, bitte – ich liebe Dich so sehr und sehne den Tag herbei, an dem wir wieder zusammensein dürfen.

Wallis

Ich schicke Dir noch einen von diesen Briefen mit.

Wallis an Tante Bessie

Donnerstag, den 11. [März] *Candé*

Liebste Tante Bessie,
wir hatten eine sehr angenehme Reise ohne Zwischenfälle. Haben die erste Nacht in einem zauberhaften Schloß verbracht, das zum Hotel umfunktioniert wurde und wo man himmlisch essen kann. Mrs. Bedaux hat uns hier erwartet. Sie ist wahnsinnig nett und attraktiv – ist heute abgereist. Candé ist umwerfend – Luxus im Quadrat – und ich fürchte, auch entsprechend kostspielig. Das Personal scheint ausgezeichnet geschult, aber ich könnte mir vorstellen, daß sie in die eigene Tasche wirtschaften. Katherine zieht Lou Vieu entschieden vor – das merke ich. Ich habe noch nie so köstliche Sachen gegessen. Man ißt zuviel, das ist das Dumme daran. Man kann hier Golf spielen, reiten und fischen, aber im Moment läßt sich nichts von alledem genießen, denn wir haben scheußliches Wetter – Regen und Wind. Mir macht das nichts aus. Ich war so froh, von Cannes wegzukommen. Ich habe eine Entscheidung getroffen, und zwar werde ich erst nach der Krönung heiraten. Ich finde es würdiger so, und es wird die Trennung nicht verlängern, da der König *[sic!]* nach dem 27. April hierher ziehen

kann, & dann bleibt uns noch angemessen Zeit für die Vorbereitungen, und auch in London wird man mehr Zeit für uns haben, wenn die große Seifenblase am 12. erst einmal geplatzt ist. Ich möchte auf keinen Fall vor dem 18. Mai heiraten. Also könntest Du Dir mit der Abreise Zeit lassen, bis die Entscheidung über das Urteil gefallen ist. Du könntest jetzt schon bei der italienischen Schiffahrtslinie buchen. Sieh zu, ob Du ein Schiff mit Ankunft um den 8. Mai bekommst. Der König ist ganz rastlos und sagt, daß er dringend Luftveränderung braucht. Er hatte schon alle Vorkehrungen getroffen, um ins Haus des Herzogs von Westminster bei Dieppe zu übersiedeln – leider hat Allen ihm gestern einen Strich durch die Rechnung gemacht. Er schreibt, der König dürfe nicht nach Frankreich kommen, da niemand glauben würde, daß wir uns dann nicht treffen. Es ist alles so grausam. Jetzt müssen also neue Pläne gemacht werden. Er ist sehr enttäuscht. Wir machen aber auch wirklich eine in jeder Beziehung schwierige und zermürbende Zeit durch. Ich habe beschlossen, nun doch nicht nach Paris zu fahren. Ich kann mir leicht alles kommen lassen. Schreib mir bald und verzeih, wenn etwas von dem, was ich sage oder tue, Dir merkwürdig vorkommt, aber ich muß praktisch täglich mit einem neuen Problem fertigwerden.
Alles Liebe

Wallis

Wallis an Fern Bedaux

15. März 1937 *Candé*
Liebe Mrs. Bedaux,
ich kann es mir nicht versagen, Ihnen ein paar Zeilen zu schreiben, um Ihnen zu versichern, wie überaus glücklich ich hier bin. Zum erstenmal seit letzten Dezember kann ich dieses Wort wieder in den Mund nehmen. Der Friede von Candé und die Abgeschiedenheit seines Parks haben mich zu neuem Leben erweckt. Ich habe mich in jede Handbreit Boden verliebt. Wir erwarten Sie unbedingt noch

diese Woche.[1] Ich habe Besuch von einer Freundin aus Rom. Lassen sie mich Ihnen und Mr. Bedaux nochmals danken für Ihre Hilfsbereitschaft, die mir – wie ich jetzt weiß – beinahe das Leben gerettet, zumindest aber mein Verhältnis zu den Bewohnern dieser seltsamen Erde wieder ins Lot gebracht hat.

Wallis Simpson

Während Wallis sich in Candé den Vorbereitungen zu ihrer noch immer ungewissen Hochzeit widmete, plante der Herzog für Ende März seinen Umzug von Enzesfeld in ein Hotel in St. Wolfgang. In der Zwischenzeit hatte ihn sein Cousin Lord Louis Mountbatten in Enzesfeld besucht (vom 11. bis 13. März) und ihm zugesichert, seine Familie werde der Trauung beiwohnen. Am 19. März kam die gute Nachricht, laut Beschluß einer Sondersitzung des Ehescheidungsgerichts (bei welcher Mrs. Simpson wie schon in Ipswich wieder von Norman Birkett vertreten wurde) seien die Untersuchungen des Kronanwalts – die keinerlei kompromittierendes Beweismaterial zutage gefördert hatten – endgültig eingestellt. »Ich hoffe vertrauensvoll darauf, daß unsere Sorgen nun ein Ende haben«, schrieb Allen dem Herzog.

Am 14. März kam Sir Godfrey Thomas, ein treuer Freund und ehemaliger Privatsekretär des Prinzen von Wales, nach Enzesfeld, um dem Herzog Gesellschaft zu leisten. Eine Woche später schilderte Thomas in einem Brief an George Allen, was für ein Leben sein früherer Dienstherr und König in Österreich führte.

Sir Godfrey Thomas an George Allen

[21. März] *Enzesfeld*
... Hier geht alles seinen Gang: Wie jeder, der vor mir in Enzesfeld war, habe auch ich meinen Gastgeber seit vielen Jahren nicht mehr

---

[1] Fern Bedaux hatte Candé taktvoll am 11. März geräumt. Doch auf Wallis' ausdrücklichen Wunsch kehrte sie im selben Monat zweimal kurzfristig zurück – vom 19.-21. und am Osterwochenende (27.-28.). Anschließend reiste sie zu ihrem Mann, der geschäftlich in London zu tun hatte, und gemeinsam erschien das Ehepaar am 30. April wieder in Candé, um Wallis bei der Vorbereitung für die Ankunft des Herzogs behilflich zu sein.

so gut in Form gesehen – oder so ungezwungen in jeder Beziehung.
Aber es ist tragisch, mitansehen zu müssen, mit was für Bagatellen
er sich abgibt, nur um die Zeit totzuschlagen. Doch ob er nun den
Wein im Keller zählt, das Entlausen seines Hundes überwacht oder
die Haushaltsbücher prüft, all diese Kleinigkeiten halten ihn nur
aufrecht bis zur nächsten Telefonverbindung mit Tours. Als Gastgeber ist er charmanter und aufmerksamer denn je, und als Führer
im Kunsthistorischen Museum in Wien kann er es mit jedem
professionell Geschulten aufnehmen. Was für eine seltsame Mischung! Sie wissen wahrscheinlich, daß er am 29. März von hier
fortzieht...

Der Briefwechsel wird gegen Ende des Monats fortgesetzt.

Edward an Wallis

22. 3. 37 *Schloß Enzesfeld*
Mein Herz,
anbei schicke ich Dir mit dem alten Storrier Mr. Loo und ein paar
Sachen. Nur kann ich leider noch nicht sagen »da sind WE« – ach,
wenn Du wüßtest, wie verführerisch der Gedanke ist, selber mit zu
Dir zu kommen. Ich hasse die Vorstellung, viereinhalb Monate
unseres Lebens vergeudet zu haben, die so wichtig und kostbar
hätten sein können und die wir nie zurückbekommen werden. Oh!
poo – wenn ich nur daran denke. Andernfalls hätten wir aber
vermutlich diesen gemeinen Kerlen eine Chance gegeben, uns aufzuknüpfen, was sie anscheinend gar zu gern täten. Aber wir werden
es ihnen schon zeigen und diese lächerliche und demütigende
Trennung durchhalten, die man uns auferlegt hat. Gott, wie ich die
Bande hasse und verabscheue. Ich muß sagen, die Reportage aus
dem Gericht letzten Freitag war zufriedenstellend, und Norman
Birkett war gut – viel besser als in Ipswich!! Ich finde, das hat viel
zur Klärung der »gesetzlichen Lage« beigetragen, obwohl ich nicht
begreife, warum eine solche Klärung überhaupt nötig war. Es tut

mir leid, daß Du Dich aufgeregt hast und in Sorge warst, weil die Journalisten schon alles durcheinandergebracht hatten, ehe Du etwas Zuverlässiges hören konntest. Ich weiß, es ist leicht gesagt: Kümmere Dich nicht darum, Liebling, aber in der Hochspannung, in der wir beide zur Zeit leben müssen (noch bis zum 27. April – das ist jetzt gar nicht mehr lange), genügt schon der kleinste Anstoß, um uns zur Raserei zu treiben. Ich hoffe zuversichtlich, daß es mir eines Tages gelingen wird, es all diesen Schuften heimzuzahlen und ihnen wenigstens klarzumachen, wie abscheulich und unsportlich sie sich aufgeführt haben. Wenn ich je wieder diese alte Platitüde zu hören bekomme, die Engländer seien eine Sportlernation, dann schreie ich das Haus zusammen.

Gott sei Dank läuft hier alles glatt, und ich werde heute in einer Woche aufbrechen, am 29. März. Das macht fünfzehn Wochen Enzesfeld samt seinem Telefonanschluß!! Vielleicht wird es dort, wo ich hinziehe, noch schlimmer, aber jedenfalls ist es eine Abwechslung für einen Jungen, die sein Mädchen schon gehabt hat. Gesondert schicke ich Dir die neue Anschrift, Telefonnummer und ein paar Ansichtskarten vom Ort. Auch eine Liste der Sachen, die ich Storrier mitgebe. Dudley Forwood (der Stallmeister auf Probe) scheint ein ganz netter Kerl – noch sehr jung und braucht eine starke Hand, aber aufgeweckt und tüchtig, was Reisevorbereitungen betrifft. Ich lasse ihn den jährlichen Reservedienst von drei Wochen bei seinem Regiment – Scots Guards – absolvieren. Da kann er sich mit Ulick und Mr. Carter in Verbindung setzen, und ich werde auch Perry bitten, ihm auf den Zahn zu fühlen. Vielleicht können wir ihn gebrauchen. Allen hat mir eben dieses Dokument zugeschickt (ich habe eine Kopie), das alle Formalitäten für unsere Trauung in Frankreich behandelt. Trauung! Ooh! Wie herrlich das klingt, und Du kannst selbst lesen, was wir zu tun haben. Das eanum Medaillon oder Amulett mit dem Profil Deines Jungen finde ich lustig. Sam Gracie hat es entdeckt und Selby für mich mitgegeben. Beachte diese Monogramme auf dem Briefpapier überhaupt nicht – ich brauche nur einige Muster auf, die der Laden mir zugeschickt hat, und warte ansonsten auf die richtigen blauen. Ich muß jetzt zum 99. Mal in Österreich in die Heia gehen. Oh! Wallis, ich liebe Dich

so und bitte sei schrecklich vorsichtig und laß Dich auf keine
dummen Spiele ein, bei denen Du Dir das Knie verletzt, so wie Du
es mir vorhin am Telefon erzählt hast. Ich schreibe nächste Woche
von meinem neuen Quartier. Slipper soll Dir ein Hundeküßchen
geben von Deinem einzigen

David

Aufstellung der Sachen, die Storrier mitbringt:
Mr. Loo komplett mit Leine und Halsband
Bürste und Kamm
Hundekuchen
Bob Martin
Seine Decke
Eine blaue Tasche – Inhalt:
Dieser Brief
Ein amtliches Dokument
Neue Anschrift
eanum Amulett vom Jungen, entdeckt von Sam Gracie
eanum Kamm vom Osterhäschen
Das WE Necessaire
Der WE Spiegel (separat)
Eine Puderdose mit Monogramm WWS
Eine Dose Gänsebrust (spiel nicht eanum gefräßiger Wolf)
Dein eanum Stock
Ein Ei von Chicky Dees
Ein roter Gürtel
Und von Deinem Jungen ein dickes ooh in Liebe.
Neue Anschrift Deines Jungen: Landhaus Appesbach, St. Wolfgang
am Wolfgangsee. Salzkammergut. Telefon: St. Wolfgang Nr. 9.
»Alle guten Dinge sind drei«[1] 3×3!! Anbei auch ein paar Fotos vom
Landhaus – nicht »Pension«!!

---

[1] [Sic] im Original.

Wallis an Tante Bessie

[22. März] *Château de Candé*
Liebste,
ich habe eben Deinen Brief bekommen und ein Telegramm abgeschickt, daß Du ein späteres Schiff nehmen sollst. Dafür gibt es mehrere Gründe. Wie ich meine, habe ich Dir geschrieben, daß der Herzog und ich uns entschlossen haben – da es einfach diplomatischer ist – die Hochzeit erst nach der Krönung stattfinden zu lassen. Nun ist der Mai bei allen in der Familie ausgebucht, und deshalb hat George VI. den 4. Juni als günstigen Termin vorgeschlagen, um ein Mitglied der Familie zur Trauung zu entsenden. Wie ich sehe, ist das aber ein Freitag, also werde ich versuchen, die Hochzeit auf den 5. zu verschieben. Nächsten Monat steht uns Ärger mit den Bedaux ins Haus. Sie werden sich abwechselnd hier und in Paris aufhalten, was bedeutet, daß das Château die meiste Zeit zu ihrer Verfügung steht. Dann kommt Ende des Monats der Herzog. Er hat vorgeschlagen, Sekretäre und Stallmeister aus dieser Gegend auszusuchen, da die Gehälter hier günstiger sind. Er zieht nicht in das Haus des Herzogs von Westminster, man hat ihm gesagt, es sei besser, sich nicht mit mir im selben Land aufzuhalten, bis alles vorbei ist. Nun fürchte ich, das Château wird bis etwa Mitte Mai ein einziges Irrenhaus sein, überfüllt etc. Könntest Du dich also darauf einrichten, erst Mitte Mai zu kommen? Onkel Harry kann ich nicht brauchen, obwohl ich ihn und die anderen sicher pro forma einladen kann. Er hätte nichts Passendes anzuziehen und würde die Etikette nicht beherrschen etc. Es wäre alles sehr peinlich. Wie ich schon gesagt habe – wir bedeuten den Engländern rein gar nichts und der Presse auch nicht, und die würden es nicht merken, ob ein Mitglied meiner Familie den Brautführer macht oder nicht. Es ist sehr angenehm, daß die »Interviews« ausgesetzt wurden, und ich finde es sehr klug vom englischen Hof, das so zu machen und wieder alle Gerüchte etc. zu unterbinden. Wie ich höre, räumt [Sir] P[atrick] Hastings seiner Mandantin keine großen Chancen gegen Ernest ein, und auch das ist eine erfreuliche Nachricht. Laß mich so bald wie möglich wissen, wann Du etwa Mitte Mai eine Passage bekom-

men kannst. Bis dahin hat dieses Haus mich womöglich schon ruiniert. Norman Birkett hat mich Freitag vor Gericht vertreten![1]
Ich werde Dir ein paar Kleider für Sally mitgeben. Alles Liebe
Wallis

Wallis an Tante Bessie

Donnerstag, den 25. [März]   Candé
Liebste Tante Bessie,
ich höre gerade von Mr. Allen, daß ich, um in Frankreich zu heiraten, meine Geburtsurkunde brauche und das Scheidungsurteil aus Warrington – letzteres um zu beweisen, daß die Scheidung rechtsgültig ist. Wegen des Urteils schreibst Du ans Kreisgericht in Warrington. Das ist nur eine Formalität. Sie schicken Dir für ein paar Dollar eine Kopie. Die Geburtsurkunde liegt vermutlich in der Kreishauptstadt von Montney. Natürlich kannst Du die Papiere dem französischen Konsul in Washington übergeben. Aber nicht, bevor Du hörst, daß meine Scheidung in London durch ist. Doch dann erledige es sofort, weil die Papiere hier alle noch einmal überprüft werden müssen – ich sollte sie also *spätestens* Mitte Mai in Händen haben. Verzeih, daß ich Dich darum bitte, aber Du bist die einzige, die das erledigen kann. Bitte schicke die Papiere per Einschreiben. Hier verursacht alles große Kosten, aber wenig Spaß, weil ich nichts mache, als im Garten spazierenzugehen, und das Wetter ist grauenhaft. Aileen [Winslow] war eine Woche zu Besuch – ist gestern abgereist. Foxy und Mrs. Bedaux waren letztes Wochenende da. Morgen kommen die Grants und die Scanlons für die Ostertage, und Samstag wird Mrs. B zurück sein. Katherine war fast die ganze letzte Woche in Paris und fährt nach Ostern wieder hin. Ich muß Paris zu mir kommen lassen. Storrier hat mir gestern Slipper gebracht. Es ist himmlisch, ihn bei mir zu haben. Der König

---

[1] Ernest hatte eine Verleumdungsklage gegen die Frau von Colonel Sutherland eingereicht, die angeblich das Gerücht verbreitet hatte, er sei dafür bezahlt worden, die Scheidung nicht anzufechten. Der Prozeß – in welchem die Beklagte von dem berühmten Hastings, Birketts großem Rivalen, vertreten wurde – konnte gütlich beigelegt werden.

Wallis und der Herzog

[sic!] hat einen neuen Cairn-Welpen, der ihm Gesellschaft leistet. Ich hoffe, es gelingt Dir, Cousine Lelia für die Rückreise abzuwimmeln. Die Kapelle hier ist ausgesprochen reizlos, es wird also im Haus stattfinden müssen. Von Zeit zu Zeit schickt man mir Zeitungsausschnitte – sie schreiben über den Umzug usw. Die Bedaux haben alles sehr gefaßt über sich ergehen lassen. Alles Liebe

Wallis

Wallis an Edward

Letzter März   *Candé*
Mein Liebling,
ich habe den ganzen Vormittag über Deinen niederträchtigen Bruder nachgedacht. Ich finde, Du solltest ihm schreiben, daß Dir – wenn er Dich weiterhin wie einen Verstoßenen behandelt, der etwas Ehrenrühriges getan hat, und sich nach dem Rat von Leuten richtet, die Dich hassen (ich meine den Rat, nichts für Dich zu tun, sondern Dich zu demütigen) – nur ein Ausweg bleibt, nämlich die Welt genauestens darüber zu informieren, wie Dich die Leute (Familie) behandeln, die Dir ihre gegenwärtige Stellung verdanken. Schreib ihm, Du bist es leid, alle Schläge einzustecken und die unfairen Presseberichte hinzunehmen. Du hast ein großes Opfer gebracht, und Du bereust es nicht, aber Du hättest nicht erwartet, daß Dein Bruder Deinen Platz einnehmen und Dich einfach vergessen würde – und Dir nicht einmal die geringste Hilfe beim Aufbau eines neuen Lebens geben würde. Sein Benehmen sei in höchstem Maße verletzend, und Du hättest das Gefühl, Du müßtest Maßnahmen ergreifen, um Dich zu schützen. Dann kannst Du einfließen lassen, daß Du niemanden hast, der in England Deine Interessen wahrnimmt, z. B. das Herzogtum etc., ferner eine Reihe von Beleidigungen etc. anführen, die Du hingenommen hast, ohne den Versuch, Dich zu wehren. Dann stell ihm eine Art Ultimatum – und seine Reaktion darauf würde Deine künftige Handlungsweise bestimmen etc. Gib Dir keine Blöße, sei nicht grob, sei stark, und mach, daß er sich

schämt – falls das möglich ist. Ich liebe Dich und möchte so gerne, daß Du hier wärst.

Wallis

4 Monate unwürdiger Behandlung – reib ihm das unter die Nase – & seine Ratgeber. Du könntest und solltest vielleicht auch hinzufügen, daß die Art, wie Du ihn in sein neues Leben eingeführt hast, von ganz anderem Geist zeugt als der Einstand, den er Dir für Dein neues Leben gibt.

Fünfzehntes Kapitel

April–Juni

Edward an Wallis

2. 4. 37 *Landhaus Appesbach, St. Wolfgang*

Mein Herz: Hier sind ein paar Schnappschüsse von Pookie (demus)[1], Du findest sie in der neuen schwarzen Tasche. Ich hoffe, er gefällt Dir genauso gut wie mir. Ich habe das Päckchen an Herman adressiert, wie gewöhnlich, und Godfrey wird es morgen in Frankreich aufgeben. Der Gefängniswechsel war sehr wohltuend, und es ist sehr friedlich und einsam hier. Es ist so ein herrliches Fleckchen Erde, und WE hatten es auch ins Herz geschlossen, und ich habe so schreckliche Sehnsucht nach Dir, und es wird jeden Tag ärger damit. Hier hattest Du diese grauenhafte Erkältung, und SIE hatten ihr Cape (Augen zuhalten)! Es ist so wunderbar, daß man nun sagen kann, »diesen Monat« sehen wir uns wieder, aber es macht mich krank, wenn ich nur daran denke, daß wir ein volles Drittel dieses Jahres getrennt voneinander vergeudet haben. Oh! Mein einziger Liebling, ich bin so froh, daß Du auf Deinen Jungen hörst und Dich nicht vom Fleck rührst, bis ich bei Dir bin, sondern die Leute aus Paris zu Dir bestellst. Sorg Dich nicht wegen der Kosten, denn jetzt dauert es ja nicht mehr lange. Ich werde einen Brief an Mr. Temple[2] aufsetzen und ihn im psychologisch geeigneten Moment abschicken – werde all Deine Argumente verwenden, die unschlagbar sind. Forwood macht sich recht gut, er wird Dir gefallen, aber wir müssen uns von Bernard [Rickatson-Hatt] für Mai und Juni einen guten Presseattaché besorgen lassen. Dann habe ich mir vorgenom-

---

[1] Der neue Cairn-Welpe des Herzogs, Ersatz für Slipper, den er Wallis nach Candé geschickt hatte.
[2] König George VI.

men, einer einflußreichen Persönlichkeit in England den Auftrag zu erteilen, während unserer Abwesenheit unsere Interessen dort wahrzunehmen. Gott segne WE, meine geliebte Wallis. Gestern abend habe ich in unserem lieben Kirchlein ein eanum Gebet für WE gesprochen. Ich liebe Dich so sehr, mein einziges Herz

David

Wallis an Fern Bedaux

Mittwoch, 7. April *Candé*
Liebe Fern,
ach, meine Liebe, etwas ganz Furchtbares ist geschehen. Ich kann kaum darüber schreiben. Des Herzogs und mein geliebter Slipper – er gehörte uns beiden gleich – wurde gestern nachmittag von einer Giftschlange gebissen und ist letzte Nacht gestorben. Der Tierarzt in der Stadt tat sein möglichstes, aber ich hatte ihn zu spät gefunden – das Gift war schon zum Herz gedrungen. Es scheint so grausam, zu allem anderen auch noch diesen Schmerz erdulden zu müssen. Herman begräbt ihn in der Nähe des Wasserspeichers. Es war sein erster Spaziergang hier – er wurde an dem Wasserlauf beim zweiten Loch [des Golfplatzes von Candé] gebissen. Meine Verzweiflung wird noch verstärkt durch das englische Gesetz, das anscheinend folgende Klausel beinhaltet: Obwohl der 27. der Stichtag ist, dauert es manchmal bis zu 10 Tage länger, ehe sie das Urteil »verlesen«, und bis das nicht geschehen ist, müssen wir getrennt bleiben. Verzeihen Sie, daß ich Ihnen einen so düsteren Brief schreibe, aber ich bin sicher, Sie werden den Schmerz nachempfinden können, den Slippers Tod mir zugefügt hat – in all unseren zahlreichen Prüfungen hat er uns immer treu zur Seite gestanden.

Wallis

Wallis an Edward

Mittwoch [7. April] Candé
Mein Liebling,
ich habe Herman gerade Mr. Loos Decke gegeben, damit er seinen kleinen Körper darin einhüllt, bevor er ihn beerdigt. Wenn Du kommst, werden wir einen kleinen Grabstein für ihn besorgen. Sogar Gott scheint WE vergessen zu haben, denn das ist ein sehr unnötiger Schmerz für uns gewesen. Es war unser Hund – nicht Deiner oder meiner, sondern unserer – und er hatte uns beide so gern. Der wichtigste Gast auf unserer Hochzeit ist nicht mehr. Ich kann nicht aufhören zu weinen, aber wir müssen tapfer sein und diese letzten 3 Wochen durchhalten. Weißt Du, wir mußten in all den Monaten so vieles ertragen, daß unsere Widerstandskraft geschwächt ist – deshalb müssen wir uns in acht nehmen und unsere Nerven schonen. Die Belastungen sind an uns beiden nicht spurlos vorübergegangen – ich höre es an Deiner geliebten Stimme – dieser niedergeschlagene Ton. Dein Einfall, kurz hinter Paris auszusteigen, ist vielleicht ganz gut – natürlich wird es im Zug von Journalisten nur so wimmeln, und die werden alle mit raus wollen, aber wenn Douglas [Greenacre] ihnen sagt, wo Du aussteigen wirst, sind sie vielleicht anständig genug, Dir nicht zu folgen. Herman kann die Autos einen Tag vorher nach Paris bringen. Ich finde, Hugh L[loyd]-T[homas] sollte Dich auf jeden Fall abholen, ganz gleich wie spät es ist – bedenke die Ankunft in einem fremden Land etc. Ich liebe Dich, mein Liebling, mein Einziger, und ich leide unendlich unter dieser Trennung.

Wallis

Edward an Wallis

7. April 1937 *Landhaus Appesbach*
Oh! Wie unaussprechlich grausam, daß unser kleiner Mr. Loo WE so einfach geraubt werden konnte. Heute morgen wollte mir schier das Herz brechen, mein Liebling, so traurig bin ich, vor allem, weil

ich nicht bei Dir sein und Dich ganz festhalten kann, das einzige, was hilft, wenn WE unglücklich sind. Auch ich habe viel geweint, und ich weiß, was für eine furchtbare Nacht Du hinter Dir haben mußt. Ich will nicht weiter darauf eingehen, weil es gar zu traurig ist und zu schmerzlich für meinen einzigen Liebling, aber ich bin sicher, Du möchtest gern, daß Mr. Loo an einem der eanum Wege im Fort begraben wird, die ich für Dich angelegt habe. Wenn Du ihn einbalsamieren und in einen eanum Zinkbehälter betten läßt, werde ich ihn nächste Woche von Dudley Forwood abholen lassen, der mit dem Auto nach England zurückfährt. Er ist sehr einfühlsam, und ich weiß, daß er WE diesen Dienst gerne erweisen wird. Ich fühle mich wie benommen und denke mit Schrecken daran, daß es noch drei Wochen dauert, bis ich wieder bei Dir sein kann – aber dann werden wir uns nie mehr trennen, mein Herz. Bitte, nie, nie mehr, weil ich Dich so sehr liebe – mehr und mehr. Ich sollte wohl heute nachmittag ein bißchen Golf spielen oder sonst was tun, aber ich kann mich zu nichts aufraffen. Um Gottes willen, nimm nur Du Dich vor diesen verdammten Reptilien in acht, und ich verspreche Dir, für Dich auf mich aufzupassen, so daß Du Dir keine Sorgen zu machen brauchst. Dein Junge hält sein Mädchen ganz, ganz fest, mein Herz.
Dein trauriger

David

Wallis an Tante Bessie

Dienstag, den 13. [April] *Candé*
Liebste,
hab Dank für Dein Telegramm. Es kommt wirklich zuviel auf uns herunter. Der neue Hund ist süß[1] – aber er ist nicht Slipper. Die neuesten Nachrichten von der juristischen Front besagen, daß ich am 27. das endgültige Urteil anfordern kann, dieses aber nach englischer Sitte nicht vor dem 3. Mai in öffentlicher Sitzung verlesen

---

[1] Als die Bedaux, die zu der Zeit in England waren, von Slippers Tod erfuhren, kauften sie einen ähnlichen Cairn-Terrier und machten ihn Wallis zum Geschenk.

wird – der Herzog wird also nicht vor dem 4. herkommen dürfen. Die drechseln doch wirklich die verdammtesten Scheidungsgesetze. Ich hoffe, Du hast eine Geburtsurkunde auftreiben können, wenn nicht, laß bitte ein von Dir und Cousine Lelia unterzeichnetes Schreiben aufsetzen und beglaubigen, das meine Geburt bestätigt. Die Franzosen wollen alles haargenau wissen, ehe man heiraten darf. Dieser Monat ist besonders lang, und es regnet jeden Tag, trotzdem habe ich hier das reinste Hotel. Alle Bekannten, die in Paris einkaufen, kommen zum Wochenende her. Muß unbedingt Schluß machen, weil ich in unbeantworteter Post ersticke & keine Sekretärin. Auf Wiedersehen nächsten Monat. Alles Liebe

Wallis

Wallis an Edward

Mittwoch, den 14. [April]
Mein Liebling,
ich bin sicher, Dein Brief ist gut und auch energisch. Ich habe mir etwas Wunderbares ausgedacht, was Du bei der Bekanntgabe unseres Hochzeitstages sagen kannst – aber das hebe ich mir auf, bis Du kommst und ich es Dir erzählen kann. Du mußt nun ein bißchen Munition austeilen. Ich bin so zufrieden mit meiner anderen eanum Waffe, und die Rogers finden sie beide OK und phantastisch. WE sind nicht bange – aber nun müssen wir WE beschützen, und da man uns vertrieben hat, haben wir dazu eine ausgezeichnete Gelegenheit. Zu dumm diese zwei Lager. Aber wen kümmert das, laß sie ihn ruhig vom Thron stürzen. Sobald die Familie sich spaltet – Gefahr. Ein schönes Geschichtsbild wird er abgeben, so, wie er Dich behandelt hat. Du weißt, daß in England eine Reihe grauenhafter Bücher über Dich erscheinen – und sogar der Daily Mirror hat einen Leitartikel darüber gebracht, wie gut man Dich behandelt hat. Du wirst Dich natürlich verteidigen und alles aus Deiner Sicht schildern. Das ist die bösartigste Verleumdungskampagne, und sie darf keinen Erfolg haben. Ich liebe Dich mehr denn je, mein Herz. Soviel Leid haben WE zusammen erduldet, aber das macht meine

Liebe zu Dir nur stärker, mein Liebster. Bitte gib auf Dich acht. Ich lebe in ständiger Angst, daß etwas passieren könnte.

Wallis

Edward an Wallis

14. 4. 37 *Landhaus Appesbach*

Oh! Meine einzig Geliebte,
dieser April entpuppt sich wirklich als ein Monat voller Nackenschläge. Aber mach Dir nichts draus, bald wird alles vorbei sein, und sie können schlagen soviel sie wollen, denn wenn wir erst wieder zusammen sind, dann werden WE zurückschlagen, nicht wahr, mein Liebling? Nur allein sind die Angriffe eanum schwerer zu ertragen, und dann noch die Qual, am Telefon Briefe zu entwerfen. Aber der Brief an Temple ist per Kurier abgegangen (diese Ausgabe hätte er der öffentlichen Hand ersparen können!), und Dein Junge macht sich auch auf den Weg, um sich die Füße pflegen zu lassen. Dieser kurze Gruß soll Dir nur sagen, ich liebe Dich mehr und mehr, mein einziges Herz, und ich bete darum, daß die kommenden achtzehn Tage und Nächte sich für WE nicht zu endlos hinziehen. Arme WE – aber für sie muß ein riesengroßer Vorrat an Glück bereit sein – nach all diesen Monaten der Hölle.
A. G. A[llen] wird Dir morgen einen Briefentwurf an Paul Münster zeigen[1] – bitte ändere und verbessere, wie Du es für richtig hältst. Es wird herrlich sein, uns irgendwo ein neues eanum Zuhause zu suchen, oder vielleicht können wir es uns auch leisten, eines zu bauen. Oh! Gott, ich liebe Dich so, Wallis, und ich bete zu IHM, daß ER WE segnet. Bitte gib acht auf Dein kostbares Leben für Deinen David, so wie er es umgekehrt für sein Mädchen tut, denn Du bist alles, was ihm auf dieser Welt geblieben ist, und alles, was er sich wünscht.

[ohne Unterschrift]

---

[1] Wallis und der Herzog waren übereingekommen, ihre Flitterwochen in Wasserleonburg zu verbringen.

Obgleich die Trennung noch drei Wochen dauern sollte, waren dies die letzten Briefe, die Wallis und Edward einander vor der Heirat schrieben.

Aus den Memoiren der Herzogin von Windsor:

Endlich, am Morgen des 3. Mai, erhielt ich einen Anruf von George Allen aus London. Meine Scheidung war für rechtsgültig erklärt worden. Ich rief David in St. Wolfgang an. »Wallis«, sagte er, »der Orient-Express kommt heute nachmittag durch Salzburg. Morgen früh bin ich in Candé. ...«
Um die Mittagszeit [am 4.] traf David mit seinem Stallmeister, Dudley Forwood, ein. David wirkte hager und vergrämt. Etwas anderes hätte ich auch kaum erwarten können. Doch seine Fröhlichkeit sprudelte so ungezwungen wie eh und je. Er nahm zwei Stufen auf einmal, als er die Freitreppe in Candé heraufkam. »Liebling, es ist so lange her«, waren seine ersten Worte. »Ich kann es kaum glauben, daß du es bist und daß ich hier bei dir bin.«
Später machten wir einen Spaziergang. Es war wundervoll, wieder beisammen zu sein. Zuvor hatte sich jeder allein mit den niederdrückenden Sorgen herumquälen müssen. Jetzt konnten wir uns anschicken, Seite an Seite unsere Probleme zu meistern. ...
Am Morgen der Krönung [12. Mai] erwähnte David beiläufig, er werde sich die Rundfunkübertragung der Feierlichkeiten aus London anhören. Es war eine schweigsame Gruppe, die sich in Candé um den Radioapparat versammelte. David hielt die Augen starr auf den Kamin gerichtet. ... Die Worte der Zeremonie rollten wie eine alles verschlingende Woge über mich hinweg; ich versuchte mit aller Kraft, das Denken auszuschalten, doch die ganze Zeit über sah ich vor meinem geistigen Auge, was hätte sein können und sein sollen – ein ganz bestimmtes Bild formte sich, verschwamm und entstand aufs neue.
Später, als wir allein waren, sagte David nur: »Du darfst nichts

bereuen – ich tue es auch nicht. Denn eines weiß ich: Was mir im Leben an Glück beschieden ist, wird für immer mit Dir verbunden sein.«

... Nun setzte eine ermutigende Wende ein. Der Pfarrer von St. Paul's in Darlington, Reverend R. Anderson Jardine, schrieb an Herman, er sei bereit, nach Frankreich zu kommen und die Trauung vorzunehmen. David war hocherfreut und telegrafierte George Allen nach London, er möge sich mit dem Geistlichen in Verbindung setzen und, sofern er den Mann für vertrauenswürdig halte, die nötigen Vorkehrungen für seine Reise nach Candé treffen. Mr. Jardine erschien einen Tag vor der Hochzeit im Château – nach Erscheinung und Gehabe ein typischer Landpfarrer. Ich fand es sehr mutig von ihm, sich seinem Bischof zu widersetzen, indem er uns vermählte, und David wie auch ich hießen ihn dankbar als wahren Gottesmann willkommen.

Endlich waren alle Vorbereitungen getroffen. Meine Aussteuer hatte ich bei Mainbocher bestellt; anhand seiner Entwürfe wählte ich eine schlichte blaue Crêpe-Satin-Robe als Brautkleid. Reboux fertigte mir den passenden Hut. Ich lud Constance Spry[1], die berühmte Londoner Floristin, ein, nach Candé zu kommen und den Blumenschmuck für die Hochzeit zu arrangieren. Ich kannte und bewunderte Constance seit langem. Sie brachte ihre Gehilfen mit, und binnen weniger Stunden hatten sie das Haus in ein Blütenmeer verwandelt. ... Das war ihr Hochzeitsgeschenk für mich.

Aber auch die anderen Vorbereitungen, auf die wir keinen Einfluß hatten, schritten zügig voran. Die Presse versammelte sich im nahegelegenen Tours. ...

David hoffte, daß seine Familie nach der Krönung einlenken und wenigstens einige ihrer Mitglieder zu unserer Hochzeit entsenden würde. Doch ihn erwartete eine neuerliche und besonders kränkende Enttäuschung. Sir Ulick Alexander, der ehemalige Intendant der Zivilliste und Davids treuer Freund, kündigte uns telefonisch den Besuch Walter Moncktons an, der David einen

---

[1] Der Name ist anderswo als »Spring« angegeben.

Brief vom König mit »nicht sehr erfreulichen Nachrichten« überbringen werde.

In diesem Brief [datiert vom 27. Mai] schrieb der König, die Premierminister Großbritanniens und der Dominien hätten ihn darüber belehrt, daß David mit dem Verzicht auf den Thron auch seinen königlichen Titeln entsagt habe. Da er aus der Liste der Thronfolge ausgeschieden sei, habe er überdies das Recht auf den Titel Königliche Hoheit verwirkt. Es sei indes der Wunsch des Königs, daß David im Genuß dieser Würde bleibe, und daher verleihe er ihm erneut den Titel HRH. Allerdings, so fuhr der König fort, habe er nach den Statuten des Adelspatents der Königin Victoria nicht das Recht, auch Davids Frau in den königlichen Rang zu erheben. Zum Schluß drückte er die Hoffnung aus, daß diese schmerzliche Entscheidung, die zu treffen er leider gezwungen sei, nicht als »Beleidigung« empfunden werde. David würde fortan als Seine Königliche Hoheit, der Herzog von Windsor, tituliert werden, und ich würde einfach die Herzogin von Windsor sein. ...

David war außer sich vor Zorn über diesen Brief. »Ich kenne Bertie«, rief er aus. »Ich weiß, daß er diesen Brief nicht aus eigenem Antrieb geschrieben haben kann. Warum in Gottes Namen tun sie mir das an, ausgerechnet in diesem Augenblick?«
...

Unser Hochzeitstag, der 3. Juni, war herrlich warm und sonnig. Herman Rogers war mein Brautführer, und gewiß empfand er es als ungeheure Erleichterung, daß nun endlich ein anderer die Verantwortung für mich übernahm.

Ich möchte an dieser Stelle nur sagen, daß es ein überaus glücklicher Augenblick war. ..

Anhang
Wallis' Kollektaneenbuch

Unter den nachgelassenen Papieren der Herzogin von Windsor befindet sich ein schmales, in Leinen gebundenes Büchlein, das auf dem Umschlag mit den Insignien des Prinzen von Wales geschmückt und zur Hälfte gefüllt ist mit Aphorismen und Zitaten in Wallis' Handschrift. Zwar sind keine Daten verzeichnet, doch nach der Stimmung zu urteilen, die sich in den Einträgen widerspiegelt, dürfte Wallis damit 1934, also am Anfang ihrer Romanze mit dem Prinzen, begonnen haben. Der siebente Eintrag könnte durch die Kreuzfahrt auf der »Rosaura« im September dieses Jahres inspiriert worden sein.

Irren ist menschlich, Verzeihen göttlich.

Eine einzige, ungelöschte Flamme einsamen Lebens.

Sterblich sollen nur die anderen, unsterblich man selber sein.

Bei deinem langen Bart und deinem funkelnden Aug,
Sag, warum stellst du dich mir in den Weg?

Gute Amerikaner fahren zum Sterben nach Paris.

Willst dir nicht die Zung verbrennen
So gib acht auf fünferlei:
Von wem du sprichst, zu wem desgleichen,
Wie, Wann und Wo erwäg dabei.

Der Aufenthalt auf dem Wasser wirkt sich ungemein beruhigend auf den Menschen aus. Vergangenheit und Gegenwart – von beiden ist man gleichermaßen abgeschnitten; die Gegenwart scheint so unendlich wie der Ozean oder der Horizont; die Zeit steht still oder wiegt sich sanft wie die nächtlichen Sterne hoch oben in der Takellage.

England: »Eine Nation altert ebenso wie ein Mensch. Bevor es soweit ist, merkt man es kaum. Erst dann wird einem bewußt, daß die Glieder nicht mehr so gehorchen wie bisher, das Gedächtnis einem Streiche spielt, das Gehör ein wenig nachläßt und die Augen anfangen, trüb zu werden. Genauso ist es England ergangen: Eine Zeitlang verlieh dein Alter dir Besonnenheit – damals hast du dich weise zur führenden Handelsmacht des Abendlandes emporgeschwungen. Heute aber läßt dich selbst diese Besonnenheit im Stich, und den unverbrauchten Mut deiner Vorfahren kannst du nicht erneuern. Wenn die Bevölkerung und Regierung von Australien und Kanada mit der B und R von Großbritannien tauschen könnten, dann bestünde noch ein wenig Hoffnung für dich. Aber so, wie die Dinge nun einmal liegen, kannst du, all deiner heroischen Eigenschaften – deiner Ausdauer, deiner ritterlichen Tugend und Selbstlosigkeit – zum Trotz, nicht überdauern. Dein Verstand läßt nach, und du gehst in die Knie. Die Jahrhunderte drücken dich zu Boden. Die Tradition beschränkt deine Bewegungsfreiheit. Die Vergangenheit hemmt die Gegenwart. Aber wir jungen Nationen, in deren Adern frisches Blut fließt, sind dir dankbar dafür, daß du uns die Kraft deines Stammes verleihst. Deine Größe wird in uns weiterleben. Amerika ist Englands Unsterblichkeit.«

Schwermut heftet sich an die Fersen derer, die zur Keuschheit zu lebendig sind.

Baudelaire: »Sei trunken immerdar! Vom Wein, von Poesie, von Tugend, wie es dir gefällt – nur trunken immerdar!«

Das Verlangen ist zu flüchtig, die Vollkommenheit zu sehr eine Frage der Stimmung.

Nun, da wir beide einander begegnet sind, wünschte ich, wir könnten ewig auf jenem Traum dahintreiben, den heute nacht wir träumten.

Mein ist die Weisheit der Schlange und die Sanftmut der Taube.

Champagner macht mutig, Rotwein ausdauernd.

Kein Mann ist sicher ohne die Liebe einer Frau.

Oh, daß es möglich wär
Nach all der Pein und all dem Leid
In meines Liebsten treuem Arm
zu finden süß' Geborgenheit.

Die britische Engstirnigkeit hat Tradition und kann weder durch Reisen noch durch Erfahrung gänzlich getilgt werden.

Hätten die Menschen keine Vergangenheit, dann hätten sie auch keine Zukunft.

Du mußt entweder danach trachten, sehr jung oder überhaupt nicht jung zu sein. Solange du sehr jung bist, passiert dauernd etwas, und wenn du ein bißchen älter wirst, kann einfach alles passieren.

Das kalte Morgengrauen der Tatsachen.

Es gibt Zeiten, da schmerzt es zu leben – im Innern spürt man eine frische Wunde, und äußere Dinge scheinen mit Genuß schiefzulaufen.

Eines aber werde ich meinen Kindern einhämmern: Lebt euer Leben! (Daudet)

Ein guter Liebhaber ist ein Mann, der zuerst die Frauen liebt und später *eine* Frau.

Heute nacht liebe ich die ganze armselige, herrliche, lächerliche Welt, und dich, mein Liebling, am allermeisten und mehr denn je.

Schmerz unter der Haut, unter dem Herzen; der Kampf
zwischen ihm und dem Verstand – wer gewinnt die Oberhand; der Verstand versucht beharrlich, Vernunft zu zeigen, zu verbessern, die Dinge ins Lot zu bringen, um die Lage zu retten; dieweil der Schmerz sich festkrallt und dich zerfleischt wie ein Raubvogel.

Die Liebe verändert sich nicht in kurzen Stunden und Wochen,
sie zehrt an uns bis an die Schwelle des Todes.

Warum dauert die Trennung so lange, wenn das Leben so kurz ist?

Wir, die Seemannsfrauen, fürchten neben dem Kummer
am meisten das Glück.

Der Himmel haßt nur die, die einander lieben;
er trennt jene, die zusammen so glücklich wären.

Eine kleine, hartgesottene Frau mit der Angewohnheit,
sich mit den Leuten zu versöhnen, nur um ihnen etwas
ausgesprochen Unangenehmes zu sagen.

Es ist kein Feind, der mir das angetan hat,
sondern mein ach so treuer Freund.

Wie öd und schnöd und blöd es war!
Aber ach, wie war es so süß!
(Browning: »*Bekenntnisse*«)

Das Gästebuch des Forts

In ihrem Brief an Tante Bessie vom 14. Januar 1935 (vgl. oben, Seite 154) schreibt Wallis, sie habe dem Prinzen zu Weihnachten im Namen ihrer Tante »zwei rote Lederbände für das Fort« geschenkt, »einen für Visitenkarten und einen als Gästebuch«, die beide zusammen drei Pfund gekostet hätten. Das Gästebuch schätzte der Prinz besonders und hielt es zeitlebens in Ehren. Es war Sitte im Fort, daß jeder, der eingeladen wurde, sich mit dem Datum seiner An- und Abreise eintrug. Zwanzig Jahre lang begleitete dieses Gästebuch den späteren Herzog von Windsor überallhin: 1935 in seinen Sommerurlaub, auf die Kreuzfahrt mit der »Nahlin«, im Herbst 1936 nach Balmoral und Sandringham, nach der Abdankung nach Österreich, zur Vermählung mit Wallis nach Candé (wo alle Hochzeitsgäste sich eintrugen), zurück nach Österreich in die Flitterwochen, in die Villen von Versailles und Antibes, welches das Paar Ende der dreißiger Jahre mietete, nach Portugal, wo die Windsors einen Teil des gefahrvollen Sommers 1940 verbrachten, und auf den Gouverneurssitz nach Nassau, ihr Heim für den Rest des Krieges. Auf den letzten Seiten des Buches haben sich alle Besucher der umgebauten Mühle bei Paris eingetragen, die den Windsors Mitte der fünfziger Jahre als Landhaus diente.

Der nachstehende Abdruck aus dem Gästebuch umfaßt die Zeit bis zur Abdankung. Im Interesse größerer Überschaubarkeit habe ich nicht die Ankunfts- und Abreisedaten jedes einzelnen Besuchers wiedergegeben, sondern die Namen entsprechend dem Wochenende oder der Festlichkeit, an welcher die aufgeführten Personen teilnahmen, gruppiert; angegeben sind jeweils der erste und (soweit sinnvoll) der letzte Tag des Wochenendes oder der Gesellschaft.

Diese Gästeliste ist historisch von beträchtlichem Interesse. In den dreißiger Jahren wurde viel über den »Zirkel« des Prinzen gesprochen, und seither ist noch viel mehr darüber geschrieben worden – nicht selten

Das Gästebuch des Forts

mit dem Vorwurf, er habe sich dabei um einen in üblem Ruf stehenden, mit dem Hauch des Ordinären behafteten Kreis gehandelt. In einer bekannten Rundfunkrede kurz nach der Abdankung König Edwards äußerte sich der Erzbischof von Canterbury, Dr. C. G. Lang, »tadelnd« über »einen Gesellschaftskreis, dessen Grundsätze und Lebensweisen allen achtbaren Instinkten und Traditionen des britischen Volkes fremd sind«. Anhand des Gästebuches läßt sich genau verfolgen, wer zu diesem Zirkel gehörte. Er war nicht groß: Im Fort konnte nur eine bescheidene Anzahl von Besuchern untergebracht werden, und dieselben Leute trugen sich immer wieder ein. Wallis' und Edwards Freunde, Engländer und Amerikaner, hielten einander die Waage. Es ist schwer nachzuvollziehen, welcher »Tadel« sich gegen diese allem Anschein nach harmlose, wenn auch recht fidele Versammlung richten ließe: Höflinge und Diplomaten, amerikanische Geschäftsleute und englische Gesellschaftsgrößen, garniert mit ein paar Staatsmännern, Sportsgrößen, Soldaten und Seeleuten.

Das Gästebuch des Forts

1935

Name	Datum
Wallis W. Simpson EP Genevieve Bate Fred B. Bate	1. Januar
Javier Bermejillo [2 unleserliche Handschriften – »Leatham«?] Henrietta Worth Bingham	5. Januar
Mary Lawrance G. F. Lawrance Gerald F. Trotter	11. Januar
Josephine Gwynne Javier Bermejillo Gwendolen Butler Humphrey Butler [Graf von] Dudley	18. Januar
Marion Carrick [Graf von] Carrick Genevieve Bate Fred B. Bate	26. Januar

In den Monat Februar fällt der Urlaub in Österreich und Ungarn

Gerald F. Trotter Genevieve Bate Fred B. Bate	9. März
Posy Guinness K. W. Guinness Poots Butler Ulick Alexander	16. März
Hugh Lloyd Thomas G. F. Lawrance Mary Lawrance Diana Fitzherbert	23. März

Das Gästebuch des Forts

A. G. Menzies Poots Butler Winnie Portarlington [Graf von] Portarlington	30. März
Colin Buist Gladys Buist Jack Aird Katherine M. Rogers	6. April
Gladys E. Anderson Patrick C. Anderson Matesha Dodero J. A. Dodero Jorge Dodero	13. April
Sarah Woolley Betty Lawson Johnston J. O. Lawson Johnston	27. April
Rose Headfort [Marquise von] Headfort Aileen Devereux Winslow James Dugdale	3. Mai
Kitty Hunter George Hunter	6. Mai
Genevieve Bate Fred B. Bate Mary Lawrance G. F. Lawrance	11. Mai
Walter T. Prendergast James Dunn Gerald F. Trotter Aileen D. Winslow Mary Dunn Marianna Dunn	18. Mai
Patrick C. Anderson E. N. Fielden Poots Butler Gladys E. Anderson	25. Mai
Aileen D. Winslow Walter T. Prendergast Diana Fitzherbert James Dugdale	31. Mai

Das Gästebuch des Forts

Genevieve Bate	7. Juni
Fred B. Bate	
Matesha Dodero	
J. A. Dodero	

[Zum Rennen in Ascot]	17. Juni
Gladys Buist	
Colin Buist	
Gerald F. Trotter	
Poots Butler	
Hugh Lloyd Thomas	
Emerald Cunard	

Louise Doeller	22. Juni
Wm E. Doeller	

Kitty Hunter	28. Juni
George Hunter	

George [Herzog von Kent]	13. Juli
Humphrey Butler	
Poots Butler	
Walter T. Prendergast	
Betty Lawson Johnston	

Beatrice Eden	20. Juli
Anthony Eden	
Emerald Cunard	
Duff Cooper	
Diana Cooper	
Esmond Harmsworth	

Das Gästebuch verzeichnet als nächstes die Ferien in Frankreich

Le Roc, Golfe Juan, A. M.	5. August
[Lord Brownlow]	
Katherine Brownlow	
Colin Buist	
Gladys Buist	
Jack Aird	
Helen Fitzgerald	
[Graf von] Sefton	
Katherine M. Rogers	
Herman Rogers	

Das Gästebuch des Forts

Die Liste der Wochenenden im Fort wird weitergeführt

Katherine M. Rogers Herman Rogers	3. – 9. Oktober
Kitty Hunter George Hunter	11. Oktober
Genevieve Bate Fred B. Bate Sibyl Colefax Godfrey Thomas	25. Oktober
Walter Predergast Betty Lawson Johnston J. O. Lawson Johnston	16. November
Kitty Hunter George Hunter	7. Dezember
Gladys E. Anderson Patrick C. Anderson Kitty Hunter George Hunter	14. Dezember
Genevieve Bate Fred B. Bate Poots Butler Humphrey Butler	21. Dezember

1936

Kitty Hunter George Hunter	4. Januar
Robert Vansittart Sarita Vansittart Brownlow Katherine Brownlow	11. Januar

ERI

Dickie [Mountbatten] Kitty Hunter George Hunter	25. Januar

Das Gästebuch des Forts

Gwendolen Butler Humphrey Butler	31. Januar
Evelyn Fitzgerald Walter T. Prendergast Helen Fitzgerald	8. Februar
Duff Cooper Diana Cooper	15. Februar
Gladys Kemp Scanlon Martin Scanlon Kitty Hunter George Hunter	21. Februar

Wallis hielt sich wärend der ersten Märzhälfte in Paris auf

Genevieve Bate Fred B. Bate Kitty Hunter George Hunter	14. März
Evelyn Fitzgerald Duff Cooper Diana Cooper Helen Fitzgerald	21. März

An diesem Wochenende nahmen Ernest und Mary teil

Gladys Buist Walter T. Prendergast Colin Buist Mary Raffray Ernest A. Simpson	27. März

Am ersten Aprilwochenende waren Wallis und Edward zusammen mit Mary und Ernest zu Gast bei Lord Dudley in Himley Hall.

Humphrey Butler Brownlow Walter T. Prendergast Poots Butler Sacha de Couriss	9. April (Einladung zu Ostern)

Das Gästebuch des Forts

DATE OF ARRIVAL	NAME	DATE OF DEPARTURE
1936 March 29th	Gladys Buist	1936 March 30th
"	Walter T. Prendergast.	"
"	Colin Buist	"
"	Mary Raffray	
"	Ernest A Simpson	
4/1	Humphrey Butler	4/12

Genevieve Bate Fred B. Bate	18. April
Kitty Hunter George Hunter	1. Mai
E. D. Metcalfe Katherine Brownlow Brownlow Alexandra Metcalfe	16. Mai
Genevieve Bate Fred B. Bate	25. Mai
Gladys Kemp Scanlon Walter T. Prendergast M. F. Scanlon	30. Mai

Das Gästebuch des Forts

Am ersten Juniwochenende hielt Wallis sich wiederum in Paris auf. Es folgte die 1936er Ascot-Gesellschaft, bei der vom 13. – 22. Juni ein ständiges Kommen und Gehen herrschte.

J. O. Lawson Johnston
Betty Lawson Johnston
Emerald Cunard
Terence Philip
Ulick Alexander
Hugh Lloyd Thomas
Ewan Wallace
Evelyn Fitzgerald
Barbara Wallace
Helen Fitzgerald
Sefton

*Am letzten Juniwochenende waren Wallis und Edward beim Herzog von Marlborough in Blenheim zu Gast:
Die Besucherliste im Fort wird im Juli fortgesetzt.*

M. F. Scanlon	4. Juli
Kitty Hunter	
George Hunter	
Gladys K. Scanlon	
Andrew J. Warner	
Edwina Mountbatten	10. Juli
Dickie [Mountbatten]	
Walter T. Prendergast	18. Juli
Aileen Devereux Winslow	
Helen Fitzgerald	1. – 8. August
Sefton	
Poots Butler	
Humphrey Butler	

Es folgt der Sommerurlaub 1936

S. Y. Nahlin
[10. August bis 6. September]
Poots Butler
Humphrey Butler
Helen Fitzgerald
Godfrey Thomas
Jack Aird

Das Gästebuch des Forts

Diana Cooper
Duff Cooper
A. Lascelles
Sefton
Katherine Rogers
Herman Rogers

Schloß Balmoral
[19. – 30. September]
Ulick Alexander
Piers Legh
[Herzog von] Buccleuch und Queensberry
Eileen Sutherland
[Herzog von] Sutherland
Eva Rosebery
[Graf von] Rosebery
[Herzog von] Marlborough
May Marlbourough
Esmond Harmswoth
George [Herzog von Kent]
Marina [Herzogin von Kent]
Colin Buist
Gladys Buist
Katherine Rogers
Herman Rogers
Edwina Mountbatten
Dickie [Mountbatten]

Sandringham, Norforlk
[Jagdgesellschaft des Königs, 18. – 23. Oktober]
Ulick Alexander
Charels E. Lambe
[Graf von] Harewood
Samuel Hoare
Humphrey de Trafford
Harry A. Brown
A. Lascelles

Es folgt die Gästeliste des Herbst im Fort.

Kitty Hunter   9. Oktober
George Hunter
M. F. Scanlon
Genevieve Bate

Das Gästebuch des Forts

Wallis befand sich an den beiden nächsten Wochenenden in Begleitung der Hunters anläßlich ihres Scheidungsprozesses in Suffolk.

Kitty Hunter George Hunter	30. Oktober
Sibyl Colefax Sally Bonner Paul Bonner Charles E. Lambe	7. November

Es folgt der Besuch des Königs bei der Flotte in Portland am 12. – 13. November.

H. M. Yacht Victoria & Albert

Edward RI
Samuel Hoare
[Admiral Sir] Roger Backhouse
Louis Mountbatten
Charles E. Lambe
[Admiral Sir] Dudley North

Die letzten Eintragungen im Fort bis zur Abdankung.

Bessie L. Merryman	13. November
Bessie L. Merryman Kitty Hunter George Hunter	21. November
Bessie L. Merryman	27. November bis 3. Dezember
Walter Monckton	3. – 11. Dezember
A. G. Allen	4. – 11. Dezember
Ulick Alexander	4. – 11. Dezember
George	8. – 9. Dezember
E. R. Peacock	9. – 10. Dezember

Das Gästebuch des Forts

DATE OF ARRIVAL		NAME	DATE OF DEPARTURE	
1935			1936	
Nov.	21st	Willy Hunter	Nov.	23rd
"	"	George Hunter	"	"
Nov.	27th	Bessie L. Merryman	Dec	3rd
Dec	3rd	Walter Monckton	Dec	11th
Dec	4th	A. G. Allen	"	"
Dec	4th	Ulick Alexander	"	"

DATE OF ARRIVAL		NAME	DATE OF DEPARTURE	
1936			1936	
December	8th	George	December	9th
December	9th	E R Peacock	December	10th

Briefe einer großen Liebe

Sir: —

    Bear with me and do not curse
    This poor attempt at thanks in verse.
    Our week-end at "Fort Belvedere"
    Has left us with memories dear
    Of what in every sense must be
        princely hospitality.
Too soon the hours stole away,
And we, who would have had them stay
Regretful o'er that fleeting slyness,
Do warmly thank your Royal Highness.
But with your leave I make too free —
I have the honor Sir to be
(Ere too long my poetic pencil limps on)
    Your ~~obedient~~ obedient servant
        Wallis Simpson —

Faksimile zu S. 81/82

> Tuesday, May 22nd
> THE FORT,
> SUNNINGDALE,
> ASCOT.
>
> Darling – you did give
> me a lecture and I quite
> agree with all you say
> regarding H.R.H. and
> if there are any
> objections to the
> situation I shall give
> the Prince up at once

Faksimile zu S. 130/131

Briefe einer großen Liebe

> Le Roc
> Golfe Juan
> A. M.
>
> I think it would be nice to have the Churchill drinks on the porch outside the drawing-room. I think also that you are a very nice Boy.

Faksimile zu S. 175

Briefe einer großen Liebe

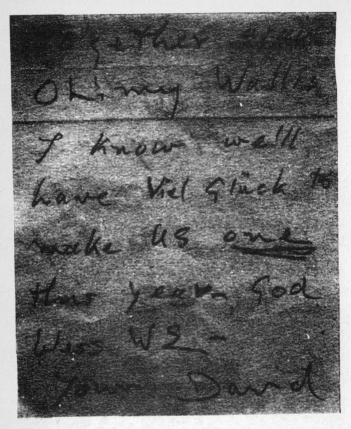

Faksimile zu S. 190/191

Briefe einer großen Liebe

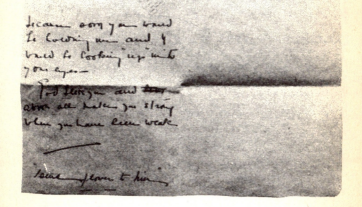

Faksimile zu S. 201

Briefe einer großen Liebe

Ambassador 2215.   5, Bryanston Court,
                                Bryanston Square,
                                W.1.

result is I am tired, nervous and
irritable to say nothing of the
old nervous indigestion returning
from time to time. Ernest and
H. M. have often talked the
situation out so everything has
been on a most friendly and
amicable basis – Ernest having
his own reason for allowing the
world to call him the "complacent
husband" but understanding the
situation just a bit fuller than
the world. The point is I cannot

Faksimile zu S. 222/223

Briefe einer großen Liebe

Faksimile zu S. 246

Briefe einer großen Liebe

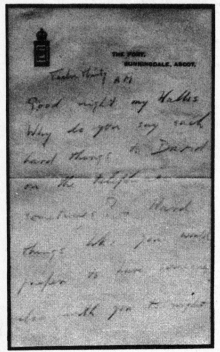

Faksimile zu S. 246

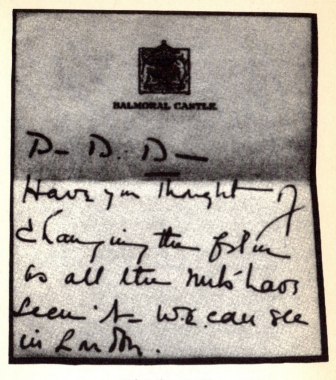

Faksimile zu S. 250

Briefe einer großen Liebe

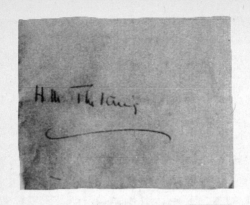

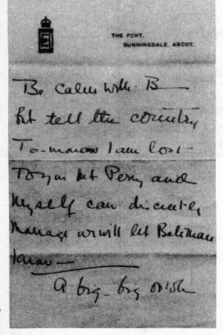

Faksimile
zu S. 274

Briefe einer großen Liebe

Faksimile zu S. 303/304

Register

Adams, Mary B.   26, 60, 106, 123, 209
Aga Khan   124
Aird, Sir John   132, 137, 141, 157, 170, 240, 316
Alexander, Sir Ulick   298, 303, 352, 366
Allen, A. George (der Anwalt Edward VIII.)   229, 237, 246, 247, 277, 303, 338, 343, 346 f., 350, 355, 364, 365
Allen, Charles Gordon („Charly") (Wallis' Stiefvater)   43, 47, 48
Ali Khan, Prinz   124, 125, 130, 158
Andersen, Mildred   35, 36, 42, 46, 50
Andersen, Reginald   35, 46
Anderson, Patrick   118, 121, 170
Arlen, Michael   339
Asquith, Margot   189, 199, 217, 218, 237, 261
Asturien, Prinz von   178
Atatürk, Mustafa Kemal   242
Ava, Basil, Marquess von Dufferin   293

Baldwin, Stanley   23, 206, 231, 254, 259, 263 f., 269 f., 272, 274, 278 f., 286, 302, 305, 310, 311, 316, 321, 342
Barnes, Sir Thomas (Staatsanwalt)   311, 323
Barnett, Lelia Montague (Cousine Lelia)   14 f., 40, 52, 106, 108, 127, 158, 187, 204, 216, 225, 356, 363
Bate, Fred   119, 216, 235, 261

Bateman, William (königl. Telefonist)   274
Beaton, Cecil   320
Beauchamp, Earl von   321
Beaverbrook, Lord   170, 252 f., 269, 274
Bedaux, Charles   290 f., 319, 322, 356
Bedaux, Fern   319, 329, 337, 341, 343 ff., 355, 356, 360
Bermejillo, Javier   116, 146
Bessie, Tante (vgl. Merryman, Mrs. D.B.)
Birkett, Norman   249, 256 ff., 350, 351, 355
Blair, Ellen   58
Bradford, Bischof von   272
Brand, Mala   87, 173, 192, 252
Bristol, Arthur   83
Brownlow, Katherine (Lady)   172, 209, 242, 290
Brownlow, Peregrine (Lord)   172, 242, 273, 275 ff., 290, 309
Buccleuch (Molly), Herzogin von   239
Buist, Colin   132, 158, 167, 170, 172, 190 f., 217, 290, 308, 330
Buist, Gladys   132, 142, 158, 167, 170, 172, 179, 190, 191, 217, 290, 308, 330
Burke, Mary (Wallis' Hausangestellte)   27, 177, 236, 314
Burton, Sir Pomeroy   313 f., 320, 324
Butler, Humphrey und „Poots"   191, 240, 241

Register

Cain, Mary (Wallis' Hausmädchen) 26, 45, 52, 71 f., 74, 100, 109, 112, 118, 147, 178, 179, 185, 205, 216
Carrick, Graf und Gräfin 164
Carter, Thomas 298, 352
Cartwright, Beatrice 112, 214
Cazalet, Victor 200
Channon, „Chips" 200, 261, 278, 312
Chevalier, Maurice 115
Cholmondeley, Marquess von 170
Churchill, Winston 150, 237, 274
Colefax, Sibyl 199, 203, 217, 237, 261, 270 f., 280 f., 329
Coleman, Rose 104
Connaught, Herzog von 53
Cooper, Diana 77, 187, 199, 208, 231, 237, 241, 261
Cooper, Duff 207, 208, 231, 238, 241, 261, 263, 269
Corrigan, Laura 168, 220
Coward, Noël 111
Cox, Raymond E. 101, 217
Crimmies 44
Cunard, Emerald 167, 173, 187, 199, 207, 217, 220

Davis, Norman 206
Dawson, Lord 193, 194
Decies, Lord 83
De Courcy, Kenneth 340
Dickey, Bob 46, 107
Dickey, Lelia (später Mrs. Newbold Noyes) 105 ff., 123, 127, 325 f.
Diercks, Julia 86, 111, 116, 165
Dimitri, Großherzog 101
Doellers (Die) 167
Dudley, Graf von 128, 154, 168, 214, 217, 219, 241
Dudley Ward, Freda 128, 168

Eads, Jane 164, 180
Elizabeth, Gemahlin des Königs von England 92, 237, 299, 324, 328

Elkin, Sara 57, 161
Ellsworth, Lincoln 290
Espil, Felipe 17, 49, 55
Evans (Inspector) 273, 290, 340, 343

Fellowes, Daisy 176, 308, 315 ff.,
Fitzgerald, Evelyn 170, 172, 176
Fitzherbert (Lady) 47, 52
Fletcher, Piper Alistair 184
Forwood, Dudley (Captain) 352, 362, 365
Frazer, Margaret 43, 88, 111, 116, 203, 205
Frazer, Robert 88, 203
Furness, Thelma (Viscountess geb. Morgan) 29, 33, 35, 37, 40, 48, 50, 52, 53, 69, 74, 77 ff., 87 ff., 98, 109, 111, 115 ff., 123 ff., 141 ff., 165, 173, 192, 306

Galbraith, Katherine 27, 34, 35, 127, 157
Galbraith, William W. (Billy) 27, 34, 35
George, Prinz (vgl. Kent, Herzog von)
George V., König 23, 75, 143, 146, 152, 157, 160, 163, 189, 193, 198
George VI., König 92, 237, 291, 309, 315, 316, 319, 321 ff., 354, 356, 359, 367
George, Mrs. 116
Gloucester, Herzog von 180, 186
Goddard, Theodore 237, 249, 260, 277, 292, 311, 323, 326
Grant, Lester 34, 42 f., 50, 87, 100, 112, 129, 220, 355
Grant, Roberta 34, 42 f., 50, 87, 100, 112, 129, 186, 207, 220, 355
Greenacre, Douglas 361
Grimthorpe, Ralph 290
Guinness, Mrs. Loel 124, 158
Guinness, „Posy" 99, 124, 132, 141, 147, 179

397

Gwynne, „Foxy" 142, 154, 157, 174, 185, 205, 209, 213, 270f., 307, 330, 355

Hardinge, Major Alexander 237, 262, 264, 272
Harewood, Graf von 313, 314
Harewood, Gräfin von (Prinzessin Mary) 313, 314, 319
Harmsworth, Esmond 264f.
Hastings, Sir Patrick 354
Hawke, Sir John (Richter) 256f.
Hewes, „Buzzy" 141, 166
Hill, Frances 97
Hoare, Sir Samuel 206, 237, 263
Hoesch, Leopold von 220
Hunter, George 27, 112, 122, 123, 146, 159, 161, 250
Hunter, Kitty 27, 36, 39, 112, 122, 123, 146, 159, 161, 169, 250
Hussey, Christopher 220
Hyde, H. Montgomery 256, 311

Jardine, R. Anderson 366
Jason, Emma 179
Johnson. H.V. 129

Kent, Prinz George, Herzog von 34, 35, 93, 141, 142, 143, 146, 168, 187, 250, 319
Kent, Marina, Herzogin von 141, 143, 168, 187, 250
Kent. A. Arwater 101
Kerr-Smiley, Betty 167, 220
Kerr-Smiley, Maud (Wallis' Schwägerin) 18, 24, 27, 33, 39, 62, 73, 85, 112, 154, 167, 174
Kerr-Smiley, Peter 20, 112
King, Mackenzie 310, 311

Ladbrook (Chauffeur des Königs) 230, 275, 291
Lambe, Charles 307, 309

Larrabee, Madge 36, 106, 107f.
Laval, Pierre 185
Lawson Johnston, Betty 48, 50, 111, 112, 123, 145, 191, 194, 225
Leslie, Mrs. Shane 43
Lewis, Ethel 40, 48, 52, 55, 106, 174
Lewis, Sir Willmott 16, 35, 48, 52, 102, 106, 174
Lewisohn, Freddie 220
Lindbergh, Charles 231
Lindbergh, Anne 231
Lloyd, Thomas, Hugh 132, 141, 142, 167, 314, 361
Londonderry (Edith), Marquise von 168, 261
Lutyens, Eva 144

MacDonald, Ramsay 124, 220
Mackintosh, Lady Jean 142
Marlborough, Herzog von 234
Mary, Königin (Queen Mary) 23, 143, 146, 152, 157, 160, 163, 193, 205, 237, 263, 293
Matthews, A. E. 97
Maugham, William Somerset 308, 329
Mellon, Andrew 83
Mendl, Sir Charles 188
Mendl, Elsie 174, 185, 187, 188
Merriman, Sir Boyd 311, 321, 323
Merryman, Mrs. D. Buchanan („Tante Bessie")
Wallis' Briefe an „Tante Bessie"; besucht Wallis 1932 in England 86; Wallis besucht sie im April 1933 in den USA 96; begleitet Wallis 1934 als Anstandsdame auf Urlaub mit dem Prinzen 132-137; korrespondiert mit dem Prinzen 166; steht Wallis während der Abdankungskrise in England bei 270f.; Briefwechsel mit dem Herzog von

Windsor nach der Abdankung 297f.; kehrt in die USA zurück 324
Metcalfe, Major E.D. (Fruity") 91, 93, 302, 309
Milford Haven (Nada) Marquise von 45, 47, 55f., 110, 146
Monckton, Walter 150, 152, 237, 244, 263, 303, 314, 323, 366
Morgan, Harry Hayes 88, 93
Mountbatten, Lady Louis (Edwina) 55, 142, 231, 235, 250
Mountbatten, Lord Louis 178, 231, 235, 236, 250, 350
Moyne, Lord 132, 137, 168
Münster, Graf Paul 312, 315, 316, 317, 327, 364
Murray, Corinne 36, 52, 54, 62, 140, 186
Murray, George (Commander) 34, 52, 62, 88
Mustin, Corinne 15, 17
Mustin, Gordon 15, 34

Neumann, Professor 339
Nicolson, Harold 199, 217, 218
Noyes, Newbold 105ff., 110, 123, 127, 171, 186, 261f., 296, 298, 325f., 341

Ogilvie, Bruce 154
Osborne, (Butler im Fort) 102, 146, 167
Osborne, Mary 109, 205, 207, 220
Oxford, Gräfin von (vgl. Asquith, Margot)

Park, Bertram 52
Paul, Prinz von Jugoslawien 143, 144, 239
Peacock, E.R. 303
Phillips, Mr. 192, 206
Portarlington, Graf und Gräfin 174

Prendergast, Walter 52, 123, 176, 191, 203, 217, 247

Raffray, Jacques 18, 154
Raffray, Mary Kirk 18, 40, 47, 54, 55, 154, 187, 215, 217, 219ff.,
Raisin, John F. 14
Ralph, Mrs. (Wallis' Köchin) 42, 72, 100, 101, 111, 112, 123, 140, 147, 185, 205
Ribbentrop, Joachim von 220
Rickatson-Hatt, Bernard 27, 164, 170, 177, 212, 213, 227, 228, 323, 359
Rickatson-Hatt, Frances 27, 95
Robbins, Warren 99, 158
Rogers, Herman 17, 19, 20, 57, 137, 174, 179, 240, 243, 249, 261, 275ff., 304, 324, 330, 331, 343, 360, 367
Rogers, Katherine 17, 19, 20, 57, 137, 174, 179, 240, 243, 249, 275ff., 304, 324, 330, 343, 355
Rolland, Bernardo 99, 116, 203
Roosevelt, F.D. (Präsident) 94, 95, 96, 110
Rothschild, Baron Eugene de 285, 295f., 312, 322
Rothschild, Kitty de 285f., 294f., 302, 312, 322, 347
Russell Mrs. 118
Russell, Ian 191

Sackville (Anne), Lady 41, 46, 47, 63, 93
Sackville (Charles), Lord 41, 47, 85, 93
Sands, Dottie 308, 321
Sassoon, Sir Philip 191, 199, 207, 261
Scanlon, Gladys 88, 93, 99, 131, 158, 173, 189, 191, 203, 207, 208, 216, 229, 330, 355

Register

Scanlon, Martin F. („Mike") 41, 47, 84, 87, 93, 99, 131, 158, 189, 191, 203, 207, 208, 216, 330, 355
Sebastian, Georges 84, 85, 141, 185
Sefton, Graf von 154, 170, 172, 176, 179, 187, 240, 243
Selby, Sir Walford 314, 352
Shipman, Julie 101
Simpson, Audrey 18, 178, 187
Simpson, Dorothea („Dodie") 18, 69, 187
Simpson, Ernest (Wallis' Schwiegervater) 24, 42, 56, 59, 62 f., 88, 112, 127, 154, 167, 234
Simpson, Ernest (Wallis' 2. Mann) 12, 18, 21, 33, 37, 40, 49, 58 ff., 77 ff., 113, 118, 120 ff., 127 ff., 139, 142 ff., 153 ff., 170 ff., 187 ff., 200 ff., 211 ff., 220 ff., 299 f., 354
Simpson, Mrs. Ernest (Wallis' Schwiegermutter) 24, 42, 59, 82, 85, 88, 167, 174, 188
Sims, Harold 169
Slipper (Hund von Wallis und Edward) 145, 159, 180, 182, 183, 230, 246, 273, 298, 353, 356, 360 f.
Somervell, Sir Donald 311, 321, 323
Spencer, Earl Winfield (Wallis' 1. Mann) 15, 16, 17, 20, 29, 38
Spry, Constance 366
Stanley, Lord 165
Stephenson, Francis 292, 311, 323
Storrier, David, (Chief-Inspector) 303, 306, 307, 351, 353, 355
Sutherland, Herzog von 184, 239
Suydam, Anne 127, 170, 187, 239
Suydam, Henry 127
Swift, Merritt 185, 186

Tabb, Lloyd 325
Thaw, Benjamin („Benny") 29, 35, 37, 44, 46, 52, 74, 77 ff., 84, 103 f., 122, 173, 186

Thaw, Consuelo („Tamar") 29, 33, 35, 43, 44, 46, 47, 50, 52, 55 f., 64, 71, 74, 77 ff., 83 f., 103 f., 110, 116, 173, 186, 192
Thomas, Sir Godfrey 240, 309, 350
Tittle, Walter 97
Trotter G., General 51, 53, 77, 78 ff., 132, 167, 206

Vanderbilt, Gloria (geb. Morgan) 44, 45, 46, 47, 55 f., 102, 141, 192, 307
Vanderbilt, Willy 58
Vansittart, Sir Robert 175, 188, 191

Wallace, Ewan 207
Warfield, Alice (geb. Montague) (Wallis' Mutter) (1869-1929); (Mrs. John F. Raisin v. 1909-1926); (Mrs. Charles Gordon Allen von 1926-1929) 12, 13, 20, 21, 24
Warfield, Henry Mactier („Onkel Harry") 21, 354
Warfield, Solomon D. 14, 18, 19
Warfield, Teackle Wallis (1869-1896; Wallis' Vater) 12, 13
Warner, Jack 98, 116, 118, 160, 235
West, Mae 299
Westminster, Herzog von 174, 176, 177, 319, 329, 332, 341
Weymouth, Lady 168
Whiteman, Paul 236
Wiley, John 98, 100, 102, 129
Winslow, Aileen 110, 165, 191, 355
Wodehouse, Lady
Woollcott, Alexander 217
Wright, Saunders 170

York, Albert, Herzog von (vgl. Georg VI., König)
York, Elizabeth, Herzogin von (vgl. Elizabeth, Königin)